曹寧　主編

民國人口户籍史料續編

第三册

國家圖書館出版社

第三册目録

福建省政府秘書處統計室　編

福清縣人口農業調查

一九三七年油印本

福建省人口農業叢書之十三

福清縣人口農業調查

福建省政府秘書處統計室

凡例

一 本室除舉辦長樂、連江、晉江、明溪、長泰等五縣人口農業普查外，并續辦五十二縣人口農業選樣調查，編成福建省人口農業調查叢書，連同總報告，凡五十八冊。

二 此項材料，係由本室調查員實地調查。

三 報告書之次序以刊先後為準。

四 本編乃廿六年五月調查福清縣利橋等十三鄉一、二九五戶之結果。

五 本編分為概況、人口、農業、農村經濟等部份。

六 本縣土地面積，係根據參謀本部福建省陸地測量局所發表者。

七 本編所用符號：「—」表示無數，「……」表示有數不明。

目錄

4 性比例
5 婚姻狀況
6 職業狀況
7 教育程度
8 人口增減趨勢

表1 全縣户口數
2 各區查詢户口數
3 户之大小分配
4 户之親屬關係
5 男女年齡分配
6 農村人口出產年齡分配
7 按各年組人口年齡分配之累積數
8 人口年齡分配與瑞典標準人口分配比較
9 各年齡組人口性比例
10 人口性比例
11 各年齡組男女婚姻狀況

12 各年齡組男子婚姻狀況

13 各年齡組女子婚姻狀況

14 男女初婚年齡

15 依年齡組男女初婚年齡分配

16 依年齡組男子初婚年齡分配

17 依年齡組女子初婚年齡分配

18 夫妻年齡對照

19 夫妻差歲分配

20 男女職業狀況

21 依年齡組男女生殖育狀況

22 依年齡組男子生殖育狀況

23 依年齡組女子生殖育狀況

24 男女生殖育狀況

25 識字與不識字人數

26 學齡兒童教育程度

27 人口年齡分配與Sundbarg三式人口分配比較

三 農業

1 田地面積

2 農戶數

3 耕地面積大小分配

4 地權分配

5 農產

6 農田經營

表、田地面積折算率

2 已耕地面積

3 農戶數

4 耕地面積大小分配

5 農戶地權分配

6 自耕及佃耕面積

7 各作物栽培面積

8 夏作物栽培面積

9 每市畝作物之產量

10 作物總產量

11 作物種植與收成期間

12 農具種類

13 長工及短工工資

四 農村經濟

1 租佃制度

2 借貸

3 副業

4 交易

5 倉積

6 生活狀況

7 捐稅負担

表一 田租種類

三

2 钱租之每年租数
3 谷租之每年租数
4 分租佃地主所得之成数
5 借贷状况
6 力畜及肉畜数量
7 家禽数量
8 菓实产量及产值
9 田地价格
10 历年农村主要物价
11 本县田赋旧制
12 现征田赋等则及赋额

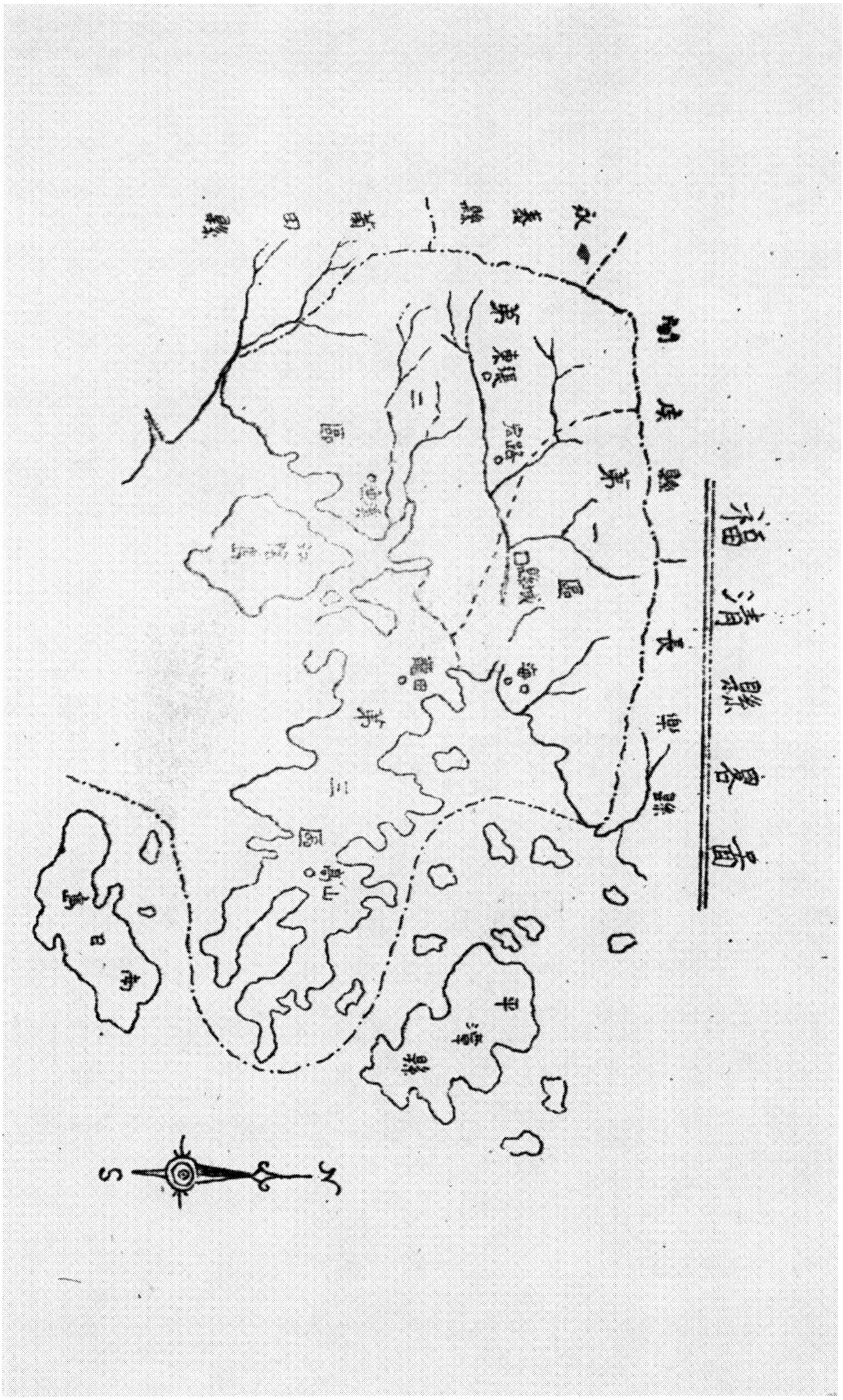

圖例

市鎮	縣城	河流	區界	縣界
○	□	〜	- - -	—·—

一 概 况

1 區 域

福清因山自永福里水自清源里會於治所而得名。位本省東南部，地域遼濶，海岸線頗長，東南濱海，與平潭南日遥遥相對，西南介莆田，西北與永泰閩侯相接，北與長樂為隣。東至平潭水陆共八〇·六四公里，東北至長樂縣境二三·〇四公里，西至莆田縣境三四·五六公里，西北至永泰縣境三一·八八公里，至閩侯縣境二三·〇四公里。民國二十一年四月劃為九區，二十四年七月改區設署，分為三區。 本縣所位之经度，最東為119°40'23"，最西為119°14'33"；纬度最南為25°13'，最北為25°46'23"。縣治所在，位東经119°30'24"，北纬25°39'9"（經度本線以倫敦格林威尔天文台為起点）。

2 面 積

本縣之地面積，據陸地測量局計算，為一、貳七〇方公里，佔全省土地總面積之1.5%，佔第一行政督察區之10.5%（南日島在內）。在三區中，以第一區面積為最大，約佔44%；第三區次之，佔33%；第二區佔23%為最小。

3 地勢

本縣地勢，西北高亢，東南低下，外環島嶼，內多港灣，而西北則為崇山峻嶺。第一區西北多山，第二區西部則丘山嶺重疊，第三區大部係廣闊平原，形成半島。

山如金翅、王岸、鷲峰、茅山、泉溪、覆船、鳳凰、玉融、雙旗、五馬、錦屏、太保、瑞岩、鹿角、扶衣、黃蘗、石竺、雙髻等均屬有名，嶺有[illegible]、黃丈、霧嶂、石指等山，擅形勝勢。水有龍江及逕江，[illegible]龍首，為邑之主川。全縣有溪流十三，潭十七，綠內高度，大抵接海約二丈有奇。

4 土壤

本縣沿海各地多粘土，內地則沙土較多，其色有灰、黃、褐之別。第一區土壤，有微黏、白、褐三種，適於種植稻、大小麥、豆、秫、馬鈴薯、落花生、蔗芋及蘿蔔等；第二區土壤，中部呈黑色，四邊則為紅黃兩色，宜於種植稻、豆類、蕃薯、落花生等；第三區多沙土，色呈淡黃，宜於種植稻、麥、蕃薯、及落花生等，而稼穡可耕之地甚少。

5 氣象

本縣氣候沿海潮濕，內地高燥，各季溫度，以華氏計算，春季最高為七十五度，最低為四十五度；夏季最高為一百度，最低為七十八度；秋季最高為百二十度，最低為八十度；冬季最高七十度，最低為三十八度。雨量春夏多而秋冬少。以地處海濱，秋間常有颶風為災。

（六）氏族

本縣氏族，據縣政府調查，除土著外，餘多由河南及江浙移居者，移徙時期，多在唐宋之間，此後元明之交，亦有遷居于此者。三區之中，以第一區姓氏為最多，概以林陳吳鄭四姓為最大，茲將各區主要姓氏列下：

第一區：林、陳、吳、鄭、蔡、莊、謝、方、曾、黃、符、魏、劉、李、王、周、俞、宋、翁、許、張、郭、馬、江、楊、呂、徐、梁、董、敖。

第二區：鄭、林、郭、倪、黃、嚴、莊、翁。

第三區：王、郭、陳、翁、薛、林、俞、何、李、魏、高、梁、劉、鄭。

各姓間無密切聯絡，僅同姓之同宗者，多有宗祠族產，逢年祭祀，及不時修訂族譜。

二 人口

1. 數量

(一) 全縣戶數　本縣戶口總數，據民國廿五年六月保甲戶口編查結果，計有六六九二六戶，男二四三八四三人，女一八〇三〇六人，合計四二四一四九人。茲將各區戶口數列表比較如下：

表1.　全縣戶口數

	戶數	人口數		
		計	男	女
總計	58 564	409 146	235 928	173 218
第一區	17 490	141 873	90 220	51 653
第二區	18 517	113 765	60 004	53 761
第三區	22 557	153 508	85 704	67 804

（二）選查鄉戶口數　此次調查範圍，包括十三鄉一、二九五戶，計八、〇六七人，就中男四二四三人，女三八二四人，各佔52.6%與47.4%，茲列表如下：

表2. 各選查鄉戶口數

	戶數	人口數		
		計	男	女
總計	1295	8067	4243	3824
利橋	109	509	280	229
王壇	105	664	347	317
過通	99	614	323	291
城底	134	794	465	329
上鄉	115	658	330	328
橋岡	70	601	295	306
衆劉	67	422	218	204
畢甲唐	98	618	334	284
上張	110	602	309	293
下棒	63	394	209	185
俞王	141	1018	493	525
龍田	88	561	301	260
前林	96	612	339	273

2 結論

(一) 戶之大小分配　在一、二九五戶中，每戶人口最多者，不過二十五人，每戶平均為六．二人．中以五口之家為最多，計一九〇戶，佔總戶數之14.6%；四口之家為次多，計一八四戶，佔總數之14.2%；六口之家計一八三戶，又次之，佔總數之14.1%．二十五口之家僅一戶．

如就表3之每戶人數分組中之各戶人口總數觀之，則六口之家有一八三戶，計有一，〇九八人為最多；七口之家有一五五戶，計一〇八五人為次多；五口之家有一九〇戶，計九五〇人又次之；十九口之家僅一戶，祇十九人為最少．

不滿五口之家，計四一八戶，佔總戶數之32.3%；五口以上者計八××戶，佔總戶數之67.7%；十口以上者計一六二戶，佔總戶數之12.5%；十五口以上者計三十三戶，佔總戶數之2.5%；廿口以上者僅三戶而已．茲列表闡明如下：

每户人口數	户數	百分比	人口總數
總計	1 295	100.0	8 067
1	21	1.6	21
2	66	5.1	132
3	147	11.4	441
4	184	14.2	736
5	190	14.6	950
6	183	14.1	1 098
7	155	12.0	1 085
8	107	8.3	856
9	80	6.2	720
10	38	2.9	380
11	40	3.1	440
12	29	2.2	348
13	12	0.9	156
14	10	0.8	140
15	5	0.4	75
16	11	0.8	176
17	5	0.4	85
18	8	0.6	144
19	1	0.1	19
20	2	0.2	40
21	—	—	—
22	—	—	—
23	—	—	—
24	—	—	—
25	1	0.1	25
每户平均人數	—	—	6.2

(二)户之親屬關係

親屬關係，係以户主為立場，即户主對家中各人口之稱呼。在一、二九五户中，親屬種類，計有三十七種。就中可分為六世代及其他七類。各户户主，係男性者一、二九〇人，女性者祇五人，各佔總數之16.0%與0.1%。較戶主前二世代者有二十二人，佔0.3%；較戶主前一世代者有四五二人，佔5.4%；與戶主同世代者，戶主本身不計，有一、八七〇人，佔23.3%；若將戶主人數加入，則計有三、一六五人，佔39.4%；後一世代者計有三、九六六人，大多數49.2%；後二世代者有四三七人，佔5.4%；後三世代者有一四人，佔0.2%；其他非家屬同居者十一人，祇佔0.1%。由此可見較戶主後一世代之人數為最多，戶主世代之人數為次多，其他則最少。

再就表中分析，男戶主計八、二九〇人，妻祇九一八人（妾不計入），可知其中尚有未婚者及鰥夫四七二人。其中子一、九二一人，女一、〇〇四人，平均每戶主有子一.五人，女〇.九人。又前二世代中，男一人，女則二十一人；前一世代中，男二十三人，而女則有四二九人，可見較戶主前世代之親屬，常男少於女。

是次調查親屬世代共六級，普通並多為三世代同堂者；茲列表如次：

表4 親屬關係

		人數	百分比
總計		8 067	100.0
男户主		1 290	16.0
女户主		5	0.1
前二世代	祖父	21	0.3
	祖母	1	0.0
前一世代	父	3	0.0
	母	391	4.8
	伯	1	0.0
	伯母	2	0.0
	叔	19	0.2
	叔母	35	0.4
	姑	1	0.0
同世代	兄	27	0.3
	嫂	65	0.8
	弟	460	5.8
	弟婦	204	2.5
	姊	23	0.3
	妹	136	1.7
	妻	918	11.4
	妾	37	0.5

		人數	百分比
後一世代	子	1 921	23.8
	女	1 004	12.4
	姪	274	3.4
	姪女	218	2.8
	媳	394	4.9
	姪媳	47	0.6
	弟媳	108	1.3
後二世代	孫	205	2.5
	孫女	148	1.8
	姪孫	35	0.4
	姪孫女	14	0.2
	孫媳	23	0.3
	姪孫媳	7	0.1
	弟孫媳	5	0.1
後三世代	曾孫	5	0.1
	曾孫女	6	0.1
	姪曾孫	2	0.0
	姪曾孫女	1	0.0
其他		1.1	0.1

3 年齡分配

是次調查八、0六七人之年齡分配，其趨勢已頗近常態分配，大抵年齡愈小者人數愈多。若按每五歲組分析，0－4歲組計一、一0三人，佔總數之13.7%為最多；5－9歲組計一、0一五人，佔總數之12.6%為次多；10－14歲組計九五三人，佔總數之11.8%又次之；八十歲以上祇二十五人，僅佔總數之0.3%為最少。

男子計四、二四三人，0－4歲組計六二六人，佔總數之14.8%為最多；5－9歲組計五六九人，佔總數之13.4%為次多；10－14歲組計五二四人，佔總數之12.3%又次之；八十歲以上僅十三人，佔總數之0.3%為最少。　女子計三、八二四人，0－4歲組計四七七人，佔總數之12.5%為最多；5－9歲組計四四六人，佔總數之11.6%為次多；10－14歲組計四二九人，佔總數之11.2%又次之；八十歲以上僅十二人，佔總數之0.3%

細說如下：在幼年級〇—十四年齡組間，各組之女子多較男子為少，十五歲以上，則每組男女數之差額，均不若前者之大。至相當之老年期間，則女子之數值多較男子為多。惟各組中並無正常規定，祇可就大體上觀察其趨勢耳。茲將八〇六七人之年齡分配列表于下：

表六　男女年齡分配

	計		男		女	
	人數	%	人數	%	人數	%
總計	8067	100.0	4243	100.0	3824	100.0
0—4	1103	13.7	626	14.8	477	12.5
5—9	1015	12.6	569	13.4	446	11.6
10—14	953	11.8	524	12.3	429	11.2
15—19	812	10.1	401	9.5	411	10.7
20—24	697	8.6	354	8.4	343	9.0
25—29	644	8.0	350	8.3	294	7.7
30—34	548	6.8	286	6.7	262	6.9
35—39	491	6.1	239	5.6	252	6.6
40—44	346	4.3	150	3.5	196	5.1
45—49	411	5.1	217	5.1	194	5.1
50—54	352	4.4	195	4.6	157	4.1
55—59	253	3.1	121	2.9	132	3.5
60—64	192	2.4	82	1.9	110	2.9
65—69	125	1.5	64	1.5	61	1.6
70—74	66	0.8	35	0.8	31	0.8
75—79	34	0.4	17	0.4	17	0.4
80以上	25	0.3	13	0.3	12	0.3

由年齡分配中，可以分析人口生產能力狀況。茲以十四歲以下為幼年時期，定為幼年級，十五歲至五十九歲為生產時期，定為生產年齡級，六十歲以上為老年時期，定為老年級，以觀察各級人口之多寡。茲列表而比較之：

據下表，幼年級計三〇七一人，佔總數之38.1%；生產級計四、五五四人，佔總數之56.5%；老年級計四四二人，佔總數之5.4%。男子有生產能力者計二三一三人，佔男總數之54.6%；女子有生產能力者計二、二四一人，佔女總數之58.7%。但生產能力者，實際上

表8. 農村人口生產年齡分配

	計		男		女	
	人數	%	人數	%	人數	%
總計	8067	100.0	4243	100.0	3824	100.0
幼年級	3071	38.1	1719	40.5	1352	35.3
生產級	4554	56.5	2313	54.6	2241	58.7
老年級	442	5.4	211	4.9	231	6.0

並無全部均有從事生產工作，蓋有一部份失業者。如就本縣情形而言，地方安靜，人民勤儉，一般到達生產年齡之人，多從事工作（專指農村而言）。而即未達生產年齡者或已超出生產年齡以外者，類亦能助理其父兄或子弟造作。女子有生產能力者計二二四四人，然實能擔某職業而專事造作者，極為罕見，均多料理家庭內部事務。惟第二區之漁溪一帶，則其少數婦女有從事紡織者。

以上為生產年齡狀況，並前將每六五歲為一組，以表明各該定年齡以上之人口數及其所佔之百分比若干。如此則若欲觀察某一年齡組至某一年齡組之累積人口數，可以一目瞭然。茲特列表于後，以清眉目：

表7. 按五年組人口年齡分配及累積人數

	人口數	指定年齡	小于指定年齡之人（累積計）	
			人口數	佔總數之%
總計	8 067	—	—	—
0—4	1 103	5	1103	13.7
5—9	1 015	10	2118	26.3
10—14	953	15	3 071	38.1
15—19	812	20	3 883	48.2
20—24	697	25	4 580	56.8
25—29	644	30	5 224	64.8
30—34	548	35	5 772	71.6
35—39	491	40	6 263	77.7
40—44	346	45	6 609	82.0
45—49	411	50	7 020	87.1
50—54	352	55	7 372	91.5
55—59	253	60	7 625	94.6
60—64	192	65	7 817	97.0
65—69	125	70	7 942	98.5
70—74	66	75	8 008	99.3
75—79	34	80	8 042	99.7
80以上	25	100	8 067	100.0

茲再將人口年齡分成四組，即以0－19、20－39、40－59及60以上等組人口百分比率，與一八九〇年之瑞典標準人口年齡分配比較，探討八〇六七人之年齡分配，是否合乎常態。茲復列表以明之：

表8：人口年齡分配與瑞典標準人口年齡分配比較

	人口數	百分比	瑞典標準人口之百分比	比差
總計	8067	100.0	100.0	——
0—19	3883	48.2	42.4	+5.8
20—39	2380	29.5	27.0	+2.5
40—59	1362	16.9	19.2	-2.3
60以上	442	5.4	11.5	-6.1

據上表，0—19年齡組之比差，為+5.8，可見八公人之0—19歲人數所佔之百分比，較瑞典為高，即生育率較高。20—39年齡組之人數所佔之百分比亦較瑞典為大，比差為+2.5，而40—59歲及六十歲以上者所佔之百分比均較低于瑞典，由此可見死亡較高，而壽命亦較瑞典人為短。此種現象，各發展多有相似之點。

4 性比例

一統觀表在一二九五戶中，男四二四三人，女三八二四人，男較女多四一九人，性比例為一一一·○。茲就表中而言，依年齡組分別比較，○—十歲性比例為一三一·二為最高，廿—四歲性比例為一二七·六為次高，而四○—四四歲性比例為七四·五為最低。

茲就各選查鄉間觀之，則性比例以前林為最高，為一四四·二；利橋次之為一二二·三；前王為九三·九，實屬最低；中以上鄭為一○○·六，最呈平均狀態。

如就男女總數而言，則性比例平均為一一六·○，而全縣之性比例則為一三五·四二，由此可知本縣之男子數實較女子為多，然全縣人口數字之可靠與否，難敢斷言，女子數字之少，或由于隱報所致。按此次選查之數字，其性比例似較可靠也，茲分別列表如左：

表10. 各村性比例

	人口数		性比例
	男	女	女子=100
總計	4243	3824	111.0
刘桥	280	229	122.3
玉塘	347	317	109.5
遥店	323	291	111.0
城底	465	329	141.3
上郭	330	328	100.6
梧冈	295	306	96.4
東刘	218	204	106.9
陈塘	334	284	117.6
上張	309	293	105.5
下楼	209	185	113.0
前王	493	525	93.9
龍田	301	260	115.8
前林	339	273	124.2

表9. 年龄组性比例

	人口数		性比例
	男	女	女子=100
總計	4243	3824	111.0
0—4	626	477	131.2
5—9	569	446	127.6
10—14	524	429	122.1
15—19	401	411	97.6
20—24	354	343	103.2
25—29	350	294	119.0
30—34	286	262	109.2
35—39	239	252	94.8
40—44	150	196	76.5
45—49	217	194	111.9
50—54	195	157	124.2
55—59	121	132	91.7
60—64	82	110	74.5
65—69	64	61	104.9
70—74	35	31	112.9
75—79	17	17	100.0
80以上	13	12	108.3

5 婚姻狀況

(一)已婚及未婚人數　在八〇六七人中，未婚者四一二九人，佔51.2%；已婚者三九三八人，佔48.8%。有配偶者三二九三人，失偶者六四五人，各佔已婚人數之83.6%與16.4%，各佔總人數之40.9%與8.0%。男子未婚者二四二六人，已婚者一八一七人，各佔總男數之57.2%與42.8%。而有配偶者一六二八人，鰥夫一八九人，各佔已婚人數之89.6%與10.4%，各佔總男數之38.4%與4.5%。女子未婚者一七〇三人，已婚者二一二一人，各佔總女數之44.5%與55.5%。而有配偶者一六六五人，寡婦四五六人，各佔已婚人數之78.5%與21.5%，各佔總女數之43.5%與11.9%。

男子未婚者較已婚者多六〇九人，佔男子總數之14.4%，女子已婚者較未婚者多四一八人，佔女子總數之10.9%。按男子總數較女子數多四一九人，而已婚男子較已婚女子之數反少三〇四人，原因總數超過女子，致其結婚之機遇較女子為少。是以已婚女子對於女子總數之比率，常高於已婚男子對男子總數之比率。

次就有配偶及失偶之人數分析，有配偶者計三、二九三人，其中男一、六二八人，女一、六六五人，女子較男子多出三十七人，蓋男子有配偶之人數中，有三十七人係娶一妻一妾者，女子中之三十七人，則係嫁人作妾者（參閱親屬關係表3）。故實際有配偶者為一、六二八對。失偶者六四五人，其中鰥夫一八九人，寡婦四五六人，是寡婦較鰥夫之數為多，蓋按普通情形，男子壽命常較女子短促，故在老年時期，男子較易早逝，而鄉村習慣，大都皆夫長於妻，是亦足使夫之棄世較早。且男人一遭喪偶，可以再娶；女子則或幼年喪偶，非至萬不得已，雖不願再醮，祇受舊社會禮教之拘束，守寡終身。

依年齡分析，已婚男女之年齡，均在十五歲以上，十四歲以下並無已婚者。男子未婚者，其年齡至多達六十四歲，女子未婚者，其年齡至多達二十九歲。已婚男子之人數，以25—29歲組為最多，計二四六人，佔總數之13.5%；有配偶者亦以該組為最多，計二三八人，佔總數之14.7%；鰥夫人數，以55—59歲組為最多，計三十二人，佔總數之16.9%。已婚女子人數，以25—29歲組為最多，計二八八人，佔總數之13.0%；有配偶者亦以該組為最多，計二七二人，佔總數之16.3%；寡婦人數，以55—59歲組為最多，計七十人，佔總數之15.7%。

男子已婚者，在七十五歲以上，鰥夫數較有配偶者為多，計有配偶者十一人，鰥夫十九人。女子已婚者，在五十五歲以上，寡婦數較有配偶者為多，計有配偶者一四二人，寡婦二二一人。茲詳細列表如左：

表11. 各年齡組男女婚姻狀況

	男女總數		未婚		已婚			
					有配偶		鰥寡	
	人數	%	人數	%	人數	%	人數	%
總計	8067	100.0	4129	100.0	3293	100.0	645	100.0
0—4	1103	13.7	1103	26.7	—	—	—	—
5—9	1015	12.6	1015	24.6	—	—	—	—
10—14	953	11.8	953	23.2	—	—	—	—
15—19	812	10.1	591	14.3	221	6.7	—	—
20—24	697	8.6	285	6.9	403	12.2	9	1.4
25—29	644	8.0	110	2.7	510	15.6	24	3.7
30—34	548	6.8	44	1.1	476	14.5	28	4.3
35—39	491	6.1	21	0.5	434	13.2	36	5.6
40—44	346	4.3	2	0.0	290	8.8	54	8.4
45—49	411	5.1	2	0.0	327	9.9	82	12.7
50—54	352	4.4	1	0.0	267	8.1	84	13.1
55—59	253	3.1	1	0.0	150	4.6	102	15.8
60—64	192	2.4	1	0.0	107	3.2	84	13.0
65—69	125	1.5	—	—	57	1.7	68	10.5
70—74	66	0.8	—	—	30	0.9	36	5.6
75—79	34	0.4	—	—	18	0.5	16	2.5
80以上	25	0.3	—	—	3	0.1	22	3.4

表12 各年龄组男子婚姻状况

	男子总数		未婚		已婚			
					有配偶		鳏夫	
	人数	%	人数	%	人数	%	人数	%
总计	4243	100.0	2426	100.0	1628	100.0	189	100.0
0—4	626	14.8	626	25.8	—	—	—	—
5—9	569	13.4	569	23.5	—	—	—	—
10—14	524	12.3	524	21.6	—	—	—	—
15—19	401	9.5	320	13.2	81	4.9	—	—
20—24	354	8.4	211	8.7	142	8.7	1	0.5
25—29	350	8.3	104	4.3	238	14.7	8	4.2
30—34	286	6.7	44	1.8	233	14.3	9	4.8
35—39	239	5.6	21	0.9	207	12.8	11	5.8
40—44	150	3.5	2	0.1	139	8.5	9	4.8
45—49	217	5.1	2	0.1	197	12.1	18	9.5
50—54	195	4.6	1	0.0	168	10.3	26	13.8
55—59	121	2.9	1	0.0	88	5.4	32	16.9
60—64	82	1.9	1	0.0	60	3.7	21	11.1
65—69	64	1.5	—	—	44	2.7	20	10.6
70—74	35	0.8	—	—	20	1.2	15	7.9
75—79	17	0.4	—	—	8	0.5	9	4.8
80以上	13	0.3	—	—	3	0.2	10	5.3

表13 各年龄组女子婚姻状况

	女子總數		未婚		已婚			
					有配偶		寡婦	
	人數	%	人數	%	人數	%	人數	%
總計	3824	100.0	1703	100.0	1665	100.0	456	100.0
0—4	477	12.5	477	28.0	—	—	—	—
5—9	446	11.6	446	26.2	—	—	—	—
10—14	429	11.2	429	25.2	—	—	—	—
15—19	411	10.7	271	15.9	140	8.4	—	—
20—24	343	9.0	74	4.3	261	15.7	8	1.8
25—29	294	7.7	6	0.4	272	16.3	16	3.5
30—34	262	6.9	—	—	243	14.6	19	4.2
35—39	252	6.6	—	—	227	13.6	25	5.5
40—44	196	5.1	—	—	151	9.2	45	10.0
45—49	194	5.1	—	—	130	7.8	64	14.0
50—54	157	4.1	—	—	99	5.9	58	12.7
55—59	132	3.5	—	—	62	3.7	70	15.4
60—64	110	2.9	—	—	47	2.8	63	13.8
65—69	61	1.6	—	—	13	0.8	48	10.5
70—74	31	0.8	—	—	10	0.6	21	4.6
75—79	17	0.4	—	—	10	0.6	7	1.5
80以上	12	0.3	—	—	—	—	12	2.5

(二)初婚年齡　男女結婚年齡，最早為十三歲，計六人，其中男二，女四。男子最遲結婚者在三十八歲，僅一人；女子最遲結婚者在二十八歲，亦僅一人。男女結婚年齡，以在十八歲為最多，計五四二人，佔總數之一三．八％；男子結婚年齡，以在十九歲為最多，計二〇八人，佔總數之一一．四％；女子結婚年齡，以在十六歲為最多，計四五二人，佔總數之21.3%。

男子在十八歲以上結婚者，計一五六四人，在十七歲以下結婚者，祇有二五三人，各佔八六．一％與一三．九％。女子在十六歲以上結婚者計一八五〇人，在十五歲以下結婚者，祇有二七二人，各佔總數之87.2%與12.8%。

可見此次調查結果，男女初婚者多皆依照法定年齡，男子在已婚人數中，早婚者佔一三．九％，女子在已婚人數中，早婚者佔一二．八％。子早婚之數則較男子為多。茲分別列表以明之：

十三

表14　男女初婚年齡

	計		男		女	
	人數	%	人數	%	人數	%
總計	3938	100.0	1817	100.0	2121	100.0
13	6	0.2	2	0.1	4	0.2
14	44	1.1	4	0.2	40	1.8
15	259	6.6	31	1.7	228	10.8
16	537	13.6	85	4.7	452	21.3
17	532	13.5	131	7.2	401	18.9
18	542	13.8	204	11.2	338	15.9
19	466	11.8	208	11.4	258	12.3
20	402	10.2	207	11.3	195	9.2
21	264	6.7	185	10.2	79	3.7
22	216	5.6	168	9.2	48	2.3
23	177	4.5	149	8.2	28	1.3
24	148	3.8	124	6.8	24	1.2
25	100	2.6	91	5.0	15	0.7
26	70	1.8	63	3.5	17	0.3
27	59	1.5	56	3.1	3	0.1
28	39	1.0	38	2.1	1	0.0
29	30	0.8	30	1.7	—	—
30	17	0.4	17	0.9	—	—
31	10	0.3	10	0.6	—	—
32	6	0.2	6	0.3	—	—
33	2	0.1	2	0.1	—	—
34	2	0.1	2	0.1	—	—
35	1	0.0	1	0.1	—	—
36	1	0.0	1	0.1	—	—
37	1	0.0	1	0.1	—	—
38	1	0.0	1	0.1	—	—

表 15　现年龄组男女初婚年龄分布

年龄组 / 初婚年龄	计	15—19	20—24	25—29	30—34	35—39	40—44	45—49	50—54	55—59	60—64	65—69	70—74	75—79	80以上
总计	3938	221	412	534	504	470	344	409	351	252	191	125	66	42	17
13	6	2	1	—	—	2	—	—	—	—	1	—	—	—	—
14	44	11	13	2	2	3	3	1	2	1	4	1	—	1	—
15	259	37	45	35	26	22	32	15	6	10	12	10	5	2	2
16	537	67	50	61	48	53	46	53	45	44	34	20	9	6	1
17	530	55	48	70	56	57	44	52	39	46	29	17	8	7	2
18	542	31	83	71	66	52	54	66	40	24	19	13	9	11	2
19	466	18	54	84	56	69	36	52	46	12	12	10	6	6	3
20	402	—	53	62	62	58	35	45	39	18	11	8	6	2	3
21	264	—	25	32	39	44	19	28	30	16	13	11	4	2	1
22	216	—	18	34	35	29	13	22	31	15	10	6	3	—	—
23	177	—	16	30	21	20	11	26	18	14	8	7	3	2	—
24	148	—	6	24	21	18	15	13	16	15	9	5	5	—	1
25	106	—	—	15	21	15	9	10	14	10	6	4	1	1	—
26	70	—	—	7	12	10	7	8	8	7	6	3	1	—	1
27	59	—	—	7	13	8	7	5	5	6	4	2	1	—	—
28	39	—	—	—	11	4	4	5	4	4	3	2	2	—	—
29	30	—	—	—	7	5	2	5	3	4	2	2	—	—	—
30	17	—	—	—	5	—	4	1	2	2	1	1	1	—	—
31	10	—	—	—	—	1	2	—	2	2	1	—	1	—	—
32	6	—	—	—	1	—	1	—	1	1	1	—	1	—	—
33	2	—	—	—	—	—	—	—	—	—	1	1	—	—	—
34	2	—	—	—	—	—	—	1	—	1	—	1	—	—	—
35	1	—	—	—	—	—	—	—	—	—	1	—	—	—	—
36	1	—	—	—	—	—	—	—	—	—	—	1	—	—	—
37	1	—	—	—	—	—	—	—	—	—	1	—	—	—	—
38	1	—	—	—	—	—	—	—	—	—	1	—	—	—	—

表10. 依年龄组男子初婚年龄统计

年龄组 / 初婚年龄	計	15—19	20—24	25—29	30—34	35—39	40—44	45—49	50—54	55—59	60—64	65—69	70—74	75—79	80以上
总計	1817	81	143	246	242	218	148	215	194	120	81	64	35	17	13
13	2	—	1	—	—	1	—	—	—	—	—	—	—	—	—
14	4	1	1	—	—	1	—	—	—	—	—	—	—	1	—
15	31	9	5	6	—	4	2	3	—	—	—	—	—	1	1
16	85	19	10	15	3	6	5	13	7	3	—	—	1	2	1
17	131	20	18	18	11	17	8	13	11	6	2	2	2	—	1
18	214	20	25	29	28	18	19	26	15	7	4	4	4	4	1
19	206	12	24	34	24	32	14	22	22	4	6	6	3	4	1
20	207	—	20	23	33	34	15	25	21	11	8	8	4	3	2
21	185	—	14	24	23	29	13	20	20	12	10	10	3	—	1
22	168	—	10	26	23	15	12	22	29	13	8	6	3	—	1
23	149	—	11	25	14	15	11	24	18	13	7	6	3	—	2
24	124	—	4	19	14	14	14	12	14	15	8	5	4	1	—
25	91	—	—	14	17	8	9	9	13	9	6	4	1	—	1
26	63	—	—	6	11	7	6	8	7	7	6	3	1	1	—
27	56	—	—	7	12	6	7	5	5	6	4	2	1	—	1
28	38	—	—	—	10	4	4	5	4	4	3	2	2	—	—
29	30	—	—	—	7	5	2	5	3	4	2	2	—	—	—
30	17	—	—	—	5	—	4	1	2	2	1	1	1	—	—
31	10	—	—	—	—	2	2	—	2	2	1	—	1	—	—
32	6	—	—	—	1	—	1	—	1	1	1	—	1	—	—
33	2	—	—	—	—	—	—	—	—	—	1	1	—	—	—
34	2	—	—	—	—	—	—	—	—	1	—	1	—	—	—
35	1	—	—	—	—	—	—	—	—	—	1	—	—	—	—
36	1	—	—	—	—	—	—	—	—	—	—	1	—	—	—
37	1	—	—	—	—	—	—	—	—	—	1	—	—	—	—
38	1	—	—	—	—	—	—	—	—	—	1	—	—	—	—

表17. 依年齡組女子初婚年齡分配

初婚年齡＼年齡組	計	15-19	20-24	25-29	30-34	35-39	40-44	45-49	50-54	55-59	60-64	65-69	70-74	75-79	80以上
總計	2121	140	269	288	262	252	196	194	157	132	110	61	31		
13	4	2	—	—	—	1	—	—	—	—	1	—	—	—	—
14	40	10	12	2	2	2	3	1	2	1	4	1	—	—	—
15	228	28	40	29	26	18	30	12	6	10	12	10	5	1	1
16	452	48	40	46	45	47	41	40	38	41	34	20	8	4	—
17	401	35	30	52	45	40	36	39	28	40	27	15	6	7	1
18	338	11	58	42	38	34	35	40	25	17	15	9	5	7	1
19	258	6	30	50	34	37	22	30	24	8	6	4	3	3	1
20	195	—	33	39	29	24	20	20	18	7	3	—	2	—	—
21	79	—	11	8	10	15	6	8	10	4	3	1	1	2	—
22	48	—	8	8	12	13	1	—	2	2	2	—	—	—	—
23	28	—	5	5	7	5	—	2	—	1	1	1	—	1	—
24	24	—	2	5	7	4	1	1	2	—	1	—	1	—	—
25	15	—	—	1	4	7	—	1	1	1	—	—	—	—	—
26	7	—	—	1	1	3	1	—	1	—	—	—	—	—	—
27	3	—	—	—	1	2	—	—	—	—	—	—	—	—	—
28	1	—	—	—	1	—	—	—	—	—	—	—	—	—	—

(二)夫妻年齡關係　在已婚男女三九二八人中，除夾偶者及嫁人為妻者外，共有夫妻一六二八對．依照年齡組分析，以夫在31-35歲妻在21-25歲有二〇二對為最多；夫在31-35歲妻在26-30歲有九十二對為次多．就一般情形，夫之年齡多較高於妻，故在年齡組之中，夫之年齡，與其所配之妻之年齡相比較，則其妻之年齡，均傾向於夫之年齡組以下各組；如表中31-35年齡之夫，其所配之妻之年齡，自三十五歲以下者為二一人，三十六歲以上者僅五人而已．反之，在每年齡組中，妻之年齡與其所配之夫之年齡相比較，則夫之年齡，均傾向于妻之年齡組以上各組；如31-35年齡之妻，其所配之夫之年齡，自20-60歲止．最小為二十歲僅一人，最大者竟達56-60歲之間，前後相差四十歲．故在普通情況之下，男人所娶之妻之年齡，常較其自身之年齡為小；而女子所嫁之夫之年齡，常較其自身之年齡為大。

在各年齡組中，夫之人數，以26-30歲為最多，計二二二人，佔總數之13.6%；31-35、36-40歲兩組各係二一六人，為次多，各佔總數之13.2%；中以81-85歲祇二人，佔總數之0.1%為最少。妻之人數，以21-25歲為最多，計二八三人，佔總數之17.4%；26-30歲係二七三人，為次多，佔總數之16.8%；71-75、76-80歲兩組各僅二人，各佔總數之0.1%為最少。

自十一歲至三十歲間，每組夫之人數，均較少於妻；而三十六歲以上各組，則夫之人數較多於妻。由此亦可明瞭妻之年齡多較夫為小。因男子結婚之機遇較女子為小，故一部份男子結婚之年齡較大，且本縣間童養媳之風頗盛行，養媳之年齡輒未能與其夫相若。至於家庭經濟之範圍，亦足影响及之。茲將一六二八對夫妻年齡關係列表如次：

表18. 夫妻年齡對照

夫之年齡 妻之年齡	11-15	16-20	21-25	26-30	31-35	36-40	41-45	46-50	51-55	55-60	61-65	66-70	71-75	76-80	81-85	
11-15	2	6	1													9
16-20	4	47	74	46	2	1										181
21-25		6	86	101	58	26	3	2			1					283
26-30			5	66	92	77	18	13	1	1						273
31-35		1	1	8	52	65	35	37	9	1						209
36-40				1	4	47	62	75	18	3	3					213
41-45					1		49	52	45	8	4	1				160
46-50							14	24	46	30	13	1				128
51-55							6	4	24	19	18	5	1			77
56-60									5	13	19	14	5	5		61
61-65									1	1	8	9	5	2		26
66-70												1	1	2		4
71-75													1		1	2
76-80														1	1	2
81-85																—
	6	60	167	222	216	216	187	207	149	76	66	31	13	10	2	1628

表19　夫妻年齡分配

	夫		妻	
	人數	%	人數	%
總計	1628	100.0	1628	100.0
11—15	6	0.4	9	0.6
16—20	60	3.7	181	11.1
21—25	167	10.3	283	17.4
26—30	222	13.6	273	16.8
31—35	216	13.2	209	12.8
36—40	216	13.2	213	13.2
40—45	187	11.5	160	9.8
46—50	207	12.7	133	7.9
51—55	149	9.2	77	4.7
56—60	76	4.7	61	3.7
61—65	66	4.1	26	1.6
66—70	31	1.9	4	0.2
71—75	13	0.8	2	0.1
76—80	10	0.6	2	0.1
81—85	2	0.1	—	—

6　職業狀況

此次所調查之鄉村，多係全農區。據分析結果，職業方面，除大部份務農者外，尚有漁、商、工及其他等種。在八、〇六七人中，有職業者計二九七〇人，無職業者五、〇九七人，各佔總數之〣〦.〨%及〦〣.〢%。男子有職業者二三一二人，無職業者一九三一人，各佔男總數之〥〤.〥%及〤〥.〥%。女子有職業者六五八人，無職業者三、一六六人，各佔女總數之一七.〤%及

82.8%。如將生產年齡級之人數與職業人數相比，則男子在生產年齡級者有二三一三人，而有職業者為二三一二人。女子在生產年齡級者有二二四一人，而有職業者僅六五八人，祗及生產級人數之29.4%，而有70.6%有從事生產者。

茲再就職業之種類分析，有職業者計二九七〇人，其中農業計二三九九人，佔80.8%；商計三二八人，佔11.0%；工計一四五人，佔4.9%；漁計六六人，佔2.2%；其他計三二人，佔1.1%。男子有職業者計二三一二人，其中農一八四二人，佔81.0%；商二七三人，佔11.8%；工九〇人，佔3.9%；漁六六人，佔2.8%；其他二一人，佔0.9%。女子有職業者計六五八人，其中農五二七人，佔80.1%；工及商各為五五人，各佔8.4%；其他二一人，佔3.2%。就中除業農者為最多外，商次之，工又次之，漁又次之，其他為最少。茲列表比較之：

表20. 男女職業狀況

	計		男		女	
	人數	%	人數	%	人數	%
總計	2370	100.0	2312	100.0	658	100.0
農	2399	80.8	1872	81.0	527	80.1
商	145	4.9	90	3.9	55	8.4
工	328	11.0	273	11.8	55	8.4
漁	66	2.2	66	2.8	—	—
其他	32	1.1	11	0.5	21	3.1

7 教育程度

在八〇六七人中，識字者一一二六人，佔總數之14.0%，男子識字者九二五人，佔男總數之21.8%，女子識字者二〇一人，佔女總數之5.3%。在識字者一一二六人中，曾入私塾者六〇四人，佔總人數之7.5%，曾入小學者六五七人，佔總人數之8.1%，曾入中學者計二二人，佔總人數之0.3%，並無入大學者，能為書者二八二人，佔總人數之3.5%，能寫信者一一三人，佔總人數之1.4%。

就年齡分析，識字者以10—14歲為最多，計二五〇人，佔總數之22.2%；15—19歲為次多，計一八三人，佔總數之16.2%；20—24歲又次之，計一一九人，佔總數之10.5%；七五歲以上僅二人，佔總數之0.2%為最少。曾入私學者計六〇四人，中以15—19歲為最多，計九〇人，佔總數之14.9%；曾入小學者計六五七人，中以15—24歲為最多，計二〇七人，佔總數之31.5%。曾入中學者計二二人，中以15—19歲計七人為最多，佔總數之31.8%。五五歲以上，已無曾入小學者；一四歲以下與五〇歲以上，並無曾入中學者。能看書者計二八二人，中以15—19歲計八二人為最多，佔總數之29.1%。能寫信者計一一三人，中以15—19歲計三三人為最多，佔總數之29.2%。九歲以下、七五歲以上，並無能看書者，一四歲以下與五五歲以上無能寫信者。茲詳細列表如次：

表21. 依年龄组男女教育状况

	识字者		入私塾者		入小学者		入中学者		能看书者		能写信者	
	人数	%	人数	%	人数	%	人数	%	人数	%	人数	%
总计	1126	100.0	604	100.0	657	100.0	22	100.0	282	100.0	113	100.0
5—9	80	7.1	15	2.5	73	11.1	—	—	—	—	—	—
10—14	250	22.2	83	13.7	207	31.5	—	—	14	5.0	—	—
15—19	183	16.2	90	14.9	142	21.6	7	31.8	82	29.1	33	29.2
20—24	119	10.6	64	10.6	75	11.4	4	18.2	46	16.3	21	18.6
25—29	100	8.9	52	8.6	50	7.6	3	13.6	41	14.5	13	11.5
30—34	80	7.1	49	8.1	35	5.4	3	13.6	29	10.3	11	9.7
35—39	67	6.0	40	6.6	35	5.4	2	9.1	19	6.7	13	11.5
40—44	65	5.8	45	7.5	22	3.3	2	9.1	18	6.4	11	9.7
45—49	59	5.2	43	7.2	16	2.4	1	4.6	15	5.3	4	3.5
50—54	49	4.4	49	8.1	2	0.3	—	—	7	2.5	3	2.7
55—59	37	3.3	37	6.1	—	—	—	—	6	2.1	3	2.7
60—64	23	2.0	23	3.8	—	—	—	—	2	0.7	1	0.9
65—69	7	0.6	7	1.2	—	—	—	—	2	0.7	—	—
70—74	5	0.4	5	0.8	—	—	—	—	1	0.4	—	—
75—79	2	0.2	2	0.3	—	—	—	—	—	—	—	—

表22. 依年龄组男子教育状况

	识字者		入私塾者		入小学者		入中学者		能看书者		能写家信者	
	人数	%	人数	%	人数	%	人数	%	人数	%	人数	%
总计	925	100.0	479	100.0	519	100.0	18	100.0	254	100.0	105	100.0
5—9	52	5.6	12	2.5	45	8.7	—	—	—	—	—	—
10—14	196	21.2	53	11.0	157	30.2	—	—	12	4.7	—	—
15—19	125	13.5	50	10.4	94	18.2	5	27.8	68	26.8	28	26.6
20—24	92	9.9	46	9.6	65	12.5	3	16.7	41	16.1	19	18.1
25—29	88	9.5	40	8.4	48	9.2	2	11.1	37	14.6	12	11.4
30—34	71	7.7	40	8.4	35	6.7	3	16.7	27	10.6	11	10.4
35—39	62	6.7	35	7.3	35	6.7	2	11.1	18	7.1	13	12.4
40—44	60	6.5	40	8.4	22	4.3	2	11.1	18	7.1	11	10.5
45—49	57	6.2	41	8.6	16	3.1	1	5.5	15	5.8	4	3.8
50—54	48	5.2	48	10.0	2	0.4	—	—	7	2.8	3	2.9
55—59	37	4.0	37	7.7	—	—	—	—	6	2.4	3	2.9
60—64	23	2.5	23	4.8	—	—	—	—	2	0.8	1	1.0
65—69	7	0.8	7	1.5	—	—	—	—	2	0.8	—	—
70—74	5	0.5	5	1.0	—	—	—	—	1	0.4	—	—
75—79	2	0.2	2	0.4	—	—	—	—	—	—	—	—

表23. 依年龄组女子教育状况

	识字者		入私塾者		入小学者		入中学者		能看书者		能写信者	
	人数	%	人数	%	人数	%	人数	%	人数	%	人数	%
总计	201	100.0	125	100.0	138	100.0	4	100.0	28	100.0	8	100.0
5—9	28	13.9	3	2.4	28	20.3	—	—	—	—	—	—
10—14	54	26.8	30	24.0	50	36.2	—	—	2	7.1	—	—
15—19	58	28.9	40	32.0	48	34.8	2	50.0	14	50.0	5	62.5
20—24	27	13.4	18	14.4	10	7.2	1	25.0	5	17.9	2	25.0
25—29	12	6.0	12	9.6	2	1.5	1	25.0	4	14.3	1	12.5
30—34	9	4.5	9	7.2	—	—	—	—	2	7.1	—	—
35—39	5	2.5	5	4.0	—	—	—	—	1	3.6	—	—
40—44	5	2.5	5	4.0	—	—	—	—	—	—	—	—
45—49	2	1.0	2	1.6	—	—	—	—	—	—	—	—
50—54	1	0.5	1	0.8	—	—	—	—	—	—	—	—

表24. 男女教育状况

（对总人数之%）

	计		男		女	
	人数	对总人数之%	人数	对男总数之%	人数	对女总数之%
识字者	1126	14.0	925	21.8	201	5.3
入私塾者	604	7.5	479	11.3	125	3.3
入小学者	657	8.1	519	12.2	138	3.6
入中学者	22	0.3	18	0.4	4	0.1
能看书者	282	3.5	254	6.0	28	0.7
能写字者	113	1.4	105	2.5	8	0.2

表25. 識字與不識字人数

	計			男			女		
	計	識字	不識字	計	識字	不識字	計	識字	不識字
總計	8067	1126	6941	4243	925	3318	3824	201	3623
0—4	1103	—	1103	626	—	626	477	—	477
5—9	1015	80	935	569	52	517	446	28	418
10—14	953	250	703	524	196	328	429	54	375
15—19	812	183	629	401	125	276	411	58	353
20—24	697	119	578	354	92	262	343	27	316
25—29	644	100	544	350	88	262	294	12	282
30—34	548	80	468	286	71	215	262	9	253
35—39	491	67	424	239	62	177	252	5	247
40—44	346	65	281	150	60	90	196	5	191
45—49	411	59	352	217	57	160	194	2	192
50—54	352	49	303	195	48	147	157	1	156
55—59	253	37	216	121	37	84	132	—	132
60—64	192	23	169	82	23	59	110	—	110
65—69	125	7	118	64	7	57	61	—	61
70—74	66	5	61	35	5	30	31	—	31
75—79	34	2	32	17	2	15	17	—	17
30以上	25	—	25	13	—	13	12	—	12

茲再將一四五一學齡兒童教育程度列表比較如左：

表26. 學齡兒童教育程度

	學童總數		已入學者		未入學者	
	人數	%	人數	%	人數	%
總計	1451	100.0	246	100.0	1205	100.0
男	823	100.0	184	22.4	639	77.6
女	628	100.0	62	9.9	566	90.1

學童計一四五一人，男八二三人，女六二八人，各佔總數之56.7%與43.3%。男學童八二三人，已入學者一八四人，未入學者六三九人，各佔總數之22.4%與77.6%。女學童六二八人，已入學者六二人，未入學者五六六人，各佔總數之9.9%與90.1%。

8 人口增減趨勢

茲根據Sundberg氏之人口分配，求觀察八、〇六七人之增減趨勢。就表27：0－14歲為38%，15－49歲為49%，50歲以上為13%。是種狀況，已與增加式頗相符合。緣本縣人口衆多，地方富庶，故此種情形添較為可靠。茲列表闡明於次：

表27. 人口年齡分配與Sundberg三式人口分配比較

	Sundberg三式人口之%			8067人口之趨勢	
	增加	靜止	減少	%	人數
總計	100	100	100	100	8067
0—14	40	33	20	38	3071
15—49	50	50	50	49	3949
50以上	10	17	30	13	1047

三　農　業

1　田地面積

㈠田地面積折算　本縣水田及旱地之單位，有則以畝計算，有則以斗計算，唯用畝計算者較為普遍。平均每臺畝水田面積，等於0.七九市畝，每臺畝旱地面積，等於0.八0市畝。是次所調查之鄉鎮，其田地每單位面積之大小，略有出入，兹列表比較之：

表1.　田地面積折算

	每臺畝折合市畝數	
	水　田	旱　地
平　均	0.79	0.80
利　橋	0.77	0.78
玉　塘	0.80	0.81
過　通	0.78	0.80
織　底	0.80	0.80
上　郭	0.79	0.81
梳　岡	0.81	0.81
東　刘	0.78	0.79
陣中磨	0.76	0.78
上　張	0.81	0.82
下　樓	0.80	0.81
前　王	0.78	0.80
龍　田	0.80	0.80
前　林	0.79	0.79

(二)已耕地面積　全縣已耕地面積計四○五○○○市畝，第一區一三五、○○○市畝，第二區一三○、○○○市畝，第三區一四○、○○○市畝。(據縣政府查報告)

是次調查，計有一、一八七農場，已耕地面積計六、七三二·二市畝，就中水田三、三一二·四市畝，旱地三、四一九·八市畝，各佔總數之49.2%與50.8%。業農者一、一八七戶，每戶平均可耕地五·七市畝。茲將一一八七農場已耕地面積列表如下，以清眉目。

表2. 已耕地面積
單位：市畝

	計	水田	旱地
總計	6732.2	3312.4	3419.8
利濟	582.0	295.7	286.3
玉塘	792.4	408.4	384.0
通道	698.7	301.0	397.7
城底	851.7	309.8	541.9
上鄭	567.5	281.4	286.1
橋岡	472.5	308.0	164.5
東劉	356.9	219.0	137.9
澤中唐	348.9	213.0	135.9
上張	426.7	177.9	248.8
下樓	229.1	18.9	210.2
前王	351.0	146.3	204.7
龍田	258.1	140.8	117.3
前林	796.7	492.2	314.5

2 農戶數

在一、二九五戶中，業農者一一八七戶，佔總戶數之九一·六%，唯此次所選之鄉，均為農區，是以農戶所佔百分率甚高，非足以代表全縣之狀況。就各選查鄉觀察，城底計一三四戶，與渾中營九八戶均全部務農；利稿計一〇九戶，而務農者有八三戶，佔76.2%，在各鄉中，此百分率尚屬最低者。

表3 農戶數

	總戶數	農戶數	農戶數對總戶數之%
總計	1295	1187	91.6
利稿	109	83	75.1
玉鎮	105	93	88.6
遠重	99	98	99.0
城底	134	134	100.0
上鄭	115	96	83.5
稻關	70	66	94.3
桌利	69	67	97.1
渾中營	98	98	100.0
上張	110	96	87.3
下橋	63	62	98.4
前王	141	137	97.2
龍田	88	68	77.3
前林	96	89	92.7

3 耕地面積大小分配

在一一八七農户中，每户耕地最多者不過在30—34.9市畝之間。每户耕地四·九市畝以下者計六七七户，佔總數之57.0%，為最多；耕地5—9.9市畝者計四〇一户為次多；25—34.9市畝間僅二户，佔總户數之0.2%為最少。自耕農每户耕地最多者在30—34.9市畝之間，半自耕農及佃農每户耕地最多者則在20—24.9市畝之間，兹列表如下：

表 耕地面積大小分配

面積單位：市畝

	合計		自耕農		半自耕農		佃農	
	户數	%	户數	%	户數	%	户數	%
總計	1187	100.0	508	100.0	407	100.0	272	100.0
4.9以下	677	57.0	286	56.4	239	58.7	152	55.9
5—9.9	401	33.8	169	33.3	133	32.7	99	36.4
10—14.9	76	6.4	34	6.6	26	6.4	16	5.9
15—19.9	24	2.0	13	2.5	8	2.0	3	1.1
20—24.9	7	0.6	4	0.8	1	0.2	2	0.7
25—29.9	1	0.1	1	0.2	—	—	—	—
30—34.9	1	0.1	1	0.2	—	—	—	—

4. 地權分配

(一)自耕農半自耕農及佃農 在一一八七農戶間，以自耕農為最多，計五〇八戶，佔總戶數之42.8%；半自耕農次多，計四〇七戶，佔總戶數之34.3%；佃農為最少，計二七二戶，佔總戶數之22.9%。茲列表如下：

表5. 農戶地權分配

	農戶總數		自耕農		半自耕農		佃農	
	戶數	%	戶數	%	戶數	%	戶數	%
總計	1187	100.0	508	42.8	407	34.3	272	22.9
利橋	83	100.0	33	39.8	20	24.1	30	36.1
玉塘	93	100.0	15	16.1	30	32.3	48	51.6
遥道	98	100.0	54	55.1	20	20.4	24	24.5
城底	134	100.0	58	43.3	47	35.1	29	21.6
上郭	96	100.0	51	53.1	34	35.4	11	11.5
槐岡	66	100.0	14	21.2	29	43.0	23	34.9
樂劉	67	100.0	5	7.5	39	58.2	23	34.3
洋中帶	98	100.0	28	28.6	42	42.8	28	28.6
上張	96	100.0	71	74.0	20	20.8	5	5.2
下樟	62	100.0	59	95.2	2	3.2	1	1.6
前王	137	100.0	78	56.9	47	34.3	12	8.8
龍田	68	100.0	15	22.1	50	73.5	3	4.4
前林	89	100.0	27	30.3	27	30.3	35	39.4

(二) 自耕面積及佃耕面積　已耕地面積為六、七三二·二市畝，中自耕面積計三、五六七·〇市畝，佔總數之五三·〇%；佃耕面積計三、一六五·二市畝，佔總數之四七·〇%。水田共三、三一二·四市畝，自耕面積計一、四三二·七市畝，佃耕面積計一、八七九·七市畝，各佔水田總面積之四三·三%與五六·七%。旱地共三、四一九·八市畝，自耕面積計二、一三四·三市畝，佃耕面積計一、二八五·五市畝，各佔旱地總面積之六二·四%與三七·六%。茲再列表以明之：

表6，自耕及佃耕面積比較（1）

	已耕地面積		自耕面積		佃耕面積	
	市畝	%	市畝	%	市畝	%
總計	6732.2	100.0	3567.0	53.0	3165.2	47.0
水田	3312.4	100.0	1432.7	43.3	1879.7	56.7
旱地	3419.8	100.0	2134.3	62.4	1285.5	37.6

表6 自耕及佃耕面積比較(2)

单位：市亩

	出耕地面積			自耕面積			佃耕面積		
	計	水田	旱地	計	水田	旱地	計	水田	旱地
總計	6732.2	3312.4	3419.8	3567.0	1432.7	2134.3	3165.2	1872.7	1285.5
利橋	582.0	295.7	286.3	302.5	132.7	169.8	273.5	163.0	116.5
玉塘	732.4	408.4	384.0	249.8	103.0	146.8	542.6	305.4	237.2
通道	698.7	301.0	397.7	420.0	156.6	263.4	278.7	144.4	134.3
城底	851.7	309.8	541.9	483.7	132.3	351.4	368.0	177.5	190.5
上郊	567.5	281.4	286.1	423.3	176.8	246.5	144.2	104.6	39.6
梧岡	472.5	308.0	164.5	240.4	135.0	105.4	232.1	173.0	59.1
東劉	356.9	219.0	137.9	138.0	85.4	52.6	218.9	133.6	85.3
陽中增	348.9	213.0	135.9	133.0	81.4	52.6	214.9	131.6	83.3
上塅	426.7	177.9	248.8	367.7	149.1	218.6	59.0	28.8	30.2
下樓	229.1	18.9	210.2	224.9	18.9	206.0	4.2	—	4.2
前王	351.0	146.3	204.7	205.6	63.9	141.7	145.4	82.4	63.0
龍田	258.1	140.8	117.3	58.1	30.4	27.7	200.0	110.4	89.6
荷林	796.7	492.2	304.5	319.0	167.2	151.8	477.7	325.0	152.7

5　農產

（一）作物種類　重要者如冬作物方面，有大小麥、豌豆、蠶豆、菜豆、油菜子等；夏作物方面，則有早晚稻、甘薯、甘蔗、落花生、大豆、芋头、大麻、綠豆等。普通常於種早晚稻及晚薯等，旱地則植麥類、甘薯、豆類、落花生等。福田高山一帶，多為旱地，故農民以甘薯為主要作物。

（二）作物栽培面積　冬作物栽培面積計六六二八．三市畝，佔總面積之[illegible]%；夏作物栽培面積計九七〇三．二市畝，較原耕地面積超出二、九七一．〇市畝，即多出[illegible]%。因作物間有則可以混合栽培，故其面積總數較實際耕地面積為大。在冬作物中，各項栽培面積，以小麥計一、〇五二．三市畝為最大，佔[illegible]%；大麥計八七六．一市畝為次多，佔[illegible]%。夏作物栽培面積以晚稻為最多，計三、一五四．八市畝，佔[illegible]%；

早穗計三〇八一．〇市畝，甘薯計二三二五．五市畝，各佔32.0%與24.0%。

再冬作物栽培面積為六六二八．三市畝，較已耕地面積十四、一〇三．九市畝，此所少之耕地，即屬冬荒面積，但實際冬荒面積則不及四一〇三．九市畝之多，蓋其中一部份田地，往往用以種植菜類，此留中且多劃出一部份面積作為秧田。

表7　冬作物栽培面積

面積單位：市畝

	計	小麥	大麥	油菜子	蠶豆	豌豆	菜豆
總計	2628.3	1151.3	879.1	28.3	313.3	157.6	98.7
利橋	248.5	34.2	32.5	—	75.8	39.6	16.4
玉壞	203.8	164.6	—	—	—	—	39.2
延道	346.4	113.7	161.9	—	37.7	23.0	10.1
城底	527.2	137.0	137.8	—	59.1	75.0	8.3
上鄭	162.2	—	149.8	124	—	—	—
樓田	122.5	122.5	—	—	—	—	—
東劉	78.6	58.3	—	—	20.3	—	—
舉中營	64.8	—	40.0	—	24.8	—	—
上張	242.7	182.3	60.4	—	—	—	—
下橋	198.3	82.6	62.3	—	50.0	—	4.0
前王	168.2	—	164.2	4.0	—	—	—
龍田	850	44.0	10.2	10.0	—	20.0	—
前林	179.5	111.3	—	1.3	456	—	20.7

表8. 夏作物栽培面積

面積單位：市畝

	計	早稻	晚稻	甘薯	甘蔗	落花生	大豆	芋头	大麻	綠豆
總　計	9703.2	3081.0	3154.8	2325.5	218.1	489.5	346.6	59.5	9.8	18.4
利　橋	864.0	288.3	288.3	203.0	—	45.1	39.3	—	—	—
玉　德	1063.2	289.6	382.6	198.2	47.8	30.5	40.3	12.4	4.8	—
遥　通	999.7	301.0	301.0	257.5	45.6	60.3	19.2	5.9	—	9.2
城　底	1149.4	303.1	304.4	350.1	22.5	98.0	62.1	—	—	9.2
上　鄭	841.3	277.6	277.6	176.4	40.0	38.7	31.0	—	—	—
橋　岡	776.7	306.1	231.5	136.7	—	22.0	20.4	—	—	—
東　劉	500.3	181.2	181.2	82.4	22.5	20.0	13.0	—	—	—
澤中詹	546.5	205.3	205.3	105.9	15.0	10.0	—	—	5.0	—
上　張	579.0	107.5	159.7	172.8	—	30.6	45.4	—	—	—
下　樓	243.6	14.5	18.3	161.5	—	24.5	24.2	—	—	—
前　王	473.9	134.2	144.2	153.7	—	21.8	13.2	6.8	—	—
龍　田	403.1	133.6	138.6	92.2	—	—	18.3	20.4	—	—
前　林	1256.5	476.0	454.5	235.1	24.7	38.0	14.2	14.0	—	—

(三)產量

(1) 產量之折算　計算作物產量之單位為斤，每百斤為一担。通常稱米穀之秤曰穀秤，每斤合一·二九市斤。此外用以稱衡其他作物者則有通用秤，每斤合一·一五市斤。每市斤等于穀秤〇·八四斤，等於通用秤〇·八七斤。容量方面：每升之重，折合〇·九一三市斤。每一〇升為一斗，十斗為一石。

(2) 作物每單位面積之產量　作物每市畝產量之多寡，各有不同，茲分為最高、最低及平均三類，以平常年與荒年之相比較，以觀察其相差之程度。

各類作物，每因自然環境之不同，使其產量之年歲相差甚巨。尤其甘薯及甘蔗等最高及最低之產量，相差尤甚。茲列表於下：

(3) 作物總產量

一一八七農場作物總產量如下表：

表9. 每市畝作物產量

單位：市斤

		最高		最低		平均	
		平常年	去年	平常年	去年	平常年	去年
冬作物	小麥	180	180	110	120	145	150
	大麥	170	160	120	110	145	135
	油菜子	70	75	60	60	65	67
	蠶豆	90	90	80	80	85	85
	豌豆	98	85	80	80	89	82
	菜豆	80	80	70	70	75	75
夏作物	早稻	300	300	200	160	250	230
	晚稻	350	350	200	200	275	275
	甘薯	2500	2500	1000	1000	1750	1750
	甘蔗	2000	2200	1400	1600	1700	1900
	落花生	150	160	140	150	145	165
	大豆	120	130	80	90	100	110
	芋頭	900	900	600	600	750	750
	大蒜	80	80	50	50	80	50
	綠豆	100	100	80	90	90	95

表10. 作物總產量

		栽培面積 (市畝)	產量 (市斤)
總計		11 731.5	6 377 298.0
冬作物	小麥	1 151.3	172 695.0
	大麥	879.1	118 690.0
	油菜籽	28.3	1 900.0
	豌豆	313.3	26 640.0
	豇豆	157.6	12 930.0
	菜豆	98.7	7 403.0
夏作物	早稻	3 081.0	710 700.0
	晚稻	3 154.8	882 010.0
	甘薯	2 325.5	4 069 630.0
	甘蔗	218.1	243 390.0
	落花生	489.5	83 200.0
	大豆	346.6	38 126.0
	芋頭	[illegible]59.5	7 350.0
	大麻	9.8	784.0
	綠豆	18.4	1 850.0

6 農田經營

(一) 耕作季節　作物耕作季節，農民均依舊曆習慣，冬作物以秋間下種，至翌年春間收成；夏作物多以春夏下種，於秋收成，其時作物之種植與收穫時間列表示之如次：

表11、作物種植與收成期間

		種植期間(月)	收成期間(月)
冬作物	小麥	9,10	2,3
	大麥	10	3
	油菜籽	10	3
	豌豆	10	2,3
	蠶豆	10	3
	菜豆	10,11	2,3
夏作物	早稻	4	6
	晚稻	4,7	10
	甘藷	3,7	8,10
	甘蔗	3	12
	落花生	2,3	8,9
	大豆	2,3	5
	芋頭	3	8,9
	大蔴	3	7,8
	綠豆	3	5

(二)種籽　各種作物之種籽，其優劣能影響于各該作物產量之鉅。此處所謂種籽者，其涵義不僅專指粒狀之穀種，或其他如油菜籽等，乃包括能使各該作物生長之原植物。如稻類雖賴種籽生長成，但需由發芽長苗以移植後，始得種植于本田內，是以直接種植于本田之種籽，並非穀粒，乃為秧苗。大小麥、油菜子及豆類之種植，均屬種籽，而甘藷則以藷藤，蔗則以蔗條。

種籽選擇之法，各有不同，其種植之手續亦有繁簡，蓋成于此
種工作極為注意，蓋其關于生產之多寡甚巨。早稻晚稻種籽之選擇
，多利用風車簸穀，擇其重者為種，且于播種之先，行浸種工作，
使其受濕，俾易發芽較速，然後播諸秧田；成苗後，始分據于大田中
，麥類種籽，多于收成時選擇之，于種植之先，亦須行浸種工作，惟為求
使其發芽即播于旱地，其法有二：一為條播，即將種子叢栽列播於
每畦之上，然後以鉋鋤土，使其被入土中；一為點播，即于畦間鑿穴
規列之塘若干，將種子以十餘粒為一叢，分別納入塘中。本縣番薯之產
甚平，種薯之法，先將薯截種下，使其長一臁，後接下之芽成一臁，每臁
約三四寸，每其臁三四，按畦間隔插之，三分之一入土，一要須埋入土中
，則易長根也。至于其他作物，其情形亦有異同之處，難以盡述。

(三)肥料 本縣應田肥料，有人糞尿、獸糞、堆肥、綠肥、植物

灰、骨灰、豆餅、花生麩，以及肥田粉、鳥糞、海泥等；此外豆科植物之種籽，可為肥田，本縣各田頗能利用之。惟全邑土地廣大，各地因自然環境之不同，致所用肥料各有異處。第一區土壤，所用之肥料，以花生麩、豆餅、草灰、廄肥為最佳，較次者為肥田粉。第二区土壤所用之肥料，以骨灰、燐、鉀等質肥料為最佳，鹼性及酸性較次。第三区則以廄肥、魚肥、綠肥、由麩為最適，人糞及肥田粉則較次。

本縣鄉農施肥之法，每因作物種類而異。稻類多用撒施法，于播種或秧前數日，撒肥料于田中。小麥甘蔗等則多用條施法，于播種時，依每畦之行列間佈以肥料，如小麥為點播時，則隨種子而施肥于畦中。對于甘薯則常用圍施，即以竹標于畦旁穿孔而施入肥料。水田肥料，用人糞尿、豆餅、花生麩、骨灰及肥田粉等，惟肥田粉用於較少，非基肥也，而骨灰之利用，則多在山地（如東張等處）。

（四）灌溉與排水

此種工作，亦屬經營農田之要着，灌溉工具，如水車水桶等是。水車用于水田，而旱地多用水桶。農民于施肥之前後數日間，不多行灌水工作，蓋慮肥料被水冲刷也。水田于栽秧分水量時始行灌水，至于稀秧時至灌溉多量之水，唯秧苗長衡，即當注意排水工作。排水均用人力，通常兩車之間，即於堤邊灣水是也。車系水溝專管之缺，多設[illegible]灌水，須用人力，第二區建有三處小塡，可利用以溉田，頗稱利便，惟是蓄水池，其他各地仍須以水傳灌溉。

本縣當局，對于水利之設施，頗著勤績，其裨益于農田上可謂[illegible]舉其有關于灌溉者如次：

（1）懷林圳水利工程　第二區懷林圳附近海圳，計長三公里，[illegible]四公里，農田二千餘畝，因歷時已久，原有圳基，行將冲毀，倒溝[illegible]三十四年冬，縣當局組織修築懷林圳水利委員會，從事修築，於[illegible]

年四月间全部完竣，计修筑海堤长三三公里，土方三六〇〇公方，浚渫

开挖侧沟四公里，土方二六、五〇〇公方，石方二三〇〇公方，征雇民工六二〇〇〇名。

(2)修筑七里塘　　本县东南滨海，北靠石、白礁溪、蟹屿洋

棉亭洋、大湖洋等皆筑长堤，外御狂澜，内安水患。大湖洋则田最多

，唐以来旧有石堤长凡七千尺，高十五尺，谓之七里塘，为本县水利之

之钜擘。近来此塘损坏，海水侵犯，副经县政府议决订定加以进行，兹

着手修筑，第一步土方工程已于二十六年一月底告竣，第二步石方工程，亦

因难，正在积极设法进行中。

(3)疏濬天宝坡及化北河　　邑西三里许有水塘，修自唐天宝

间，故名。水由此入海，沿滨二千余亩之田，均赖灌溉，惟迄年久失修

水流不畅，二十六年一月由县兴工修濬。第三区化北里旧有

河四化北，围周良田数千亩，均赖灌溉排水，年因久未修，河

道路室不通，每當雨季，輒來水災，嗣由縣府征工修濬，人民咸利之。

（四）疏濬塘河　東輸塘河，有内外兩條，外河含長渠之水，下通祥符陂，灌東至思里之澤田園，亦藉資灌溉。遂由縣府令據情修理河堤。

（五）農具

茲將本縣主要農具列表於左：

種類	名稱	形狀	用途	每單位價格（元）	使用年限（年）
墾地農具	鋤	鐵鑄，長方形，前面平鋭，後有長圓形之孔，配以木柄	鋤草、掘土、整畦，以用途最大。	〇·八	三
	草鈀	鐵製成，有五齒，後有鐵柄，以竹為之，可以手執之	當田之鈀草及鬆土	五·〇	八
	犁	木面鐵製成三角形，鋒尖而鋭，其餘各部皆為木製成，另以繩索繫於牛軛，用牛駛之	翻土	四·二	一〇
	鈀梳	鐵製成之齒鈀	鈀土	〇·五	四

表二　農具種類

灌溉農具	水車	木製，內裝板送[illegible]收，分手車及脚車二種	灌水	六一五	七一五
	水桶	木製之桶	運水及潑水	0.五	二
一、施肥農具	糞桶	木製，狀如水桶，但口之兩旁有耳，以繩繫以竹篾，繫於[illegible]挑之。	挑糞至田	0.八	四
	糞箕	竹篾製成，兩邊有耳，繫以繩挑之。	挑運糞草及肥料	0.三	四
	竹耙	竹製，狀如[illegible]。	整[illegible]而施肥	0.二	四
收穫農具	鐮刀	鐵製，微帶弓狀	割稻麥	0.六	三
	竹稻架	竹製，狀如梯形，一端有兩脚，他端架于楻口	刈稻之晾曬	0.七	一0
	楻	木製之木桶，竹篾置其中。	刈稻之盛穀器	二.0	六
	軟簟	篾製，長方形，可以捲摺。	晒收穀物	三.0	六
	篾扁	篾製長方形。	晒收穀物	0.八	五
	稻扇	竹製，狀如「丁」字	展稻之用，以免穀粒被風吹落	0.三	五
	竹籮	竹製，狀如楻，邊有兩耳，以繩繫之。	運輸收穫物	0.六	六

種類	名稱	形狀	用途	每具價值（元）	使用年限（年）
碾製農具	風車	木製之送粒器	扇穀送粒	七〇	一〇—二〇
	礱	形如磨狀，竹製，配有木齒，以人力旋之，使其上下旋轉以碾穀。	輾去殼器	二〇	七
	篩	竹製，形扁而圓，中有小孔	篩去粗糠及米末	〇·七	四
	舂臼	石製之碾米器	舂米去殼	一·一	五〇
	薯擦	銅或鐵製之扁長方形薄板，中有刺孔甚多，外配以木板，或銅皮中鑿小孔乃成半圓形之鏟口。	擦甘薯及薑片	〇·八	五
囤積農具	竹篾	可以捲開之竹製盛穀器	囤穀	二〇	七
	穀倉	木製之積穀器	積穀	四〇	一〇—二〇
	廒	仝上	仝上	四〇	一〇—二〇

（六）收穫

稻類收穫，須經割、刈、曬、運、粒等工作，手續最繁。故在此收穫時期，農家每日除三餐外，尚加粥二頓，以補疲乏。如係分租時，田主須派人到田按成份分之，刈曬工作，須由田主自理。蓋分額租，則由佃户挑送。

本鄉甘薯之產量甚豐，龍田高山兩鎮，旱地最多，甘薯之出產亦最富，其收穫期間，早薯在于八月，晚薯則在十月。收穫之法，為拔藤取根。收成後除一部份供食糧外，餘均以製為薯絲或薯片（本鄉俗呼薯錢），晒乾藏之，以供終歲之需，且多運銷于外。

（七）工資 工資係專指農工之報酬，可分為長工工資及短工工資兩種。長工即為長年工作者，短工則專指日工。是次調查，在各途遠鄉間，長工全年工資去年最高為七〇元，最低為三〇元，民元時最高則為九〇元，最低為二〇元。短工每日工資，可分農閑及農忙二種，且須有供膳及不供膳之分。平均去年農忙時不供膳為〇.六元，供膳為〇.四元；農閑時供膳為〇.二元，不供膳則為〇.四元。各鄉間略有高低，茲將列表比較之：

表13 農工工資

單位：元

	男工全年工資		短工每日工資			
			農忙		農閑	
	元年	十五年	不供膳	供膳	不供膳	供膳
平均	49.0	47.3	0.6	0.4	0.4	0.2
利橋	80.0	70.0	0.8	0.6	0.4	0.2
玉塘	90.0	60.0	0.8	0.6	0.5	0.3
温通	60.0	40.0	0.4	0.3	0.2	0.1
城底	20.0	30.0	0.4	0.3	0.3	0.2
工部	80.0	60.0	0.7	0.5	0.5	0.3
桂岡	70.0	50.0	0.6	0.4	0.4	0.2
東劉	40.0	50.0	0.6	0.4	0.4	0.2
陽中營	50.0	40.0	0.7	0.5	0.4	0.3
上張	50.0	40.0	0.7	0.5	0.4	0.3
下樓	25.0	40.0	0.4	0.3	0.3	0.2
前王	25.0	40.0	0.4	0.3	0.3	0.2
穀田	30.0	50.0	0.5	0.3	0.3	0.2
前秋	25.0	45.0	0.4	0.3	0.3	0.2

四 農村經濟

1 租佃制度

(一) 租佃制度之成因

本縣租佃制度盛多之原因，不外下列數端：

(1) 受勞動能力之限制：一般富裕農，雖有多量土地，未能全部由自己耕種，稍將一部份租佃他人；

(2) 本縣人民，在海外謀生者，為數甚眾，一有積蓄，即回國購置產業，然每受到舊習慣之影響，歸里不久，常復出外，且每遷眷而往，田地則佃與其他人耕種；

(3) 縉紳或商賈，雖擁有土地，卻乏使用能力，勢必將所有田地出佃；

(4) 每受地理環境之影響，各村農戶間，雖有田地，然每因距離太遠，管理不便，彼此之間，互相訂立租佃關係；

(5) 在宗族團体間，常有祖先所遺留之公共產業，而田地尤為公產中之最普遍者，此種田地，勢必租與族間貧戶耕種，此亦乃租佃制度產生之主要原因。

本縣農村間，貧富之階級仍甚顯明，土地所有與使用間仍不能避免發生矛盾也。

(2) 租田手續　本縣租田手續，各區間有大同小異，大概可分為口約及契約兩種，承佃期間，多在秋節前後。口頭約定者，即由佃戶向田主面承田地耕種，約定每年完納租額若干，若有欠租，則由田主另覓別佃。此種方法，較為簡單，係佃戶與田主關係較為密切，或熟識者行之。如佃戶欲向外地田主租田，而礙于生疏或其他情形時，則須央人保證，立約承批，茲將租田之各種情形詳細述之如次：

(1) 租契　租契係佃戶與業主間佃租田地之一種証明文件，惟多用于水田方面，旱地行者極少。茲將各種契約格式錄下為例：

不定期之租契格式：

「立承批字佃戶〇〇〇，今託保向
〇〇〇先生台前，批出〇〇地方〇等田，共〇〇號，計受種〇
畝〇分正。由〇用力耕作，按年約定納乾租（註二）〇〇斤正，分

作兩季理遠，不得短少，如有短少，惟保人是問，其所批之田，
即歸〇方召還別批，不得有說。此據。一

中華民國　　年　　月　　日　立承批字人〇〇〇押

保　　人〇〇〇押

代筆人〇〇〇押」

（註二）穀租係指已經晒乾可以存廒之穀租。

定期之租契格式：

「立給批〇〇村〇〇〇，今向
〇〇〇處，給得民田〇坵，受種〇數子分，地坐落〇〇，承
佃〇〇，面約每畝年納穀租〇〇斤，不得拖欠，期限三年，
如致拖欠，係保代賠。今欲有憑，立給批一紙爲據。二

中華民國　　年　　月　　日　立給批人〇〇〇押

保証人〇〇〇押

代筆人〇〇〇押」

永佃之租契格式（附三）

「立承批字〇〇〇，今向
〇〇〇處批來民田〇畝〇分，坐落〇〇里〇〇鄰，第〇〇號
田，除付田根銀〇〇元外，兩約每年硬納穗穀〇〇斤，分為
早、冬兩季繳清，不得少欠；如有，係保全賠，惟業只
租，永不得起贌換佃。恐口無憑，特立承批字一紙為照。」

中華民國　　年　　月　　日　立承批字人〇〇〇押
保　批　人〇〇〇押
代　筆〇〇〇押」

「立付批字〇〇〇，今有自己管有民田〇畝〇分〇，坐落〇〇
里〇〇鄰，今因自己耕作不便，將該田批與〇〇〇耕種，並
繳來田根銀〇〇元，兩約每年由〇〇硬納穗穀〇〇斤，並分

十五

每年早冬两季理清，不得少欠，如有，即将该田另批自便，其根银除扣租外，余则发还。如无欠租，永不得另佃。口说无凭，特立付批字一纸为照。（注二）

中华民国　　年　　月　　日　立付批字人○○○押

代笔○○押

（注二）永佃租契有二：一为承批字，一为付批字；承批字系由佃户写就交存在田主处，付批字则由田主写就付与佃户收执。无非以全信用也。

（2）押根银

凡佃户向田主租田时，普通并无此举，如系佃业两方关系甚浅，或生地较优，或则佃户欲得永佃权者，则有纳押根银之举。尤其佃户因欲取永佃权利，尚必须缴纳此项之款，方能达其目的。根额之多寡，须视田地之优劣而定之，普通每亩水田由一元以上至十五元不等。如遇佃户拖欠数租时，不但可将其田地另佃，且可押金所欠数额之多寡，而與租此項押租銀，此就欠租情事，则于退佃时，以全数归还佃方。押租银为佃户向田主租田之一種保证金，对于業方當然有利無弊。

(3) 期限 租田期限，有定期、不定期及永佃之分。本县各地，以不定期为最常見，可佔60%；永佃次之，可佔21%；定期为最少，可佔18%。至于定期之租田期限，最長者在一〇年以上者，普通为三年至五年，最短则僅一年而已。

(4) 田主負担 田地出租後，在普通情况之下，农具、肥料、種子耕畜等均由佃方自備，田主則僅負纳賦之責。惟少数地域，其出租方法为分租時，则田主与佃户双方約定共营是項田地，田主供種籽，佃户出苦力，肥料則共同供給，田不計租，力不計資，迨至禾穀成熟之際，双方各享其半，此外無轻重。

(三) 納租方法

(1) 種類

本縣佃農納租種類，有錢租、穀租、分租之別，就是次調查，穀租佔五十四.五%為最多，分租佔二六.三%為次多，錢租佔一九.二%為最少。

表1，田租種類

%

	錢租	穀租	分租
平均	19.2	54.5	26.3
利橋	30.0	—	70.0
王塘	20.0	10.0	70.0
通道	2.0	95.0	3.0
城底	2.0	94.0	4.0
上鄭	30.0	50.0	20.0
梯閣	25.0	60.0	15.0
象劉	20.0	30.0	50.0
陳中塔	10.0	80.0	10.0
上張	20.0	60.0	20.0
下樓	30.0	30.0	40.0
前王	30.0	60.0	10.0
武田	10.0	70.0	20.0
前林	20.0	70.0	10.0

(2) 納租額

錢租之納租額，全縣平均每市畝田地每年之租金，水田上等者為六.八元，佔田價之六.〇%；中等與下等者，為四.八元與三.二元，各佔田價之七.四%與七.六%。旱地上等者為四.一元，佔地價之七.〇%，中等與下等者為二.八元與一.六元，各佔地價之七.〇%與七.二%。並列表如下：

表2. 钱租之每年租额

	每市亩田地价格(元)						每市亩田地每年租金(元)						每市亩田地租金对地价之%					
	水田			旱地			水田			旱地			水田			旱地		
	上	中	下	上	中	下	上	中	下	上	中	下	上	中	下	上	中	下
平均	96.6	66.2	44.6	58.5	36.9	22.2	6.8	4.8	3.2	4.1	2.6	1.6	7.0	7.3	7.2	7.0	7.0	7.2
利桥	150	120	100	80	70	40	10	8	6	5	3	2	6.7	6.7	6.0	6.3	4.3	5.0
玉塘	200	150	100	60	45	30	10	8	6	4	3	2	5.0	5.3	6.0	6.7	6.7	6.7
遍道	100	60	40	60	35	20	8	5	3	4	3	2	8.0	8.3	7.5	6.7	8.6	10.0
城底	80	50	30	50	25	20	6	4	3	4	2	1.5	7.5	8.0	10.0	8.0	8.0	7.5
上郑	100	60	40	60	40	20	8	5	3	4	3	1.5	8.0	8.3	7.5	6.7	7.5	7.5
梧园	100	60	30	60	40	30	8	5	2.5	4	3	1.8	8.0	8.3	8.3	6.7	7.5	6.0
东刘	70	50	40	50	30	20	5	4	3	4	2.5	1.6	7.1	8.0	7.5	8.0	8.3	8.0
陈营	70	50	40	50	30	20	5	4	3.5	4	2.5	1.8	7.1	8.0	8.8	8.0	8.3	9.0
上張	80	60	30	60	35	18	6	4.5	2.5	4.5	3	1.5	7.5	7.5	8.3	7.5	8.6	8.3
下楼	80	60	40	60	40	20	6	5	3	5	3	1.6	7.5	8.3	7.5	8.3	7.5	8.0
前王	70	50	30	50	30	15	4	3	2	3	2	1	5.7	6.0	6.7	6.0	6.7	6.7
龍田	80	40	30	60	30	15	6	3	2	4	2	1	7.5	7.5	6.7	6.7	6.7	6.7
前林	80	50	30	60	30	20	6	4	2	4	2	1.5	7.5	8.0	6.7	6.7	6.7	7.5

額租用于水田，每市畝上等者納穀三一二.九市斤，僅值收穫量之59.5%；中等者為二五〇.九市斤，僅值收穫量之60.8%；下等者為一九七.三市斤，僅值收穫量之61.8%。由此可見田地愈下者，其佃租額对收穫量之比例愈高。本縣所租之穀，皆為晒乾者，如遇田畝歉，亦可以錢代納，茲列表於下：

表3 額租之每年租額

	每市畝平時稻收穫量(市斤)			每年每市畝之租穀(市斤)			租額对收穫量之%		
	上	中	下	上	中	下	上	中	下
平均	525.8	412.5	319.2	312.9	250.9	197.3	59.5	60.8	61.8
利橋	—	—	—	—	—	—	—	—	—
玉塘	600	500	380	360	300	230	60.0	60.0	60.5
過逼	580	460	340	295	235	176	50.9	51.1	51.8
城底	500	400	300	300	250	180	60.0	62.5	60.0
上邦	600	460	380	340	270	240	56.7	58.7	63.2
橋閘	550	450	350	350	286	240	63.6	63.6	68.6
东刘	500	400	300	300	240	180	60.0	60.0	60.0
俾嶠	500	380	280	320	250	185	64.0	66.6	66.1
上張	500	400	360	300	240	220	60.0	60.0	61.1
下樓	520	380	280	310	230	170	59.6	60.5	61.0
前王	500	400	300	300	240	190	60.0	60.0	63.3
龍田	480	400	280	290	250	180	60.4	62.5	64.4
前林	480	350	280	290	220	176	60.4	62.9	62.9

分租制在本縣各地頗為盛行，惟用於旱地或土質較次之水田。分租成分各地不同；有主四佃六、主三佃七及主佃均分等種。此次調查，平均地主分租時所得之成數，水田上等者為45.2%；中等者為44.6%；下等者為43.8%。旱地上等者為40.8%；中等者為40.0%；下等者為38.5%。以於田地急售，地主因多急需，仅之則急甚，茲再列表明之如次：

表4　分租時地主所得之成數（%）

	水田			旱地		
	上	中	下	上	中	下
平均	45.2	44.6	43.8	40.8	40.0	38.5
利橋	40.0	40.0	40.0	30.0	30.0	30.0
玉塘	50.0	50.0	50.0	30.0	30.0	30.0
過通	50.0	50.0	50.0	50.0	50.0	50.0
城底	50.0	50.0	50.0	50.0	50.0	50.0
工郭	40.0	40.0	40.0	30.0	30.0	30.0
楊岡	50.0	40.0	40.0	40.0	40.0	40.0
東劉	40.0	40.0	40.0	40.0	4.0	40.0
陽埠	40.0	40.0	40.0	40.0	40.0	40.0
上張	40.0	40.0	40.0	40.0	40.0	40.0
下樓	50.0	50.0	50.0	50.0	50.0	50.0
高王	50.0	40.0	40.0	40.0	30.0	30.0
趙田	50.0	50.0	40.0	40.0	40.0	30.0
高林	50.0	50.0	50.0	50.0	50.0	50.0

(3) 期間　納租期間，可就錢租、穀租、及分租三者而言。錢租納款期間有二：一為在年頭或末尾作一次繳納者；一為分期繳納者。穀租方面，多于收成後依秋冬二季交納，早晚二期，由佃戶將穀曬乾，挑往田主處，經其過秤。如遇歉歲，佃方得請田主往田勘災，酌減本年租額之20%至40%左右，或于收成後就田均分，以表體恤。分租則由主人派人到田監視，按所約之成數分之。

本縣納租方法已如上述。按納租種類，有硬租及軟租之別，硬租即所謂「鐵板租」，如錢租是。無論歲之豐歉，佃方均須如數納款，難以短少分毫。如佃批內有約定「硬納穀租若干」者，則亦不論收成如何，均須如數照納。軟租則否，凡遇歉歲，得請減租。

凡取得永佃權之佃戶，如將此項田地轉租第三者耕種，或轉押于第三者，而取得租金或押金者，其租額仍須如約交納田主。若通佃之向田主批田纳有根银者，如未纳租，则田主可将该款扣去。

（四）地权转移

地权转移之过程，有押田、典田、及卖断之分。通常押田时，仅将田契交与债主以为借款之借证物，俟有银时，可交款还债，收回田契。典田为押田之进一阶段，借方将土地所有权暂给移于被典者，于定期届满时偿款取赎。卖田为地权转移之最后过程，将地一经卖断，则永失其所有权。

地权有「底」及「面」之分，如取得永佃权之佃户即管理有田面权。所谓该田之主人，乃指拥有田底权者。若永佃者将该田转押或转典于第三者，则田底权仍属于收租者。惟须双方照会，以免发生什么纠纷。反之，田底权者，如将此田根出卖，或暂时典于第二者，则须通知永佃者改向新田主纳租，而永佃权仍不能解除。惟田主若卖出此项田地，须先征得永佃者是否收买，如永佃者表示不买，然后始转售于

它

他人，蓋永佃者有此種之優先權利・

典田之立契，內須註明何時取贖，如過期未贖，則視其利息若干，為已付清或超過典價，常由債主查照交與債方，改立賣斷契約・其典契之樣式率多通如左：

「立典契約字人００鄉０００，今有祖遺０等民田０畝０分正，坐落００里００洋，今因自己不便耕種，將此田托中引就，典於００鄉０００先生承典，經三面言定，得典契價銀００元正・于立約字日即全中收訖・此後任憑主边掌管，不敢言異・此田係００祖遺之物，與別人無干，亦無來歷不明之處，如有瓜葛，自有承當，與銀主毫無關係，決不負累・此田約定于００年０月備價贖田，其糧銀仍憑契由００自己完納，不敢有異・兩相情愿，各無反悔・

恐口無憑，立典契約一式二紙，各為照。」

外附紅契〇紙

即日收過典契價銀〇〇元正再照。」

在見人〇〇〇押

中人〇〇〇押

立典契約字人〇〇〇押

代筆〇〇〇押」

中華民國　年　月　日

賣契格式，與典契相若，但內容則異，茲抄錄一份為例：

「立賣盡斷契人〇〇鄉〇〇〇，原由祖先遺下〇苗民田〇畝〇分〇厘，坐落〇〇洋，土名〇〇〇地方，其田與在〇〇村〇〇〇先生業毗，今因別置，乏銀特托中引就，向在〇〇〇先生送賣盡斷，即日同中收訖賣盡斷契價銀〇〇元正，並業從此分文，其田由先生耕管，聽憑〇〇過割納稅，永遠為業，不敢有所阻撓，日後子孫，各不得言贈言贖。並該田糧錢，任憑原契面收割过户完納，不能兩相負累。再此田原係己有，並無來歷不明或與他人發生糾葛；如有，自歸賣方承當，不關買方之事。此係二比甘愿，各不反悔，恐口無憑，立賣契一紙，契約一紙為照。〃

附原契約一紙中並當面收賣契價銀〇〇元

西又四一、〃

在　見　人〇〇〇押

中　　　人〇〇〇押

中華民國　年　月　日　立賣者趙契約人〇〇〇押

代　筆〇〇〇押

二　借貸

(一)信用借貸　信用借貸分借糧及借錢兩種：茲就逕查結果，在一二九五户间，借糧者佔全數之四〇·五〇%；借錢者佔一六·一六%。借糧歸還期间，約為五個月，每百斤每月之利息平均為三斤。

借錢之每月利息，最高者為2.5%，最低者為1.0%，普通為1.8%。此種借貸，均未提供擔押品者。茲將各區借貸概況列表簡明如左：

表5 借貸概況

	借穀			借錢			
	借穀之戶數之%	借期時間（月）	每百斤之利息（市斤）	借錢之戶數之%	每月利息（%）最高	最低	普通
平均	20.9	5	3.1	45.4	2.3	1.4	1.7
利 橋	20.0	6	3.0	40.0	2.0	1.5	1.8
玉 塘	40.0	6	5.0	50.0	2.0	1.5	1.8
溫 通	10.0	6	2.0	30.0	2.4	1.0	1.5
城 底	20.0	6	2.0	20.0	2.4	1.0	1.6
上 鄉	10.0	6	3.0	40.0	2.4	1.5	1.8
檀 陶	20.0	5	4.0	40.0	2.5	1.6	1.8
東 劉	20.0	5	4.0	30.0	2.4	1.5	1.8
洋中 唐	20.0	5	4.0	40.0	2.4	1.5	1.8
上 張	10.0	6	3.0	30.0	2.0	1.2	1.6
下 樓	—	—	—	60.0	2.4	1.6	1.8
前 王	—	—	—	60.0	2.4	1.6	1.8
黿 田	40.0	3	6.0	80.0	2.0	1.2	1.5
前 林	20.0	6	3.0	70.0	2.4	1.6	1.8

借貸方式，有借錢還錢、借錢還穀、借穀還錢、借穀還穀等種。借錢還穀、或借穀還錢，則較為常見。

（二）抵押借貸　抵押借貸，在農村間頗為盛行，抵押品則分為產業及物件二種，產業抵押為土地及房屋等，物件多為首飾及器具。產業抵押當常為殷戶，物件之抵押當則為當鋪。借款利息每月為一.八%至二.四%之間。抵押借貸較信用借貸盛行，蓋以提供抵押品，所借之款額較多，而債主因有借記物產亦樂於放款。抵押期間有定期及不定期之分，鄉村多為不定期。田產及房屋之抵押，其地較轉移中之抵押田地之手續相同。至於物件抵押，其實即為典當，當鋪方面，有約定期間，經前在曲一期間，限定三十個月左右，近來則僅限十八個月。借戶逾期取贖，月利為二.四%，如到期未贖，得延長期間五個月，惟須先繳此五個月之利息，否則即行沒典。

(三)合會　合會為變態之借貸，各鄉間最常行者，為標会及搖会兩種。集会期間或為每月一次，或為每季一次，否則每年兩次者。搖會通常集八人或十人為一会，每人每次之會金大概為若干元，會首于收取會金後，亦須每次納会金于得会者。會員得会之程序，則擲骰決之，以點數最多者取得該次會金，每会有聚餐之舉，經費由得会者負担之。　標会之人數及会金無甚限制，会期常為每月一次或兩月一次，会首于首次得会金後，其餘会員採標息方法，以標息最高者得会，而最後得会者為獲利最多。

(四)放款　放款之業，在抗戰以前少有實行，而近年來本鄉因受僑商不景氣影響，地方財源枯竭，農業破產，自不待言，每當春耕之際，農民需款孔殷，輒向地方殷户之高利借貸，以求一时之饮鸩止渴。自民国廿四年以来，东县合作社已纷成立，截至廿五年八月间，共有社所一〇二，占全省各县之第三位，社员计二九八二人，贷出款额达五四、三七七元，收回款额计七一五元。民国廿四年六月以前，全县仅有七四合作社，社员计一、三一三人，贷款款额亦只有一九、八八〇元。现社所较前增加27.5%，社员为较多55.0%，贷款额增加63.6%。

近县当局为免除高利贷起见，更权设小本借贷处，已与省银行县办事处商妥，借款二0,000元，分放各乡农户，利息不得超过八厘，半年归还，惟该项之款，只准作生产事业之用。

(五) 赊帐

赊帐对农民极为便利，其向商店所购进之物品，多为日用品及肥料农具等。于全年后还帐，双方均以信用为本，并文字上之约束。赊帐数大小不等。

前此合作机关，系曾举贷豆饼，然为数极属有限，而价格尚高，故为贫农计，系曾调查各地所需肥料数量，呈请续贷豆饼四万馀斤，建设所核减为七万馀斤，利息一分，俟秋收后归还政府。

3. 副业

(一) 家畜及家禽

家畜可分为力畜及肉畜二种，力畜皆供耕田之用，肉畜则多有出售。是次调查，力畜方面，计有黄牛二一一·五头，中已满一岁者计一八七·〇头，未满一岁者计二四·五头，水牛计二九头，已满岁者二二头，未满岁者七头，共计力畜有二四〇·五头，每农户平均仅得〇·二头。农村间耕畜之少于此可见，而各家每限于经济，常有数家共畜一牛以供使用者。此外肉畜方面，统计一、三六四头，每户平均有一·一头，山羊仅六三只，兹详细列表比较如次：

表6. 力畜及肉畜数量

	力畜						肉畜					
	黄牛			水牛			猪			山羊		
	计	已满一岁者	未满一岁者	计	已满一岁者	未满一岁者	计	已满一岁者	未满一岁者	计	已满一岁者	未满一岁者
总计	211.5	187.0	24.5	29	22	7	1364	236	1128	63	12	51
利桥	31	26	5	—	—	—	86	—	86	—	—	—
玉塘	18	14	4	6	2	4	72	38	34	3	2	1
遇适	21	18	3	—	—	—	276	67	209	10	—	10
城东	23	20	3	—	—	—	82	8	74	18	3	15
上郑	5	5	—	—	—	—	142	17	125	—	—	—
樟岡	28	28	—	3	2	1	60	1	59	—	—	—
东刘	8	5.5	2.5	—	—	—	64	16	48	6	3	3
溪碓	12	12	—	8.5	8.5	—	2	—	2	—	—	—
上张	26.5	26.5	—	2.5	2.5	—	137	46	91	—	—	—
下楼	3	3	—	—	—	—	72	2	70	—	—	—
前王	16	11	5	—	—	—	214	18	196	26	4	22
戴田	3	3	—	4	4	—	56	18	38	—	—	—
三前林	17	15	2	5	3	2	101	5	96	—	—	—

家禽僅有鷄鴨二種，鷄共四一五七隻，已滿六个月者一七一六隻，未滿六个月者二四四一隻，鴨共一〇一〇隻，已滿六个月者二六八隻，未滿六個月者七四二隻。平均每戶有鷄三·二隻，鴨〇·八隻。此外鷄鴨之副產，尚有鷄蛋及鴨蛋。少數農家有專牧鴨或販鴨蛋及鷄蛋者。茲將吾遠查鄉一二九五戶之家禽數量列下：

表7 家禽數量

	鷄			鴨		
	計	已滿六个月	未滿六个月	計	已滿六个月	未滿六个月
總計	4157	1716	2441	1010	268	742
利橋	171	83	88	243	17	226
玉塘	401	96	305	173	86	87
遥道	412	102	310	22	7	15
城底	472	162	310	98	12	86
上郑	312	174	138	100	20	80
梧岡	220	85	135	87	21	66
东刘	183	72	111	52	23	29
洋塘	185	100	85	50	10	40
上張	600	249	351	11	6	5
下棒	176	74	102	14	—	14
前王	412	272	140	28	7	21
藕田	253	140	113	53	28	25
前林	360	107	253	80	31	49

（二）漁業　本縣濱海，漁業頗稱發達，一般農民多多以此為副業。據前實業部調查結果，其概況如下：

（1）海洋　沿海口岸之產魚之地，有城头、大營、江陰、前薛、澤朗、大坡、東壁、萬安、下楼、港頭、上逕等處，於漁季旺盛之際，出入漁船以江陰、前薛等處為最多，約有百餘艘或四五十艘不等。所用漁具，多為漁網、釣、鈎、竹滬、石滬等。

（2）內河　產魚區有天寶坡、白水湖、龍首田、七星堤河、新橋魚塘、無患溪、大北溪、東張河等處，其捕魚穫量則不如海洋之多，但產盛，多用船隻，每處不下十餘艘。所用漁具，如罾網、釣、鈎、鸕鷀、竹筏等。

據本室調查，本縣漁船計有三一七艘，漁民一、四九〇人，產量每年達二八、六五〇担，值五二八、〇〇〇元。其他海產如蝦、紫菜、珠柑、及豆等產量短少。

（三）榨油　本縣花生之產量甚富，富有農家，多設廠榨油，全縣有榨油廠三十三家，僅榨花生油之工人百餘，每年花生油之輸出，總在二、〇〇〇担之間，高山一帶，所產最多。

（四）菓實　本縣菓產亦頗豐富，一般農民，近漁溪及海之各地，多以此項收入以佐家計。菓產種類，則有荔枝、龍眼、桃、李、及柿、棗等。中以荔枝及龍眼產量最多，茲將本縣菓產情况列表以明之：

表8. 菓實產量及產值

	面積(市畝)	產量(市担)	產值(元)
總計	1430	62800	452400
荔枝	200	12000	168000
龍眼	330	19800	158400
棗	60	12000	60000
李	20	4000	24000
桃	800	12000	24000
柿	20	3000	18000

業。

（五）木炭　本縣附近山崗之農民，多以燒炭為副業，如東張一帶之農民，多從事燒山炭工作，炭之價格不昂，每担最低〇·九元，最高一·二元。計全縣一年可以產担一三、〇〇〇担，除自給外，尚有出口九、〇〇〇担，運銷于鄰邑。

（六）竹器　竹器之製作，系為山間農民之副業，以東張之竹器產量甚多，多運售于漳各縣，據縣政府統計，每年竹器之輸出，約有一〇、〇〇〇元之譜。

（七）製糖　本縣甘蔗產量頗多，農民有從事於製糖工作者，惟以衣缽相傳，技術不佳，故所出多為紅糖。除自給外，其輸出于鄰縣者，據縣政府統計，年值二〇、〇〇〇元。

（八）苦力　苦力與肩挑，為農民甚大之副業，每于農隙之際，從事此種工作以佐家計。挑工每十里每担約三角，其他苦工每日由三角至五角不等。

4、交易

（一）農村市場　本縣農產物之中心市場，及貨物之市場，均以海口、龍田、高山、漁溪、東張及城區等地為中心，縣城則有集市，時間為每日上午，自晨至正午止，集市貨物種類，為魚、菜、柴、米穀、甘蔗等。聚集地點，在東南兩城門外，以魚類及蔬菜類為多，西北兩城門外，以柴竹為多。農產品尚有落花生、花生油及豆類等。

（二）販運　本縣販運頗稱便利，東北至長樂七十時可達，路尚平坦。東往平潭，陸路二十里，水程百二十里，貨物可由輪埠由汽車載至海口，裝由汽船運至平潭。汽車可通海口、宏路、漁溪等地，由宏路均可達福永廈各地，貨物運輸頗稱迅速。水路以海口為貨物集散地，內河有龍江可通帆船，如道江及双溪，下流亦可通舟楫。大宗貨物之販運，多由經紀人之手，經紀人之佣錢，視貨物之貴賤而異，大抵值百抽五，至多抽百抽十。

本鄉入口之貨，大率由泉、廈、福州、及台灣各地而來，多由涵江輸入者。運入本鄉之農村需用品，以火柴、煤油、肥料等為大宗。出口者則以花生油、蕃薯乾、桂圓、蠔乾等為主。

（三）地價

茲將各選查鄉之田地價格列下：

表9 田地價格

	每市畝田地價格（元）					
	水田			旱地		
	上	中	下	上	中	下
平均	96.6	66.2	44.6	58.5	36.9	22.2
利橋	150	120	100	80	70	40
玉塘	200	150	100	60	45	30
過道	100	60	40	60	35	20
埭底	80	50	30	50	25	20
上鄭	100	60	40	60	40	20
楓園	100	60	30	60	40	30
東列	70	50	40	50	30	20
陳墩	70	50	40	50	30	20
上張	80	60	30	60	35	18
下樓	80	60	40	60	40	20
前王	70	50	30	50	30	15
武田	80	40	30	60	30	15
高林	80	50	30	60	30	20

(四) 物價

茲將本縣歷年農村主要物品價格列表比較如下：

表10 歷年農村主要物價

價格單位：元

	元年	卅年	卅一年	卅三年	卅四年	[illegible]年
中等米(百斤)	4.2	5.0	5.0	5.0	6.0	6.2
中等麥(百斤)	2.8	3.2	3.6	4.2	5.0	4.8
甘薯(百斤)	0.4	0.6	0.6	1.5	1.3	1.0
桐油(百斤)	13.0	17.0	15.0	16.0	16.0	20.0
食鹽(百斤)	3.8	4.8	5.8	6.3	7.2	6.8
土布(匹)	0.4	0.6	0.6	0.5	0.5	0.6
中等黃牛(頭)	20.0	25.0	28.0	30.0	28.0	30.0
中等水牛(頭)	30.0	35.0	38.0	35.0	35.0	40.0
中等山羊(頭)	4.0	6.0	5.0	5.0	5.0	5.0
中等豬(頭)	13.0	20.0	15.0	18.0	20.0	20.0

5. 倉積

本縣產穀，常年僅供自給，豐年略有剩餘，關于積穀一事，在清季縣紳籌款，設立積穀倉一所，在城內前崇品書院舊址，建倉四架，可容穀五百餘石，設有董事五人，主持局務。即以原有基金二，五〇〇元及縣城魚牙羊補助款三〇〇元，專備年款之用。民國廿八年三月改為義倉，卅四年十二月間改為縣倉，卅五年乃辦理積穀，其辦法大概如下：

(一)積量　縣倉預定三千石，海口倉預定二千石，東張及漁溪各一千五百石，龍田、高山各一千石，各地已開始積穀。

(二)派儲　本縣前兩三年多穀歉收，尤以龍高二鎮，久旱不雨，災情較重；惟卅五年各鄉早稻較見丰收，舊剩什糧，諸多停滯，將每宗米穀出口派收百分之三，以作倉儲，由縣印製三聯收據付糧戶收執。截至年底止，總計收穀及折價約九五，〇〇〇市斤：

(三)派募　責成各保長或聯保主任向殷實住戶派募，限期收集。

(四)建倉　卅五年八月將舊倉倉廒改建一新，可容穀二，五〇〇石。

⑥生活狀況：本縣人民生活素尚儉樸，以甘薯為主要糧食，人民前此多赴南洋營生，而高山一帶，則多赴日本，據最近縣政府統計，本縣人民之赴南洋者，達九一六人，中男四一五人，女五〇一人，惟此數是否可靠尚成問題，按從前在南洋營生者，約佔八縣人口（民國十七年），每月往返者達二千人，在外多業茶、磁器、橡膠等，然大多數則以高利貸為業。本縣僑民匯回之款，以民國十年為最鉅，約達千二百餘萬元，近來因世界經濟頓呈不景之況，一般僑民皆紛紛回里，內地經濟之最大來源，幾乎斷絕。僑民一有積蓄，輒即歸里購置產業，置以鄉村之間，不久復。本縣三餐均以甘薯乾為飯，佐以蔬菜，極為省節，習亦尚樸素。惟近年來農村經濟，各地均呈不振，於此，農民生活亦感窘困。

丁 捐稅負担

(一)田賦 本縣田產，可分民田、灶田、屯田三種，民田列上、中、下、
四等則，征收地丁，配收糧米，不收留者。灶田一名海田，配米，
又配給地稅，而其中又有海稅及牛稅之分，亦有四等則。屯田亦
例叁，僅完地丁，不配米稅。此外復有民園、灶園之分，園
亦分三則，田之中則為園之上則。政府收賦，分為地丁糧米、雜
稅三項。

本縣地丁每兩，收國幣二·二三元，附加建設費二成，自治費、
教育費七成附加二角，征收費一成，隨糧捐每兩四角，保安團費附加
八角，雜捐警察附加二角，公益附加二角，又教育附加四角二分二厘，串
票每張一角，串票教育附加每張六分六厘。

本縣地丁糧米配率，均為丁一錢其米二合之比，糧米每石收國

带六元，随粮捐四角，建设附加二角，串票每石一角，征收费一角，自治改良教育附加二角，县教育附加八角，县警察附加二角。

沿海一带灶田，配收盐税，折有牛税及渔税六分。办理土地陈报时已将此项名目并入正税税率内计算矣，以免名目繁多，征收者既感困难，纳税者又觉琐碎，难免遗漏也。

土地陈报之後，拟将正附税率并征，按照原额改订科则，实行一条鞭法，分别等则，按亩并征图串，俾粮户便于核算，一面剔除浮收积弊，当经分别科则列表，呈奉 省府重行核定，计分四等十七则。

本县田赋旧制，有等则计有十二，即民上、民中、民下、民下下、灶上、灶中、灶下、灶下下、镇屯、吴屯、牧屯、新垦地等。兹分别列表，以明之：

表11. 科则田赋等制

	地丁科则数(钱)	粮米科则数(合)	摊(钱)折		税率(元)			
			海折	半折	计	正税	附加	配串
民 上	1.0620	2.153	—	—	0.592	0.238	0.327	0.027
中	0.7786	1.658	—	—	0.462	0.183	0.252	0.027
下	0.5656	1.077	—	—	0.309	0.119	0.163	0.027
下下	0.3371	0.718	—	—	0.215	0.079	0.103	0.027
灶 上	0.7431	2.153	0.148	0.226	(1) {0.522 0.560	{0.215 0.234	{0.280 0.299	{0.027 0.027
中	0.5722	1.658	0.114	0.174	{0.408 0.439	{0.165 0.181	{0.215 0.231	{0.027 0.027
下	0.3716	1.077	0.078	0.113	{0.271 0.294	{0.109 0.118	{0.140 0.149	{0.027 0.027
下下	0.2417	0.717	0.049	0.079	{0.192 0.205	{0.071 0.078	{0.093 0.100	{0.027 0.027
镇屯	1.1480	—	—	—	0.653	0.268	0.358	0.027
兵屯	1.0900	—	—	—	0.610	0.242	0.341	0.027
[illegible]屯	0.6700	—	—	—	0.376	0.149	0.210	0.027
新垦屯	1.0400	—	—	—	0.584	0.231	0.306	0.027

(1) 灶田摊折有海折及半折之分，故每等则均有二种税率，上为海折，下为半折。如灶田上则中，正税0.215元为海折，0.234元为半折。余类推。

表12 现征田赋等则及对照表

地别	现征等则	每亩应收赋额(元)	原名或原则之等则
屯田	一等一则	0.64	镇屯
〃 〃	二则	0.61	兵屯
民田	三则	0.59	民田上则
新垦田	四则	0.58	新垦屯
灶田	二等一则	0.56	灶田(牛栏)上则
〃 〃	二则	0.52	灶田(海坪)上则
民田	三则	0.46	民田中则
民园	三则	0.46	民园上则
灶田	四则	0.46	灶田(牛栏)中则
灶田	三等一则	0.41	灶田(海坪)中则
杉龟屯	二则	0.39	杉龟屯
民田	三则	0.31	民田下则
民园	三则	0.31	民园中则
灶田	四则	0.23	灶田(牛栏)下则
〃 〃	四等一则	0.28	灶田(海坪)下则
民田	二则	0.22	民田下下则
民园	三则	0.22	民园下则
灶田	三则	0.21	灶田(牛栏)下下则
〃 〃	四则	0.19	灶田(海坪)下下则

(二)什捐

本县前此什捐之名目繁多，仅就其有关于农民者言之，现有什税，除了契税宅地税外，尚有花生捐（每担干货收税一角，湿货收税五分）、生油捐、米谷捐、猪肥捐、杉木捐、筵席—

恶毒病等。其已经废除者，则有竹叢病、芦茎病、石科病、牛病、昨病、猪生叉舌口病、炭病、缠缠病、菜、脯病、拆病、及糖病等。

天津市第十區現住人口統計圖解

天津市第十區公所　繪製

一九四八年鉛印本

天津市第十區現住人口統計圖解

天津市第十區公所繪製 三十七年七月

天津市第十區現住人口統計圖解

前言

一、本圖解係根據民國三十六年十二月天津市第十區公所戶籍股調查統計報告繪製。

二、本圖解係以最簡單之繪圖方法將現住天津市第十區內之人口各類統計揭示，俾使讀者一目了然第十區之現住人口狀況。

三、繪畫之目的為引起主辦戶籍人員之工作興趣，以繪圖方法揭示關於戶口統計之編製，依照戶籍法施行細則第三十三條中之規定

六種統計事項繪圖

(1)人口性別統計

(2)籍別統計(如次圖)

(3)年齡統計

(4)教育程度統計

(5)職業統計

(6)婚姻狀況統計。

四、戶籍工作人員可在每月終或每半年終將調查統計數字結果，預先填入空白圖解紙中，即為最近現住人口狀況統計圖。他如各保亦可參考本圖填註統計數字結果，作為該保之分類統計。

五、本圖解除供辦理戶籍人員之參考外，並發給各保甲長，俾資對於全區之人口狀況有較深刻之認識。

王炳勳識 三十七年七月一日

目次

一、天津市第十區現住人口性別統計

凡例

(1) 全區分十四保，共四九七甲，一三，九五一戶，人口共計八三，五六四人，其中男子為四五，五三八人，女子為三八，〇二六人。

(2) 本圖係按全區分保繪製，全區十四保各保界限如次表：

保別	界限
第一保	東至海河界第五區西至杜魯門路界第四保南至泰安道界二三兩保北至營口道界第一保
第二保	東至海河界第五區西至大沽路界第三保南至保州道界第六區北至泰安道界第一保
第三保	東至大沽路界第二保西至湖北路界第六保南至開封道界第六區北至泰安道界一四兩保
第四保	東至杜魯門路界第一保西至林森路界第五保南至泰安道界三六兩保北至營口道界第一區
第五保	東至林森路界第四保西至山西路界第七保南至泰安道成都道界六八兩保北至營口道界第一區
第六保	東至湖北路界第三保西至河北路界第八保南至馬場道界第六區北至泰安道界四五兩保
第七保	東至山西路界五保西至長沙路南京道界九十兩保南至成都道界八保北至營口道界第一區
第八保	東至河北路界第六保西至桂林路界第十四保南至馬場道界第六區北至成都道界五七十各保
第九保	東至上海道長沙路界十保西至柳州路界十一保南至岳陽道襄陽道界十保北至營口道界第一區
第十保	東至長沙路界七保西至柳州路桂林路界十一保南至成都道界八保北至岳陽道襄陽道界九保
第十一保	東至柳州路桂林路界九十兩保西至雲南路界十二保南至成都道界十四保北至營口道界第一區
第十二保	東至雲南路界十一保西至昆明路界十三保南至成都道界十四保北至營口道界第十區
第十三保	東至昆明路界十二保南至成都道界十四保北至營口道界第一區
第十四保	東至桂林路界八保西至佟樓界六區南至馬場道界六區北至成都道

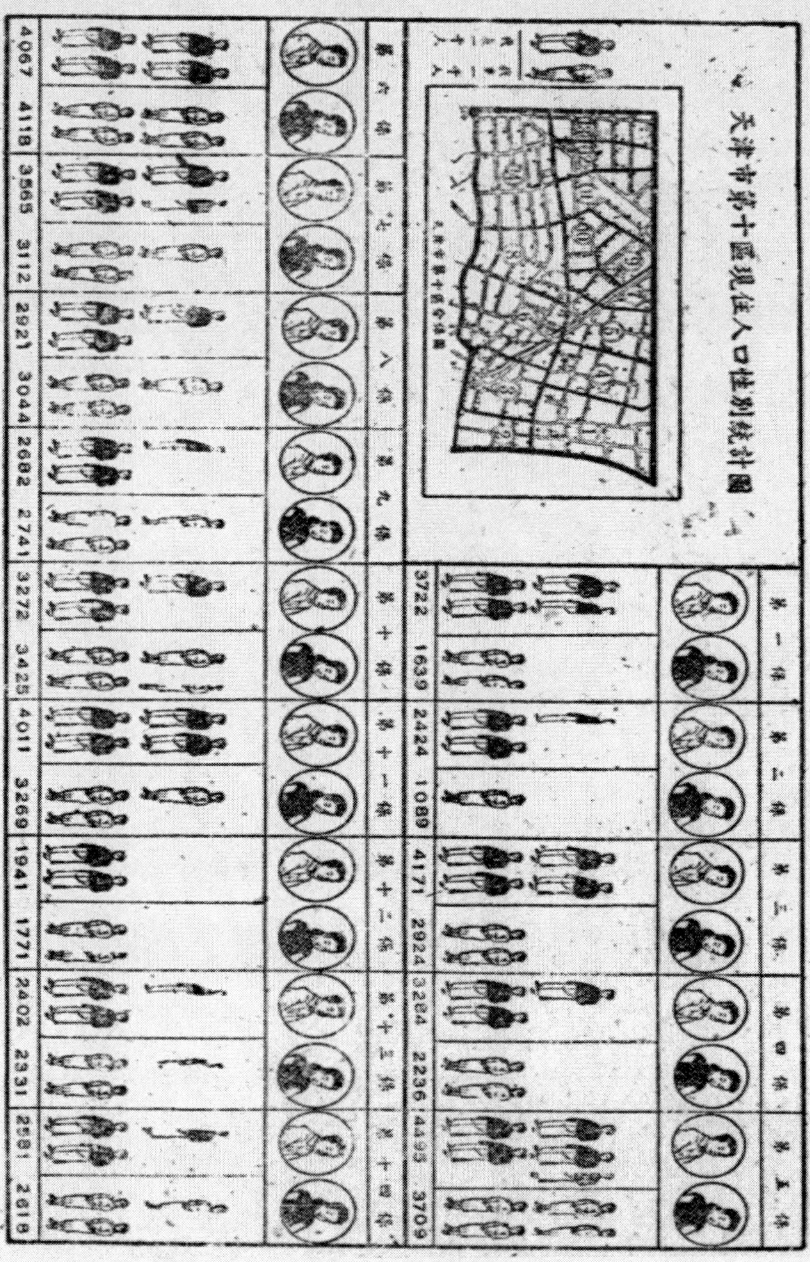
天津市第十區現住人口性別統計圖
第一條
3722
1639
第二條
2424
1089
第三條
4171
2924
第四條
3284
2236
第五條
4495
3709
第六條
4067
4118
第七條
3565
3112
第八條
2921
3044
第九條
2682
2741
第十條
3272
3425
第十一條
4011
3269
第十二條
1941
1771
第十三條
2402
2331
第十四條
2581
2618

二、天津市第十區人口年齡分配統計

凡例

(1) 本圖係就男女人口之實足年齡分別計算繪製。

(2) 本圖内之某歲至某歲即係由某歲至未滿某歲者。

(3) 全區人口共爲八三，五六四人，其中男子爲四五，五三八人，女子爲三八，〇二六人。

(4) 未滿一歲之男女人口爲嬰兒，六歲至未滿十二歲之男女人口爲學齡兒童，十八歲至四十五歲之男子爲壯丁。

（圖中男女人口數目以繪圖代表每一人，代表一千人。）

天津市第十區現住人口年齡分配統計圖

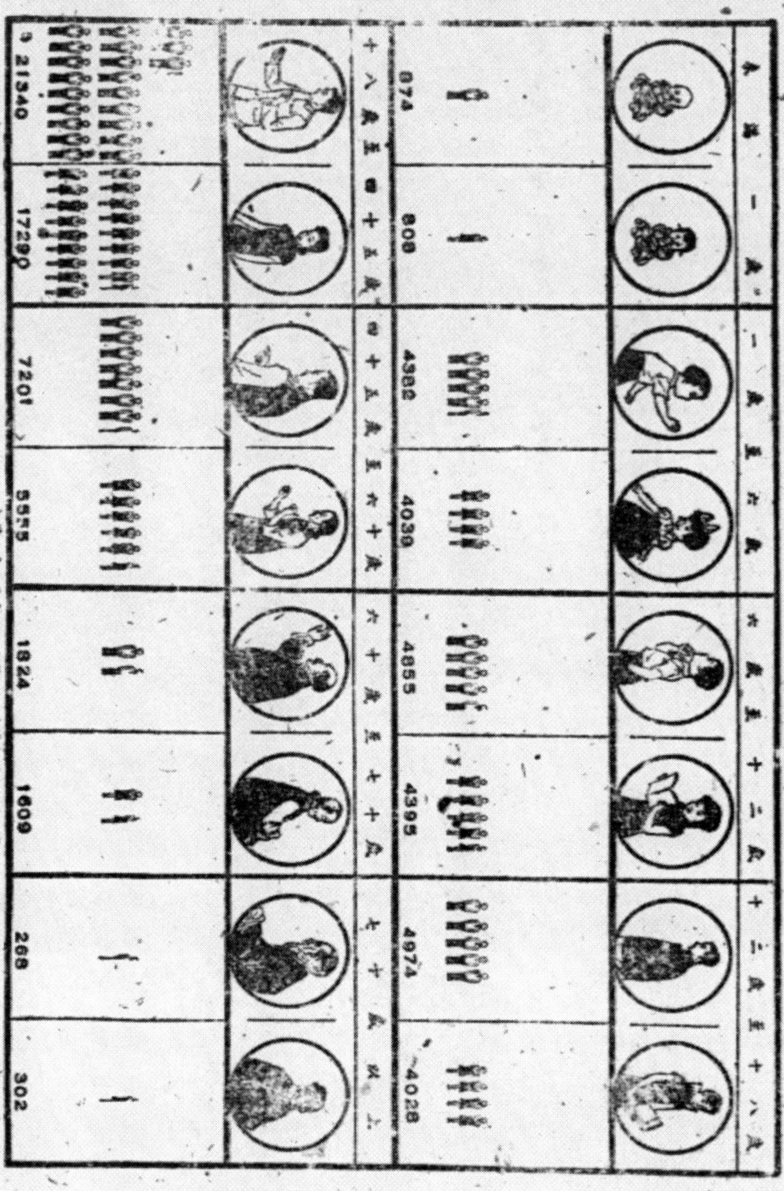

未滿一歲之男女人口爲嬰兒，六歲至未滿十二歲之男女人口爲學齡兒童，十八至四十五歲之男子爲壯丁。

三、天津市第十區現住人口教育程度統計

凡例

(1) 本圖就滿六歲以上之男女人口分別繪製，全區共計七三，四六一人，其中男子爲四〇，二八二人，女子爲三三，一七九人。

(2 全區不識字之女子較男子約多一倍，男女人口受小學教育者佔多數，中學次之，私塾又次之，受大學教育者最少。

（圖中男女人口數目以繪圖代表，每一人代表一千人）

天津市第十區現住人口教育程度統計圖

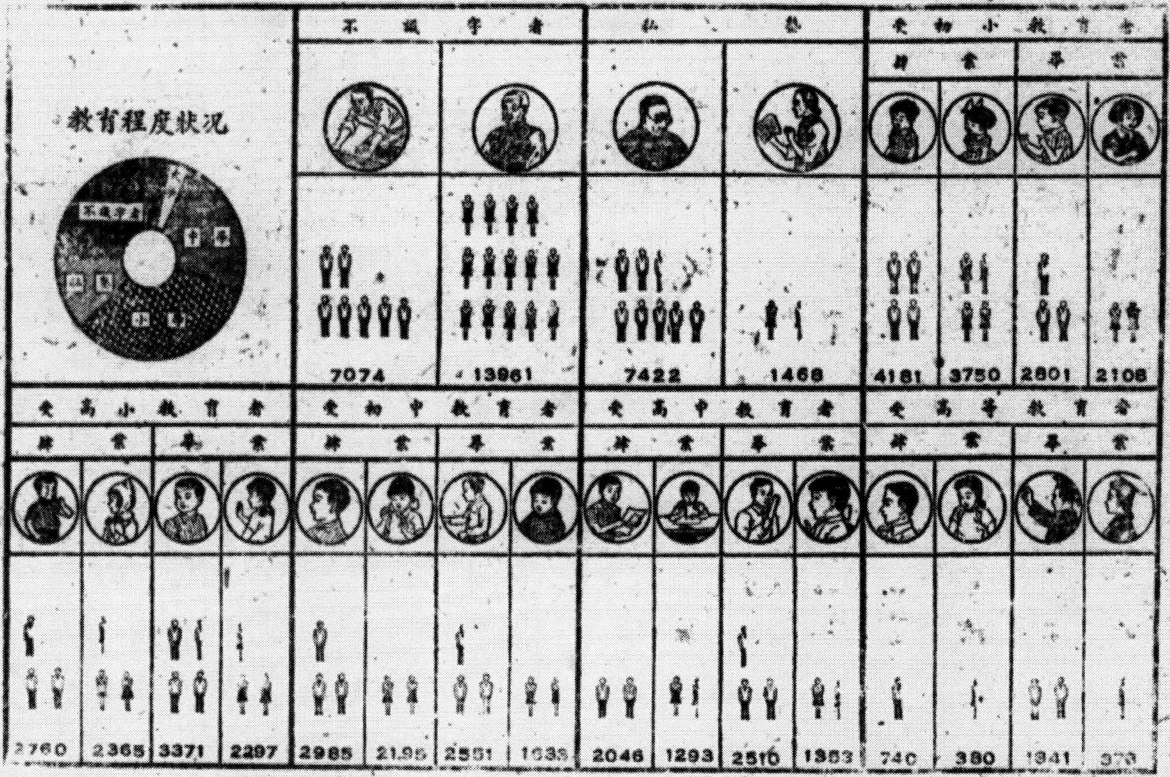

本圖就滿六歲以上之男女人口分別繪製

四、天津市第十區現住人口職業分配統計

凡例

(1) 農　業：農作及園藝業，畜養業，林業，狩獵及漁業等。

(2) 礦　業：金屬及非金屬礦物開採業，鹽業及土石建築材料業等。

(3) 工　業：飲食品製造，紡織及服用品製造，木材製造，造紙印刷，皮革橡膠製造，水電煤氣，化學工業，非金屬礦產及冶煉機械品製造，交通用具，儀器工具，鐘表飾品製造，建築營造及其他工業及各種修理業。

(4) 商　業：販賣，金融銀行，保險承斛及住宿飲食品供應業等。

(5) 交通運輸：鐵路，公路，水上，航空等運輸業，郵政電信及交通運輸之苦力等。

(6) 公　務：國防事業及公務機關。

(7) 自由職業：衛生及社會事業，教育學術研究，宗教及其他自由職業。

(8) 人事服務：財產之保管事業，（如看守，值夜，打更及污物掃除），人體整潔事業（如理髮洗衣等），家事管理業（如僕役，車夫，廚司及園丁等），娛樂及運動事業（如音樂，戲劇電影等）。

(9) 其　他：不能歸入其他類別，或其行業性質不明者。

(10) 無　業：不事作業僅恃財產孳息生活者，迷信事業，在校之肄業學生，救濟機關之收容者，專事料理家務者。

（圖中男女人口數目以繪圖代表，每一人代表一千人。）

天津市第十區現住人口職業分配統計圖
農業
25
1
礦業
456
29
工業
2677
480
商業
14341
267
交通運輸業
1246
163
公務
2175
350
自由職業
755
564
人事服務
4132
4703
其他或無業
9420
22227
本圖就滿十二歲以上之男女人口分別繪製

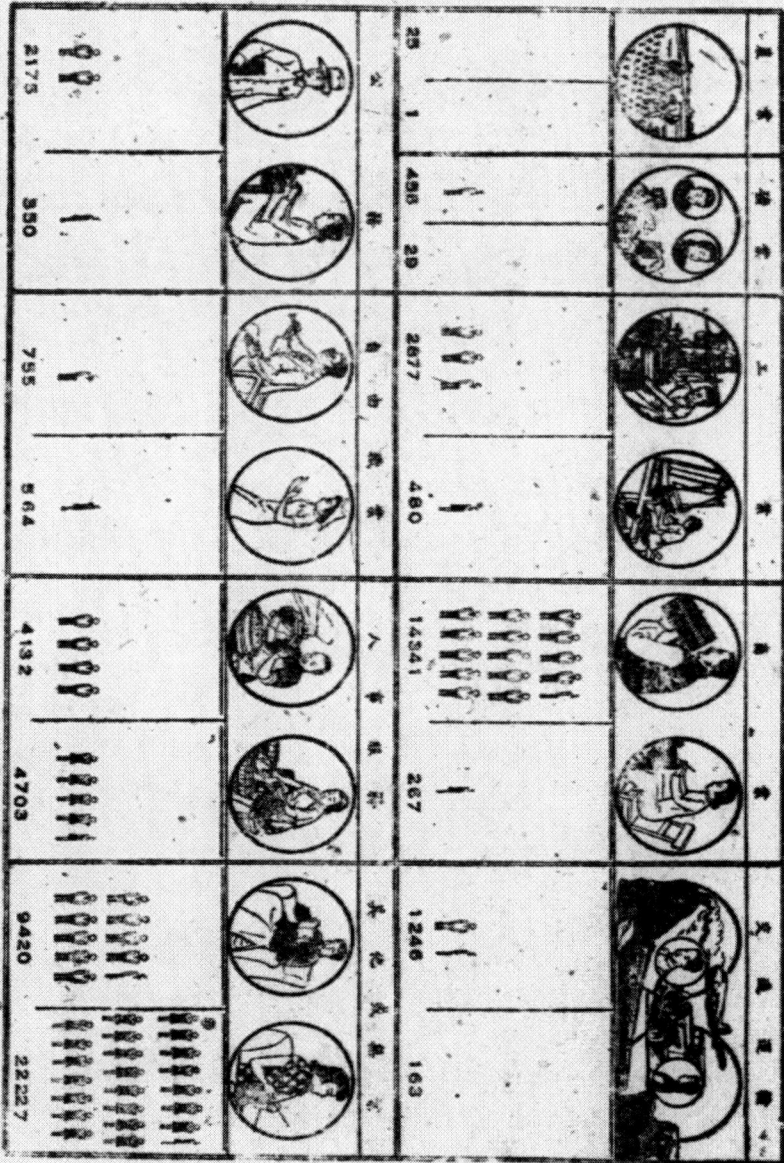

五、天津市第十區現住人口婚姻狀況統計

凡例

(1)本圖就滿十五歲以上之男女人口分別繪製，全區共計五九，九三四人，其中男子為三三，一六二人，女子為二六，七七二人。

(2)喪偶中之男子較女子少一倍，因男子於多喪偶後方行婚娶，女子多受風俗習慣之限制，其中喪偶之男女人口多係年歲較高者，至於年歲較輕者則甚少也。

(圖中男女人口數目以繪圖代表，每一人代表二千人。)

天津市第十區現住人口婚姻狀況統計圖

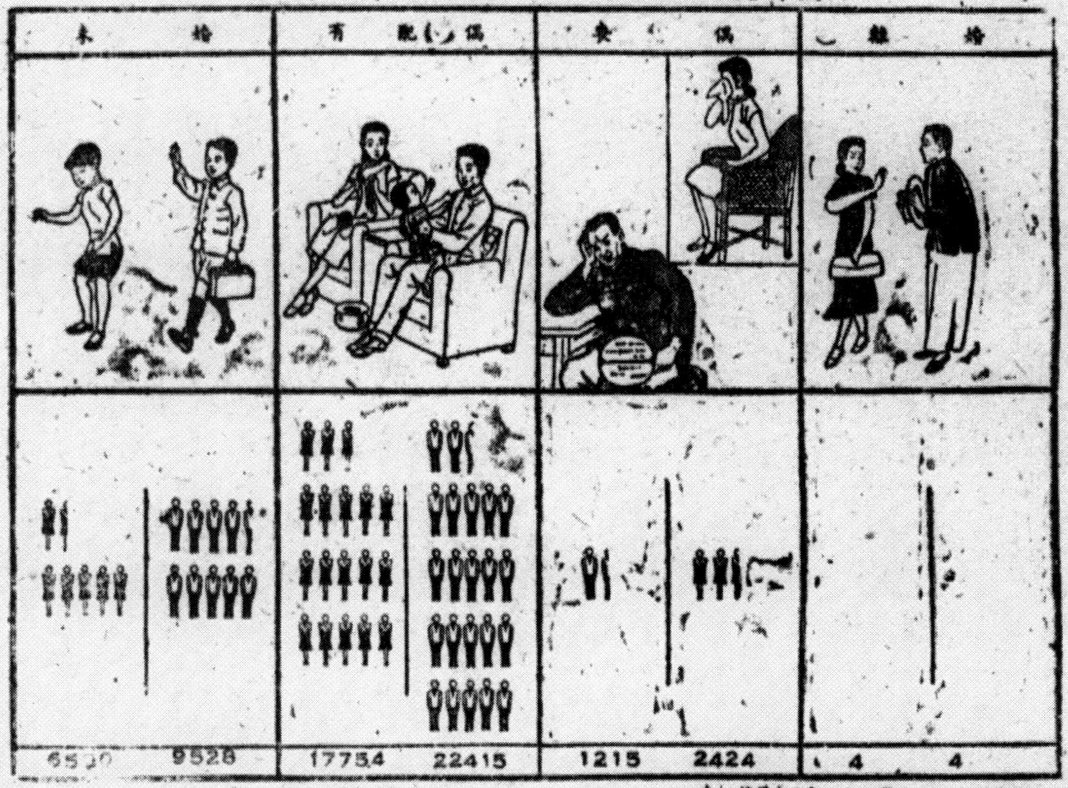

本圖就滿十五歲以上之男女人口分別繪製

六、天津市第十區現住外僑人口狀況統計

凡例

(1) 外僑人口統計，係根據天津市警察局調查統計繪圖。

(2) 全區外僑人口數目總計二，五九六人，其中男子爲一，二二五人，女子爲一三七一人。

(3) 外僑以蘇聯最多，約佔總額半數，英國次之，白俄，波蘭，美國及猶太又次之，其他各國籍者則佔少數。

天津市第十區現住外僑人口統計圖

許崇灝　著

訓政時期調查戶口之意見

上海：民智書局，一九二八年鉛印本

訓政時期調查戶口之意見

胡漢民題

訓政時期清查人口的意見

許崇灝

清查人口。是訓政時期最先要作的工作。又是最重要而且繁難的工作。將來施行選舉。徵兵。教育。養老。育幼。濟貧。救災。弭盜。治匪。改良農村的組織。調正糧食的產銷。支配職業工作。移民墾荒實邊。都要以人口爲根據的標準。這個清查人口。可以算得是實行三民主義的根本問題。若然是稍有不確實不周密。將來實施上必然生出障礙。是萬不可不注意的。茲將研究所得的。列之於下。以供參考。

一　人口清查的目的

人口清查的目的。是在整理清查的材料。表示在統計圖表上。或總合。或分析。互相比較。俾全國人口的狀態。能夠一覽而知。以下所列。即爲清查的結果。即是吾人清查人口的目的。

一、全國戶口的疏密
二、從地方區別的人口數
三、從都市及村舍區別的人口數
四、從男女區別的人口數
五、從年齡區別的人口數
六、從職業區別的人口數
七、因身上情狀區別的人口數

八、因年齡區別之有配偶及無配偶數

九、從教育程度區別的人口數

十、因年齡區別其職業者之數

十一、因男女區別其職業者之數

十二、乞丐癲狂殘廢不具之數

十三、以數年間人口數於比較推知於今人口之數

十四、人口平均年齡

十五、全國人口的生死婚姻等內部變動的狀態

十六、就生出死亡比較男女的多寡

十七、從年齡區別比較死亡的人數

十八、平常死亡的人數傳染病流行時死亡的人數非常死亡的人數

二　施行清查的年限

施行人口清查的年限。各國不同。有十年一次的。有五年一次的。有三年一次的。主張雖然不同。而大概都按他的國內情形爲定則的。若是期限相距過近。則經費過鉅。且不勝其煩。期限相距太長。又恐社會現象變化綜錯。日益加劇。初次清查的熟手。大半死亡。致多隔閡。所以近世各國大都規定五年一次。我國準情度勢。似亦以五年一次爲宜。

三　施行清查人口的日期

清查人口的日期時刻。各國不同。兹舉列如左。

日本	十二月三十一日	英國	四月第一星期日
德國	十二月一日	葡萄牙	十二月一日
美國	六月一日	丹麥	二月一日
瑞士	一月一日	意大利	十二月三十一日
奧大利	十二月三十一日		

清查期日原無一定。總要體察一國的風俗習慣。選擇一年中人口異動最少的時候爲適當。就我國風俗而言。冬天旣屆。田事告終。農人年

末無事。卽工商業的。十二月亦移動較少。旅行的人亦多遄返鄉里。故宜仿照德國的先例。規定清查的時日爲十二月一日。人口的清查。必定全國都要同在一日施行。如此。才能夠得到某年某月某日人口狀況。查德國則以十一月三十日夜十二時後至十二月一日午前十二時前。爲清查時間。我國似應取法。

四　清查人口的欵目

查歐洲各國清查人口的款目。大致相同。惟美國的清查範圍。比較稍廣。除清查人口外。如經濟狀況。亦一併調查。日本亦然。近世所謂國勢調查。即是指此。但日本不如美國的詳備。仍以人口爲主要。

就我國情形而言。清查事業原爲創舉。似宜從簡單着手。以期輕而易舉。亦應先以人口爲主要。並宜注意將來徵兵的用處。茲酌採列邦先例。參以己見。擬定人口清查款目如下。

一、姓名　　六、職業

二、性別　　七、產業

三、年歲生日　　八、教育程度

四、身分關係　　九、不具的狀況

五、家屬　　十、產生地工作地留學地及住所

以上所列爲清查人口的一定範圍。至其表示及說明。則詳述於下。

五　清查人口的機關

清查人口的機關。各國不同。如英美諸國均特設官署。德國及日本。則由中央統計局辦理。

我國清查人口爲初次創辦。尤不可無負責機關。似宜援照德日。設立中央統計局。專司其事。負責辦理。各省及特別市則設全省或全市清查人口委員會。承中央統計局的命令。由省政府監督指揮。管理清查事務。各縣設立縣的清查人口委員會。承省委員會的監督指揮。會同縣知事。辦理清查事務。中央統計局應於實施以前先期成立。省委員會於實施以前三個月成立。縣委員會於實施前兩個月成立。

清查人口當然以縣爲單位。但是一縣的區域很大。有方百里的。也有方數百里的。從那裏着手呢。勢必要分區。若是不照舊時的區域。重新來分劃。必有許多的困難。不如仍照舊時習慣的區域。利用原有的組織。爲着手的起點。

舊時原有的組織是怎麼樣的呢。就是鄉制。村制。族制。家制。從前的鄉有鄉董。村有村董。族有族長。家有家長。組織得很周密的。若是政府有什麼事情。責成縣知事去辦。如徵兵等等。縣知事即責成各鄉鄉董。鄉董就將奉辦的事情。支配於各村各族。不多日的工夫。就可以辦得很清楚的。近來政府對於鄉村制度。雖然不甚注意去扶植他。而他的習慣上還未有完全的打破。不過是鄉中正當的人物。都視鄉村董爲畏途。不願意負責担任的。現在的鄉村董。雖不能說純是土豪劣紳。然亦在所不免。如果要利用這個制度。來淸査人口。必先注意董事人選問題。這個制度恢復之後。才容易着手。

假使決定利用鄉村制度。爲淸査人口的起點。則於各鄉或各村。設立淸査人口事務所。每所由委員會及縣知事。派定二人或三人。督同鄉村董施行。所中重要職務。在司理分配淸査表。及蒐集淸査表。調制戶籍册等事。調査完畢。即行取銷。

六　淸査人口籌備的次序

施行淸査人口。爲我國創舉的大業。不可不充分的籌備。如擬定民國十七年十二月一日爲第一次施行的時期。則距今尙有十三個月。這十三個月內。應該着手籌備。茲將應行籌備的事項列之於左。

中央設統計講習所。各省設統計講習分所。招收中學以上畢業學生入所肄業。以三個月爲畢業期。

由政府編訂簡明應用統計學書籍。及人口清查統計概要。交由各省政府頒發所屬各縣。及地方團體。

頒佈人口清查條例。及施行細則。凡清册年限月日時間。清查機關經費。均於條例中明白規定。

制定清查表式。戶籍册。及全省人口清查委員會。全縣人口清查委員會。各鄉村人口清查事務所各規則。公佈之。前項所述條例表式規則等。宜刷印成册。附以解釋。令發各省省政府。轉發各縣署。派宣傳人員詳細演講清查人口各事項。成立各級清查人口機關。

七　清查人口的手續

一、各縣於人口清查委員會組織成立後。即出佈告。詳述清查人口的目的。並附揭表式樣。及清查規則。加以說明。並將佈告分貼於鄉村市鎮。

二、由縣人口清查委員會。制定清查事務所辦事細則。交由縣知事公佈。

三、由縣知事會同縣清查人口委員會。派定各鄉村人口清查事務所事務員。並由縣知事選派地方上有聲譽的人。爲鄉村董。

四、由事務所員督同鄉村董。於各該管區內按戶編列門牌號數。

五、由事務所按照本鄉村區域戶數。分爲若干區。派定數員。會同鄉村董。專司分發蒐集清查用紙事。

六、十一月三十日以前。由事務所。將已整理及編號的調查用紙。分發派定各員及鄉村董。按戶交付。責成其家族長。限十二月一日午十二時。一律塡寫完畢。自午後一時至五時。仍由該員按戶蒐集繳還事務所。如有在十二月一日午十二時生死者。亦一律塡報。

七、事務所員。會同鄉村董。按戶復查無訛。照表塡造戶籍册二份。一份由鄉村董保管。一份呈報全縣清査委員會。及縣署。清査委員會。會同縣署所派專員。赴各區抽査無訛。即按照各鄉村戶籍册。彙造全縣戶籍册。呈報省人口清査委員會。及省政府。由省人口清査委員會。彙造全省人口戶籍册。呈報於中央統計局。

八　清査人口的表式及戶籍册

甲　清查人口表

正

清查表第　　號

省　　縣　　鄉村市鎮　　第　　區

人口

姓名
性別
籍貫
年歲
生日

面

清查表

家屬
身分關係
職業
財產
教育
現在何處
經歷
現狀及不具狀況
趨向
住所

背

注意

一、此票由該戶口。務將事實自行逐條填記。不得有蒙混隱飾。致干査究。
二、第一行記入某姓名。
三、第二行記入男女之別。
四、第三行記入原籍某處寄籍某處。
五、第四行記入年歲。
六、第五行記入出生之年月日。
七、第六行記入祖父祖母之姓名。年齡及存歿。暨兄弟姊妹叔伯妻子女名字。如凡其家屬關係。皆須塡淸。如係女子。則加入夫之姓名。及夫之家屬。如女子尙未出嫁者。則塡明未嫁。
八、身分關係。卽戶內之人。對於戶主之關係。如戶主則直書戶主。如爲戶主子女孫媳。則書第幾子。第幾女。第幾媳。第幾孫。如係傭工。則書雇工。其他屬於家者。則各就其類別記入之。
九、第七行。職業之種類甚多。如農業。採礦業。商業。公家服務業。雇傭業

面

。某種工業等。分別記入。如無職業。則書無字。

十、第八行。包括動產不動產兩項而言。如房屋則記若干間。價若干元。土地則記若干畝。價若干元。

十一、曾在某學校肄業。或畢業。或正在某學校肄業。均須記入。如未進學校則塡無字。

十二、第十行。凡調查得不在戶之人。如在某某省某縣某市某處工作。或留學。或旅行。或經商。均須記入。

十三、第十一行。卽本人以前之履歷。如生於某處。轉徙某處。某年入某校肄業。某年卒業。或曾辦某事。或在某處學徒。或作某種工商業。或現在閑居。或患病等。

十四、第十二行不具之狀況。如啞聾盲白癡瘋癲手足失其效用等。

十五、如家主對於本人之趨向。本人自己之趨向。卽對於前途有何希望。擬進何學校。或作何事業等。

十六、住所則記入現住某省某縣某城某市某鄉村鎭門牌幾號。

此表由中央統計局制定。須發各縣各鄉村清查人口事務所。分發各調查區。各戶主。由各戶主自行塡註。但鄉里知識不齊。對於各欄調查事項。難免誤會莫解的地方。故於表的後面。標明塡寫的方法。解釋明白。可免舛錯。易收速效。但由事務所散發此表時。須要切實叮囑警告。須將實情塡寫。不得有犯僞詐行爲。如船戶。寺廟。公署。學校。商店。監獄。均須一律清查。照表塡寫。

乙　人口戶籍册

清查人口完畢後。即按照清查款目所得的結果。編造戶籍册。其種類分列如次。

男女幼童册（由一歲至十六歲）
壯丁册（十七歲至三十歲）
成年女子册（十七歲至三十歲）
中年男女册（三十一歲至五十歲）
老年男女册（五十一歲至六十歲）
暮年男女册（六十一歲……………）
人口總册
殘廢册（盲啞癡聾等）
初生册
死亡册

說明

一、戶籍冊。應男女分列。同一歲數的。即同列一冊。如一歲。即列入一週歲冊中。十六歲。則列入十六歲的冊中。以便查考及修造。

二、幼童壯丁等。各另立一種者。因與教育及徵兵都有關係。如幼童應在教育期間。則施行强迫教育。男子滿十七歲時。則有服兵役的義務。或有分配工作的必要。故分別造冊。以期便於查考。

三、老年男女。體力漸漸退化。應分配較輕的工作。故應另外編列。

四、人生六十以後。體力已衰。不能工作。故列入暮年冊中。應由政府設法安置。如送入養老院等。故亦另外編列。

五、戶籍册。縣署及鄉村。均應各存一份備查。

六、戶籍造成以後。每年修改一次。限每年三月底完成。

七、自編查完竣之日起。嗣後各戶有生死。婚嫁。遷徙。逃亡。等事。限三日內。責成戶主向鄉村董開單報明。各鄉村董再按月報告縣署。均於保存底册上逐一增改。由縣知事於每年終。詳報省政府及中央。

八、如有訛報或不受查者。及妨礙編查者。均分別處罰。

戶籍册男子册式

姓名	籍貫	年歲生日	家屬	身分關係	職業	父之職業	財產	教育	現在何處	經歷	狀況	趨向	住所

戶籍册女子册式

姓名	夫之姓名	籍貫	年歲生日	家屬	身分關係	夫之職業	自身職業	財產	教育	現在何處	經歷	狀況	趨向	住所

中華民國十七年七月再版

訓政時期調查戶口之意見(全一冊)

每冊定價大洋六分

外埠酌加郵費匯費

著作者　許崇灝

印刷者　民智印刷所　上海塘山路三十一號

發行者　民智書局　上海河南路九十九十一號

分售處　民智書局分店　漢口 湖北街漢潤里十一號　武昌 省政府前　杭州 壽安坊　廣州 永漢北路

總發行所　民智書局　上海河南路中市九十至九十一號

發(一二五八)

戶口調查須知講義

河北省會公安局警察教練所 編

一九三三年鉛印本

湖北省會公安局

戶口調查須知講義

警察教練所編纂

戶口調查須知目錄

頁數

附錄

戶口調查須知講義

趙光濬講述

緒言

近世法治國家，其政治主要目的。首在保護人民之安寧與增進人民之福利。然全國戶口不能調查詳確。則保護增進之術。無由而施。况今屆訓政時期。舉凡內務行政。如選舉，自治，徵兵，教育，課稅，諸大端殆無不以人口之多寡疎密。而決定其標準。誠以戶籍關係至鉅。在個人爲私權之保障。在國家爲庶政之權輿。故國家設戶籍公所。置戶籍吏，以處理身分登記與戶籍登記各事項。公證個人身分之得喪變更。并確定國民之屬籍。與家族之關係也。至我警察調查戶口，以維持社會公安爲目的。首重實際情形。例如何者爲本籍何者爲寄籍何者爲良善，何者爲匪類。苟不詳爲稽覈。則黑白淆混。良莠不分。奚能達其預防危害之目的乎。故欲求安寧。根本則在調查戶口。警察以先事預防爲主。戶口調查則查於未事之先。危害現發。則警察根據線索而搜查之。拘捕之。非詳細調查於平日。不能應用於臨時。是以戶籍警察。實爲豫防危害維持公安之根本辦法。茲我局長甯公有鑒於此特於教練所別設戶籍班專儲戶籍人材以爲將來實行澈底確調查之準備深望諸生專心致志努力研求將來注重實際認眞清查則全市安寧賴以保障方不負甯公之厚望焉。

編者趙光濬謹識

戶口調查須知講義

第一章 戶口調查之意義

第一節 戶口調查與戶籍登記之不同

戶口調查。係警察爲達自已職責之目的，須先熟悉本管界內各戶各人之生活情形而細密調查以知實況者也

戶籍登記係國家因人民國籍住址身分之變更而特令向戶籍公所聲請登記以確定其權利義務之關係者也

二者之意義不同。戶籍登記之用意。偏重在客觀。（人民之權利義務）而警察戶口調查之用意。偏重在主觀。（長警之明悉）故戶籍主任有記載可考。無須強爲記憶。而警察戶口調查，則必須記憶。以其用不在記載。而其必須記載者。係爲補助記憶力之不足耳。惟其重在主觀故。須由身當其任者。自行調查。方能記憶而盡其實效。

第二節 調查戶口應具鑑別力

欲達公共安寧之目的。須預防危害之發生。危害者。天災而外。即對人類不良份子之非法行爲也。故在危害未發之先。對不良份子。加以預防。在危害已發之後。立須將此犯罪之份子。某也良。某也不良。

某也不良之程度若何。某也對某事有無作爲之能力。繩之以法。若不先調查，何由知悉。既不知悉。而又焉能下此判斷。故戶口調查有鑑別之意義。

例爲知其爲慣行犯。則當對之注意以防其再犯。思破強盜案預想某人雖因窮所廹或爲竊但不致行搶，寺像裝飾被竊，斷非信佛之人所爲素無盈餘積蓄之人，月入五十金。而日費三十金。此可疑之情形也、故非身當勤務之長警自任調查。不能收其鑑別之效也。

第三節　調查與庶政之關係

各種行政之設施，均爲謀社會之公益，人民之福利，然設施之先。須預定計畫，欲擬定計畫須先有根據，地方戶口情形乃爲必要之根據。

例如劃分政治區域，以戶口之多少而定其官署之轄境，強迫教育，以當地應受教育學齡之人數，而定學校之數量　選舉以選民之比例而定被選人之額數，徵兵以應徵年齡之額數，而定現役兵之預算。徵稅以人口之比例，而定人民之負担，建路開礦興辦各種實業，以人口之統計。測知將來之發達和消費，故戶籍調查有輔助庶政之功用

第四節　戶口調查之目的

戶籍事務在自治完成國家，皆於地方機關中。別設戶籍吏。管理戶籍事務。警察之調查戶口其目的實在於察知部民之性質。與生活狀態也。往往有誤解調查之意者。對於一人之生年月日本籍地等。追問

問尋究。不遺餘力。殊爲費時故須以間接調查爲補助手段。再與戶籍公所之簿冊相對照。自得詳實。但絕對不能。即倚賴戶籍公所爲根本。況現在津市戶口調查及人事登記。均現定由警察負責。更無推諉之餘地矣。

第二章　調查戶口時應具之精神

戶口調查爲直接於民衆之事。不可有失威嚴。然亦不得過於強烈。對於良善部民之態度。假如對於刑事被告人。則屬非是。在良善者。雖不敢面斥其非。而心中所生之惡感。必日甚一日，故警察之對於民衆。務須溫和莊重不抗不卑。然後始能察知部民之情勢也。其要旨茲列四端如左：

一　要記載詳實，詳實云者，即戶口數目須要確實登記，事項須要詳備是也。然必如何辦理方能口數無一遺漏，事實無一錯誤，無論何時何地抽查校對，無一不符合於詳實二字，毫無遺憾，此不可不研究者一。

二　要精密注意，呈報原是法定手續，並有罰例以隨其後。但在今日必依呈報，始爲登記，不呈報者，即加以罰，必將有罰不勝罰者。且恐有不知其應罰者，各段戶數平均計算不過數百戶，以專警二人專司其事，必須平日某戶若干人口，某人是何職業，瞭如指掌，胸中即一段戶籍版冊，再加以隨時之注意．一有異動，即能指證其事實，使各戶無遁情，方得謂之精密。其如何注意之方法，則全視乎其人、此不可不研究者又一。

三　要和平辦事，和平者．是調查時之言語從容，氣象和藹，使人樂與我接近之謂。人民程度不齊，必有以呈報爲瑣碎，以調查爲多事者，我雖詳細開導之，委婉應付之，而彼則如秋風過耳，將如之何。必使不起衝突，不生困難，一一就範，應用若何手腕，方能保我和平之立旨，此不可不研究者又一。

四　要到底不懈，一事放過謂之懈，一時放過亦謂之懈，懈念一生，則諸事廢弛矣。必如何籌策努力方能始終如一，此不可不研究者又一。

第三章　戶口調查制度之沿革

我國自古即有戶口調查制度，考之周禮，司徒掌全國戶口，設閭，比，黨，州，鄉之法，自生齒以上異其男女，舉凡分田定賦，編簡車徒，以及戒令之布，力役之征，咸賴戶口以維持之，彼時統計之法度，亦極纖細，故能於全國戶口，男女，貴賤，職業，以至民之多寡，死生，出入往來等，均一一周知。惜春秋以降，典籍蕩然，歷代變遷，迄乏成典。洎前清光緒三十四年政府鑒於整理庶政，必須由調查戶口入手，乃頒布調查戶口章則，限期實行。而各省因循如故，遂使我國迄無人民確數。民國四年八月頒布戶籍法，同時幷頒布警察廳戶口調查規則，縣治戶口編查規則，以爲將來戶籍法實施地步。十八年內政統一國民政府鑒於國內戶口無準確數目，致影響於內政設施，遂於八月間頒布戶口編查條例，及人事登記暫行條例兩項，又於廿年十二月修正戶籍法及各項戶口調查表格，現在各省，均已遵照實行矣。

第四章　近百年內列強人口增加狀況與我國人口狀況之比較

中國民族，受列強帝國主義之壓迫，第三種便是人口壓迫。人口繁多，國勢即能隆盛。人口減少，國勢漸就衰頹。是以列強竭力獎勵生育，謀人口之增加。近百年內，美國人口增加十倍，俄國人口增加四倍，英國人口增加三倍，日本人口增加三倍，德國人口增加二倍半，法國人口最少亦增四分之一。

中國人口在百年前為四萬萬，現在還是四萬萬，據前美國公使之調查，則中國人口最多不過三萬萬，是否詳實仍待查考。

如上所述列強人口逐年增加，我國人口似漸減少，再就各個體力智力比較，則又諸多遜色，若無根本救濟之方，則民族前途，眞有不堪設想者矣。

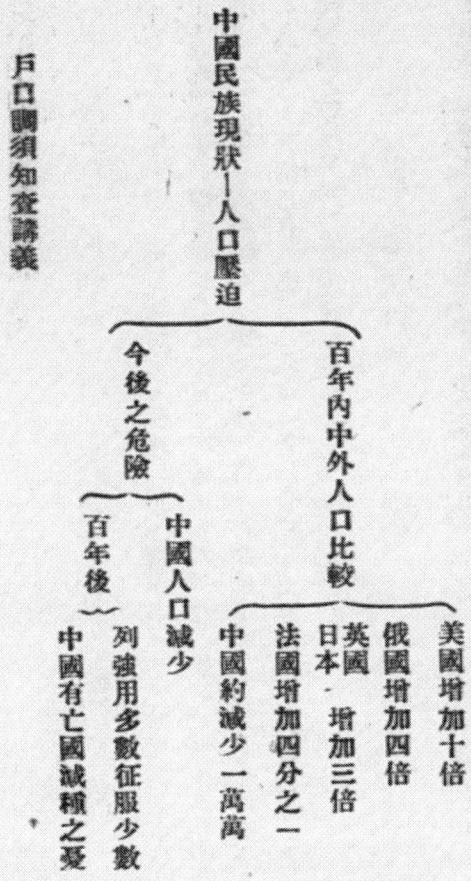

中國民族現狀—人口壓迫
- 百年內中外人口比較
  - 美國增加十倍
  - 俄國增加四倍
  - 英國、日本 增加三倍
  - 法國增加四分之一
  - 中國約減少一萬萬
- 今後之危險
  - 中國人口減少
  - 百年後
    - 列強用多數征服少數
    - 中國有亡國滅種之憂

第五章　列强人口增加與我國人口逐減之原因

近百年內美增十倍，英日增三倍，俄增四倍，德增二倍半，法增四分之一，此百年中人口增加如許之原因，實由科學昌明，醫學發達，衛生設備，日漸完善，故死亡減少，生育增多。各國人口之增加率，與中國人口比較，實屬驚人。譬如美國人口，百年前不過九百萬，今增有一萬萬餘。再過百年後，當有十萬萬之多，我國必有被征服之危險。若以歷史上中國同化五胡，同化蒙古，同化滿洲之故事，以語於學術昌明之現代，則又適得其反矣。

第六章　各國對於人口之政策

第一節　法國『獎勵生育』與推反馬氏學說』

法國因感人口太少，獎勵生育，凡一人生三子者，便格外給獎。男子三十不娶，與女子二十不嫁，特定罰則。然法國人口歷來統計，并非減少，不過增加率不如他國之大，且法以農立國，國家富庶，人民饒足，講求娛樂。百年前英國學者，馬爾賽斯，憂世界人口太多，供給物產有限，故主張減少人口，曾創立一種學說：『人口增加是幾何級較。物產增加是數學級較』法國人民因講究快樂，正合國人心理，極端歡迎馬氏學說，主張男子不負家累，女子不要生育。法國百年前人口比各國爲多，自馬氏學說宣傳而後，人民便實行減少人口，今日覺受人口減少之痛苦矣。中國近來新青年學者亦有主張馬氏學說減少人口者，不知法國今已覺悟，施行新政策矣。中國人口再減更何堪列強之壓迫乎。

第二節　日本『殖民政策』『侵略滿洲』

日本人口現爲六千萬，百年後應有二萬萬四千萬，以本國不敷生活，乃用向外繁殖政策，向各國申述島國人口太多，有不能不向外發展主因，故東走美國加利佛亞省，便閉門不納，南走澳洲，英國人謂澳洲是白色人之澳洲，別色人種不許侵入。日本人到處被拒，故向各國說情，不能不經營滿洲，高麗，各國默契其要求，以爲日本殖民中國，於其本國無關，故日人侵略東北者，早具野心於三十年前矣。

第三節　德國『獎勵生育』『創立學說』

德國因經大戰之後，死亡過多，意想恢復戰前狀態，故亦獎勵生育。百年後人口定能增加，現因土地與人口比較，已有人滿之患，故有『打太陽』地位之學說。因歐州列強多近寒帶，戰事之起，由於互爭赤道與溫帶土地，乃爭太陽之光，中國爲全世界氣候最溫和地帶，物產最豐富國家，更爲德人所垂涎焉。

第七章　各國歷年人口之統計比較

(一)各國人口之增加率比較表

『美國人口增加。由於容納。』『其餘各國人口增加。由於生育

拉丁民族之數佈
- 1. 在歐洲—西班牙，葡萄牙，意大利
- 2. 在美洲—墨西哥，秘魯智利，晉侮亞•巴阿根廷，中美洲諸小國

英日俄德美法各國民族人口之類別

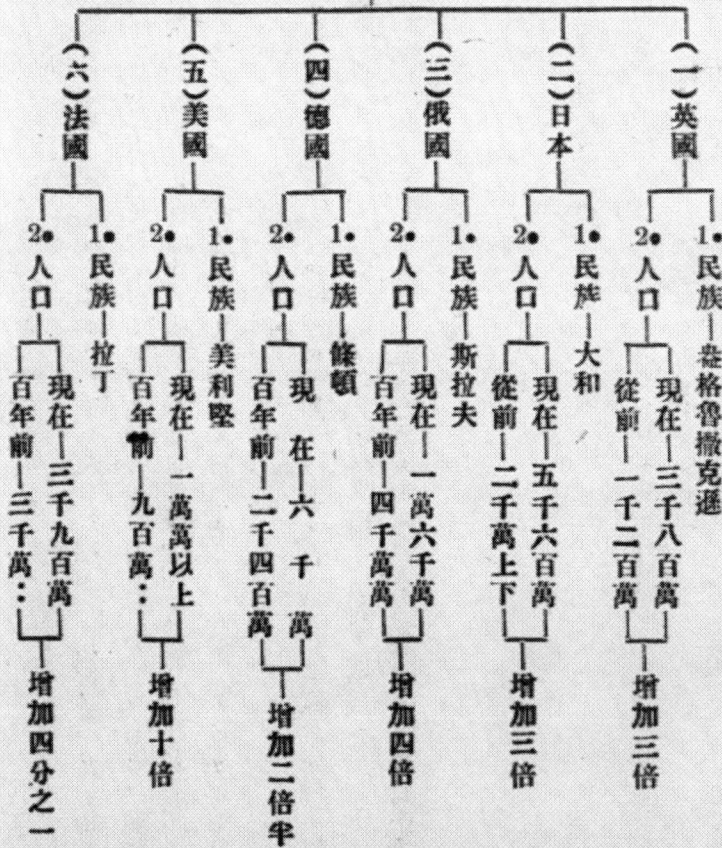

- (一)英國
  - 1. 民族—盎格魯撒克遜
  - 2. 人口
    - 現在—三千八百萬
    - 從前—一千二百萬
    - —增加三倍
- (二)日本
  - 1. 民族—大和
  - 2. 人口
    - 現在—五千六百萬
    - 從前—二千萬上下
    - —增加三倍
- (三)俄國
  - 1. 民族—斯拉夫
  - 2. 人口
    - 現在—一萬六千萬
    - 百年前—四千萬萬
    - —增加四倍
- (四)德國
  - 1. 民族—條頓
  - 2. 人口
    - 現在—六千萬
    - 百年前—二千四百萬
    - —增加二倍半
- (五)美國
  - 1. 民族—美利堅
  - 2. 人口
    - 現在—一萬萬以上
    - 百年前—九百萬：
    - —增加十倍
- (六)法國
  - 1. 民族—拉丁
  - 2. 人口
    - 現在—三千九百萬
    - 百年前—三千萬：
    - —增加四分之一

(二)中國各省人口之統計表

我國人口向無精密之調查，歷來之統計，又數目歧異，難以確恃。民國以還，統盤調查，更付闕如，祇據各省區合計之數，現今人口，約及五萬萬，然等非確實調查而來，此數亦未必可恃也。然依孫中山先生考察，近年國內戰事迭起，水患頻作，天災人禍，歲無寧日，非特無有增加，反有減少之憂焉。

省別	人口數目	備考
河北	三千二百萬	
江蘇	三千萬	
安徽	二千七百萬	
浙江	二千三百萬	
江西	二千四百五十萬	
湖北	三千六百萬	
四川	五千五百萬	
湖南	二千八百二十萬	
山東	三千八百萬	
河南	三千二百萬	

山西		一千二百二十萬
陝西		一千萬
甘肅		五百萬
青海		一百餘萬
寧夏		不及百萬
福建		二千四百五十萬
廣東		三千八百萬
廣西		一千三百萬
雲南		一千二百萬
貴州		一千一百萬
遼寧		一千四百萬
吉林		五百五十二萬
黑龍江		五百萬
新疆		二百五十萬

熱河	三百八十萬
察哈爾	三百九十萬
綏遠	一百八十萬
西康	三百五十萬
西藏	二百五十萬
外蒙古	一百八十萬

(三)中國最近一百八十餘年間人口總數表

年度	人口數目	備考
乾隆六年 西歷一七四一年	一四三·四一〇·五五九	東華錄
十四年	一七七·四九五·〇三九	東華錄
二十二年	一九〇·三四八·三二八	清通典
二十四年	一九四·七九一·八五九	清通考
二十七年	二〇〇·四七二·四六一	清通典

二十九年	二〇五・五九一・四一七	清通典
三十二年	二〇九・八三九・五四六	清通典
三十六年	二一四・六〇〇・二五六	通考
四十六年	二七九・八一六・〇七〇	東華續錄
五十五年	三〇一・四八七・一一五	
六十年 西曆一七九五年	二九六・九六八・九六八	
嘉慶元年 西曆一七九六年	二七五・六六二・〇四四	
十年	三三二・一八一・四〇三	
十七年	三六一・六九〇・七九一	
二十四年 西曆一八一九年	三〇一・二六〇・五四五	
道光元年 西曆一八二〇年	三五五・五四〇・二五八	
八年	三八六・五三一・五一三	

十三年	三九八·九四二·〇三六	
十六年	四〇〇·九〇一·四四八	
二十年	四一三·四五七·三一一	
二十九年 西歷一八四九年	四一二·九九六·四六九	
咸豐元年至十一年	無調查	
同治元年至十三年	無調查	
光緒元年至十一年	無調查	
十一年 西歷一八八五年	三七七·六三六·〇〇〇	(十八省)社會科學季刊三卷四號
二十年 甲午中日之戰	無調查	
二十六年 庚子八國聯軍	四二一·〇〇〇·〇〇〇	同前

二十八年 庚子戰後	四三九·九四七·二七一	(全國) 同前
三十年 甲辰日俄之戰	無調查	
三十二年 日俄戰後	四三八·二一四·〇〇〇	仝前
宣統二年 西歷一九一〇年	四三八·四二五·〇〇〇	(十八省) 海關調查
民國十二年 西歷一九二三	四三八·三七三·六八〇	內中廿一省爲郵局調查新疆爲內務部吾國五年調查
民國十五年 西歷一九二六	四二六·五三〇·〇〇〇	廿二省郵局調查

(四)世界各洲人口統計比較表

洲名	人口	備考
亞洲	九二一·〇〇〇·〇〇〇	
歐洲	四七六·〇〇〇·〇〇〇	
南美洲	五一六·四〇〇·〇〇〇	

北美洲	三一六·〇〇〇·〇〇〇
非洲	一四·二〇〇〇·〇〇〇
澳洲	九·〇〇〇·〇〇〇
兩極	一·九三五
合計	一·七四八〇·〇〇〇·〇〇〇

(五)世界各國人口統計比較表

國名	國體	人口(千爲單位)	備攷
中國	共和	五〇〇·〇〇〇	
日本	帝國	五五·九六三	
土耳其	共和	一三·三五七	合歐洲領地
蘇俄聯邦	社會共和	一一六·七七四	合歐洲領地
英吉利	帝國	四七·三四〇	
意大利	王國	三九·九八九	
法蘭西	共和	三九·二一〇	

西班牙	王國	二一・九六七
葡萄牙	共和	六・〇三三
瑞士	共和	三・九一八
瑞典	王國	六・一三六
挪威		二・六五〇
荷蘭	王國	六・八六五
比利時	王國	七・七四四
德意志	共和	六二・五三九
奧地利亞	共和	六・五三六
匈牙利	共和	七・九八〇
埃及	王國	一二・七五一
北美合衆	共和	一一二・七八六
墨西哥	共和	一四・二三五
古巴	共和	三・三六九

巴拿馬	共和	四四二
巴西	共和	三〇•六三五
阿根廷	共和	九•八三九
秘魯	共和	五•五五〇
智利	共和	三•七五四

第八章　戶口調查與訓政工作

調查戶口，爲訓政時期第一步緊要工作，一切建設，非待戶口清楚，不能見諸實行。其關於訓政各建設者可列三點分述如左：

(一)實施本黨政策　本黨民生主義，對於社會問題的解決，曾規定兩大原則：

1. 平均地權

2. 節制資本

對內政策第九條至十一條列內年細目如下：

(A)清戶口整理耕地，調正糧食之產銷，以謀民食之均足。

(B)改良農村組織。增進人民生活。

(C)制定農工法，改良勞動之生活狀況保障勞工團體，並扶助其發展。

上述各原則及細目，幾無不先由調查入手，始能擬定妥善辦法，見諸實施。清查戶口和調正糧食之產銷，關係調查，固不待言。即其他各項，各農人勞工之實際，狀況，如何改良其生活，如何增進其利益，以至農業經濟問題，勞工問題等，具足以影響社會，與警察發生之關係，亦非淺鮮，故必須於直接調查外，平日注重間接之調查，則全體社會福利。方有適當之解決。此調查戶口之關於本黨政策者一也。

(二)籌備地方自治　建國大綱第八條，規定各地方政府之訓政工作，

『協助人民，籌備生活，其程度以全縣人口，調查清楚，全縣土地，測量完竣，全縣警衛。辦理妥善，四境縱橫之道路，修築成功，而其人民曾受四權使用之訓練，而完畢其國民之義務，誓行革命之主義者，得選舉縣官，以執行一縣之政事。得選舉議員，以議立一縣之法律，始成為一完全自治之縣』以上關於選舉官吏，測量土地，辦理警衛，成為完全自治之縣，非戶口調查清楚後，不能漸次實行，此調查戶口之有關於籌備地方自治二也。

(三)地方自治試辦次序　地方自治開始實行法列舉次述六事

(一)清戶口。(二)立機關。定地價。(四)修道路。(五)墾農地。(六)設學校。

以上六事，首重戶口，故於地方自治團體，應舉辦之各種合作等，亦必待調查清楚，始先進行。茲舉地方自治之關於調查戶口者可分兩要點：

1. 明瞭地方實際情形，以便舉辦事業，此須待調查者一也。

2. 訓練人民自治能力，以便運用四權，此須待調查者二也。

第九章　戶口調查之方法

警察之調查戶口，不僅籍戶口，記年齡而已也。若夫人數，職業，及異動等，可詢問該戶而知之。至其素日之行爲，各人之性質等，則非詢問該戶所得知者，故調查方法有直接，間接二種。

一，直接之調查

應[redacted]項：

1. 該戶人數，及其屬籍，職業，姓名，年歲，住址情況。
2. 戶主，與曾親族之稱謂關係。
3. 寄籍於他處之所在，及其事由。
4. 異動之有無。

二[redacted]之調查

1. 資財之有無。
2. 所得之多寡。
3. 職業之勤惰。
4. 性質之善惡。
5. 素行之良否。

三[redacted]之注意

夫間接調查者，於他方面考詢之謂也，然警察之言動，最爲人民，所注意，即對他人詢問之，答者亦未必盡吐實情，且亦不足深信，故又不得不依左列各種隨時悉心查訪，參以耳聞目見之情狀，或不難得其要領焉。

1. 生計之概樣。
2. 家族之協和。
3. 近隣之風評。
4. 既往之經歷。
5. 交際之人物。

以上所述，皆當於平時留心攷究，以爲調查之資料，一旦遇有事故發生，不難着手辦理也。

四，特別注意之事項

警察調查戶口對於下列之處所，及人類應特別注意：

1. 曾被處刑之人，及博徒，游手好閒，與認爲性行不良者。
2. 無產業而徒食者。
3. 以所得難支，而爲分外之生計者。
4. 有不良之人出入，或使同居者。
5. 驟貧驟富者。
6. 家有異狀者。

7. 學生，工徒寄宿舍。

8. 多數人居住集會之處所。

上列各項，皆爲調查上所宜注意者，但不得謂舍此以外，即可不注意也。此不過約舉其端而已。故警察對於一切之處所，人類，並種種事務，苟認爲非注意不足獲調查之效果者，皆當隨時加以注意焉。

第十章 人事登記

第一節 人事登記之呈報

各戶經調查完畢，領到調查證後，如有生死，婚嫁，及其他變動，並遷移等事，均應赴該管警所呈報登記，如不能自書者，得以口述，請求警所戶籍生代書之。玆將呈報應行注意事項分述如左：

1. 出生 凡有出生子女者，應由戶主於五日內呈報。但私生子，抱養子，得另註明。
2. 婚姻 由男女各戶主，於五日內呈報但續婚再醮等，得另註明
3. 遷徙 凡由此區遷移彼區者，應於未遷前，五日內呈報。向管區所領取遷移證。
4. 承繼 凡承繼者須叙明事由，於五日內呈報，但繼承人與被繼承人以前如叔侄甥舅之關係須加註明。
5. 失蹤 凡失蹤者，須於五日內呈報，但須註明失蹤之現在年歲。
6. 分居 凡分居者須於五日內呈報，但須註明弟幾人兄幾人。

7. 死亡　凡死亡者須即日呈報，並將死亡病傷，或服毒或受刑等，詳爲註明。

第二節　接受呈報

凡受遷出呈報者，應隨時通知於所遷之新管區所，其受遷入呈報者，如未經原住之舊管區所通知時，應查其有無遷移證，其呈報書，有塡載不合格者，須詳細查明代爲更正，若以口頭呈報者，須詳詢其事實代爲塡寫，不得收費留難等事。

各區接受呈報後，應隨時更正者如左：

(1)查明其事由。隨時記入人事登記簿。

(2)按其呈報事項，隨時塡列於調查總簿。

(3)變動呈報事項。隨時分別更正之。以上各項之更正，不得逾呈報之第二日。

第十一章　公安局署戶籍室之組織

公安局，爲考查監督各署界內戶籍事務起見。得設戶籍科，綜核各署界內戶籍之進行，署由署長爲主任，担任指導抽查事項、各所，設一戶籍員担任稽查與呈報事項。並設戶籍生二名，承受長官命令，計畫分發各派出所戶口簿冊。彙核編輯全區戶口並於據報變動事項有疑問時，則傳知派出所查復，派出所呈報變動表格有不符時。即予變更之，並得隨時實地抽查，以防怠忽疏漏之弊也。

第十二章　戶口圖之編製

警察區所管界內戶口衆多，如不繪畫戶口詳圖，則在未調查之前。各區段之應如之何劃分，已調查後，僅視其戶口調查簿上記載之街名號數，究覺該戶在該街之某地點，方位若何。不能一目瞭然。故須繪戶口詳圖。此種圖，即將街市圖放大。將門牌號數塡入，並標誌宅院之車門，便門，在某邊，或某角遇事按圖索號則可收敏捷整齊之效也。

（圖例）

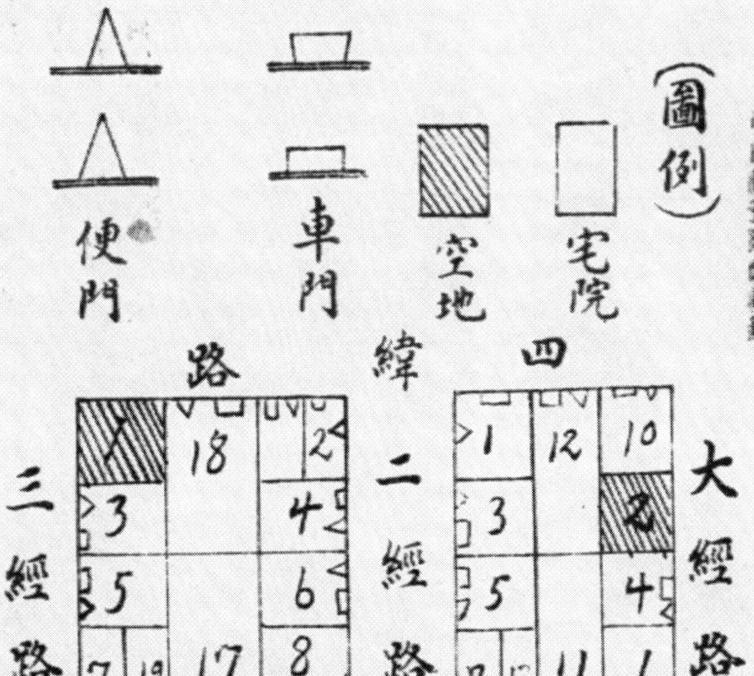

（圖例）
宅院
空地
車門
便門
四緯路
大經路
二經路
三經路
三緯路
二緯路

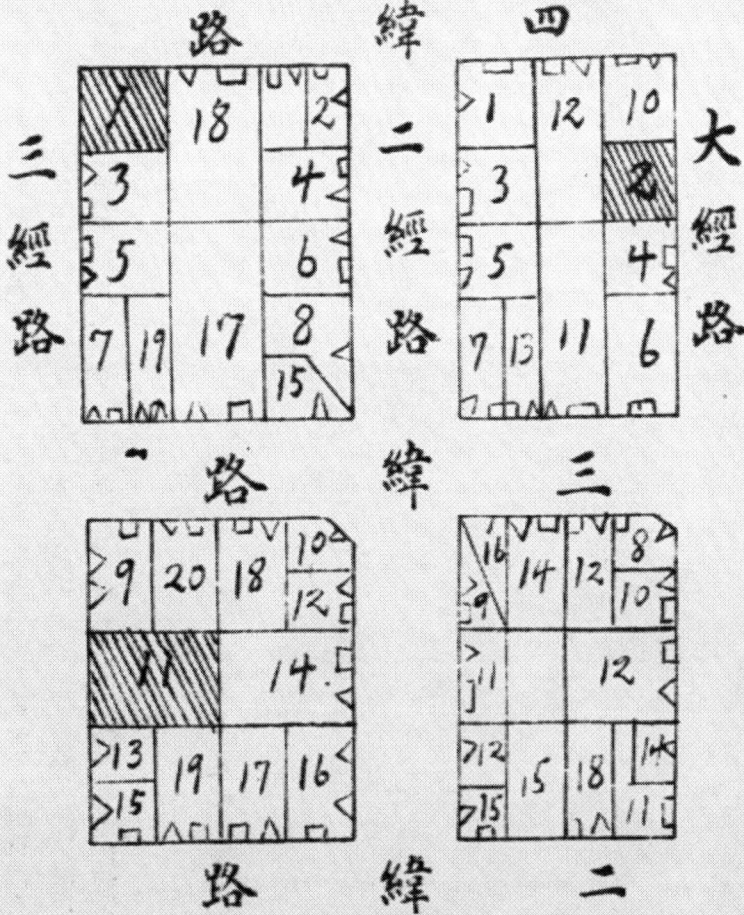

第十三章　調查表格之編製

調查表格。乃舉行調查戶口必需工具，一方面可使觀察之能力，格外眞確。格外有意義。另一方面，可使觀察之紀錄，格外整齊，畫一，格外有系統。所以一旦整理所得材料，便可有一準確結論，同時仍要顧到調查者，及被調查者之便利周密，故編製調查表，實為調查上最要而最難之工作。因其一張調查表之形式與內容，便可決定調查之結果，關係甚重。而執行調查職務人員，尤須格外審慎，於應用固定表格外，萬不可任意編製不加深思也。

第十四章　調查簿冊及執照之類別

(一)調查簿冊之分類如左：

(1)調查戶口總簿(上級警察機關及本區所各存一份)

(2)人事登記簿(同前)

(3)臨事調查記錄簿(每段一事)

巡警日記簿(每守望一本)

(二)戶口調查表格之分類。如左：

(1)戶口調查表(住戶)

(2)戶口調查表(船戶)

(3)戶口調查表(寺廟)

(4)戶口調查表(公共處所)

(三)人事登記表格之分類

(1)出生登記表

(2)分居登記表

(3)失蹤登記表

(4)遷徙登記表

(5)婚姻登記表

(6)繼承登記表

(7)死亡登記表

(四)外國籍應用表格之分類

(1)外國人居留處所調查表

(2)外國人營業調查表

(3)外國人職業細別表

(五)執照之分類如左：

(1)調查證

(2)遷移證

戶口調查表一

天津特別市　　區　　街村　住戶門牌第　　號第　　頁

事別＼類別	戶主	親屬稱謂				同居關係	
姓名							
男女別							
已未嫁娶							
有無子女							
年齡及出生年月日							
籍貫							
曾否入國民黨							
住居年數							
職業							
宗教							
教育程度							
廢疾其他數項							

係

傭工關係

共計
男口
女口

內計
入國民黨者 男 女
有職業 男 女
無職業 男 女
學童 男 女
壯丁
蓄辮
纏足

口

現往 男 女
他往 男 女

信奉宗教
佛教 男 女
道教 男 女
回教 男 女
耶穌教 男 女
天主教 男 女
其他 男 女

口

廢疾 男 女
曾受刑事處分者 男 女
素行不正者 男 女
形跡可疑者 男 女
非家屬雜居者 男 女

口

戶口調查表二

天津特別市　　區　　特編船字第　　號第　　頁

事別／類別	姓名	男女別	已未嫁娶	有無子女	年齡及出生年月日	籍貫	曾否入國民黨	住居年數	職業	宗教	教育程度	有無廢疾	其他事項
戶主													
親屬稱謂													
同居關係													

係	傭工關係	

共計
男口
女口

內計
入國民黨者（男 女）
有職業（男 女）
無職業（男 女）
學童（男 女）
壯丁
蓄辮
纏足
口

現往（男 女）
他往（男 女）

信奉宗教
佛教（男 女）
道教（男 女）
回教（男 女）
耶穌教（男 女）
天主教（男 女）
其他（男 女）
口

廢疾（男 女）
曾受刑事處分者（男 女）
素行不正者（男 女）
形跡可疑者（男 女）
非家屬雜居者（男 女）
口

戶口調查表三

天津特別市　區　街村　門牌廟字第　號第　頁

寺廟名稱

類別 事別	僧道名稱	姓名或法名	男女別	年齡及出生年月日	籍貫	曾否入國民黨	住居年數	剃度年月日	其他事項
住持									
徒									

衆	傭	工

共計
男口
女口

內計
入國民黨者 男 女
現住 男 女
他住 男 女
曾受刑事處分者 男 女
素行不正者 男 女
形跡可疑者 男 女

口

戶口調查表四

天津特別市　　區　　村街門牌公字第　　號第　　頁

名稱	公官私設	主管人姓名	辦事人數		其他人數		傭工人數	
			男	女	男	女	男	女

共計	
男	女

說明之四

一公共處所凡公署兵營監獄習藝所學校工廠醫院祠堂會館公所等皆屬之

二如祠堂會館公所等內有住戶者應以普通戶口論

三調查時須另行編號加一公字以示區別

戶口調查表說明之一

一　凡戶不分正附，一家住數戶者，以數戶計。同父兄弟，雖分爨而仍同居者，以一戶計，異居者，以各戶計，外姻或同族，相依過度，及友朋隻身寄居者，以一戶計，店鋪以一招牌爲一戶，無招牌者，以門面計，同一門面，有兩鋪基，係一鋪東者，以一戶計，係兩鋪東者，以兩戶計。前店後家，如係家店同主者，以一戶計，不同主者，以兩戶計。

二　凡口，包男女言，口數連戶主計算，養子爲養父戶內之口，贅婿爲女父戶內之口，傭工爲雇主戶內之口，相依過度者，爲扶養者戶內之口。友朋寄居者，爲受寄者戶內之口，店夥爲鋪東戶之口。

三　凡戶主，指同居親屬之尊長者而言。兄弟同居者，以兄爲戶主。家無男丁，或有而未成年者，以婦女中最尊長者爲戶主，店鋪，以店東爲戶主，如鋪東不在店，掌事者，以鋪掌爲戶主，合資店鋪，以掌店事之鋪東爲戶主，各鋪東均在店內，權限相等者，以年長者爲戶主。前店後家，同一主者，從其家之戶主。

四　凡戶主以外，人口，如係戶主之宗親，若母親姉妹，若弟與子孫，及其配偶者等，均填入親屬格內，並註明稱謂。

五　其餘親友人等同居者，均填入同居格內，並註明關係。

六　雇工人等，填入傭工格內，並註明關係。

七　姓名欄內，均須寫姓名，不得用別號，戶主更不得以某室某字號等，公共名稱，雜填，但婦女不便填寫者，婦人得以氏，女子得以長次等字代之，如係外國人，或無國籍人，應填其原名，並附註譯名。

八　籍貫欄內，本籍，即填本籍字樣，客籍，須填明原籍。同省者，註縣，不同省者，省縣並註，如係外國人，或無國籍人，則註其本國國籍，或註無國籍字樣。

九　住居年數欄內，應填寫住居年數，如係客籍，則填寄居年數。

十　職業欄內，如無職業，即填一無字。

十一　宗教欄內，須將所奉宗教種類，分別填明。

十二　教育程度指曾否讀書，及在何種學校肄業，或畢業而言。

十三　廢疾欄內，即就盲，啞，瘋，癲，及其他廢疾分別填註。

十四　調查時，雖值他往，仍應填註，但須將所在地，及事由，註明，於其他事項欄內。

十五　曾受刑事處分，素行不正，形跡可疑，及非家屬雜居等情事，應由調查員，查明填註於其他事項欄內

十六　學童年齡，應按現行小學條例，改爲六歲至十二歲。

十七　表示有職業與無職業之統計，應就二十歲以上六十歲以下之範圍內，分別計算

十八　每戶各占一頁，若人口衆多之戶，一頁不能填註者，得分填數頁，但須註明某戶第幾頁。

戶口調查表說明之二

一 船戶以在陸上無一定住所以船爲家者爲限若非以船爲家而在陸上有一定住所者則以普通戶論

二 凡船各以戶計

三 調查時須依河川境界劃分地段另行編號加一船字以示區別

四 調查時雖値他往仍須塡註但須將所在地及事由註明於其他事項欄內

五 每船戶各占一頁若人口衆多之船戶一頁不能塡註者得分塡數頁但須註明某船戶第幾頁

六 其他關於調查事項之說明參照第一表

戶口調查表說明之三

一 寺廟，凡寺，院庵，廟，宮，觀，禪，林，洞，刹等皆屬之。

二 僧道名稱，指僧，尼，道士，女冠，而言。但以居住寺廟者爲限。若火居道士，應付僧人，不住居於寺廟者，則以普通戶口論。

三 各寺廟住持以外僧道，均塡入徒衆格內。其非僧道而供役使者，均塡入傭工格內。

四 姓名欄內，如道士之有姓名者，塡其姓名，其他不以姓名著稱者，塡其法名。

五 籍貫；指俗家屬籍而言。

六 調查時，雖値他往，仍應塡註。但須將所在地及事由，註明於其他事項欄內。

七　調查時，須另行編號，加一廟字，以示區別。

八　各教堂教會，及清眞寺，應與寺廟視同一律。但本表所列僧道住持等名稱，既不適用於教堂會，及清眞寺，調查時自應分別改塡其相當名稱。又徒衆一欄，亦應以住居該教堂會或清眞寺者爲限。

九　每寺廟，各占一頁，若僧道衆多之寺廟，一頁不能塡註者、得分塡數頁、但須註明某寺廟第幾頁

十　其他關於調查事項之詮明參照第一表。

分居登記表

年 月份

分居者之姓名	性別	年歲	職業	原籍與住址	現在村街門牌號數	分居後之口數	分居後所有之不動產概數	與所分居者之姓名及其關係	分居之見中人	分居之年月日	備考

說明

一 表中分居者之姓名一欄，如兄弟分居，則兄之姓名，各塡一格。

二 分居後之口數及分居後所有之不動產概數，係就各人分居所有而言。

三 與所分居者之姓名及其關係一欄，如與弟幾人分居，則塡弟某弟某如與兄幾人分居則塡兄某兄某餘類推。

四 此項分居登記，在本年內暫行登記，至來年另編爲一戶。

失蹤登記表

年　月份

失蹤者之姓名	性別	年歲	原有職業	離家之年月日	離家之原因	最後來信地方	最後來信之年月日	現在家屬戶主及其他親屬	家屬現住村街門牌號數	備考

說明

一凡離家五年，毫無音信，且不知其住所在地者，登記此表。

二表中年歲，係指失蹤者之現在年歲而言。

遷徙登記表

年　月份

遷徙者之姓名	性別	年歲	職業	原籍	遷前之住址	遷來或遷往之住址	遷來或遷往之口數	遷徙之年月日	備考

說明

一表中遷徙者之姓名一欄，係塡寫戶之主姓名，

二此表登記，例如某也由甲里(街)遷往乙里(街)則甲乙兩里登記表，均於(遷前之住址)欄內塡甲里(街)及門牌號數，(遷來或遷往之住址)欄內，塡乙里(街)及門牌號數，(遷來或往之口數)欄內，塡丁口數目，(在甲里登記表塡遷往，乙里登記表則塡遷來。

出生登記表

年　月份

出生者之姓名	性別	類別	出生年月日	出生者之父母 姓名	年歲	職業	原籍與住址	現住村街門牌號數	備考

說明

一 表中揭載事項，以某村或某里（即某街）爲範圍（各表準此）

二 出生者之姓名即嬰孩之姓名，如無名祇記其姓（或有小名亦可記入）

三 類別，係指出生者爲親生子，或私生子或抱養子而言，但私生子或抱養子之出生年月日不明時，得於備考欄內附註之。

四 表中原籍與住址一欄，如係本村或本里人，則可不塡（各表準此）

婚姻登記表

年　月份

結婚者之姓名	年歲	職業	婚姻類別	原籍與住地	現住村街門牌號數	主婚親屬	介紹人	成婚之年月日	備考
男									
女									
男									
女									
男									
女									

說明

一表中婚姻類別一欄，應將結婚者爲初婚續婚或贅就再醮等項分別登載。

二男女兩方，如有一方非本村或本里人，只須記其原籍與住地，而現住村里欄內，無須記載。

三主婚親屬一欄，有父塡父無父塡母，無父母者或塡伯叔兄弟及其他戚姓最近親屬。

四介紹人一欄如係舊式婚姻，可塡媒人姓名。

繼承登記表

年　月份

繼承人及被繼承人之姓名性別年歲職業	原籍與住地	現住村街門牌號數	原有親屬關係	現在親屬關係	繼承之不動產概數	繼承之年月日	備考
繼承人							
被繼承人							
繼承人							
被繼承人							
繼承人							
被繼承人							

說明

一 表中原有親屬關係一欄，係指繼承人與被繼承人未繼承前之關係及稱呼而言，如叔侄甥舅等皆是。

二 現在親屬關係一欄，係指繼承後之關係及稱呼而言如父子母子祖孫等皆是。

三 不動產概數一欄，須將繼承之房屋田地總數詳細紀載。

死亡登記表

年　月份

死亡者之姓名	性別	年歲	職業	死亡年月日	死亡原因	原籍與住地	現住村街門牌號數	備考

說明

一表中年歲一欄，應記死亡者死亡時之實得年歲。

二死亡原因欄內，應將死亡者因何病何傷，或服何毒，或受何刑等項，詳細登載。

要旨扼總綱，四個即可。要記載詳實！！！

第四節 調查戶口之要旨

一 要記載詳實 詳實云者，即戶口數目須要確實登記，事項須要詳備是也，然言之匪艱行之維艱必如何辦理方能口數無一遺漏，事實無一錯誤，無論何時何地抽查校對，無一不符對於詳實二字，毫無遺憾，此不可不研究者一。

二 要精密注意，呈報原是法律手續，並有罰例以隨其後，但在今日必依呈報，始爲登記，不呈報者，即加以罰，必將有罰不勝罰者，且恐有不知其應罰者，各段戶數平均計算不過數百戶，以專警二人專司其事，必須平日某戶若干人口，某人是何職業，瞭如指掌，胸中即一段戶籍版冊，再加以隨時之注意，一有異動，即能指證其事實，使各戶無遁情，方得謂之精密，其如何注意之方法，則全視乎其人，此不可不研究者又一。

三 要和平將事，和平者，是調查時之言語從容，氣象和藹，使人樂與我接近之謂，人民程度不齊，必有以呈報爲瑣碎，以調查爲多事者，我雖詳細開導之，委婉應付之，而彼則如秋風過耳，將如之何，必使不起衝突，不生困難，一一就範，應用若何手腕，方能保我和平之立旨，此不可不研究者又一。

四 要到底不懈，一事放過謂之懈，一時放過亦謂之懈，懈念一生，則諸事廢弛矣，必如何羣策羣力方能始終如一，此不可不研究者又一。

市省縣區
戶口變動統計表

年　月份

事別 / 區域別	遷入 戶數	遷入 人數 男	遷入 人數 女	遷出 戶數	遷出 人數 男	遷出 人數 女	出生人數 男	出生人數 女	死亡人數 男	死亡人數 女	男婚人數	女嫁人數	繼承人數	分居 戶數	分居 人數 男	分居 人數 女	失蹤 男	失蹤 女	備考
總計																			

說明

中華民國　　年　　月　　日

造報官署長官署名蓋章

填載例

一、外國人或無國籍人之戶口如有變動除統計列表外並須於說明欄內詳細說明以備查考

二、戶口統計第一表之填載例於本表適用之

天津特別市公安局戶口統計表一

事項		區別	區域別 → 總計
普通戶口		戶數	
		人口總數	
		現住	
		他往	
		學童	
		壯丁	
		蓄辮	
		纏足	
		國民黨員	
	職業	有	
		無	
	宗教	佛教	
		道教	
		回教	
		耶穌教	
		天主教	
		其他	
		廢疾	
		曾受刑事處分者	
		素行不正者	
		形跡可疑者	
		非家屬寄居者	
外國人寄居中國戶口		戶數	
		人口總數	
		現住	
		他往	
	職業	有	
		無	
	宗教	耶穌教	
		天主教	
		回教	
		其他	
	國籍之區別	英	
		美	
		法	
		德	
		俄	
		日	
		其他無國籍人	

備考

中華民國　　年　　月　　日

填載例

一 各區報縣或公安局之表區域別一欄內應填街名村名各縣及普通市報省之表區域別一欄內應填區名各省報部之表區域別一欄內應填縣名特別市報部之表仍填區名

二 本表所設行數如不敷用得隨時增加

天津市公安局戶口統計表二

類別	事別	區域別	總計
船戶戶口	戶數		
	人口總數		
	現住		
	他往		
	學童		
	壯丁		
	蓄辮		
	纏足		
	國民黨員		
	職業 有		
	職業 無		
	佛教		
	道教		
	回教		
	耶穌教		
	天主教		
	其他		
	廢疾		
	曾受刑事處分者		
	素行不正者		
	形跡可疑者		
	非家屬雜居者		
寺廟戶口	戶數		
	人口總數		
	現住		
	他往		
	宗教 佛教		
	宗教 道教		
	宗教 回教		
	宗教 耶穌教		
	宗教 天主教		
	宗教 其他		
	國民黨員		
	曾受刑事處分者		
	素行不正者		
	形跡可疑者		
公共處所	處數		
	人口		

備考

中華民國　　年　　月　　日

填載例

一各教堂教會中之外國人一面記其數於本表寺廟戶口欄內一面仍記其數於戶口統計第
一表外國人寄居中國戶口欄內惟須於本表備考欄說明其重複之數
二戶口統計第一表之填載例於本表適用之

外國居留處所表

姓名				
國籍				
職業				
住所	局區			
	地址			
	門牌			
房主姓名住所				
遷入年月日				
所來地				
眷屬人數				
僱人數	中國			
	外國			
同居人	中國			
	外國			
遷出年月日				
所往地				
備考				

外國人營業表

名稱	營業種類	國籍	開設人姓名	區	地址	門牌號數	房主姓名住址	開設年月	租借年限	掌櫃姓名 本國	掌櫃姓名 外國	傭人數 本國	傭人數 外國	備考

外國人職業細別表

姓名	國籍	宗教	職業細別 從前	職業細別 現在	住所 局區	住所 地址	住所 門牌	房主姓名住址	眷屬人數	來本地年月日	所來地	他往年月日	所往地	備考

遷移證存根

區　　　　　　　　　　　　爲

證明事今據　　戶報稱由　　局　　區　　街巷門牌

號遷移至　　局　　區　　街巷門牌　　號居住須至證明者

中華民國　　年　　月　　日

遷字第　　　　號

遷移證

區　　　　　　　　　　　　爲

證明事今據　　戶報稱由　　局　　區　　街巷門牌

號遷移至　　局　　區　　街巷門牌　　號居住須至證明者

中華民國　　年　　月　　日

調查證

今據本區　　戶　　號塡註查

戶口票　　紙核與定章相符此證

河北省會公安局第　　公署長口

調字第　　號

河北省會公安局第　　公署

字第　　號

調查戶口執照

中華民國　　年　　月　　日

附錄

清查戶口暫行辦法十八年十月三十日公布

第一條 本辦法依據清鄉條例第二十條之規定之

第二條 清查戶口由縣清鄉局長督率區鄉鎮閭鄰長切實舉行其未經編製鄉鎮閭鄰者依舊有組織比照辦理所有戶口冊式照部頒式樣填寫正副冊各一份正冊存縣副冊存區以備查考

第三條 清查戶口得用抽查法由清鄉局長指定期間及被查之戶遴員督同該管區長或鄉鎮閭鄰長切實抽查如有緊急情形接得密報時縣清鄉局長於奉令之日起即應派員督飭各區長分派各鄉鎮長率同閭鄰長等實施清查限日竣事清查後至三個月即須復查一次以清鄉事務完竣爲止

第四條 清查戶口各縣清鄉局長得逕自清查或派員清查之

第五條 戶口清查完竣後按鄉取具連坐切結後被查之戶如有爲匪通匪窩匪或私藏槍械及其他危險物情事同鄉住戶應受連坐之處分連坐辦法及切結另定之

第六條 清查戶口時隨即按戶塡發門牌令其懸掛以便隨時考查

第七條 住戶如有任意違抗不受清查者得由清查人員據實呈報縣清鄉局長依法究辦

第八條 清查人員如有扶同隱匿不能切實清查或藉端滋擾者得由人民告發一經查實以瀆職論罪

第九條 縣清查局長於清查戶口如有瞻徇玩忽情事一經發覺應由省清鄉總局局長交副局長按照情節輕重

分別撤懲

第十條　本辦法如有未盡事宜得由內政部呈請修改之

第十一條　本辦法自呈奉國民政府核准公布之日施行

警察廳戶口調查規則中華民國四年八月二十日公佈教令第三十三號

第一條　本規則於京師及各省商埠設有警察廳地方，調查戶口時，適用之，但以警察機關組織完備，及戶口繁盛，經內務部認定者爲限。其他仍準照警察戶口編查規則，施行牌甲制。

第二條　關於調查戶口事務，以警察總監或警察廳長，爲調查監督。其上級機關，依現行官制定之。

第三條　調查以現住戶口爲準。但調查時，戶內人口，適往他處者，須註明其所在地，及事由。

第四條　調查戶口之次序

一清查，二覆查

前項覆查日期，由調查監督預定通告，屆期就本管區域內同日施行。

第五條　調查區域，以警察廳管轄區域爲限。

其在警察廳管轄區域以外地方，由該管縣知事，按照警察之戶口編查規則辦理。京師四郊未設警察地方，依前項規定辦理。

第六條　調查區域之劃分，調查區定之，但得酌分地段分別調查。

第七條　每調查區，設調查事務員如左。

一，調查長，承調查監督之指揮，掌理一切調查事務。
二，調查員，承調查長之指揮，分任一切調查事務。
調查長，每區一人，以警察署長充之，調查員，無定額，由調查監督視事務之繁簡，酌量核定，分派各警區屬員充之。
其辦公處，附設於警察區署內。

第八條　調查事項如左
一，姓名，二，男女之別，及已未嫁娶，有無子女。三，年齡及出生年月日。四，籍貫。五，住居處所，及其年限。六，職業。七，宗教。八，教育程度。九，盲啞瘋癲及其他關係。十，戶內人口對於戶主之稱謂關係。十一，其他事項。

第九條　清查時，由調查員按戶立號，編訂門牌，發給調查票，令戶主按照前條所列事項，依式塡註。
至復查日，由調查員親赴各戶收取，按照所塡各欵核對，遇有舛漏，即行更正。
若戶主不能塡註，或無人代書者，由調查員，詢明塡註。

第十條　調查時，遇有左列事項，應另行記明於調查票。
一，戶內有曾受徒刑以上之刑事處分者。
二，戶內有素行不正，或形跡可疑者。
三，一戶內有多數非家屬人雜居者。

第十一條　左列各款事務，應一律調查，但須另行編號。

一，船戶戶口。二，寺廟僧道。三，公署監獄學校工廠及其他公共處所。

第十二條　調查完竣後，由調查長督同調查員，分別造具本區戶口清冊二分，一分詳報調查監督，一分由該區保存之。

造具前項戶口清冊時，應將冊內所有左列各款事項，另計總數，附記冊後。但寺廟僧道，祇須總計其戶數，男女口數，及第十條第一款第二款事項，公共處所祇須總計其處數人數。

一，戶數。二，男女口數。三，年滿六週歲至十三歲之學童。四，年屆二十歲至四十歲之壯丁。五，本籍及客籍。六，職業之有無。七，現住及他往。八，廢疾。九，宗教種類。十，第十條各款事項。

第十三條　調查監督，接到各區所報戶口清冊時，應即彙造本廳管轄戶口總數表。京師逕報內務部，各地方詳由該管長官，彙造所屬警廳管轄戶口總數表，咨報內務部。

內務部接到前項戶口總數表，應檢同各警察戶口總數表，彙造各省戶口總數表，登載政府公報。

第十四條　自調查完竣之日起，嗣後遇有遷徙及生死婚嫁承繼往來等事，限五日內，責令戶主，向該管警察署長陳報，由警察署長按月報告調查監督。但戶主逾期不報者，即由警區署長查報。警區署長接到前項陳報，及調查監督接到前項報告時均須於保存冊內逐一增改。

第十五條　關於警廳管轄戶口之變動，每屆年終，由調查監督造具戶口變動表，依第十三條規定辦理。

第十六條　調查經費，由該管地方自治經費內酌撥。如有不敷，勻撥警察費補充之。前項經費，須由調查監督詳報該管長官核准。

第十七條　關於調查事務，職員不另支薪。

第十八條　調查戶口事務完竣後，由調查長，將收支各款，造具清冊，報由調查監督詳報該管長官查核，彙報內務部備案。

第十九條　調查時，先由調查監督出示曉諭嚴禁需索造謠等事，並派員分赴各處，宣講調查宗旨。

第二十條　凡有不受調查或有心誑報者，處一元以上五元以下之罰金。若有妨害調查之舉動者，處五日以上一月以下之拘役或五元以上三十元以下之罰金。

前二項處分由調查監督即決之。

第一項及第二項之違背規則者，不論個人團體，或有特別身分者，一律辦理。

第二十一條　調查事務員：如有不法情事，經告發屬實者，援照刑律處斷。

第二十二條　調查監督，有不遵本規則辦理者，京師由內務部呈請　大總統處分之。各地由該管長官，分別記過，或請付懲戒。詳報不實者，亦同。

第二十三條　關於本規則各項表冊，及調查票，並門牌程式另定之。

第二十四條　本規則自公布日施行

戶口調查統計報告規則附表式十七年七月十九日國民政府內政部令公布

第一條　戶口調查表，計分四種，於未施行自治規章之省市適用之。

戶口統計表，計分三種，於各省市一律適用之。

第二條　已施行自治規章之省分，其原有戶口表冊，所記載事項，如少於部頒統計表，應塡之項目，應逐款補行調查。

第三條　戶口統計表，在縣由縣政府，據各區報告編製。在市由市政府據公安局報告編製，在特別市由特別市政府據公安局報告編製。

特別市政府編製之戶口統計表，應逕報內政部備案。

第四條　戶口調查表，除已施行自治規章之省分，不適用外，餘由各市縣政府，督率各公安局各區調查辦理。未設公安局地方，由該管地方官署遴員辦理。

第五條　分區調查辦法，除已施行自治規章之省分，依其自治區劃辦理外。餘均依警區辦理，未設警區地方，由該管地方官署，就保衛團區或原有習慣劃分之。

第六條　戶口統計第一二兩表，每年造報一次，戶口變動統計表，每月造報一次。

第七條　戶口調查表，由原調查機關裝訂成帙，妥爲保存。

第八條　本規則自公布之日施行。

人事登記暫行條例附表式

十八年一月日國民政府內政部令公布

第一條　各省市於戶籍法未頒布以前，暫適用本條例及表式，舉辦人事登記，

第二條　人事登記暫分左列七項。

一出生
二死亡
三婚姻
四繼承
五分居
六遷徙
七失蹤

第三條　各市縣政府，按照規定表式，製備登記簿冊，發交區公所轉交村公所或里公所，隨時分項登記。

第四條　凡各戶主，有應行登記事項發生，須於五日內，報明村公所或里公所登記，其有財產契約上關係者，並須交驗證據。

前項交驗證據，須隨時發還，至遲不得逾一日。

第五條　村公所或里公所，每屆月終，須編造登記清冊，呈報區公所轉報市縣政府考核，但有重要情節，須立時報明。

第六條　市縣政府接收各區登記表冊後，須依照戶口調查統計報告規則及表式，編製市縣戶口變更統計表，分別呈報該省民政廳，彙編總表，轉送內政部備案，特別市由特別市政府逕送內政部備案。

第七條　村公所，或里公所，尚未成立之地方，辦理人事登記，得由警區代行其職務。

第八條　辦理人事登記機關，不得向登記人徵收任何費用。

第九條　人事登記表，由原登記機關保存之。

第十條　本條例自公布日施行。

天津市人事登記施行細則

第一條　本施行細則，根據內政部人事登記暫行條例規定之。

第二條　凡居住本市，發生人事登記事項者，無論土籍客籍，均應依照本施行細則登記。

第三條　人事登記事項，及登記地點，依左列規定行之。

(一)出生登記　由出生所在地行之。

(二)死亡登記　由死亡所在地行之。

(三)婚姻登記　由男女兩家於所在地分別行之。

(四)繼承登記　於被繼承者現住地行之。

(五)分居登記　由分居各戶主於現住地行之。

(六)遷移登記　凡遷徙者於原住地點及新遷地點，均應將人口逐一報告按名登記。

(七)失蹤登記　(由離家時於原住地行之。)

第四條　人事登記，暫以本市公安局所屬局所及分局所，為執行登記機關由自治區各坊公所督同閭鄰長協助辦理之，鄉區鄉鎮閭隣未成立以前，所有協助事項概由各該警所及分駐所，辦理之。

第五條 人事登記表冊，依照內政部頒登格式，暫由市政府製備印發之。

第六條 人事登記，應用報告單，由市政府製備印發，單式另定之前項報告單，由市政府令由自治區公所，轉發各坊公所存備報告人領用。

第七條 人事登記機關，應遵照內政部登記規則，不得向登記人徵收任何費用。

第八條 人事登記，除死亡一項，應即時登記外，餘均須於五日內，由報告人，依照報告單填寫，親向登記機關報請登記。但凡登記時，因特別事故，不能自行報告，或有不能填寫者，應得由同居人，或閭鄰長等，代為填報登記。

第九條 報告各項人事登記經閭長鄰長證明後，請由坊公所發給報告單，經登記機關登記後，於原單上註明，登記年月日，並加蓋登記機關戳記仍交還原報告人，收執備查。

第十條 婚姻死亡或遷移登記，報告人應持原登記報告單，向該管警所，請領婚娶出殯及遷移執照，警所接收前項報告單後，即行填發執照不另收費。

第十一條 人事登記，如有財產契據關係者，並於報請登記時，交驗證據，驗畢，當面交還，至遲不得逾一日。

第十二條 各登記機關，應於每月月終，編造登記清冊，各項人事登記簿，由各原登記機關保存之。

第十三條 各警所每月應按照登記清冊，填具戶口變動統計表，報局。彙造總表，呈報市政府核轉內政部。

第十四條　人事登記表數目，應按月送登市政週刊發表。

第十五條　人事登記，如有重要情節，或發生其他糾葛情事，應立即報告警所呈轉核辦。

第十六條　登記簿，如有錯誤，及遺漏情事，已逾抽查期，尚未更正者，由局署呈請市政府，對於各該登記機關辦理人員，酌予懲戒。抽查期每三個月，由局署指派督察員執行之。

第十七條　人民於應行登記事項，遲延不報，經該管閭鄰長，或警察，催促仍不遵行，經逾限十日者，應由登記機關，將情由報告警所，處一元以下之過怠金。

第十八條　爲圖自己或他人之利益，而以損壞他人爲目的，於登記事項，爲詐僞之報告，或辦理登記人員受有，由該管警所賄囑擅改登記者由該管警所呈局轉送法院懲辦。

第十九條　辦理登記人員，無故拒絕閱覽登記簿時，由登記當事人告發，或經查覺者，應由局呈請市政府按照情節輕重依法處治。

第二十條　本施行細則，如有未盡事宜，得呈請提出市政會議修正之。

第二十一條　本施行細則，自公布之日施行

民國二十年四月全市戶口調查統計

全市人口共一四五四〇九五八人·無職業者達四〇九三七〇之多

本市公安局調查全市人口，刻已蕆事，此次調查，均依部頒格式填寫，計分普通戶口，外國人寄居中國戶口，船戶戶口，寺廟戶口，公共處所五種，另外公安局曾函各工部局，詢問各租界人口數目，各租界屬國者，有英法日三國租界工部局，義租界工部局，則付闕如，普通人口總數，較十九年十二月調查之一三四三一八三八人，少一萬三千八百九十五人，其人口減少之原因，據公安局各區署調查，則爲本月調查人口，正值春耕之際，多季自農村來津謀事者，剗均紛紛返鄉，故較上次調查少減人口萬餘，茲將市鄉各區署人口，及英法日三租界人口，分別列後。

普通戶口之部

戶數　市一區二七〇一九，市二區五二一七〇，市三區三一八七四，市四區二〇七二八，市五區四四三〇八，鄉一所八三九五，鄉二區五〇八一，鄉三所一四二二七，鄉四所一一七七七，鄉五所二〇六八五，鄉六所一七九三〇，鄉七所八二八三，鄉八所三四四一，特一區五三三五，特二區四一七三，特三區三二六〇，總計戶數二七八六八六。

人口總數　市一區男九五〇二二，女五一四〇五，市二區男一三〇四四一，女八一五三八，市三區男一〇三九九四，女五五七四一，市四區男五二一一六，女三五〇四九．市五區男一一二二〇八，女八七八二四，鄉一所男二三五二四，女一九九八〇，鄉二所男一五二二六，女一二七五一，鄉三所男三八六八〇，女三〇七七〇，鄉四所男三五八六六，女二九四八六，鄉五所男五五五八七，女四一八七九，鄉六所男五一六三五，女四三四一九，鄉七所男一一九九四，女一七四四五，鄉八所男一〇七九〇，女七五九五．特一區男一五〇九五，女一〇七三三，特二區男一四七五九，女一〇〇四四，特三區男一一〇八四，女五六〇八八，總計男七八八〇二一，女五四一二六七。

學童　市一區男一〇八六〇，女八一五六，市二區男二二三五一，女一二五七一，市三區男二〇九二六，女八七四九，市四區男八八〇九，女五三一一，市五區男一九三四七，女一四一二五，鄉一所男三五九六，女一八五，鄉二所男四三一四，女四二五六，鄉三所男一一〇三七，女四九四四，鄉四所男五九〇五，女三三八四，鄉五所男九〇七九，女六三八九，鄉六所男一一四六，女六〇二一，鄉七所男三九二五，女二三一六，鄉八所男一四五〇八，女一二八五，特一區男一一九七，女四八一，特二區男一七二六，女一五五〇特三區男二一〇八。女八二八，總計男一三七七七六，女八〇五五一。

壯丁　市一區四七六六六，市二區四七三三八，市三區四一三九二，市四區二二八二一，市五區三〇九六六，鄉一所一四三二六，鄉二所四四四六，鄉三所二〇〇二三，鄉四所九二九〇，鄉五所二〇九五六，鄉六所一八〇一八，鄉七所九二一八，鄉八所四八四〇，特一區七一五六，特二區五七二一，特三區五九二〇，總計三一〇〇九八。

蓄辮　市一區二三，市二區三三，市三區九五，市四區四八，市五區七〇，鄉一所二七五，鄉二所六，鄉四所六五，鄉五所六三，鄉六所四　特一區二，特二區五，特三區三，總計七五二。

纏足　市一區八七九八，市二區一五八五一，市三區一四二一，市四區七〇六九，市五區一一九一三，鄉一所一四二〇，鄉二所五七三六，鄉三所五九二，鄉四所四八九四，鄉五所八六一五，鄉六所七四七八，鄉七所八七七七，鄉八所一〇八三，特一區二五六〇，特二區五四一，特三區六三，總計九九七八一。

國民黨員　市一區三，市二區男七女二，市三區男三，市四區男一五，女三，市五區男七三，女一

○，鄉一所男一二，鄉二所男女三，鄉三所男一二，鄉四所男六，鄉五所男一三，鄉七所男一○，鄉八所男三二，特一區男三○，特二區男二。

職業．市一區有職業男六九三一三，女九三六八，無職業男一四七八五，女二九九五八，市二區有職業男七九八五一，女一二四四三，無職業男一四八三七，女四二二四○，市三區有職業男五五五二七，女二七○六，無職業男九一二五，女二八二七○，市四區有職業男三三一六二，女三一五三，無職業男一七八三八，女三一七四三，市五區有職業男六二五六七，女五三六三，無職業男三二二九三，女六四五四五，鄉一所有職業男一七四二四，女九三六四，無職業男五一九，女三八，鄉二所有職業男五五一二，女七四○七，無職業男九六七，女一○六六，鄉三所有職業男一二三五六，女二七○，無職業男四○三，女三七五，鄉四所有職業男一七二七一，女二九五，無職業男四三三三，女三九四八，鄉五所有職業男三三五三○，女一二二四九，無職業男六三五三，女一六○九八，鄉六所有職業男三○三四六，女四六一七，無職業九三二九，女三七七六九，鄉區七所有職業男一五三九一，女一○五九一，無職業男二六七八，女四五三八，鄉八所有職業男五七四八，女五七三，無職業男二九八一，女五二六四，特一區有職業男一三三九五，女七五一，無職業男一七○○，女九九八二，特二區有職業男九二九三，女七八三，無職業男一二二一，女四五九七，特三區有職業男七八六一，女三一八，無職業男一一一五，女四四六二，總計有職業男四六八五四七，女八○二五一，無職業男一二○四七七，女二八四八九三。

宗教　佛教．市一區男二八六二七，女二二六六四，市二區男三一五五三．女一九二八○，市三區男三，市四區男五九七二，女三六〇三，市五區男一〇二八五七，女八二一三六，鄉二所男四七，女五，鄉三所男四，男一三，鄉四所男九，鄉五所一四一七四，女二七〇一，鄉六所男四八二七，女四二三六，鄉八所男一〇四五二，女七三五三，特一區男一二，女一三，特二區男九九九，女四七九，特三五男九八二八，女五二八三，總計男二一九三六四，女一五六七七〇。

(二)道教，市一區男五〇，女一八，市二區男一三二，女四，市三區男二，市四區男三，市五區男八五，女二六，鄉三所男五，鄉四所男二，鄉五所五三，鄉六所男八，特一區男二四，女一八，總計男三二五，女六六。

(三)回教，市一區男一二七二，女五二二，市二區男五三一一，女三七〇八，市三區男五五三六，女四三一五，市四區男一八五七，女一二一三，市五區男一二九二，女八三五，鄉一所男二八四，女二二三，鄉二所男五，女三，鄉三所男一，女一，鄉四所男二九七六，女二五九四，鄉五所男二五七，女一二五，鄉六所男八四，女一三八，鄉七所男九五七，女八四六，鄉八所男二五九，女一七五，特一區男九九，女七八，特二區男一一五，女一三一，特三區男六九，女九四，總計男三〇三七四，女一四九八八。

(四)耶穌教，市一區男一五五，女三八，市二區男七九，女六六，市三區男一三六，市四區男三三，女二〇，市五區男二五四，女一八三，鄉二所男一八，女一二，鄉三所男一五，女一一，鄉四所男一一，女六，鄉五所男二一，女一一，特一區男一八，女一四，特二區男四，特三區男三八四，女二五一，總計男一一二八，女六一〇。

（五）天主教，市一區男五〇六，女二六七，市二區男一〇一，女八八，市三區男三〇，市四區男一八〇，女一一四，鄉一所男二二二，女一六〇，鄉二所男四四，女三三，鄉三所男六五，女五〇，鄉四所男二三，女一二，鄉五所男八七，女八〇，鄉六所男二九，女四〇，鄉八所男七九，女六三，特一區男三九，女二一，特二區男一二，女一，特三區男三一，女一二，總計男一四四八，女九五一。

外僑戶门之部

戶數　市一區二八，市二區一一，市三區三，市五區四，鄉五所六二，鄉六所一，特一區七〇一，特二區六，特三區一〇一，總計九一七。

人口總數　市一區男四二，女四四，市二區男三六，女一六，市三區男四，女一，市五區男八，女八，鄉五所男八四，女八〇，鄉六所男一，特一區男九二一，女九一四，特二區男七，女三。特三區男二六七，女一五〇，總計男一三七〇，女一二一六。

職業　市一區有職業男二八，女一二，無職業男八，女二，市二區有職業男二三，女五，無職業男一三，女一一，市三區有職業男四，無職業女一，市五區有職業男四，女五，無職業男四，女三，鄉五所有職業男七三，女五三，無職業男一一，女二七，鄉六所有職業男一，特一區有職業男七三二，女二四二，無職業男一八九，女六七二，特二區有職業男六，女一，無職業女二，特三區有職業男一九一，女一一二，無職業男七六，女三八，總計有職業男一〇六二，女四三〇，無職業男三〇一，女七五六。

宗教　（一）耶穌教，市一區男八，女一四，市二區女一，市五區男八，女八，鄉五所男六，女七，特一區男二四一，女二一九，特二區男一，女一，特三區男七，女五，總計男二七一，女二五五。

(二)天主教，市一區男二七，女一，鄉六所男一，特一區男一六，女九，特二區男二，女二，總計男四六，女二二。

(三)回〇，市一區男一，特一區男二六，女一六，總計男二七，女一六。

(四)其他，特一區男二，女二，總計男二，女二。

國籍之區別　(甲)英人，市二區四人，鄉五所男二一，女一九，特一區男一四九，女九八，特三區男六八，女一八，總計男二〇二，女一三五。

(乙)美人，市一區男六，女一八，市二區女一，市五區男八，女八，鄉五所男二三，女二四，特一區男一五四，女一二八，特二區男二，女三，特三區男一〇，女九，總計男二〇三，女一九〇。

(丙)法人，市一區男一，鄉六所男一，特一區男一五，女一七，特三區男七，女五，總計男二四，女二二。

(丁)德人，鄉五所男一二，女一五，特一區男一七六，女一三四，特二區男三，特三區男三二，女一二，總計男二二三，女一六一。

(戊)俄人，市二區男五，女七，鄉五所男九　女五，特一區男三四七，女四一二，特三區男一二六，女九七，總計男四八七，女五一六。

(己)日本，市一區男三二，女二六，市二區男壹四，女一三，市三區男一，鄉五所男九，女一〇特一區男三九，女五六，特三區男三，女一，總計男一〇八，女一〇六，

(庚)無國籍人，特三區男一一，女一，總計男一一，女一。

(辛)其他，市一區男三，市二區男三，市三區男三，女一，鄉五所男一〇，女七，特一區男八一，女六九，特二區男二，女一，特三區男一〇，女七，總計男一一二，女八五。

船戶戶口之部

戶數　市四區一六，鄉八所五二，特三區七，總計七五。

人口總數　市四區男四九，女三六，鄉八所男一一四　女二九　特三區男三〇，女三，總計男一九三，女七八。

學童　市四區四，鄉八所男一四，女七，特三區男二，女一，總計男二〇，女八。

壯丁　市四區一六，鄉八所男六五，特三區二五，總計一〇六。

纏足　市四區一四，鄉八所三，總計一七。

職業　市四區有職業男二四，女一〇，無職業男二一，女二六，鄉八所有職業男九二，女三，無職業男二二，女二六，特三區有職業男二七，無職業男一，總計有職業男一五三，女一三，無職業男四四，女六二。

寺廟戶口之部

宗教　(一)佛教，鄉八所男九八，女三〇，特三區男三〇，女三，總計男一二八，女三三。

(二)回教，鄉八所男一六，女九，總計男一六，女九。

人口總數　市一區男一〇七，女七，市二區男七六，女三，市三區男一一八，女一六，市四區男二六，市五區男一，鄉二所男一一，女一，鄉三所男一六，女一四，鄉四所男一五，女一，鄉五所男二二，鄉六所男五七，女三，鄉七所男一四，特二區男八，總計男四五〇，女四五。

宗教　(一)佛教，市一區男五四，女二，市二區男四二，市三區男七九，女一〇，市四區男一六，市五區男一，鄉二所男一〇，女一，鄉三所男七，女一四，鄉四所男八，女一，鄉六所三九，女三，鄉七所男六，總計男二六，女三一。

(二)道教，市一區男三七，女五，市二區男三四，女三，市三區男二一，女五，市四區男一，鄉二所男一，鄉三所男九，鄉五所男一，鄉六所男一八，鄉七所男八，總計男一三〇，女一三。

(三)回教，市一區男一六，市三區男一八，市四區男九，鄉四所男三，特二區男八，總計男五四。

(四)耶穌教，鄉四所男二，總計男二。

(五)天主教，鄉四所男二，總計男二。

六公共處所之部

處數　市一區一四七，市二區四五〇，市三區一一九，市四區一二〇，市五區九九，鄉一所九，鄉二所一三，鄉三所九七，鄉四所八五，鄉六所一九，鄉七所九，鄉八所五，特一區三〇，特二區四八，特三區三六，總計一二九四。

(一)人口總數　市一區男七五〇九，女一七〇五，市二區男九五一一，女一三三一，市三區男三八八七，女六三三，市四區男五二四七，女一二四三，市五區男九六五〇，女五一二，鄉一所男三六二，鄉二所男八〇，女一，鄉三所男二六三二，鄉四所男二三九，鄉五所男五〇八，女一二，鄉六所男一二六七，女五八，鄉七所男五四九，女三九，鄉八所男四二，特一區男一三六八，女五八五，特二區男三五七五，女四九三，特三區男二五六七，女一四二，總計男四八九九三，女六七五四。

各租界戶口之部

英租界　係一九二八年該局報告者之數目，計男二〇九六五，女九六七四，男孩四七一〇，女孩三七九七，總人口三九一四六。

法租界　該租界答復公安局之居民人數爲五二七二四人。

日租界　答復公安局之人口數目係本年三月末調查，計日本朝鮮吉灣五八八六人，中國人二九〇四二人外人九名，共計總數三二九三七人。

義租界　人口數目待查。

以上共計一二四八〇七人。

更名改姓及冠姓規則（修正）十七年九月二十二日公布

第一條　凡呈請更名改姓及冠姓者均依本規則辦理

第二條　有左列情事之一者得呈請更名

一　現時同在一機關服務姓名完全相同易於淆混者

二　現時同在一地方居住姓名完全相同易於淆混者

第三條　有左列情事之一者得呈請改姓或冠姓

一　因繼承或歸宗而改姓者

二　非漢人而請冠漢姓者

第四條　凡依第二條第一款呈請更名者須開具年齡籍貫居所職業經歷檢同證明資格文件並取具二人以上之保證書連同本人四寸半身像片二張呈由原服務機關查核後轉報內政部核辦

第五條　凡依第二條第二款呈請更名者須開具年齡籍貫居所職業經歷檢同証明資格文件並取具二人以上之保證書連同本人四寸半身像片二張呈由現居地方縣市政府調查確實後呈轉內政部核辦

第六條　凡依第二條之規定呈請更名者除依第四條及第五條之規定辦理外並須取具該同姓名人之證明書及其年齡籍貫居所職業一併呈送核轉

第七條　凡依第三條第一款呈請改姓者須檢送該具呈人繼承或歸宗之合法書約開具年齡籍貫居所職業經歷雙方父母姓名及其年齡職業並取具雙方族長之保證書連同本人四寸半身像片二張證明資格文件呈由原籍地方縣市政府調查確實後呈轉內政部核辦

上項具呈人如其繼承或歸宗係在另一地方者並須呈明核管縣市政府會同核辦

第八條　凡依第三條第二款呈請冠姓者須開具年齡原屬旗籍居所職業經歷檢同證明資格文件並取具二人以上之保證書連同本人四寸半身像片二張呈由現居地方縣市政府調查確實後呈轉內政部核辦

上項具呈人如有該管旗官並須呈明會同核轉

第九條　呈請改姓或冠姓者同時不得更名但旗人原名如確依譯音在三字以上者得呈明酌改

第十條　凡專門以上學校畢業生呈請更名改姓者應按照最高教育行政機關限制辦法辦理

第十一條　旗籍學生呈請冠姓者除依第八條第九條之規定辦理外並須加具原住學校之正式保証書

第十二條　凡呈請更名改姓或冠姓人及其保證人年齡須在二十歲以上第三條第一款之繼承人或歸宗人如年未屆滿二十歲者得由其法定代理人呈請之

第十三條　呈請更名改姓及冠姓經內政部核准後於內政公報公布之原送證明資格文件應由內政部代爲更正加印發還

第十四條　本規則自公布日施行

中華民國廿二年六月出版

編輯者　河北省會公安局警察教練所

印刷者　協成印刷局
天津南馬路棠業大街
電話二局二三九六號
零零四七號

非賣品

福建省政府民政廳第三科　編

戶口編查

福建省政府民政廳，一九四〇年鉛印本

自治指導讀物第六種

戶口編查

福建省政府民政廳編印

現行地方自治組織，鄉鎮內爲保甲，故要健全自治組織，必須嚴密戶口編查，惟縣各級組織綱要所規定的編查保甲戶口辦法尚未公布，茲爲便利鄉政人員辦理編查戶口時參考起見，由本科葉忠熙君，暫就現行法令，將編查戶口方法，作詳細說明，現在把他印作自治指導讀物第六種，希望各鄉鎮長及保甲人員詳細閱讀，那末於編查戶口時，自能得到不少的便利。

再本篇因篇幅較多，所以六月份的自治指導讀物只有這一册，這是要附帶說明的——袁國欽註。

户口編查綱目

第一章 總述

一、戶口調查的重要

二、戶口編查的意義與性質

三、戶口編查的淵源與沿革

四、戶口編查的效用

第二章 戶口編查的先决問題

一、編查方法

二、編查人員

三、編查區劃

四、編查日期

五、編查經費

六、宣傳

戶口編查

第一章 總述

一、戶口調查的重要

人民是國家的主體，政治的目的是在於管理衆人的事，因此政府對於一切行政的措施必須首先明瞭人民的狀況，要明瞭人民的狀況，又必須舉行戶口調查，因此近代國家無不以人口調查，作爲政府施政的根據。

說到辦理地方自治，戶口調查工作，更見重要，因所謂地方自治，就是地方上公共事務，要依據國家法律，由地方人民公意來處理的意思，辦理地方自治既以人民爲主體，那末對於構成自治團體的份子——人民，自須有正確的調查，同時辦理地方自治是以完成地方公共事務爲目標，而各種公共事務的處理，都與民衆本身有密切的關係，尤必須以戶口調查爲根據，所以建國大綱和地方自治開始實行法，都把調查戶口列爲推行地方自治要政之首。

因此可以說，戶口調查是實行民主政治的基礎，是辦理地方自治的基本工作，在此初行地方自治時期，尤宜特別重視。

二、戶口編查的意義與性質

就廣義上說，我國統計法所規定的「戶口普查」，戶籍法所規定的「戶籍人事登記」，編查保甲戶口條例所規定的「戶口編查」，以及警察法規所規定的「戶口調查」，都屬於辦理戶政的範圍，但因辦理目的不同，故其性質亦異，本篇所述，係以戶口編查為限。

所謂戶口編查，即編組保甲時所舉行的戶口調查，因其調查戶口的目的在於編組保甲，故稱之為戶口編查。其編查方法，係依照修正勦匪區內各縣編查保甲戶口條例的規定，即以行政區域為範圍，按戶調查當地的常住戶口，並以戶為單位，編組保甲。

戶口編查辦法既係淵源於保甲制度，因辦理保甲在於組訓民衆，故戶口編查，亦以嚴密民衆組織為目標。此與專供統計為目的的戶口普查，與確定人的屬籍與身份為目的的戶籍人事登記，以及與辦理警政為目的的戶口調查均有不同，所以戶口編查在現行戶政領域中，可以說是自成一系統。

三、戶口編查的淵源與沿革

民國十七年七月，內政部曾公布戶口調查統計報告規則及表式七種，通令各省一致舉辦戶口調查，原以籌辦自治及統計全國戶口為目的。至十八年九月國民政府公布清鄉條例，同年十一月內政部復根據清鄉條例，公布清查戶口暫行辦法，並有連坐切結及戶口門牌的規定，其目的已着重於勦匪清鄉，故其附頒表式，亦較十七年部頒表式，就清鄉目的，略有更改，此與戶口調查統計報告規則的性質已有不同，與戶口編查的性質則極爲接近。

民國二十年江西南昌行營黨政委員會，草創保甲法規，首先試行於江西。二十一年黨政委員會結束，由江西省政府制定修正保甲條例與修正江西省各縣戶口淸査規則，此兩種法規及附頒表式，大體採用淸鄉戶口暫行辦法的規定，是爲戶口編查辦法的創立時期。

二十一年八月豫鄂皖三省剿匪總司令部，制定剿匪區內各縣編查保甲戶口條例，頒行於豫鄂皖三省，推行以來，頗著成效。二十二年十一月，中央政治委員會議決：「保甲工作，關係地方警衛，爲地方自治基礎，應由行政院通令各省提前切實辦理。」於是各省相繼仿行。二十四年七月，南昌行營又將前頒條例修正，頒布修正剿匪區內各縣編查保甲戶口條例。是爲戶口編查辦法普遍推行時期。

二十八年九月國民政府公布縣各級組織綱要，將保甲制度容納於自治組織之中，規定鄉鎮內的編制爲保甲。是今後自治的基礎在於民衆組訓，而民衆組訓的基礎又在於戶口編查。現綱要第五十八條所規定的保甲戶口編查辦法雖尚未公布，然戶口編查辦法在今後戶政上地位，將日臻重要則可斷言。至本篇所述，暫以修正剿匪區內編查保甲戶口條例（以下簡稱編查保甲戶口條例），及其他有關法令爲根據。

四、戶口編查的效用

戶口編查雖以嚴密民衆組訓爲目標，但戶口編查的效用，卻不限於嚴密民衆組訓的點，茲分述對於民政，警衛，教育，經濟各方的效用，以明其對於辦理自治關係的密切：

(一)對民政方面的效用：

1可以明瞭轄區內戶口的確數，以嚴密民衆的組織。

2可以明瞭戶口分布情形，以爲劃分區鄉及編組保甲的標準。

3可以明瞭男女公民人數，以爲辦理選擧的根據。

(二)對警衛方面的效用：

1可以明瞭壯丁數目，以爲訓練國民兵及徵兵的根據。

2可以便利戶口檢查，以維持地方治安。

3可以明瞭人口的品質，以便預防地方危害的發生。

(三)對教育方面的效用：

1可以明瞭學齡兒童及成年人的失學人數，以爲普及教育的根據。

2可以明瞭地方人民教育的水準，以供各項施政的參考。

(四)對經濟方面的效用：

1從人民職業調查中，可以明瞭地方經濟組織情形。

2從家庭經濟狀況調查中，可供徵集財力物力的參考。

3從家庭經濟狀況調查中，并可明瞭社會經濟情形，以作改進民衆生活，及從事地方經濟建設的參考。

依上所舉，可知戶口編查，對於民衆組訓，行政區劃，選舉、徵兵，維持治安，普及教育，經濟建設，以及征集人力物力，都有密切的關係，如果戶口編查得正確，那末一切地方行政，便有了優良的基礎。

第二章　戶口編查的先決問題

戶口編查，工作極繁，且一縣範圍廣大，從事調查人員，多者數百，少亦數十，如果辦理機關(通常是縣政府)事前沒有統一的計劃，則辦法分歧，步驟淩亂，必難收完滿的效果。茲將戶口編查前，應行先決問題，分述如次：

一、編查方法

編查戶口的方法，可分爲兩種：

一、住戶自填法　卽由調查員，先期將調查表格分發各戶，使於規定期間內，按調查項目，自行填寫，然後由調查員按戶收集。

二、調查員代填法　卽由調查員，於規定調查期間內，携帶調查表，按調查項目，挨戶詢問，代爲填入調查表。

此兩種調查方法，各有優點及缺點，應採何種方法，要視地方實際情形而定。編查保甲戶口條例，對於編查戶口方法規定：「各住戶應塡之戶口調查表，須據實照塡，不得隱瞞揑報，如受淸查戶口之住民，遇有不明塡寫方法，或不能識字者，淸查人員應詳爲指導，或代書後令其親自捺印。」可以說是折衷上述兩項方法。在原則上採住戶塡報法，惟遇有住戶不能塡寫時，則採調查員代塡法。

但各地編查戶口，仍多採用調查員代塡法，因我國鄉區教育尙未普及，民衆多不識字，大部份須由調查員代塡，且因調查項目繁雜，多屬專門名詞，即有少數智識份子，亦不盡瞭解塡寫方法，必先由調查員逐一說明，轉費時間，且調查員爲期調查準確起見，對住民自塡調查表，仍有複詢必要，故爲求調查表塡寫統一，確實，迅速起見，似以一律採用調查員代塡法爲宜。

二、編查人員

編查戶口，既採調查員代塡法，則調查人員的素質如何，對於調查結果，影響至大，故選擇調查人員，最少應具備下列條件：

1 能通當地語言

2 有塡寫調查表能力

3 能耐勞負責

4性情和平辦事精細

編查保甲戶口條例規定「在編查保甲清查戶口期間，得由各該縣政府遴選地方公正人士，爲保甲戶口編查委員，分赴各區協同辦理。」又編查保甲戶口總動員辦法規定：「編查保甲戶口時，應徵集當地下列各項人員，全體出動。甲，各機關職員，乙，公安長警，丙，團隊官兵中之識文義者，丁，各民衆團體人員，戊，各學校教職員私塾教師，及高年級學生，己，居民中之粗識文義者。」對於編查人員的來源，規定極寬，但此項人員中，不一定都具有上述調查人員應具的條件，所以各縣政府於選擇編查人員時，應就規定各種人員中合於調查人員條件者選用，以利編查工作進行。

縣政府於編查人員選任後，倘應集中講習一次，先授以編查戶口必具常識和技能，使能切實明瞭編查意義，編查手續，填表方法，宣傳方法，及編查時應注意事項，然後再舉行實習調查戶口一次，以測其是否適合標準，以決定去留，然後出發調查時，方不至於錯誤。但爲使編查人員能牢記調查方法起見，最好由縣政府將編查人員應具之常識和技能，如編查意義，手續，填表方法，宣傳綱要，及應行注意事項，編爲編查須知一種，分發各編查員參閱。

三、編查區劃

劃分編查區，有下列四種意義：

一、一縣範圍廣大，要縮短編查完成期限，必須分區編查。

二、分區編查，可使每一編查人員明瞭自己所負責調查的範圍，可以避免編查重複及遺漏，并便於督導。

三、分區編查，因每一編查員有確定的負責範圍，責任分明，可增加其負責心，而不致草率從事。

四、分區編查，可以明瞭每一編查區的戶數，以便確定完成期間。

至編查區的劃分方法，有以原有之區鄉保甲等行政區域為標準，有以鄉村街巷等自然區域為標準，均可按地方實際情形而定，但確定編查區範圍，必須具備下列兩種原則：

一、編查區的劃分，必須有明確的範圍，編查戶口時，才不致發生遺漏及重複。

二、編查區的劃分，必須參酌戶數及交通情形而定，使編查員勞逸平均，然後各編查區完成期間才能劃一。

編查區劃分後，應由縣政府列一編查區分配表，將每一編查區所包括的鄉鎮保甲名稱或鄉村街巷名稱，及負責之編查員姓名，詳晰註明，分發各編查員收執，以作編查時的根據。

再在編查員較多的縣份，每一編查區最好分配調查員兩人，則編查時工作較易進行，亦可減少錯誤。

四、編查日期與完成期限

調查日期和完成期限不同，調查日期，係指調查戶口的標準日期，亦稱爲「調查日」，此項調查日全縣必須一致，調查員挨戶調查時，應以調查日的人口爲塡寫調查表的標準。至完成期限，則指調查員對於所担任調查區內的戶口，應於某時間內調查完成的期限。例如某縣於本年一月一日編查全縣戶口，每一調查區約有三百戶，因調查員每日僅能調查五十戶，必須於六日內才能全部調查完成，故規定全縣調查區戶口應於一月六日調查完畢。那末一月一日便是調查日，而一月六日便是完成期限，調查員雖可將調查區內戶口，分配於六日內調查，如第一日調查一戶至五十戶，第二日調查五十一戶至一百戶等，但由一日至六日，即由第一戶調查至第三百戶，每戶都必須以一月一日的人口爲標準。

編查保甲戶口條例，對於編查戶口，僅有完成期限的規定，而沒有「調查日」的規定，同時各縣所規定的完成期限又極長，致編查結果極易發生遺漏及重複。雖然戶口編查并不像戶口普查專供統計爲目的，極注重調查的時點，但爲期戶口編查確實起見，各縣於編查戶口時，仍須規定一統一的調查日，其理由有二。

一、因爲戶口編查是屬於戶口靜態調查的一種，而戶口現象每隨出生、死亡、遷徙等變動不居，在調查期限內又有相當的距離，如果不規定一劃一的調查日，調查員於查塡各戶戶口表時，缺之確定的標準，則調查結果，必易發生遺漏及重複。

二、編查保甲戶口條例，雖規定於戶口編查後，應接辦戶口異動登記，對於編查後所發生的戶口異動，似可以異動登記來補正，但所謂編查後應接辦戶口異動登記，究竟以何日爲標準呢？如果我們規定一月一日爲調查日，那末便可規定自一月二日起所發生的戶口異動，均須補報，然後戶口靜態調查（戶口編查）和戶口動態調查（戶口異動登記）才能密切的聯接，而人民報告戶口異動也有個確定的標準。

但調查日應定在那一日爲最適當呢？歐美各國對於調查日規定並不一致，但唯一的原則，即調查日須爲人口變動最少的一日，我國學者有主張在舊曆年終或年初指定一日爲調查日，因在習慣上那時人們多返家休息，人口變動最少，惟編查戶口，有的縣奉令辦理，有的縣因特殊原因，自行辦理，如果受事實上的限制不能依照前述標準選定調查日時，自可由縣參酌情形決定。

至調查期限，原則上以規定得越短越好，但仍須參酌該縣調查員人數的多少，及分配的調查區廣狹，并計算每一調查員能夠調查多少戶數而定。如該縣每調查區約有五百戶，調查員每日只能調查五十戶，那末調查期限可定爲十日，如果規定得太短，則調查員能力不及，勢必至草率從事，反難收正確的結果。

五、編查經費

編查經費，包括很廣，如事前籌備費用，編查人員津貼費、膳宿旅費、與調查表格實傳品印刷費等」都須由縣事前籌劃。編查保甲戶口條例對於編查經費規定：「編查員所需費用，應由縣政府酌撥支給，不得由地方供應。」即編查經費，必須由縣自籌，不得向地方攤派，以免騷擾民衆，引起不好印像，防害編查工作進行。

至編查經費的範圍，要視各縣情形而定，但事前必須編列預算，以便支給，此外尙有數點應須注意。

一、調查員要否津貼費及津貼費多少問題，要視調查員的來源而定，如調查員係聘任各機關人員，學校教職員學生等，則可以不必津貼費，如係專任人員，則須按地方生活程度給予相當的津貼費。

二、調查員膳宿旅費應按調查日期，交通情形，及地方生活程度而定，但調查員如爲聘任者，膳宿旅費應規定得充裕一點。

三、表格應先估計全縣戶數，多印百份之五十。如某縣該有一萬戶時，調查表格需印一萬五千張。因每一調查區確實戶數不易估計，且表格常易填壞，故應需表格必須多分配百份之五十，以便應用。

六、宣傳

編查戶口的對象爲一般民衆，所以調查得正確與否，要視一般民衆接受調查的程度而定，如果民衆都能明瞭編查意義，對於編查人員的查詢，能毫無隱匿的說出，那末調查結果，必定精確，反之，如果民衆對編查抱着懷疑的心理，不正當的觀念，對編查員詢問不大理會，或任意捏報，那末編查時一定感覺困難，即編查結果，亦多不盡不實，就使有很好的編查計劃，很負責的編查人員，也不易達到編查的目的，所以要使編查得很完滿，必須民衆對於編查的意義能夠切實明瞭，因此在編查前，必須從事宣傳。

宣傳的目的不外兩點：一在積極方面，要使民衆明瞭編查戶口，是為着組織民衆，辦理地方自治，維持地方治安，從事地方建設，解除民衆痛苦，增進民衆幸福等。一在消極方面，要解除民衆對編查的誤會，因爲過去民衆對任何一種戶口編查，都抱着兩種不正確的心理，一種由於習慣上不願將家內人口數目及每人年齡職業等向外人說明，一種是怕政府將調查結果作爲徵兵和派款的根據，編查戶口的宣傳，最少應使民衆能不害怕，說實話爲要。

至宣傳方法，可分爲下列三種：

第一，就時間上，可分爲事前宣傳和臨事宣傳兩種，所謂事前宣傳，即於未開始編查前，由政府發出布告，標語，或發動地方人士出發宣傳。至臨事宣傳，則由編查員到地調查時，召集地方父老及智識份子談話，或於查填調查表時向各戶作個別宣傳。

第二，就方式上，可分爲文字宣傳及口頭宣傳兩種，文字宣傳即前述的布告，標語、告民衆書等，但在鄉區民衆智識落後，專用文字宣傳是不會收到多大效果，所以尚應注意口頭宣傳，口頭宣傳，又可分爲下列兩種：

一、集體宣傳　即利用保民大會，戶長會議，國民兵訓練，國民學校授課時，由編查員，保甲長，學校教師，或地方有聲望人士，向民衆宣傳。

二、個別宣傳　即由編查員向地方父老或有聲望人士作個別訪問，或於戶填表時向戶長作個別說明等。

總之，無論用何種宣傳方式，必須注意聽衆程度，用簡單，通俗，動人的語詞，使民衆親切瞭解，編查員并須注意民衆對宣傳的反响如何，以作調查時的參考。

第三章　戶口編查的範圍

戶口編查的對象是「戶」和「口」，這兩字都是抽象的名詞，怎樣才算是一戶呢？戶的種類有幾種呢？戶內的人口分幾種呢？那一種的人口應塡入戶口調查表內呢？如果沒有確定一個界限，讓調查員的主觀去判斷，那末調查結果，一定會發生錯誤，使整個戶口編查失去正確。編查保甲戶口條例對於戶口的界限，規定得很簡略，所以本章特別加以詳細說明。

一、戶的範圍

一、何謂一戶　怎樣才算是一戶呢？即關於戶的界限問題，編查時應分別清楚，因爲在過去，人民爲着避免或減輕賦稅及臨時派款的負担，常將兩三戶合起爲一戶，到了實行徵兵後，爲僞飾獨子或僞報負担家庭生活起見，又將一戶分報數戶，如果調查時沒有一個明顯的規定，不只戶口編查無法嚴密，即一切行政推行，也均受影響。要把戶的界限弄清楚，要注意下列兩點：

(一)戶與宅的區別　戶與宅不同，宅是指供人居住的建築物，通常呼做房屋，而戶則通常稱爲家庭，一座房屋有時住幾個家庭，所以調查時，不可以一座房屋編一戶，應調查一座房屋內究竟住幾個家庭，來分別編組。

(二)自然家庭和經濟家庭的區別　前面說過戶通常是指一個家庭，但家庭又分爲自然家庭和經濟家庭兩種，自然家庭只包括血統關係及婚姻關係的人口，如父母妻子等。而經濟家庭，則包括同居，共食，共營經濟生活的人口，即除戶長家屬以外，並包括寄居人及傭工夥友在內。

編查保甲戶口條例附頒的戶口調查表，於人口類別一欄，分戶長，親屬，同居關係，傭工等四種，那末所謂「戶」，當然是指經濟家庭，即凡同居，共食，共營經濟生活的一家人，便算是一戶。因此一戶必須具備下列三條件：

1同居　即同住在一處的意思，如果分住在兩處、不論有何種親屬關係，都不能合編爲一戶。

2共食　即合爨共食的意思，如果兄弟兩人已分爨，雖仍同住在一處，仍分稱爲兩戶，因爲我國農村多聚族而居，如果不以合爨爲標準，那末戶的範圍是很難確定的。

3共營經濟生活　即共享一家經濟生活的意思。

因此，一戶雖以戶長及家屬爲構成主體、但姻戚或同族相依過度，朋友隻身寄居，以及住在家內的傭工夥友等，雖非戶長的家屬，但因有同居，共食，共營經濟生活的關係，仍可算是戶內的人口，所以戶內的人口，並不限於同姓，也不以親屬爲條件。

編查保甲戶口條例的住戶戶口調查表對於戶的說明，可分爲下列數點：

1、凡戶不分正附，一門牌(即一座房屋的意思)分住數家，而每家各推戶長者，以數戶計。

2、同父兄弟雖分爨而仍同居者，或雖非兄弟關係而由同居二家以上合推一戶長者，均以一戶計。

3、單居者無論何種親屬關係，以各戶計。

4、姻戚或同族相依過度，及朋友隻身寄居者，仍列入該戶同居欄內，以一戶計。

5、店舖以一招牌爲一戶，無招牌者以門面計。同一門面如有二舖東，係一舖東者以一戶計，係兩舖東者以兩戶計。

6、前店後家，而係家店同居者以一戶計，不同主者以兩戶計。

其第二項說明，「同父兄弟雖分爨而仍同居者，或雖非兄弟關係而由同居二家以上合推一戶長者，均以一戶計。」與前述的經濟家庭標準不同，揣當時規定意旨，原以戶長爲一戶的負責人，負督率家屬實行各項保甲的義務，故准其合推戶長，以一戶計。但此仍屬剿匪區內的權宜辦法，依照編查戶口標準，應以照前述經濟家庭解釋爲當，且自實行徵兵以後，適齡壯丁在戶內的身份關係，尤有嚴加區別，以防朦混規避的必要。

二、戶的種類　戶因性質不同，編查時分爲下列五種：

1、普通戶　即前述的普通住戶及店舖。

2、外僑戶　即外國人寄居中國的戶口。

3、船戶　以在陸地上無一定住所以船爲家者爲限，非以船爲家在陸上有一定住所的船隻，不得重編船戶。

4、寺廟戶　凡寺院，庵廟，宮觀，禪林，祠剎等皆屬之。

5、公共處所　凡公署，兵營，監獄，習藝所，學校，工廠，醫院，祠堂，公所等均屬之。

於此應附述者，即教堂教會的性質，依照寺廟戶口調查表式說明欄第八款內載：「各教堂教會及清眞寺，應與寺廟視同一體。」又公共處所調查表式說明欄第一款內載：「公共處所，……凡教堂教會等屬之。」依此說明，則關於教堂教會，既視同寺廟，又屬公共處所，調查時究竟應填入何種調查表，不無疑問，後經本省省政府擬具意見：「教堂教會乃屬宗教團體，與寺廟性質相類，此項戶口似應填入寺廟戶口調查表為宜，參證戶口統計第二表，舉凡佛教，道教，回教，耶蘇教，天主教等，均就寺廟戶口欄內分別統計，茲擬凡遇教堂教會，除有住戶者外，均填寺廟戶口調查表，公共處所調查表說明欄「教堂」，「教會」等字樣，均擬刪去，以免誤會。」於民國二十四年十月呈奉軍事委員會核准。故關於教堂教會，以編入寺廟戶為較合理。

二 人口的範圍

一、應調查的人口 前面說過：戶口編查，就是按戶調查人口的意思，一個人必須有個居住的地方，「戶」便是由人口和居住場所兩個要素合成的，所以調查人口，必須就居住場所去調查人口，但人因生活或職業關係，常常不只有一個居住場所，例如某甲在東鄉住家，又在西鄉開店舖，又如某乙在鄉間住家，在城內讀書并住宿於城內，那末一個人便有兩個居住的場所。調查戶口時究竟填入那一戶戶口調查表內，必須有一個標準，才不會調查重複和遺漏。

關於調查戶口的標準，大概可分為三種：

(一)以戶籍人口為標準 即調查時，不問其人口是否現住在本地，凡屬本籍及寄籍人口，即以本調查區爲其法律上之住所，並且依戶籍法作本籍及寄籍登記的人口，均要調查。

(二)以在場人口爲標準　即調查時不問其本籍地及常住地在那裡，也不問是否外來暫住的人口，凡調查時適在本調查區內的人口，都要調查。

(三)以常住人口爲標準　即調查時不問其是否現住在本地，凡以調查區內爲其習慣上住所的人口，都要調查。

戶籍法所登記的人口，即以戶籍人口爲標準，戶口普查，有的以在場人口爲標準，有的以常住人口爲標準，至編查保甲所調查的人口，則以常住人口爲標準。

編查戶口是以常住人口爲標準，但調查時應注意下列兩點：

1常住人口包括現住及他往兩種人口　常住人口，並不都是現住人口，如在調查日，戶內常住人口因職業或其他關係他往外地，亦須調查，例如戶長兒子在外求學，調查時雖不在家，仍須塡入調查表內，故戶口調查表內有「他住何處」一欄，即準備不在家人口塡註他往處之用。但戶內他往人口，如在外地另立一家，且常住於彼處者，因非以本區域爲其習慣上住所，故不應調查。

2常住人口不包括暫住人口　所謂暫住人口，係指調查日暫住於戶內的人口，如戶內留宿客人等，因此種人口非常住於本戶內，調查時不應塡入。

二、戶內人口的分類　茲按住戶，船戶，寺廟戶，公共處所等調查表的人口類別，分述如次，至外僑戶則適用住戶調查表：

(一)住戶，船戶調查表計分四類：

1戶長　指戶內親屬中的尊長，兄弟同居以兄爲戶長，但有特殊原因，或尊長屬女性不願充戶長者，得以行輩較次之一人爲戶長。店舖以店東爲戶長，如店東不在店內　以掌舖者爲戶長，合資店舖，以掌事之店東爲戶長，前店後家同一主者，以住戶之戶長爲戶長。

2親屬　指與戶長同居之宗親，如父母妻子等。

3同居關係　指姻戚同居相依過度及朋友隻身寄居者，但寄食而不寄宿者，不列入。

4傭工　指戶內僱用之傭工夥友等，但不寄宿於家內或店內者，不列入。

(二)寺廟戶調查表計分三類：

1戶長　指寺廟之主管人，如住持，方丈，及其他負責主持管理之人。

2徒衆　指住持以外之僧道徒衆等，但以居住在寺廟內者爲限，若香火道士，行脚僧人不居住於寺廟內者，不列入。

3傭工　指僱用的工人伙夫等。以住宿於寺廟內者爲限。

(三)公共處所調查表計分四類：

1主管人　指公共處所的主管人，如機關長官，學校校長等。

2辦事人數　指處所內的辦事人員，如機關職員，學校敎職員等。

3其他人數　指辦事人員及傭工以外的人口，如兵營士兵，監獄犯人，習藝所藝徒，學校學生，工廠工人，醫院病人等。

第四章　編查戶口的方法

前一章係說明戶和口的範圍，現在再進一步說明編查戶口的方法。因編查戶口的目的在於組織保甲，而保甲的編組是以戶爲單位，所以編查戶口，必須就鄉村內，先編定戶數，然後再依戶數編組保甲，玆將編查戶口的方法及應行注意事項，分述如次：

1各戶應由鄉村或街道的一方起，順序比鄰家屋，挨戶編查。（如街巷左右兩邊均有房屋時，於編組保甲時，亦可按單雙數順序編組，但以不越次凌亂爲主。）

2保甲內的住戶，有因故全戶暫時外出尚未歸來時，可暫保留其保甲的順序，俟歸來時由保甲長補行編查。

3零僻孤戶，最易遺漏，且常爲匪徒匿跡之所，編查時應特別注意。

4設有某戶在甲街住家，在乙街開設商店，則住家與商店均須編戶，至查塡戶口表時，如甲街住戶一部人口係常住於店中時，則於住家戶口調查表他往欄內，註明他往處所。如係日間在店營業，晚間回家留宿時，則於乙街商店戶口調查表附註欄內，註明其原住處，以免統計人口時，發生重複。

5 設有在鄉間住家，而開設商店於墟上，遇集墟時間，則上墟營業，墟期過時，即將舖門關鎖回家，則在墟上的商店，仍須編戶，但人口往來，須呈報異動。

6 原屬一戶，因兄弟異居者，應各編一戶，惟在民國二十六年實行徵兵後分居者，最好應於戶口表附記欄內，註明分居年月，及兄弟幾人分居，以供調查兵役時的參考。

7 只有戶長一人而無其他人口時，仍得編爲一戶。

8 凡外國人僑居本地者，爲外僑戶，其編法與住戶同，不另列字號。

9 船戶保甲的編組，以在陸上無住所或居所者爲限，陸上有住所或居所的船隻，由縣政府另發牌証，懸於船上，以資識別。

10 寺廟與公共處所，均屬特別戶，其編組方法與普通戶不同，係以保爲單位，另列字號，分別編查，寺廟列「廟」字號，公共處所則列「公」字號，因此類戶數無多，一保不過三數戶，無須按甲編查，而直屬於保。

11 公共處所以一處所爲一戶，同一門而內，有數個公共處所時，應分編數公共戶。

12寺廟如無人居住時，無須編戶 公共處所即使晚間無人留宿時，仍須編戶。
13寺廟或公共處所內，如住有普通戶時，應另編普通戶。寺廟內如附設有其他公共機關時，亦應另編公共戶。
14一座房屋內分住數戶時，最易遺漏，調查時應詳細詢問。
15至調查戶內人口，如婦人女子，嬰兒，尤其是他往人口，最易遺漏；調查時應特別詢問清楚。

第五章 填寫調查表說明

編查戶口必須查填戶口調查表，即將戶內各個人口，就調查表所列應行調查項目，逐一查詢填入。戶口調查表分下列四種：

一、住戶戶口調查表(店舖及外僑戶適用)。
二、船戶戶口調查表
三、寺廟戶口調查表
四、公共處所戶口調查表

查填調查表應共通注意事項有二：

1每戶應填調查表一張，填寫調查表時，應按表列人口類別，順序查填，例如填寫住戶調查表，應先填戶長，次填家屬人口，再次填同居關係人口，最後填傭工人口。如某一類人口衆多，調查表內所列行數不敷查填時，不得填入他類欄內，可接填另一頁調查表同欄內，但須註明本表係某戶的次頁，以免與他戶混亂，至次頁調查表的戶長一欄，只須填一姓名，其餘性別等各欄，可無庸填寫。

2各種調查表前，均有縣區保甲番號一欄，調查時保甲番號可緩填，俟調查後編定保甲時，再行補填；但爲避免紛亂起見，調查時應按房屋順序調查，并於表端註明號碼，以供編組保甲時參考。

茲將各種戶口調查表填寫方法，說明如次：

(一)住戶及船戶戶口調查表填寫說明：

1姓名欄　應填寫本名，不得用別號，婦女及幼孩如無正名時，婦人可填寫某氏(如夫家姓林，娘家姓黃，即填林黃氏)，女子及幼孩可填乳名。姓名如有更改者，應於附記欄內註明原姓名。

2性別欄　填男或女字

3已未嫁娶欄　如已結婚者填「已」字，未結婚者填「未」字。

4年齡欄　可填習慣年齡，如二十歲即填「弍拾」，不足一歲者亦填一歲不必計算實足年齡，(因依照本省暫定保甲兵役編查名冊已有「出生年月」一欄，足資推算）惟數字須用大寫，以防塗改。

5是否識字欄　不識字者填「不」字，識字者，可按其程度，填「粗識」，「小學」，「中學」，「大學」等字樣。

6籍貫欄　本籍者註明本縣，同籍本省而不同縣者，註明縣名，不同省者註明省名及縣名。

7住居年數欄　世居本地者填「世居」，寄居者填寄居年數。

8職業欄　可填調查時主要職業，如「農」，「工」，「商」，「政」，「軍」等，無職業時，填「無」字。

9家中有無存槍欄　如存有民槍時，可填入枝數，無則填「無」字。

10他往何處欄　調查時如有不在家人口，應於欄內註明他往地點的縣區保甲番號

11附記欄　如有上列各欄以外的特殊事實，則填入附註欄內。

12親屬稱謂欄下的空格，係填與戶主同居家屬對戶主之親屬稱謂，如係戶主之妻，則填「妻」字，係戶長之子，則填「子」字，係戶長之弟，則填「弟」字等。

13同居關係欄下的空格，係填與戶主同居相依的戚友稱謂，如戶長之外孫相依過活者，則填「外孫」兩字，如係戶長朋友隻身寄居者，則填「友」字等。

以上各欄，係住戶及船戶戶口調查表規定戶內每人應調查的項目。本者於民國二十七

年為便利辦理兵役查考起見，將住戶調查表，參酌調查兵役需要，暫定保甲兵役編查冊式一種，除住戶調查表原有各欄均保留外，并增加下列五欄，茲說明其填寫方法如次：

1出生年月欄　年份可按民元前後計算，月份按舊曆計算。如某甲係民國五年舊曆五月生，則填民五年五月生，如某乙係民國前八年舊曆十月生，則填民前八年十月生。至年份調查時如感推算困難，亦可填前清年號，如光緒某年某月生，宣統某年某月生，俟編造戶口冊時再按民元前後推算。此欄有關計算實足年齡，為役齡的根據，不可漏填。

2心身是否健全欄　即指身體及精神狀態是否健全，如屬健全即填「健全」，否則應註明疾病狀態及名稱，如各種殘廢，精神病，白癡等。

3有何特種技能欄　特種技能指駕駛汽車，騎馬，游泳，國術，音樂等，如無特種技能則填一「無」字

4已未訓練欄　指已否受過壯丁訓練，如已受訓練者填「已」字，未受訓練者填「未」字

5經濟狀況欄　填該戶家庭經濟情形，如「赤貧」，「小康」，「中產」，「富有」等字樣。

至編查船戶保甲戶口時，亦適用此項保甲兵役編查冊。

(二)寺廟戶戶口調查表填寫說明：

1僧道名稱欄　指僧，尼，道士，女冠等。

2姓名或法名欄　僧尼填其法名，道士教徒有姓名者即填其姓名。

3剃度年月日　填入教的年月日。

4調查時雖值本人他往，仍須填入，但須將他往地點及事由，於附記欄內註明。

5天主堂，福音堂，清眞寺等適用寺廟調查表，但調查時，應分別改塡其相當名稱，如徒衆欄僧道名稱應改填「牧師」，「教徒」等，剃度年月，改塡入教年月，但均以居住在該天主堂，福音堂，清眞寺等爲限。

此外如性別，年齡，籍貫，是否識字，居住年數，附記等欄，其塡寫方法與住戶同。

(三)公共處所戶口調查表塡寫說明：

1名稱欄，塡寫公共處所全名，并註明所在地點。

2公共處所分公設，官設，私設三種，如屬公共團體者爲公設，屬於政府機關者爲官設，屬於私人者爲私設，如屬公設者，塡表時可將「官」，「私」兩字塗去，餘類推。

3主管人姓名，如主管人屬男性，則塡其姓名於男欄內，女則塡入女欄。

4辦事人數，其他人數，傭工人數等欄，只須分別統計其男女數塡入，但須於同欄內註明留宿於處所內者幾人，不留宿於處所內者幾人。

公共處所調查表與其他調查表不同之點，即在只塡入數，而不個別調查，因此各省有規定於調查表查填外，并另附具名單，分別註明處所內各口的姓名，性別，年齡，籍貫，職業，婚姻狀況，敎育程度，及居住狀況等項，以便檢查，並免統計人口時發生重複。

第六章　編查員應注意事項

編查戶口的精確與否，關係於編查員的調查技術者甚大，此項編查方法，除前數章已有說明外，茲再將調查員從事調查工作時應行注意事項，分述如次：

(一)出發調查時應注意事項：

1調查時應備的下列各種物件，應携帶齊全：

甲、縣政府的委令或訓令(以供証明調查員身份之用)

乙、調查區域分配表

丙、戶口調查須知

丁、各種戶口調查表格(照調查區戶數多帶百份之五十)

戊、裝表袋若干個(裝置調查表用)

已、筆墨硯各一個

庚、日記簿一本

辛、宣傳品若干份

壬、查訖證若干張(可照調查區戶數酌帶)

2認清調查區範圍，凡屬自己担任調查區範圍內的戶口，均須編查，不得遺漏。

3熟記戶口編查須知。

4在已編保甲地方，應會同保甲長出發調查。

5在已編查戶口地方，應携帶舊有戶口冊，以供調查時參考，但不得抄襲舊有調查表。

6凡屬調查區內有人居住的場所，均須調查。

7調查戶口應親自調查，不得託人代辦。

8調查戶口時，不得帶不相干人同行，以免防害工作。

9每一座房屋內住戶全部調查完竣時，應於門口貼一張查訖證，以資辨別。

(二)查詢調查事項時應注意事項：

1詢問時須態度和靄，言語清晰簡要，並避免用專門名詞，使對方容易瞭解。

2遇有住戶不願答復時，應婉言開導，並告以如報告戶口不實時，應依保甲條例受一角以上三十元以下罰金。

3調查時應注意發問技術，務使被調查人能正確答復，如對被調查人答復有疑問時，並須反復詢問，不可隨便填入。

4調查表各項目，多有關聯，編查員對於被調查人答復各項發現有矛盾時，應即查究改正。

5編查員對調查事實，對外應代保守秘密。

(三)填寫表格應注意事項：

1填寫調查表時，應一律用墨筆。

2填寫字跡須端正清晰，不可潦草。

3各調查事項應詢問正確後填入，以免塗改。

4調查表所列各項目，均須逐項查填，不可遺漏。

5調查項目遇有無法查填時，寧可從缺，不可臆測填入。

6調查表填寫完竣後，應再問全戶幾人，現住幾人，他往幾人，以便核對有無遺漏。

7調查表填寫完竣後，應交給戶長閱一遍，或念給戶長聽，如無錯誤遺漏，即請其於表末簽名蓋章，或捺指印，編查員亦須簽名蓋章，以示負責。

8公共處所如屬政府機關，可將調查表交其查填。

第七章　戶口編查後的整理

戶口編查的目的，在於組織保甲，所以於戶口編查後，縣政府及區署尙應派員協助編查員編組保甲，玆將戶口編查的整理工作分述如次：

一、編組保甲

戶口編查完竣後，應就原有鄉村範圍內，按照地方情形，將所編各戶，順序比鄰家屋，依照十進辦法編組保甲，即以十戶編一甲，十甲編一保，不得分割本鄉鎭戶口的一部，編入他鄉鎭的保甲，以免錯亂紛裂，防害管理，聯絡，及一切工作的進行。

保甲的編組，雖以十進法爲原則，但鄉村內的戶數，不能如是完整，所以在某鄉村內，依十進法編餘的戶數，不滿一甲者，在六戶以上，可以編成一甲，在五戶以下，應併入鄰近的甲。同樣，編餘的甲數，不滿一保者，六甲以上應編成一保，五甲以下，應併入鄰近的保，即每甲所管轄的戶數，最多不得超過十五戶，最少應在六戶以上，每保所管轄的甲數，最多不得超過十五甲，最少應在六甲以上。例如某鄉村共編六十五戶，則由第一戶至第五十戶，應依十進法編成五甲，其餘十五戶編一甲，共爲六甲，因五戶不能單獨成一甲，如某鄉村共編六十六戶，則由第一戶至第六十戶，可依十進法編成六甲，其餘六戶另編一甲，共爲七甲，因六戶以上可以編成一甲。同樣，如某鄉村共編十三甲，此外無其他附近鄉村保甲可以合編時，應編成一保，如編至十六甲以上時，因六甲以上可編成一保，共爲兩保，餘依此類推。如遇有本鄉村戶口稀少，而有其他附近鄉村時，仍應與附近鄉村合編保甲。

保甲的名稱，過去保以數字定之。現依縣各級組織綱要規定，保應冠以地名，卽以地名爲保名，如某縣有中山鄉，設只編一保，則稱爲中山保，如編數保時，有小地名時，則以小地名爲保名，如無小地名可稱時，則稱中山前保，中山後保，或中山東保，中山西保，中山南保等，依此類推。如住戶星散，一保轄數零村，原無總地名者，可酌定新名稱。至甲和戶的番號，仍以數字定之。

上述係指陸上保甲編組辦法，近省府訂有各縣編查船戶保甲戶口實施辦法，凡以船爲家在陸上無住所或居所者爲船戶，由常泊地管轄縣政府另編船戶保甲，其編組方法，係以鄉鎮爲單位，依十進法編組，凡常泊於同一鄉鎮的船戶，在六戶以上十五戶以下者編爲一甲，六甲以上十五甲以下者編爲一保，其編組原則，與陸上保甲同。如鄉鎮內的船戶，不足一甲時，卽在六戶以下者，編入其常泊地的陸上保甲內。船戶保甲的保，甲，戶番號，均以數字定之。至在陸上有住所或居所的船隻，不編入船戶保甲內，由縣政府另發牌證，懸於船上，以資識別。

二、編造戶口册

戶口編查與戶口普查不同，其所調查的戶口，不是專供統計之用，而是着重於行政上之管理，故於戶口調查後，街應按照原調查表編造戶口表，以供稽查當地保甲戶口之用，茲述編造戶口冊方法如次：

保甲編定後，應先整理戶口調查表，即將各戶所編定的保，甲，戶番號，補塡入原戶口調查表保甲戶番號欄內，並以保為單位，分訂成冊。然後再按原調查表冊，抄造戶口冊並於冊內首頁，加具該保戶口統計表一張，冊的封面註明某縣某區某鄉(鎮)某保戶口冊，及編造年月。至戶口冊應抄造幾份，編查保甲戶口條例未有規定，但依實際需要應造兩份以一份存鄉鎮公所，一份存保辦公處，原調查表冊則存縣政府備查，至甲的戶口冊，可向保辦公處轉抄一份。

前項戶口冊，最好由縣政府或區抄造，以防塗改，至編造時，務須精密繕校，以免脫落錯誤。

三、塡發門牌

保甲編定後，尚應塡發門牌，交各戶戶長掛於門外易見之處。此項門牌與街道門牌不同，可稱為戶口牌。街道門牌係以門面為單位，就街道的起迄，編定號次，以一門面一門牌為原則，不問門內住戶的多寡。至保甲門牌係以戶為單位，以保甲戶的番號編列，一門面內分住數戶，應將數面門牌分掛門外。

編查保甲戶口條例，原定有門牌式一種，本省為便利人口增減時塡註起見，曾改訂暫行門牌式，茲分述其塡寫方法及應行注意事項如次：

1門牌號數，如屬普通戶，則填入各戶的保甲番號。如屬寺廟及公共處所，則填第幾區某某保，某字第幾號，(均須加填某某鄉鎮)

2門牌內容，除戶長姓名，年齡，籍貫，職業，住居各欄，應按戶口冊照填外，其餘親屬，附住，傭工，合計各類人口，只須分別填其男女數。(寺廟戶及公共處所應按其類別改填)

3填發門牌後，如親屬，附住，傭工等欄人數有增減時，除呈報異動外，並於各該類增減欄註明增減月日及人數，如戶長有變更時，並須注意改填。

4門牌紙由縣統籌印製，交區轉發，不得向人民收費。

5各戶戶長應照門牌式大小，自備五分厚木牌一面，(或由保統製)滿糊粘貼，懸於門首易見之處，以便稽查，並須避免被雨淋濕，以耐久用。

6一門面內分住數戶，各戶門牌應順序張掛。

四、填造戶口統計表

戶口編查完竣後，縣政府應以區為單位，填造全縣戶口統計第一二兩表，分呈省政府及該管行政督察專員公署。此項戶口統計表分第一第二兩表，第一表包括普通戶口，及外國人寄居中國戶口兩類，第二表包括船戶戶口，寺廟戶口，及公共處所戶口三類，共為五類，至填造戶口統計表方法，編查保甲戶口條例沒有詳細規定，惟依附頒表式填表說明，保分區縣兩級呈報，即先由區署以保爲單位，塡造全區戶口統計第一第二兩表呈報縣政府。玆分述統計方法及塡表應行注意事項如次：

1區戶口統計表，係以保爲單位，依照各保戶口調查表冊所列人數，分類統計塡入。例如普通戶口類，先計全保普通戶口數，再分別計其男女總數，現住人數，他往人數，壯丁人數，(女欄免塡)識字人數，有職業人數，無職業人數，非家屬同居人數等。外國人寄居中國戶口類，應加計各國籍人口。寺廟戶口類，則加計信仰各種宗敎人數。餘則各欄塡法大略相同。惟公共處所戶口類只塡處所數目及男女人口總數。全區各保均統計完竣時，表末加總計一欄，卽爲全區戶口統計數。

2戶口統計表內普通戶口，外國人寄居中國人口，船戶戶口，寺廟戶口等四類，所列的「現住」與「他往」人數合計數目，應與該類「人口總數」塡列數目相符。

3普通戶等四類所列他往人數，應將出本縣，不出本縣，往外省，往國外各若干，分別於備考欄內註明。

4各敎堂敎會中的外國人口，一面記其數於戶口統計第二表寺廟戶口類內，一面仍記其數於統計第一表外國人寄居中國人口類內，惟須於第二表備考欄內，說明其重複數目。

5縣政府據各區呈報戶口統計表，經審核無訛後，則以區爲單位，將各區總計欄數目列入，加具總計，即為全縣戶口統計表。

6各鄉鎮，各保，亦可按轄內戶口冊，依照前述方法，製成戶口統計表，惟縣別欄，鄉鎮應以保為單位，保應以甲為單位，至所列五類人口中，如有一類或數類全無時，可從缺。

第八章　戶口抽查和複查

戶口編查，工作繁雜，且一縣範圍廣大，編查時間短促，難免不無百密一疏之處，即編查後繼續辦理戶口異動登記，在人民尚未養成報告異動習慣以前，亦常有漏報匿報情事發生。故於戶口編查後，仍須舉行戶口抽查與複查，所謂「戶口抽查」，即以戶口冊為根據，就轄內戶口選擇一部調查。所謂「戶口複查」，亦以戶口冊為根據，將轄內戶口全部複查一次。以測各戶人口與戶口冊記載是否相符。舉行戶口抽查與複查的作用有三點：

一、可以糾正戶口編查時的錯誤或遺漏。

二、可以糾正戶口編查後呈報異動的錯誤或遺漏。

三、可促各住戶注意呈報戶口異動。

抽查或複查戶口時，應注意下列各點：

1保，甲，戶，的番號有無錯亂。

2戶內人口數目是否相符，調查項目有無錯誤遺漏。

3一門面內住數戶，有無漏戶未報。

4鄉僻孤戶有無遺漏未編。

5戶口異動有無漏報。

6各戶門牌有無填寫錯誤，及懸掛位置是否適當。

如有錯誤時，應由抽查或複查人員，負責將戶口冊更正，並於更正處，加蓋印章。

編後附述

編查保甲戶口條例對於戶口編查方法，規定甚詳，且依過去辦理情形，在方法上有待於改進者尙多，茲由縣各級組織綱要所規定之保甲戶口編查辦法，尙未公布，本篇僅就現行法令加以闡述，其爲現行辦法所未詳者，則略事補充，藉供參考。但以怱促編成，蒐集容有未週，誤漏必多，惟有留待補正。

再本篇所引用之現行法令及各項表式，如修正剿匪區內各縣編查保甲戶口條例，福建省各縣編查船戶保甲戶口實施辦法，改定暫行門牌式，暫定保甲兵役編查冊式等，均見省政府編印之「鄉保法令彙編」，足資參照，不另附錄。

（完）

自治指導讀物第六種

戶口編查

中華民國二十九年六月一日出版

編輯者 福建省政府民政廳第三科

發行者 福建省政府民政廳

印刷者 沙縣環球印書館

本書售國幣一角

閻家琦 編

戶口調查

一九四二年鉛印本

天津特別市公署警察局

戶籍訓練班講義

戶口調查

中華民國三十一年九月印

天津特别市公署警察局戶籍訓練班講義

戶口調查

中華民國三十一年九月　　日

局長閻家琦

調查戶口講義

緒言

集人類而成社會，集社會而成國家，在此羣衆生活之中，其智愚賢否不能盡同，有守法安常不逾其分者，亦有只圖私利而害公益者，甚且逞兇作亂危及國家。警察負維持公共安寧秩序之責，勢須監查防護於其間，以免奸宄之侵擾。

顧監查防護之法雖非一端，然以調查戶口爲首要。蓋人類生存於社會，無論富貴貧賤，農工商賈，皆不能無歸宿之處所，就其處所而考查之，何者爲良？何者爲莠？職業之情形；生活之狀況，悉編造於冊籍，深印於腦海，一旦有事，自能按圖索驥，搜求其亂源矣，其關係豈淺鮮哉！

天津市警察對於戶口調查一事，歷經計畫，而限於種種原因，迄未普遍施行，直至民國二十三年改組省會公安局後，於第二科內設立戶籍股專司戶口事務，於各分局所，分設戶籍員，及戶籍生警，同時編輯戶口調查講義，以灌輸各學警對於戶口之知識，深望諸生在此修學期間，虛心研究，俾服務時，對於戶口調查，能得詳確，則一切警政，胥利賴焉。

第一章　調查戶口與警察之關係

警察以防止危害爲目的，危害未發生者預防之，已發生者制止之，欲期預防周密，制止迅速，是則對於轄境人民，必須確切調查，瞭如指掌，自能應付裕如，消弭隱患矣，即以本市而論，人口約百餘萬，外僑麕集，客籍紛紜，宵小既易潛踪，奸宄尤多託跡，若不調查戶口，何期正本清源，蓋無論何人均各有歸宿之處所，就其處所而調查之，何者爲良，何者爲莠，形跡是否可疑，素行是否端方，以及家庭之狀況，生活之情形，個性之剛柔，思想之邪正，一一調查明晰，記載於簿册，而危害預防制止之方法，似不至茫無端緒，按圖索驥，自易搜求矣，至若戶口統計，堪供行政施設之參考，人事登記，可作司法調查之根據，此則與警察之關係，豈淺尠哉。

第二章　調查戶口之概念

第一節　調查戶口之意義

調查戶口者，即警察機關爲明瞭管內居民實況，按照定章設置專責員警，將管內居民情況，分晰若干項目，以詳密及系統之方法，確實記載，隨時加以考查之謂也。

第二節　調查戶口之目的

調查戶口之目的有二：

一，量的調查，係將管內居民各種數量調查確實，逐項核算分別統計，以供作各種行政設施之參考。

二，質的調查，係將管內居民生活實況，及素行個性調查清楚藉以防止各種人爲之危害發生。

第三節　調查戶口之事務

一，調查：調查分初查與復查二種，初查係將戶口各項情形，分別記載於簿册，復查係根據簿册上之記載，而調查其是否相符；及個人素行個性如何。

二，統計：將管內戶口各種數目，按照規定項目，逐項核算分別統計，並呈送上級機關。

三，變動：管內戶口有增加減少時，應分別登記於登記簿，並改正戶口簿及統計數目，

第三章　本局調查戶口之組織及職權

第一節　執行機關

一，派出所　派出所爲調查戶口之執行機關，戶籍警負調查辦理本所戶口之責任，警長負指導之責任。

第二節　監督機關

一，警察署署長署員巡官均有負監督指導管內各派出所辦理戶口之責，並另設戶籍員一員戶籍生若干名負指導監督，及辦理區署戶口統計專責。

二，警察局：局長以下各外勤官長，均有考核調查戶口之權責，而以保安科科長及戶籍股則專司指導監

督及派員抽查之責，並辦理全局戶口統計之大成。

第四章　戶口編查之區分

第一節　編查

一，初次調查戶口，應自每街巷門牌號數最少一端起始，逐次調查。

二，一門牌號內，住有二戶以上者，應先爲編定戶號數，然後逐次編查。

三，每一門牌號內，應以靠近街門左首之戶爲第一戶，依次向右編定。（附圖一）

四，每一門牌號內，有裏外院者，先編定外院各戶號數，續編裏院各戶號數，樓房應先由下層編起，次及二層三層。以上者亦同。（附圖二）

五，每戶使用一張戶口調查表，其人口衆多者，一張不能填完者，可續用副表，接續填寫。

六，戶口簿（即清冊）及戶口調查簿（即草冊）之編訂，其順序與調查順序同，每本應在七十五戶以上，一百五十戶以下。

七，每街巷在七十五戶以上，一百五十戶以下者，以一街巷爲一本，不足七十五戶者，應以二街巷或數街巷合訂一本，但須係鄰接街巷爲宜。其在一百五十戶以上者，分訂爲二本或數本，如係實胡同應按鄰街巷順次編查，不得另編戶口。

第二節　戶口之分類及說明

本市戶口分爲普通住戶，商戶，公共處所，學校戶，寺廟戶，娛樂場所，樂戶，流動戶，船戶，外僑戶十種，每戶各有專用之戶口調查表。

一，普通住戶：凡不屬於下記九種之戶者，皆爲普通戶。

二，商　戶：指1公司，2私營銀行，3私營醫院，4工廠，5運輸業及新聞業，6其他不屬於娛樂場所，及樂戶之各種營業戶而言。

三，公共處所：指1官公署，2官公立銀行，3官公立醫院，4官公營鐵路，5郵局電報電話局，6工會，商會，教育會，及其他依法成立之公共團體，7圖書館，公園及其他官公立之公共處所。

四，學校：指一切官公私立學校而言。

五，寺廟：指各種寺廟內之僧道尼姑戶口而言，其住戶或商店租住寺廟之房屋者，不得認爲寺廟戶。

六，娛樂場所：指1戲院，2影院，3說書館4雜技場而言。

七，樂戶：指各種納捐營業之娼寮而言。

八，流動戶：指遷移頻數，租房以日計之戶而言，其性質與普通住戶同，現以統計關係，暫併普通戶口內。

九、外僑戶：指外國人之住戶商店等而言。

十、船　戶：凡陸上無一定處所而以船爲家者屬之。

第三節　計戶標準

一、凡一生活團體之單位，即爲一戶

二、家人分居者，各爲一戶，雖未分家不共同生活者，亦仍各爲一戶。

三、多人雜居，或夥居一室，應爲一戶，而有雙方男女者，亦仍爲一戶。

四、商店附住家眷者，應爲一戶，並以商戶論，登記時先記其家眷，後記店夥。

五、公共處所及學校內，寄住之職員眷屬，應分別各自爲戶。

六、各種同業公會，無獨立辦公處者，附於各商店或住戶內，並無專人辦事者，不必另爲一戶。

七、無字號之商店，仍爲商戶論。

八、家庭中附帶營手工業者，仍以普通住戶。

九、家庭中附帶出賃車輛者，不得視同車行，仍以普通住戶論。

十、一家佔兩門牌而共同生活者，仍爲一戶，以最前之號爲號數。

第五章　戶口調查表塡寫說明

第一節　通則

一，「街巷名稱」及「門牌號數」記明被調查者，所住之街巷，及門牌號數戶數等。

二，凡數目字除統計數目字外應用一，二，三，四，五，六，七，八，九，十，百，例如門牌七十五號第五戶，民國十五年九月五日，紀元前五年五月九日是。

三，「姓名別號」姓名應用正名，別號亦應一併填入，婦女無正名，已婚者，得以某氏代之，未婚者，有乳名填乳名，男人無正名者，亦同。

四，「生年月日」須查照年齡對照表，記明民國某年生人，或紀元前某年生人。(附表八)

五，「性別」本人係男人，填「男」，係女人填「女」。

六，「本籍」本籍與籍貫不同，依戶籍法之規定，1「在一縣或一市區域內有住所三年以上而在他縣市內無本籍者以該縣或市為本籍，2子女除別有本籍外，以其父母之本籍為本籍，3棄兒父母無可考者，以發現人報告地為本籍，4妻以夫之本籍為本籍，贅夫以妻之本籍為本籍，記載時，應遵下例規定：

1本籍如係南京，北京，上海，青島，四市者，應直書南京或北京，上海，青島市。

2本籍如係前記四市外者，須冠以某某省，某某市，列如杭州市，應書浙江省杭州市。

3本籍如係本市者，祇書天津市。

4 本籍如係本省者，祇書某某縣，如係他省之縣，應將省縣並註。

5 舊有州廳字樣，概不准用。

七，「教育程度」須記明本人係某學校畢業，或某學校修業幾年，或私塾幾年，不可祇記大學畢業或中學畢業或識字等。

八，「有無配偶」未婚者，應填「未婚」，已婚而配偶死亡，或離婚者，填「無」，有配偶者，填「有」。

九，「有無子女」無子女者不填，有子女者，應填子幾女幾，例如子二女三。

十，「信仰宗教」即本人信仰某宗教，即填某宗教，如：佛，道，回，耶穌，天主等是，填寫時，僅填宗教名稱，例如：信奉耶穌，祇書耶穌。

十一，「曾充何種職業」應填明本人已往從事之職業名稱。

十二，「現在職業」須填記本人現在職業之職務詳細名稱，例如拉洋車，即填拉洋車，賣燒餅果子即填賣燒餅果子，學生，雖非職業，然在本欄，仍應註明，例如：本人係在求學中之學生，則填某某校學生，現在無職業者不填。

十三，「每月收入金額」即本人每月因職業收入約計若干，即填若干元，其收入以年計者，可填寫十二分之一數目，非因職業所得之收入不填。

十四，「服務處所」即本人現在某處作事，即寫某處，例如本人係法租界元隆綢緞莊經理，即寫法租界元隆綢緞莊。

十五，「曾否在軍界服務」即本人如曾充軍職，應記明其最高級官銜。

十六，「曾否受刑事處分」曾受刑事處分者，應記明某年月日因某種罪被處何刑若干。於何時執行終了，此項應間接調查之。

十七，「有無何種殘疾」有殘疾者，應分別記明其種類，如盲啞聾跛是。

十八，「其他」本格內應記載：本人之特殊情形，如男子蓄辮，女子纏足，或有不良嗜好，或有犯罪違法嫌疑，或行為不檢，均可密秘記入本格，惟以上各事，均應自行考查或間接調查之，不得詢問本人。

第二節　普通住戶戶口調查表（參照附表一）

一，「戶主姓名」以管理家務之人為戶主，戶主姓名，務須寫正確，應填正名，不准用別號。

二，「遷來年月日」係指某戶由某處遷至現在住所之年月日，其遷來年久，不能記憶時，可填寫大概年代，其遺忘月日者亦同。

三，「前住所」填寫遷至現在住所以前之住所街巷及門牌號數，若係自外縣遷來者，應填某縣某村，遷來年久不知前住所者填「不詳」。

四，「不動產概數」填記本戶不動產約值若干元，應間接調查之可填大概數目。

五，「動產概數」填記本戶動產約值若干元，應間接調查之可填大概數目。

六，「不動產年收益概數」填記不動產每年可收入若干元。

七，「動產年收益概數」填記動產每年可收入若干元

八，「職業所得概數」填記全戶之人，全年因職業所得若干元。

九，「收藏自衛槍彈名稱號碼數目」須確實記載。

十，「與戶主之關係」填本人與戶主之關係。

1與戶主有親屬之關係者，應填明其親屬關係，如係戶主之長子，填「長子」次子填「次子」。

2非家屬在本戶寄居者爲同居，應記明「同居」字樣並關係，如「表兄」「表弟」「朋友」之類是。

3僱傭人應填「僱傭」。

十一，「入住年月日」係指本人入該戶之年月日，非遷來之年月日，故凡在本戶出生之人，其生年月日，即係入住年月日，故不必填寫，因婚嫁來本戶之人，以婚嫁年月日，爲入住年月日，同居者以到該戶之年月日爲入住年月日，僱傭人以上工之日爲入住年月日。

十二，普通住戶內各戶口填寫之順序列左。

1戶主，2配偶，3戶主之尊親屬，4戶主之兄弟姊妹，5戶主之卑親屬，6同居者，7僱傭。

十三，每戶應將全家人數歲數記入，但已分居徙出及嫁出之人，不可記入。

十四，本戶之人，在他處作事者，應在服務處所上；貼出寄簽，以資醒目，其簽之長短自服務處所格之上線至表底線爲度，其寬度與每人應佔之格同，紙用毛邊紙，其記法，如本人於某年某月某日因某事赴某地或某商號。

第三節　商戶戶口調查表（參照附表二）

一，「商鋪或工廠名稱」此格應填記字號，如鴻順成，利達公司，志成貨棧等是。

二，「經理姓名」本格填記經理姓名，此處所稱經理，指商店之經理或掌櫃，及工廠廠長，銀行行長，新聞社社長等而言。

三，「營業種類」記明本號所營何業，例如：米麪商，綢緞莊，油漆販賣，織布，造胰等是。

四，「開設年月日」記明某年某月某日開設。

五，「資本額」記明資本若干元。

六，「董事長或財東姓名」公司中之有董事長者，記董事長之姓名，一般商店無董事長者，記各財東之姓名，經理與財東係一人者，仍記經理姓名。

七，「各股東責任」在公司應記明有限無限，在一般商店，如財東係一人者，記「獨資」，財東與經理係一人者，記「自己資本」。

八，「總連分號所在地」有總號或連號或分號，其所在之地址，在外埠者，僅記其市縣名，在本市者，記明街巷名稱，及門牌號數。

九，「房地主之姓名住所」先記房主或地主之姓名，次記住所，係自己之房地者，記自己之房地。

十，「認捐等級」認納某等捐，則記某等捐。

十一，「許可證號數」記許可其營業執照之號數。

十二，「有無女子服務」有女子服務者，記明幾人，無者不填，凡僱用女招待，如不在該服務處所居住者，僅將其姓名年齡，記於附記欄內，但其數目不記入統計表。

十三，「如係工廠記明官公私」工廠戶應記明係官營或私營，非工廠戶免填。

十四，「曾否保險及額數」有保險者，應記明某公司，保險費若干元，無者不填，但保險額，不得超過資本額，如查有超過者，應即報告該管官長查核。

1公司銀行醫院新聞社等有特殊職務名稱者，按其特定名稱順序填記。

2一般商店，先經理次司賬次商夥次學徒次傭僱。

3商戶附住家眷者，其家眷戶口，應填親屬關係。

4除經理家屬外，得另一戶計。

十六，「來此年月日」應填來本商戶內之年月日，至於陰陽曆，可依該戶之所慣用者為標準。

十七，「本市家之住所」本市有家者，應記明其家所之街巷門牌號數，無者免填。

十八，商戶內戶口填寫之順序列左：

1 組織有系統之商戶，按其組織之系統。

2 一般商店，先經理，次司賬，次商夥，次學徒，次僱傭。

十九，財東不住商店內者，不得列入該戶之口。

第四節 公共處所戶口調查表（參照附表三）

一，「名稱」例如天津市警察局，或天津市商會是。

二，「主管人姓名」應記明本戶主管人之姓名，例如：民政廳應填廳長之姓名，市公署，應填市長之姓名是。

三，「受何機關管轄」本機關受何機關管轄，即填其機關名稱，如天津市警察局之戶口表，因天津市警察局係受天津市公署管轄，即填天津市公署。

四，「辦理事務」記明本機關辦理事務概要。

五，「成立年月日」本機關係某年某月某日成立即填某年月日。

六，「職務別」記明本人，在本機關充當之職務（其不在內住宿者應記入他往項內）。

七，戶內各口填寫之順序，按組織系統之順序，自高級而低級遞次填寫。

八，兼職者應在其他格內記明。

九，兵營士兵或監獄人犯過多時，不必按名填寫，可記其總數在年齡統計表填入年齡未詳欄內。

第五節　學校戶口調查表（參照附表四）

一，「校名」應記學校名稱，例如市立城隍廟小學是。

二，「校長姓名」應記校長姓名。

三，「係官公私立」國立者填「國立」省立填「省立」市立填「市立」私立填「私立」。

四，「創辦年月日」某年創辦即填某年。

五，「基金額」此專指私立學校而言，官立學校則免填官公立則免填。

六，「每月經費」此項不論官私立均須填寫。

七，「創辦人姓名」應填寫開始創辦人姓名，其國立市立之學校無創辦人者免填。

八，教職員無論在內居住與否，一併填入，其不在內居住者計入他往數。

九，學生非在內住宿者不准填入。

十，學生人數過多可免填寫姓名，僅於戶口統計內，填寫其總數。

十一，學校戶口各口填寫順序：

1 校長 2 教職員 3 在內住宿學生 4 校役。

第六節　寺廟戶口調查表(參照附表五)

一，「名稱」應填寺廟名稱，如大佛寺觀音菴之類是。

二，「住持姓名」應填寫住持之法名。

三，「公建私建或募建」如係公共建築者填「公建」，如係私人建築者填「私建」，如係募款建築者，填「募建」其建築年代久遠係何種建築不明者填「年代失記」

四，「所奉宗教」本寺廟所奉何種宗教，即填何種，如佛教，或道教是。

五，「建立年代」何年建立即填何年，其年久失記者，即填年久失記。

六，「法名或道號」填本人之法名或道號。

七，「俗家姓名」填本人在家姓名。

八，「在廟有無執事」本人在廟內有職務者，填職務名稱，無職務者免填。

九，「隸屬本廟或係寄居」如原廟之僧道填「隸屬本廟」寄住者填「寄住」。

十，「何時出家」填本人出家之年月日。

十一，寄居人與僱傭人，亦應填入。

十二，寺廟戶內各口填寫順序如次：

1住持2徒衆3寄居者4僱傭人。

第七節　娛樂場所戶口調查表(參照附表六)

一,「是否售票及茶資數目」售賣門票者填「售票」不售門票者填「不售票」其說書館或雜技場僅收茶資者,填「茶資數目」。

二,「建築如何」應分下列各點逐項填寫。

1是否耐火2有無太平門及其他防火設備3空氣是否順通4廁所是否完備5房屋有無傾塌之虞。

三,獻技伶人歌女,非在內住宿者,不得填入。

四,娛樂場所戶填寫之順序如左。

1經理2伶人3夥友4傭僕。

第八節　樂戶戶口調查表(參照附表七)

一,凡在樂戶內服務者,不問在內居住與否,一律填入。

二,「養女親女搭住」妓女如係鴇主以金錢所買者填「養女」,係鴇主之親屬者,填親屬稱謂,如「女」或「妻」之類,若係搭住者填「搭住」。

三,「契約情形」妓女與鴇主之契約的關係,有永久賣身者,有期限之抵押者,應分別填明。

四,「身價或押金數目」身價係指妓女永久賣身之價格而言,押金係指有期限抵押之押款而言,填寫時,務詳細記明。

五，「許可證時日及號數」，指妓女本人領許可證之年月日，及許可證之號數。

六，「現在住所」樂戶內各口，多有另有住所者，其住所現在何處，應填記明白。

七，「夥友」應於其他格內記明係櫃上僱用或某妓女僱用。

樂戶內各口填寫順序如上1戶主（窰主）2親屬3養女4搭住妓女5夥友6老媽

第九節　流動戶口調查表

一，流動戶戶口，本非另有特異性，故填表方法，與普通住戶大致相同，現因統計關係，暫併入普通住戶內。

第十節　船戶戶口調查表

一，船戶戶口調查表，暫時歸定亦無特異之點，至其一切表式除另有規定外概與陸上戶口同。

二，船戶之外僑船戶應統計於陸上外僑戶內（指總局）。

第十一節　外僑戶口調查表（參照附表八）

一，凡屬外國人戶口，不論係商店，仰係住戶，均使用外僑調查表填寫。

二，本戶如係住戶，關於商戶調查事，如商店名稱，營業種類，總連分號所在地，許可證號數，認捐等級可免填。

三，「與戶主之關係或職業別」係住戶者，應填記各戶主之關係，係商戶者應填職務名稱。

四，「國籍」應填其國名，中國人在該戶內服務或寄居者，應於本格內填記本籍。

五，「現在職業或入居年月日」如係住戶者，填現在個人之職業，若係商戶者，填個人入店之年月日。

六，「僑居證號數」外僑寄居中國，均應有僑居執照，此處應記其執照號數，其無執照者，隨時報告本管官長。

七，「服務處所或另外處所」本戶係住戶者，應填個人之服務處所，若係商戶者，填其另外處所，無另外處所者免填。

八，附記格內應記明本戶係商戶或住戶。

九，外僑戶口內各口填寫順序，先外國人後中國人。

第十二節　戶口調查表內統計填寫法

一，各種戶口調查表內數字，一律用阿拉伯字碼，即「1 2 3 4 5 6 7 8 9 10」。

二，每統計項目均分六格，初次填寫時，應填於左上格，嗣後因戶口變動，致統計數目變動時，將原記數字，以黑色綫自左上向右下劃掉，另於上中格填記，再變動時，填於上右格，再下左格下中格，下右格。

三，職業宗教，年齡，各統計表內應將他往者除外。

第六章　統計之編製及報告

第一節　通則

一，統計數字，一律用阿拉伯字碼填寫，即「1 2 3 4 5 6 7 8 9 10」。

二，統計數目，務須核算清楚確實。

三，各種統計，務於指定時間完成。

第二節　派出所辦理統計及報告手續

一，統計表暫定七種，附訂於各戶口冊，將全冊數目，逐日統計之。

二，統計簿內，應將七種統計表訂入，逐日將各戶口冊，統計核算記載之。

三，逐日統計，應於每晚八時，結算清楚，並填寫逐日統計報告表，呈送區署，不得遲延，統計表上應蓋統計人員章，呈送之報告，須蓋派出所長戳。

四，每月終應將各統計表，更換一次，並將全派出所統計，另行訂本保存，以備查核。

五，每月終應依各項統計，編製統計月報表於下月一日晚送區署。

第三節　區署辦理統計及報告手續

一，區署之統計，根據各派出所之統計報告表編製之。

二，逐日統計，於接到各派出所統計之日，下午二時前，結算清楚，並填寫統計報告表，呈送警察局。

三，每月統計，於每月終接到各派出所，統計報告後編製之，於下月五日，下午二時前，須結算清楚，並填統計報告表，呈送警察局。

四，各種統計表，於統計完竣時，應由署長核閱蓋章，由戶籍員分別編入統計簿內保存。

五，各種統計報告表，呈送時由署長核閱，加蓋區署長戳，送致之。

第四節　戶口分類統計表及報告表（附表十）

一，本統計表分1普通住戶2商戶3公共處所4學校5寺廟6娛樂場所7樂戶8流動戶9外僑10總計11他往12現住，計十二項。

二，1 2 3 4 5 6 7 8 9項之男女口數，須將各全體口號，悉數計合。

三，總計一項，係各項戶口相加總數。

四，他往一項，係各種戶內，人口他往者之總數。

五，現住一項，係自總計數內，減去他往之數目，即現在實住之數目。

六，每日有變動時，須分別增加減少其數目。

第五節　戶口變動統計表及報告表（附表十一，十二。）

一，本統計表分1原有2增加3減少4現有，四項。

二，「原有」係指前一日管內，實住戶口數目，「增加」指本日戶口共增加數目「減少」係指本日共減少戶口數目「現有」數目，係原有戶口數增加戶口數，再減去減少戶口數後所得之數目。

三，「增加」項內分1遷入2來住3僱入4婚入5出生6認領7收養8合計八項。

四，「遷入」項，須將本日管內，遷入戶口總數記入，其遷入口數內有他往者，須記入他往項內。

五，「來住」項，須將本日管內，各戶來寄住之口數，及他往歸來之口數，一律記入。

六，「僱入」「婚入」「出生」「認領」「收養」各項：應將本日管內，僱入，婚入，出生，認領，收養，各種口數分別悉數記入。

七，合計，須將以上七項數目，相加記入，即本日增加之總數。

八，「減少」項內分1遷出2他往3解僱4嫁出5死亡6失踪7死亡宣告8合計八項。

九，「遷出」項，須將本日管內，遷出實數記入，例如本日遷出男八十五名，但內有他往者五名，此五名，早已除去，本日遷出數，不能再連此數記入，故應填八十名，此八十名即實在遷出之數，但他往數應減去五名。

十，「他往」項內應記入本日管內，他往之數目。

十一，「解僱」，「嫁出」，「死亡」，「失踪」，「死亡宣告」，各項：須將本日因以上之原因，減少口數記入。

十二、「合計」項，須將以上七款，相加記入，即本日減少之總數。

十三、「現有」項之戶口數，須與戶口分類統計表內，現住數目相同。

十四、「婚入之男」即入贅之男，錄出之男，即因入贅而遷出本家之男。

第六節　居民戶口分等及特別事項統計表及報告表（附表十三）

一、本統計表分1戶別2口別3曾受刑事處分者4素行不正5形跡可疑者6非家屬雜居者7纏足8蓄辮9學齡10壯丁11曾在軍界服務者，十一項。

二、本統計表，所列口數，須將他往者除外。

三、「戶別」項，分有甲乙丙三種，其標準如左：

1「甲戶」人富有財產品行端正，身分正確素來安分守己者

2「乙戶」人不屬於甲戶及丙戶者。

3「丙戶」（一）有反動嫌疑者（二）曾受刑事處分或假釋放者（三）戶內常有無職業或閒人雜居及往來者（四）素行不正，游蕩無業，鄰里有不良之輿論者（五）行跡詭秘或職業身分不當者（六）散兵游勇不事生產者（七）住所不定無產業而徒食者（八）足以危害治安或敗壞善良風俗之言動者。

四、「人別」分甲乙丙三種，其標準與前述戶別略同。

五，住於甲戶內，而其人有屬乙，或屬於丙者，應仍依其身分，而定甲乙丙。

六，「非家屬雜居」一項，指普通住戶內，多無家屬關係，而雜居一處者而言。

七，「學童」指六歲以上十二歲未滿之兒童而言。

八，「壯丁」指二十歲以上至四十歲之男子而言。

九，以前各數目，因戶口變動而生變動者，派出所須隨時改正統計。

第七節　居民職業分類統計表及報告表（附表十四）

一，本統計表分1農業2礦業3工業4商業5交通運輸業6公務7自由職業8人事服務9其他10無職業十項。

二，「農業」包括農，林，漁，牧。

三，「礦業」包括金屬礦，非金屬礦，鹽，煤，石油等業。

四，「工業」包括，工廠工業，工業、手工業。

五，「商業」除「販賣」「經理」「介紹」「金融」「保險」業外：并包括「生活」供應業，如旅館飯店理髮洗衣等業。

六，「交通運輸業」除郵電路航外，並包括「轉運」，「堆棧」，以及「挑担」，與「推輓人力車等業」。

七，「公務」分：政，軍，警。

1「政」包括立法，司法，行政，考試，各機關之公務人員而言。

2「軍」包括現駐軍隊及現任軍職而言。

3「警」包括各級警官及長警而言。

八，「自由職業」除包括醫診律師，工程師，會計師，及新聞業外：並包括「教育及學術研究」，「文學及藝術事業」「宗教事業」「社會事業」：如人民體育場，以及青年會，卐字會，慈善堂，同鄉會等。

九，「人事服務」包括「家庭管理」與侍從傭役。

十，「其他職業」指前列職業以外之職業而言。

十一，「無職業」分爲就學1「學生」2「不事生產」即不從事任何生產 3「非法生活」如娼妓賭博等 4「囚犯」5「慈善機關收容」即育嬰堂救濟院所收之人 6「失業」向有職業，現在無職業者。

十二，以上解釋，係指個人屬於某種職業，其家庭爲從事某種職業，而本人不在該業者，不得計入。

第八節　居民職業婚姻廢疾信仰統計表及報告表（附表十五）

一，本統計表分1「有職業」2「無職業」3「婚姻」4「廢疾」5「信仰宗教」五項。

二，「有職業」將管內有職業者之總數填入，此數須與職業分類統計表內有職業各項相加之數相合。

三，「無職業」將管內無職業者之總數填入者，此數須與職業分類統計表無職業各項相加之數相同。

四，按有職業，與無職業之統計，應就廿歲以上六十歲以下之範圍內計算，其總數不必合於現住數目，惟本市生活情形，在不足廿歲及六十歲以上之口數內，仍不少有職業者，故本表有無職業口數之計算，包括不足廿歲及六十歲以上之口數。

五，「婚姻狀況」：分爲下列各項：

1「未婚」指未結婚者而言，2「有配偶」指現有夫或妻者而言，3「無配偶」指雖曾結婚而夫或妻死亡，或經離婚者而言，以上三項須與現住數目相同。

六，廢疾分爲：1盲2啞3聾4其他，指身體或精神不健全者而言如跛，癲，等是，四項統計之。

七，信仰宗教：分爲1佛2道3回4耶穌5天主6其他，六項統計之，其他指所信宗教不屬於佛，道，回，耶穌，天主，各宗教者而言，例如理門教是也。

第九節　居民年齡分級統計表及報告表（附表十六）

一，本統計表將實在管內住民，按普通年齡分級年齡統計之。

二，本統計表以五歲爲一級。

三，前曾歸定用法定年齡，（一週年爲一歲），但一般居民均以舊曆計算，若以法定年齡，按國歷推算，不惟太感困難，於辦理變動年齡上，實亦不勝其煩，倘有因年齡發生關係時，再就個人詳細推算，亦不致誤事，爲節省時間，適合實際計，不得不用普通年齡。

四，本表統計，以年爲單位，除每月變動應按普通年齡分別記入統計表，餘概以年終計算。

第十節　外僑國籍統計表及報告表（附表十七）

一，本表統計分1美2英3法4意5日6德7奧8蘇聯9其他10無國籍者11總計，十一項。

二，蘇聯指現在蘇俄僑民而言，其白俄僑民應視爲無國籍。

三，其他，指前列八國以外之外國人而言，例如比，荷等人是，於備考欄內須聲明其他項內，某國人若干口。某國人若干口，奧大利已併德意志，其僑民應計入德意志欄內，其奧大利欄暫改爲比利時。

四，無國籍，指外國人無國籍而言，如：白俄，猶太等人是。

五，朝鮮人應列日本項內，不可列入其他項內，但須於備考內註明之。「內有朝鮮人若干……」

六，本表合計數目須與戶口分類統計表外僑戶口數目相同。

七，在外僑戶內寄居傭用之中國人，不得記入本統計。

第七章　戶口變動及人事登記

第一節　通則

一，居民有下列各項情事發生，須赴派出所領取呈報書，填寫呈報。

1出生2認領3收養4結婚5離婚6監護7死亡8死亡宣告9繼承10遷入11遷出12分居。

二，呈報人不能塡寫前項呈報書時，須由派出所戶籍警代塡，如戶籍警出勤應由值班長警代塡，不得不理或刁難。

三，居民有他往來往，僱入，解僱，及失踪等情事發生時，因無此項呈報書，應隨時用書面或口頭報告本管派出所。

四，派出所收到前列各項呈報書，或口頭報告時，除僱入，來往，登記於遷入登記簿，他往，解僱，失踪登記於遷出登記簿外，其餘均登記於專設之登記簿，同時並須改寫戶口調查簿及統計數目。

五，居民如有前列各項事實，並不報告派出所，爲戶籍警或其他警士查覺者，應依左列情形，分別辦理之。

1其變動事實，如未逾規定期限而未及呈報者，應催告來派出所辦理呈報手續。

2已逾規定期限而未呈報者，除催先應來所補報外，并應帶所酌量處罰。

3遷出之戶，無由催告傳案者，除由派出所代塡呈報書，以完成手續，但應於附記欄內聲明，係由派出所塡寫。

六，各種呈報書及登記簿之塡寫，應筆畫分明，不得用簡字或符號，並不得塗抹，如有更改增刪時，應記明字數，並於更改增刪之處，由呈報人或登記警士蓋章以昭愼重。

七，記載年月日，及年齡數目，數字應大寫。

第二節　呈報手續及期限

一，「出生」：子女之出生，應自出生之日起，五日內呈報登記，出生登記，應由父或母呈報之，父母均不能呈報時，依左列次序，定其呈報義務人，1家長2同居人3分娩時監護之醫生，或助產士4分娩因在旁照護之人。

二，非婚生子女之認領，應由認領人自認領之日起，五日內爲之，認領者，指於非正式婚姻時，所生之子女，後繼承認爲正式子女之謂也，例如「男女於戀愛期內，生有一子，後該男女正式結婚，始承認其子爲與婚生子同等之地位是也。其由慈善機關，領收他人之子女，或買他人之子女者，乃是收養非認領也」。

三，收養登記之呈報，應由收養父母，自收養之日起，五日內呈報，凡將他人之子女，作爲自己之子女者係收養，並有再離婚所代之子女及帶肚均屬之，其由慈善機關領出，或收養棄兒者，固爲收養，即過繼家族中他人之子女者，亦爲收養，而非繼承。

四，結婚登記之呈報，應由雙方當事人，自結婚之日起，五日內呈報。

五，離婚登記之呈報，應由雙方當事人，自離婚之日起，五日內呈報。

六，監護登記之呈報，應由監護人，自監護開始之日起，五日內呈報。

七，死亡登記之呈報，應由呈報人，於知其死亡之日起，五日內呈報，其呈報人，應依左列次序定之：

1家長2同居人3死亡者之所在地，房屋或土地管理人4經理殯葬之人，如一戶一人死亡，或兩人以上同時死亡，無人呈報者，得由該管戶口警，代爲登記，並將該戶以移出之手續，減除一戶，再將死亡登記簿內，註明絕戶。

八，死亡宣告，按民法第八條：

失蹤人失蹤後滿十年後，法院得因利害關係人之聲請爲死亡之宣告。

失蹤人滿七十歲以上者，得於失踪滿五年後，爲死亡之宣告。

失蹤人爲遭遇特別災難者，得於失踪滿三年後，爲死亡之宣告。

死亡宣告登記之呈報，應由呈報死亡宣告人，自判決確定之日起，於五日內呈報。

九，繼承登記之呈報，繼承人應自悉其得繼承之日起，五日內呈報，繼承者，乃因被繼承人死亡，而繼承人取得其應繼承之權利之謂，其過繼其人爲子，已經謂爲宗祧繼承，實係收養，非此處所謂繼承也。

十，「遷入」應於未遷出前二日，呈報領取遷移執照，該執照暫依舊章辦理。

十一，「遷出」應於即日呈報，其由本市他處遷來者，並應繳驗遷移執照，無執照者，報告官長，依法處罰。

十二「分居」應自分居之日起，五日內呈報之，其因分居遷出者，應爲遷出呈報。

第三節　人事登記呈報書

一，人事登記呈報書分1出生2認領3收養4結婚5離婚6監護7死亡8死亡宣告9繼承，九種（附表十八，十九，二十，二十一，二十二，二十三，二十四，二十五，二十六，）及1遷出2遷入3分居三種（附表二十七，二十八，二十九）。

二，前項呈報書，置存派出所內，以備居民隨時應用，但不得藉端收費。

三，各種呈報書之塡寫說明，均印於該書之背面，可參照塡寫。

四，呈報書依法登記後，應隨每日統計報告，呈送區署，區署依之改正檢查後呈送警察局。

第四節　登記簿

一，人事登記簿分1遷出2遷入3分居4出生5認領6收養7結婚8離婚9監護10死亡11死亡宣告12繼承十二種（附表三十，三十一，三十二，三十三，三十四，三十五，三十六，三十七，三十八，三十九，四十，四十一，）

二，登記簿存置派出所內，於接到呈報書，隨時登記之，不可積壓遲延，

三，出生登記簿之塡寫說明於左：（參照附表三十）

1出生者姓名欄，應塡寫嬰兒姓名，如出生者爲棄兒時，須代立姓名，並於備考欄內註明。

2類別欄，應記明係「婚生」或「非婚生」或「棄兒」。

3胎數欄，應記明「單胎」或「雙胎」或「多胎」。

4出生者之父母，無國籍者，應記明無國籍之原因，如係棄兒其父母不明則免填。

四，認領登記簿，填寫說明如次：（參照附表三十一）

1被認領者之姓名欄，應填明被認領，非婚生子女之姓名。

2被認領者，爲外國人時填於備考欄內，註明其本人及其生母之國籍。

五，收養登記簿，填寫說明如次：（參照附表三十二）

1稱謂，係指收養人與被收養人之關係稱謂而言，如被收養人有養子或養女，應填養子或養女，收養人爲養父或養母，應填養父或養母字樣。

2收養人爲棄兒時，應於備考欄內，記明其發現處所，及領收者之姓名，職業，或救濟機關之名稱。

3被收養人爲外國人時，應於備考欄內，註明其原國籍。

六，結婚登記簿，填寫說明如次：（參照附表三十三）

1類別欄，應記明「初婚」或「再婚」，再婚者並須於備考欄內，記明其前夫或前妻之姓名，職業，本籍婚姻關係消滅原因。

2 有非婚生子女，因結婚而取得婚生子女關係時，除依法爲認領登記外，並應於備考欄內，註明其子女姓名，及生年月日。

3 結婚之一方爲外國人時，應於備考欄內記明其原國籍。

七，離婚登記簿，塡寫說明如次：（參照附表三十四）

1 證明人欄，如係兩願離婚者應記明證明人姓名，如係判決離婚者應記明法官姓名，或判決法院。

2 離婚應得法定代理人同意者，如應於備考欄內記明其事實。

八，監護登記簿，塡寫說明如左：（參照附表三十五）

1 受監護之原因，係指被監護人爲「未成年人或禁治產人」而言。

2 監護人爲監護之原因，係指監護人依民法親屬篇一千〇九十四條或一千一百十一條所規定之順序，而執行監護人之義務者而言，民法一千〇九十四條父母均不能行使負担對於未成年子女之權利義務，或父母死亡，而無遺囑指定監護人時，依左列順序定其監護人。

1 與未成年人同居之祖父母 2 家長 3 不與未成年人同居之祖父母 4 伯父或叔父 5 由親屬會議選定之人，民法第一千一百十一條「禁治產人」之監護，依左列順序定之。

1 配偶 2 父母 3 與禁治產人同居之祖父母 4 家長 5 後死之父或母以遺囑指定之人，不能依前規定其監護人時由法院徵求親屬會議之意見選定之。

九，死亡登記簿，填寫說明，如次：（參照附表三十六）

1死亡原因欄，約分五項：1病死者，應記其所患病名症狀及經過，2自殺者，須記明自殺之原因及方法3變死者者須記明變死之原因，4他殺，須記明他殺之原因及方法5因傷致死或受刑斃命者，須記明因何傷何刑等字樣。

2死亡之年月日欄，除記明死亡者之生年月日外，填記其實得年歲。

3死亡配偶姓名欄，應記明其夫或妻之姓名，但未婚者，則填「未婚」，已結婚而配偶不存在者，則填鰥，或寡字樣。

4死亡者爲家長時，應於家長欄，填新家長之姓名，並於備考欄內註明。

十，死亡宣告登記簿，填寫說明於次：（參照附表三十七）

1「職業」係指受死亡宣告者，未失蹤前之職業而言。

2受死亡宣告者爲家長時，除於家長欄內，記新家長之姓名外，並應於備考欄內，註明其事實

十一，繼承登記簿，填寫說明如左：（參照附表三十八）

1繼承人如係胎兒或未成年人時，應於備考欄內記明，其監護人或法定代理人之姓名。

十二，還出還入分居各種登記簿，均甚簡單，無詳細說明之必要（參照附表三十九，四十，四十一）。

第八章　戶口卡片塡寫說明(參照圖表一二三四五六七八九十)

第一節　戶口卡片

一，戶口卡片用途　此項卡片置於總局戶籍股，係將全市戶口，按照各派出所戶口正本(卽調查淸冊)，各項調查表內，查塡事項，擇要記載，雖不若戶口副本(與存區所之正本同)，項目之詳密，然於檢查之便利，變動之敏捷，殆均過之無不及。

第二節　戶口卡片之設置

二，卡片設置　各項戶口卡片，特製專櫃存放，以區署爲單位，每區一個，每個分若干小抽屜，以派出所爲單位，其排列之法，按照各派出所管轄街巷之先後門牌號數，順序依次裝排(由外向內排列)，幷於每街巷置戶口隔片一張，註明街巷名稱及門牌起止號數，以淸係統而便檢查。

三，變動呈報手續　一遷入　遷入之戶，應由該管戶籍警，按照戶口調查表，將卡片塡好，呈送該管區署戶籍室，由戶籍室塡具遷入報告表，彙轉總局戶籍股，再由戶籍股按名區所街巷門牌裝入卡片櫃內(附圖表一)

二，遷出　遷出之戶，由該管戶籍警繕造遷出報告表，呈送區署戶籍室，由戶籍室彙送總局戶籍股，再由戶籍股，按照區所街巷門牌，將該戶卡片撤出保存，(附圖表二)

三，其他　如婚入，出生，收養，認領，嫁出，死亡，死亡宣告等，均有呈報書。

四，來往，入僱，則用增加丁口報告表。（附圖表三）

五，他往，解僱，失踪，則用減少丁口報告表。（附圖表四）

以上手續，均係由戶籍警，呈送該管區署戶籍室，由戶籍室彙轉總局戶籍股，再由戶籍股分別辦理之。

第九章　服務須知

第一節　通則

一，赴各戶調查時，務須服裝整齊。

二，出勤前，應將調查時應用物品，如鉛筆簿表等，携帶完備。

三，出勤前，應將出勤時間，及所赴地點，記於勤務日記簿。

四，歸所時，應將歸所時間，調查戶口數，記於勤務日記簿。

五，除調查之時間外，不得擅行離所，有必要離所之事由時，務須請假。

六，調查時用鉛筆記載，每晚歸所後，再用毛筆謄寫，字跡務須清楚整齊。

七，調查時記載之戶口表訂入戶口調查簿，謄清者，訂入戶口簿。

第二節　公務之保管

一，戶口簿，調查簿，統計簿，登記簿，呈報書，調查表及其他應用物品，務置於戶口箱內，戶口箱內，不得放置調查戶口應用以外之任何物品及書籍。

二，戶口箱上，不得放置任何物品及書籍。

三，戶口箱，應當保持清潔，有損壞時，應立即請求修理。

四，各種表紙，務須節用，不得浪費。

第三節　調查手續

一，至住戶調查時，應於門外聲言「查戶口」候有人答言後進入，萬不可率然直入言語要和平。

二，至公共處所及學校調查時，應向傳達先行接洽，然後向其指定之應付人商洽，可留調查表，令其自行填寫定期收取。

三，至商戶樂戶娛樂場所調查時，應在經理室，或戶主室內行之。

四，至外僑調查時可向僱用或同居之中國人接洽，以免因言語不通而生誤會。

五，調查時，態度須溫和，但須保持莊嚴。

六，言語須簡單明瞭。

七，調查表內所列事項務須一一詢明詳細記入，不可遺漏或疏忽。

八，遇有態度強橫言語粗暴或不服調查之人，不可與之爭吵，應婉言勸諭之，其不可理諭者，應於回所時，報告長官傳所依法處罰。

九，調查事項，被調查人不爲陳述或認爲陳述不實時，須間接調查之，其方法：1詢問鄰人。2留心考查。

十，調查時對於左列各種人應特別注意：

1有不良嗜好之嫌疑者。2收入毫無而生活充裕或收入與生活顯然不合者。3多數非家屬雜居，且無正當職業者。4退職軍人而無正當職業或財產者。5素行不正，形跡可疑者。6時有多人集聚，有圖謀不軌之嫌疑者。7蓄婢者。8收養幼女而有意圖販賣之嫌疑者。9姘度者。10住所不定，徘徊各處者。11無產業而徒食者。

十一，對於前項事實，應秘密記入調查簿，以備隨時考查，其情節重要者，並須隨時報告本管官長。

第四節　復查

一，復查戶口，每日須查百戶以上，其管內戶口過少，得聲請該管長官，准予少查。

二，復查戶口，應注意事項如左：

1有無遷出遷入者。2有無出生死亡者。3有無新僱解僱者。4有無婚入嫁出者。5戶口調查，所記事項，與實際是否相符。6對被調查者之自行呈報者，調查其是否符合。7前節第十項所列事項。

三，復查戶口時，遇有違法犯罪情事，應斟酌情形，分別處理。

四，知有不良份子及違法嫌疑者，應報告長官。

五，婚嫁喪祭之戶，除有特別事故外，應改期復查。以免引起反感。

街巷

門牌　　號至　　號

天津特別市公署警察局戶口隔片

（附圖一）

戶主姓名　　第　　區　　派出所　　街巷門牌　　號

戶主之關係／事項								
姓名								
性別								
生年月日								
本籍								
教育程度								
信仰								
職業								
入住年月日								
有無殘疾								
其他								

普通戶口片　　（附圖表二）

戶主之關係 事項								
姓名								
性別								
生年月日								
本籍								
教育程度								
信仰								
職業								
入住年月日								
有無殘疾								
其他								

戶主姓名
商業字號　　第　區　　派出所　　街巷門牌　　號

[illegible] 事項								
姓名								
性別								
生年月日								
本籍								
教育程度								
信仰								
來此年月日								
本市住所								
其他								

商戶戶口片　　（附圖表三）

公共處所
戶主姓名　　第　區　　派出所　　街巷門牌　　號

[illegible] 事項								
姓名								
性別								
生年月日								
本籍								
教育程度								
信仰								
任職年月日								
本市住所								
其他								

公共處所戶口片　　（附圖表四）

[illegible]別 事項								
姓名								
性別								
生年月日								
本籍								
信仰								
教育程度								
來此年月日								
本市住所								
其他								

[illegible]別 事項								
姓名								
性別								
生年月日								
本籍								
信仰								
教育程度								
任職年月日								
本市住所								
其他								

戶主姓名
學校名稱　　　第　　區　　　派出所　　　街巷門牌　　　號

事項＼職務別								
姓名								
性別								
生年月日								
本籍								
教育程度								
信仰								
來校年月日								
本市住所								
有無殘疾								
其他								

學校戶口片　　　（附圖表五）

戶主姓名
寺廟名稱　　　第　　區　　　派出所　　　街巷門牌　　　號

事項＼與主持之關係								
法名								
性別								
生年月日								
本籍								
何時剃度								
入住年月日								
俗家姓名								
本市住所								
有無疾殘								
其他								

寺廟戶口片　　　（附圖表六）

[illegible]務別 事項								
姓名								
性別								
生年月日								
本籍								
教育程度								
信仰								
來校年月日								
本市住所								
有無殘疾								
其他								

與主持之關係 事項								
法名								
性別								
生年月日								
本籍								
何時剃度								
入住年月日								
俗家姓名								
本市住所								
有無殘疾								
其他								

戶主姓名　　　　第　區　　　派出所　　　街巷門牌　　　號
樂戶字號

關係別 事項								
姓名								
性別								
生年月日								
本籍								
教育程度								
信仰								
養女或搭住								
來住年月日								
許可證號數								
本市住所								
其他								

樂戶戶口片　　　　（附圖表七）

戶主姓名　　　　名稱

關係別 事項								
姓名								
性別								
生年月日								
本籍								
信仰								
來此年月日								
本市住所								
其他								

娛樂場所戶口片　　　　（附圖表八）

[illegible][illegible]別／事項								
姓　　名								
性　　別								
生年月日								
本　　籍								
教育程度								
信　　仰								
養女或搭住								
來住年月日								
許可證號數								
本市住所								
其　　他								

[illegible][illegible]別／事項								
姓　　名								
性　　別								
生年月日								
本　　籍								
信　　仰								
來此年月日								
本市住所								
其　　他								

戶主姓名
營業字號　　第　　區　　派出所　　街巷門牌　　號

戶主之關係 營業者用 事項								
姓名								
性別								
生年月日								
國籍								
來中國年月日								
教育程度								
信仰								
職業								
僑居證號數								
來住年月日								
服務處所或另外住所								
其他								

外僑戶口片　　（附圖表九）

戶主
姓名　　水上警察局第　　分所　　河沿牌　　號

與戶主之關係 事項								
姓名								
性別								
生年月日								
本籍								
教育程度								
許可證等號數								
信仰								
來此年月日								
陸地住所								
有無殘疾								
其他								

船戶戶口片　　（附圖表十一）

戶主之關係 [illegible] / 事項								
姓名								
性別								
生年月日								
國籍								
來中國年月日								
教育程度								
信仰								
職業								
僑居證號數								
來住年月日								
服務處所或另外住所								
其他								

與戶主之關係 / 事項								
姓名								
性別								
生年月日								
本籍								
教育程度								
許可捐等號數								
信仰								
來此年月日								
陸地住所								
有無殘疾								
其他								

附圖一

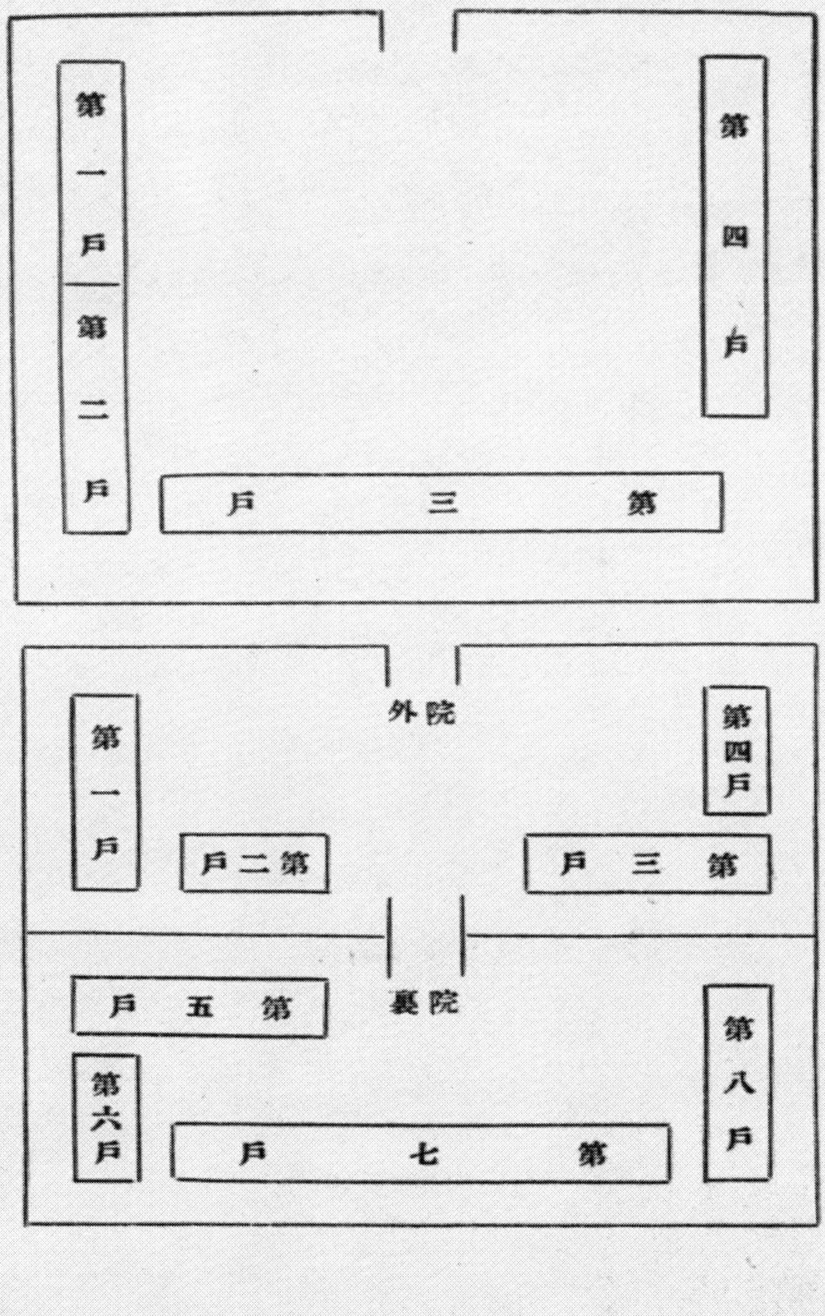

普通住戶戶口調查表

街巷名稱	遷來年月日	動產概數	職業所得概數
	年 月 日	元	元
門牌號數及戶號數	前住所	不動產收益概年數	收處輸得名稱號碼數目
戶			
戶主姓名	不動產概數	動產收益概年數	
	元	元	

本戶統計

類別＼性別	男			女		
共計口數						
有職業						
無職業						
現住						
他住						
曾在軍界服務者						
信仰宗教 佛						
信仰宗教 道						
信仰宗教 回						
信仰宗教 耶穌						
信仰宗教 天主						
信仰宗教 其他						
六歲未滿						
六歲至十三歲未滿						
十三歲至二十歲未滿						
二十歲至四十歲未滿						
四十歲至六十歲未滿						
六十歲以上						
殘廢						

附記

事項＼與戶主之關係	戶主			
姓名（別號）	（ ）	（ ）	（ ）	（ ）
性別				
生年月日	年 月 日	年 月 日	年 月 日	年 月 日
本籍				
教育程度				
有無配偶				
有無子女				
信仰宗教				
曾充何種職業				
現在職業				
入住年月日	年 月 日	年 月 日	年 月 日	年 月 日
每月收入金額	元	元	元	元
服務處所				
曾否在軍界服務				
曾否受刑事處分				
有無何種殘廢				
其他				

商戶戶口調查表

（附表二）

街巷名稱	經理姓名	資本額	總分所在地號	許可證號數	如係工廠記明官公私
		元			
門牌號數及戶號數	營業種類	董事長或財東姓名	房地主之姓名住所	有無女子服務	收藏槍彈名稱號碼數目
號 戶					
商舖或工廠名稱	開設年月日	各股東責任	認捐等級	曾否保險及額數	
	年 月 日			元	

本戶計

類別＼性別		男			女			附記
共計口數								
在內住宿								
商夥								
學徒								
工人								
曾在軍界服務者								
信仰宗教	佛							
	道							
	回							
	耶穌							
	天主							
	其他							
六歲未滿								
六歲至十三歲未滿								
十三歲至二十歲未滿								
二十歲至四十歲未滿								
四十歲至六十歲未滿								
六十歲以上								
殘廢								

事項			
姓名別號	（　）	（　）	（　）
性別			
生年月日	年 月 日	年 月 日	年 月 日
本籍			
教育程度			
有無配偶			
有無子女			
信仰宗教			
曾充何種職業			
來此年月日	年 月 日	年 月 日	年 月 日
每月收入金額	元	元	元
本市家之住所			
曾否在軍界服務			
曾否受刑事處分			
有無何種殘廢			
其他事項			

（附表三）

公共處所戶口調查表

街巷名稱	主管人姓名	成立年月日
		年 月 日
門牌戶號數	受何機關管轄	收藏自衛槍彈種類碼號數目
號 戶		
名稱	辦理事務	

本戶統計 類別 \ 性別	男			女		
共計口數						
在內住宿						
職員						
士兵						
夫役						
曾在軍界者服務						
信仰宗教 佛						
信仰宗教 道						
信仰宗教 回						
信仰宗教 耶穌						
信仰宗教 天主						
信仰宗教 其他						
六歲未滿						
六歲至十三歲未滿						
十三歲至二十歲未滿						
二十歲至四十歲未滿						
四十歲至六十歲未滿						
六十歲以上						
殘廢						

附記

事項 \ 職務別				
姓名 別號				
性別				
生年月日	年 月 日	年 月 日	年 月 日	年 月 日
本籍				
教育程度				
有無配偶				
有無子女				
信仰宗教				
曾充何種職業				
來此任職年月日	年 月 日	年 月 日	年 月 日	年 月 日
每月收入金額	元	元	元	元
現在住所				
曾否在軍界服務				
其他事項				

學校戶口調查表

街巷名稱	校長姓名	金額
		元
門牌號數及戶號數	係官公私立	每月經費
號 戶		元
校名	創辦年月日	創辦人姓名
	年 月 日	

類別＼性別		男	女
共計口數			
在內住宿			
教職員人數			
學生人數			
夫役人數			
曾在軍界服務者			
信仰宗教	佛		
	道		
	回		
	耶穌		
	天主		
	其他		
六歲未滿			
六歲至十三歲未滿			
十三歲至二十歲未滿			
二十歲至四十歲未滿			
四十歲至六十歲未滿			
六十歲以上			
殘廢			

事項＼職務別				
姓名別號	（ ）	（ ）	（ ）	（ ）
性別				
生年月日	年 月 日	年 月 日	年 月 日	年 月 日
本籍				
教育程度				
有無配偶				
有無子女				
信仰宗教				
曾充何種職業				
來此任職年月日	年 月 日	年 月 日	年 月 日	年 月 日
每月收入金額	元	元	元	元
現在住所				
曾否在軍界服務				
其他事項				

寺廟戶口調查表

（附表五）

街巷名稱	住持姓名	公建私建或募建
門牌號數及戶號數	所奉宗教	廟產概數
戶號		
名稱	建立年月日	年收入概數
	年 月 日	

本戶統計			
性別／類別		男	女
共計口數			
在內住宿本廟人數			
寄居人數			
僱傭人數			
信仰宗教	佛		
	道		
	回		
	耶穌		
	天主		
	其他		
六歲未滿			
六歲至十三歲未滿			
十三歲至二十歲未滿			
二十歲至四十歲未滿			
四十歲至六十歲未滿			
六十歲以上			
殘廢			

附記事項	與住持之關係			
法名道號	（　）	（　）	（　）	（　）
性別				
生年月日	年 月 日	年 月 日	年 月 日	年 月 日
俗家姓名別號				
本籍住所				
在廟有無執事				
隸屬本廟或係寄居				
何時出家				
入住年月日	年 月 日	年 月 日	年 月 日	年 月 日
曾否受刑事處分				
有無何種殘廢				
其他事項				

娛樂場所戶口調查表

（表六）

街巷名稱	營業種類	執業人姓名	是否售票茶資價數
門牌號數及戶數	開設年月日	房地主姓名住址	建築如何
號　戶	年　月　日		
名稱	資本額	有無子女服務	

本戶統計　類別＼性別	男	女
共計口數		
在內住宿		
曾在軍界服務者		
信仰宗教　佛		
信仰宗教　道		
信仰宗教　回		
信仰宗教　耶穌		
信仰宗教　天主		
信仰宗教　其他		
六歲未滿		
六歲至十三歲未滿		
十三歲至二十歲未滿		
二十歲至四十歲未滿		
四十歲至六十歲未滿		
六十歲以上		
殘廢		

附記

事項＼職務別				
姓名別號	（　　）	（　　）	（　　）	（　　）
性別				
生年月日	年　月　日	年　月　日	年　月　日	年　月　日
本籍				
教育程度				
有無配偶				
有無子女				
信仰宗教				
曾充何種職業				
來此任職年月日	年　月　日	年　月　日	年　月　日	年　月　日
每日收入金額	元	元	元	元
現在住所				
曾否在軍界服務				
曾否受刑事處分				
其他事項				

樂戶戶口調查表

街巷名稱	等級	戶主姓名
門牌號數及戶號數	開設年月日	房地主姓名住所
號　戶	年　月　日	
名稱	納捐額	許可證號數

本戶統計 類別／性別	男			女			附記
共計口數							
在內住宿							
妓女							
養女							
夥友							
老媽							
曾在軍界服務者							
信仰宗教 佛							
信仰宗教 道							
信仰宗教 回							
信仰宗教 耶穌							
信仰宗教 天主							
信仰宗教 其他							
六歲未滿							
六歲至十三歲未滿							
十三歲至二十歲未滿							
二十歲至四十歲未滿							
四十歲至六十歲未滿							
六十歲以上							
殘廢							

事項／職務別				
姓別　名號	（　）	（　）	（　）	（　）
性別				
生年月日	年 月 日	年 月 日	年 月 日	年 月 日
本籍				
教育程度				
有無配偶				
有無子女				
入店年月日	年 月 日	年 月 日	年 月 日	年 月 日
信仰宗教				
曾充何種職業				
何時來此充此職業	年 月 日	年 月 日	年 月 日	年 月 日
養女親女或搭住				
契約情形				
身價或押金數目	元	元	元	元
許可時日及號數				
現在住所				
曾否在軍界服務				
曾否受刑事處分				
有無何種殘廢				
其他事項				

（附表九）

外僑戶口調查表

街巷名稱	商店名稱	財產或資本概數額	認捐等級	別住所
		元		
門牌號數及戶號數	營業種類	總分號所在地	房地主姓名住所	收藏自衛槍彈種類號碼數目
號 戶				
戶主姓名或經理	設立年月日或遷入	許可證號數	曾否保險及額數	
	年 月 日		元	

本戶統計

類別 性別	男		女		
共計口數					
有職業					
無職業					
在內住宿					
商夥					
工人					
學徒					
信仰宗教 佛					
信仰宗教 道					
信仰宗教 回					
信仰宗教 耶穌					
信仰宗教 天主					
信仰宗教 其他					
六歲未滿					
六歲至十三歲未滿					
十三歲至二十歲未滿					
二十歲至四十歲未滿					
四十歲至六十歲未滿					
六十歲以上					
殘廢					

附記

事項 \ 與戶主之關係			
姓名			
性別			
生年月日	年 月 日	年 月 日	年 月 日
國籍			
來中國之年月日	年 月 日	年 月 日	年 月 日
教育程度			
有無配偶			
有無子女			
信仰宗教			
現在職業或入店年月日	年 月 日	年 月 日	年 月 日
每月收入金額	元	元	元
僑居證號數			
服務處所或另外住所			
曾否受刑事處分			
其他事項			

中華民國三十一年份年齡對照表

普年通齡	屬別	出生年	法年定齡	普年通齡	屬別	出生年	法年定齡
一	馬	民國卅一年		五一	龍	紀元前二十年	五〇
二	蛇	民國三十年	一	五二	兎	紀元前二十一年	五一
三	龍	民國廿九年	二	五三	虎	紀元前二十二年	五二
四	兎	民國廿八年	三	五四	牛	紀元前二十三年	五三
五	虎	民國廿七年	四	五五	鼠	紀元前二十四年	五四
六	牛	民國廿六年	五	五六	猪	紀元前二十五年	五五
七	鼠	民國廿五年	六	五七	狗	紀元前二十六年	五六
八	猪	民國廿四年	七	五八	鷄	紀元前二十七年	五七
九	狗	民國廿三年	八	五九	猴	紀元前二十八年	五八
一〇	鷄	民國廿二年	九	六〇	羊	紀元前二十九年	五九
一一	猴	民國廿一年	一〇	六一	馬	紀元前三十年	六〇
一二	羊	民國二十年	一一	六二	蛇	紀元前三十一年	六一
一三	馬	民國十九年	一二	六三	龍	紀元前三十二年	六二
一四	蛇	民國十八年	一三	六四	兎	紀元前三十三年	六三
一五	龍	民國十七年	一四	六五	虎	紀元前三十四年	六四
一六	兎	民國十六年	一五	六六	牛	紀元前三十五年	六五
一七	虎	民國十五年	一六	六七	鼠	紀元前三十六年	六六
一八	牛	民國十四年	一七	六八	猪	紀元前三十七年	六七
一九	鼠	民國十三年	一八	六九	狗	紀元前三十八年	六八
二〇	猪	民國十二年	一九	七〇	鷄	紀元前三十九年	六九
二一	狗	民國十一年	二〇	七一	猴	紀元前四十年	七〇
二二	鷄	民國十年	二一	七二	羊	紀元前四十一年	七一
二三	猴	民國九年	二二	七三	馬	紀元前四十二年	七二
二四	羊	民國八年	二三	七四	蛇	紀元前四十三年	七三
二五	馬	民國七年	二四	七五	龍	紀元前四十四年	七四
二六	蛇	民國六年	二五	七六	兎	紀元前四十五年	七五
二七	龍	民國五年	二六	七七	虎	紀元前四十六年	七六
二八	兎	民國四年	二七	七八	牛	紀元前四十七年	七七
二九	虎	民國三年	二八	七九	鼠	紀元前四十八年	七八
三〇	牛	民國二年	二九	八〇	猪	紀元前四十九年	七九
三一	鼠	民國元年	三〇	八一	狗	紀元前五十年	八〇
三二	猪	紀元前一年	三一	八二	鷄	紀元前五十一年	八一
三三	狗	紀元前二年	三二	八三	猴	紀元前五十二年	八二
三四	鷄	紀元前三年	三三	八四	羊	紀元前五十三年	八三
三五	猴	紀元前四年	三四	八五	馬	紀元前五十四年	八四
三六	羊	紀元前五年	三五	八六	蛇	紀元前五十五年	八五
三七	馬	紀元前六年	三六	八七	龍	紀元前五十六年	八六
三八	蛇	紀元前七年	三七	八八	兎	紀元前五十七年	八七
三九	龍	紀元前八年	三八	八九	虎	紀元前五十八年	八八
四〇	兎	紀元前九年	三九	九〇	牛	紀元前五十九年	八九
四一	虎	紀元前十年	四〇	九一	鼠	紀元前六十年	九〇
四二	牛	紀元前十一年	四一	九二	猪	紀元前六十一年	九一
四三	鼠	紀元前十二年	四二	九三	狗	紀元前六十二年	九二
四四	猪	紀元前十三年	四三	九四	鷄	紀元前六十三年	九三
四五	狗	紀元前十四年	四四	九五	猴	紀元前六十四年	九四
四六	鷄	紀元前十五年	四五	九六	羊	紀元前六十五年	九五
四七	猴	紀元前十六年	四六	九七	馬	紀元前六十六年	九六
四八	羊	紀元前十七年	四七	九八	蛇	紀元前六十七年	九七
四九	馬	紀元前十八年	四八	九九	龍	紀元前六十八年	九八
五〇	蛇	紀元前十九年	四九	一〇〇	兎	紀元前六十九年	九九

（附表十）

戶口分類統計表

類別	日次	一日	二日	三日
普通住戶	戶			
	男			
	女			
商戶	戶			
	男			
	女			
公共處所	戶			
	男			
	女			
學校	戶			
	男			
	女			
寺廟	戶			
	男			
	女			
娛樂場所	戶			
	男			
	女			
樂戶	戶			
	男			
	女			
流動戶	戶			
	男			
	女			
外僑戶	戶			
	男			
	女			
總計	戶			
	男			
	女			
他往	男			
	女			
現住	男			
	女			

（附表十一）

戶口變動統計表

類別		日次	一日	二日	三日
原有		戶			
		男			
		女			
增加	遷入	戶			
		男			
		女			
	來住	男			
		女			
	僱入	男			
		女			
	婚入	男			
		女			
	出生	男			
		女			
	認領	男			
		女			
	收養	男			
		女			
	合計	戶			
		男			
		女			
減少	遷出	戶			
		男			
		女			
	他往	男			
		女			
	解僱	男			
		女			
	緣出	男			
		女			
	死亡	男			
		女			
	失踪	男			
		女			
	死亡宣告	男			
		女			
	合計	戶			
		男			
		女			
現有		戶			
		男			
		女			

（附表十二）

派出所戶口變動統計日報表

月　日

項別			月 性別	戶數	口數 男	口數 女	口數 合計	備考
戶口變動	原有							
	增加	遷入						
		來住						
		僱入						
		婚入						
		出生						
		認領						
		收養						
		合計						
	減少	遷出						
		他往						
		解僱						
		緣出						
		離婚						
		死亡						
		失踪						
		死亡宣告						
		合計						
	現有							
戶別統計	普通住戶							
	商戶							
	公共處所							
	學校							
	寺廟							
	娛樂場所							
	樂戶							
	船戶							
	外僑戶							
	總計							
	他往							
	現住							

（附表十三）

居民戶口分等及特別事項統計表

級別 \ 日次			一日	二日	三日
戶別	甲戶				
	乙戶				
	丙戶				
人別	甲人	男			
		女			
	乙人	男			
		女			
	丙人	男			
		女			
曾受刑事處分		男			
		女			
素行不正		男			
		女			
形跡可疑		男			
		女			
非家屬雜居		男			
		女			
纏足					
蓄辮					
學童		男			
		女			
壯丁					
曾在軍界服務					

（附表十四）

居民職業分類統計表

職業別 \ 日次			一日	二日	三日
農業		男			
		女			
礦業		男			
		女			
工業		男			
		女			
商業		男			
		女			
交通運輸業		男			
		女			
公務	政	男			
		女			
	軍	男			
		女			
	警	男			
		女			
自由職業		男			
		女			
人事服務		男			
		女			
其他		男			
		女			
無職業	就學	男			
		女			
	不事生產	男			
		女			
	非法生活	男			
		女			
	囚犯	男			
		女			
	慈善機關收容	男			
		女			
	失業	男			
		女			

（附表十五）

居民職業婚姻廢疾信仰統計表

日次 \ 口別 \ 類別			一日	二日	三日
有職業		男			
		女			
無職業		男			
		女			
婚姻狀況	未婚	男			
		女			
	有配偶	男			
		女			
	無配偶	男			
		女			
廢疾	盲	男			
		女			
	啞	男			
		女			
	聾	男			
		女			
	其他	男			
		女			
信仰宗教	佛	男			
		女			
	道	男			
		女			
	回	男			
		女			
	耶穌	男			
		女			
	天主	男			
		女			
	其他	男			
		女			

(附表十八)

居民年齡分級統計表

事項 \ 日次		一日	二日	三日
五歲以下	男			
	女			
五歲以上至六歲者	男			
	女			
六歲以上至十歲者	男			
	女			
十歲以上至十三歲者	男			
	女			
十三歲以上至十六歲者	男			
	女			
十六歲以上至十八歲者	男			
	女			
十八歲以上至二十歲者	男			
	女			
二十歲以上至二十五歲者	男			
	女			
二十五歲以上至三十歲者	男			
	女			
三十歲以上至三十五歲者	男			
	女			
三十五歲以上至四十歲者	男			
	女			
四十歲以上至四十五歲者	男			
	女			
四十五歲以上至五十歲者	男			
	女			
五十歲以上至五十五歲者	男			
	女			
五十五歲以上至六十歲者	男			
	女			
六十歲以上至六十五歲者	男			
	女			
六十五歲以上至七十歲者	男			
	女			
七十歲以上至七十五歲者	男			
	女			
七十五歲以上至八十歲者	男			
	女			
八十歲以上者	男			
	女			
年齡未詳	男			
	女			
合計	男			
	女			

(附表十七)

外僑國籍統計表

國際 \ 日次		一日	二日	三日
美利堅	戶			
	男			
	女			
英吉利	戶			
	男			
	女			
法蘭西	戶			
	男			
	女			
意大利	戶			
	男			
	女			
日本	戶			
	男			
	女			
德意志	戶			
	男			
	女			
比利時	戶			
	男			
	女			
蘇聯	戶			
	男			
	女			
其他	戶			
	男			
	女			
無國籍	戶			
	男			
	女			
總計	戶			
	男			
	女			

附表十九

天津特別市公署警察局第　　分局　　派出所戶口統計月報表（　　年　　月份）

戶口統計

類別		數
普通住戶	戶	
	男	
	女	
商戶	戶	
	男	
	女	
公共處所	戶	
	男	
	女	
學校	戶	
	男	
	女	
寺廟	戶	
	男	
	女	
娛樂場所	戶	
	男	
	女	
樂戶	戶	
	男	
	女	
船戶	戶	
	男	
	女	
外僑戶	戶	
	男	
	女	
總計	戶	
	男	
	女	
他往	男	
	女	
現住	男	
	女	
男女合計		

戶口變動統計

	類別		數
原有		戶	
		男	
		女	
增加	遷入	戶	
		男	
		女	
	來住	男	
		女	
	僱入	男	
		女	
	婚入	男	
		女	
	出生	男	
		女	
	認領	男	
		女	
	收養	男	
		女	
	合計	戶	
		男	
		女	
減少	遷出	戶	
		男	
		女	
	他往	男	
		女	
	解僱	男	
		女	
	嫁出	男	
		女	
	死亡	男	
		女	
	失踪	男	
		女	
	死亡宣告	男	
		女	
	合計	戶	
		男	
		女	
現有		戶	
		男	
		女	
男女合計			

戶口分等統計

	類別		數
戶別	甲戶		
	乙戶		
	丙戶		
人別	甲人	男	
		女	
	乙人	男	
		女	
	丙人	男	
		女	
曾受刑事處分		男	
		女	
素行不正		男	
		女	
形跡可疑		男	
		女	
非家屬雜居		男	
		女	
纏足			
蓄辮			
學童		男	
		女	
壯丁			
曾在軍界服務			

居民職業分類統計

	類別		數
農業		男	
		女	
礦業		男	
		女	
工業		男	
		女	
商業		男	
		女	
交通運輸業		男	
		女	
公務	政	男	
		女	
	軍	男	
		女	
	警	男	
		女	
自由職業		男	
		女	
人事服務		男	
		女	
其他		男	
		女	
無職業	就學	男	
		女	
	不事生產	男	
		女	
	非法生活	男	
		女	
	囚犯	男	
		女	
	慈善機關收容	男	
		女	
	失業	男	
		女	

居民婚姻廢疾信仰統計

	類別		數
有職業		男	
		女	
無職業		男	
		女	
婚姻狀況	未婚	男	
		女	
	有配偶	男	
		女	
	無配偶	男	
		女	
廢疾	盲	男	
		女	
	啞	男	
		女	
	聾	男	
		女	
	其他	男	
		女	
信仰宗教	佛	男	
		女	
	道	男	
		女	
	回	男	
		女	
	耶穌	男	
		女	
	天主	男	
		女	
	其他	男	
		女	

居民年齡分級統計

類別		數
五歲以下者	男	
	女	
五歲以上至六歲者	男	
	女	
六歲以上至十歲者	男	
	女	
十歲以上至十三歲者	男	
	女	
十三歲以上至十六歲者	男	
	女	
十六歲以上至十八歲者	男	
	女	
十八歲以上至二十歲者	男	
	女	
二十歲以上至二十五歲者	男	
	女	
二十五歲以上至三十歲者	男	
	女	
三十歲以上至三十五歲者	男	
	女	
三十五歲以上至四十歲者	男	
	女	
四十歲以上至四十五歲者	男	
	女	
四十五歲以上至五十歲者	男	
	女	
五十歲以上至五十五歲者	男	
	女	
五十五歲以上至六十歲者	男	
	女	
六十歲以上至六十五歲者	男	
	女	
六十五歲以上至七十歲者	男	
	女	
七十歲以上至七十五歲者	男	
	女	
七十五歲以上至八十歲者	男	
	女	
八十歲以上者	男	
	女	
年齡未詳	男	
	女	
合計	男	
	女	

外僑國籍統計

類別		數
美利堅	戶	
	男	
	女	
英吉利	戶	
	男	
	女	
法蘭西	戶	
	男	
	女	
意大利	戶	
	男	
	女	
日本	戶	
	男	
	女	
德意志	戶	
	男	
	女	
比利時	戶	
	男	
	女	
蘇聯	戶	
	男	
	女	
其他	戶	
	男	
	女	
無國籍	戶	
	男	
	女	
總計	戶	
	男	
	女	
男女合計		

備考

備考

（附表十八）

出生呈報書

項目	欄目
出生者	姓名
	性別
	胎數
	出生年月日時
	出生地
出生者之父母	姓名（父／母）
	職業
	年齡
	本籍
出生者之家長	姓名
	職業
	本籍
	與出生者之身分關係
其他事項	

呈報人

中華民國　　年　　月　　日

（附表十九）

認領呈報書

被認領人	姓名	
	性別	
	出生年月日時	
	出生地	
被認領人之父母	父之職業	
	母之姓名	
	本籍	
被認領人之家長	姓名	認領前之家長
		認領後之家長
	職業	
	本籍	
	與被認領人之親屬關係	
其他事項		

呈報人

中華民國　　年　　月　　日

（附表二十）

收養呈報書

		姓名	出生年月日	職業	本籍
收養人	養父				
	養母				
被收養人	養子				
	養女				
被收養人之本身父母	父				
	母				

		姓名	職業	本籍	與養子女之關係
家長	養父母之家長				
	養子女之家長				

	姓名	性別	職業	本籍
證明人				

其他事項

呈報人

中華民國　　年　　月　　日

（附表二十一）

結婚呈報書

項目		欄目
當事人	男	姓名 / 出生年月日 / 職業 / 本籍
	女	姓名 / 出生年月日 / 職業 / 本籍
當事人之父母	男方父	姓名 / 職業 / 本籍
	男方母	姓名 / 職業 / 本籍
	女方父	姓名 / 職業 / 本籍
	女方母	姓名 / 職業 / 本籍
當事人之家長	男方	姓名 / 職業 / 本籍 / 與當事人之親屬關係
	女方	姓名 / 職業 / 本籍 / 與當事人之親屬關係
證婚人		姓名 / 性別 / 職業 / 本籍
結婚年月日		
結婚所在地		
有非婚生子女因結婚而取得婚生子女身分時其子女之姓名及出生年月日		
再婚者其前妻或前夫之姓名職業本籍及前婚關係消滅之年月日		
其他事項		

呈報人

中華民國　年　月　日

（附表二十二）

離婚呈報書

當事人	姓名	出生年月日	職業	本籍
男				
女				

當事人之父母	姓名	職業	本籍
男方父			
男方母			
女方父			
女方母			

當事人之家長	姓名	職業	本籍	與當事人之親屬關係
男方				
女方				

離婚之原因	
離婚年月日	
離婚所在地	

其他事項	

中華民國　　年　　月　　日

呈報人

（附表二十三）

監護呈報書

項目	欄位
監護人	姓名
	性別
	出生年月日
	職業
	本籍
	詳細住址
受監護人	姓名
	性別
	出生年月日
	職業
	本籍
	詳細住址
家長	姓名
	職業
	本籍
	與監護人之關係
監護之原因	
監護開始年月日	
爲監護人之原因	
其他事項	

中華民國　　年　　月　　日

呈報人

(附表二十四)

死亡呈報書

死亡者	死亡者之父母	死亡者之家長	死亡者之配偶	死亡原因	其他事項
姓名	姓名（父、母）	姓名	姓名	死亡之年月日時	
性別	職業	職業	年齡	死亡所在地	
出生年月日	本籍	本籍	醫治者：姓名	停厝或埋葬地	
職業		與死亡者之親屬關係	醫治者：年齡		
本籍			醫治者：現住地址		

中華民國　　年　　月　　日

呈報人

（附表二十五）

死亡宣告呈報書

受死亡宣告者
- 姓名
- 性別
- 出生年月日
- 職業
- 本籍

受死亡宣告者之家長
- 姓名
- 職業
- 與受死亡宣告者之親屬關係

受死亡宣告者之失踪年月日

死亡宣告之年月日

其他事項

呈報人

中華民國　　年　　月　　日

（附表二十六）

繼承呈報書

項目	細目	
繼承人	姓名	
	性別	
	出生年月日	
	職業	
	本籍	
	詳細住址	
被繼承人		
繼承人與被繼承人之親屬關係		
繼承開始年月日		
繼承人爲未成年人時之法定代理人	姓名	
	性別	
	職業	
	本籍	
其他事項		

呈報人

中華民國　　年　　月　　日

（附表二十七）

遷出呈報書

項目	細目	填寫
戶主	姓名	
	性別	
	生年月日	
	本籍	
	職業	
呈報人	姓名	
	性別	
	職業	
	住址	
原住地點		
現徙地點		
遷徙日期		
備考		
隨遷者	與戶主之關係	
	姓名	
	性別	
	年齡	
	與戶主之關係	
	姓名	
	性別	
	年齡	

中華民國　　年　　月　　日　　呈

(附表二十八)

遷入呈報書

項目	欄目	
戶主	姓名	
	性別	
	生年月日	
	本籍	
	職業	
呈報人	姓名	
	性別	
	職業	
	住址	
原住地點		
現在地點		
遷徙日期		
備考		

隨遷者			
與戶主之關係			
姓名			
性別			
年齡			
與戶主之關係			
姓名			
性別			
年齡			

中華民國　　年　　月　　日　　呈

（附表二十九）附記欄內應將分法式命式圖標等項說明

分居呈報書

分居後各戶主姓名	性別	生年月日及年齡	職業	本籍	現在住址	分居後人數 男	分居後人數 女	分居親屬關係
分居後動產及不動產概數	分居原因	分居證據						
分居中見人 姓名	性別	年齡	職業	本籍	住址	附記		
分居年月日	呈報人姓名							

中華民國　　年　　月　　日呈

出生登記簿(附表三十號)

號數						
出生者之姓名						
性別						
類別						
胎數						
出生年月日時						
出生地						
出生者之父母	父	母	父	母	父	母
姓名						
年齡						
職業						
本籍						
出生者之家長 姓名						
職業						
本籍						
與出生者之關係						
備考						

認領登記簿(附表三十一)

號數						
被認領者之姓名						
性別						
出生年月日時						
出生地						
被認領者之父母	父	母	父	母	父	母
姓名						
職業						
本籍						
家長 姓名						
職業						
本籍						
與被認領者之親屬關係						
認領年月日						
備考						

收養登記簿(附表三十二)

號數	被收養人	收養人	被收養人	收養人
姓名				
稱謂				
出生年月日				
職業				
本籍				
被收養人之本生父母 姓名				
職業				
本籍				
家長 姓名				
職業				
本籍				
與被收養人之關係				
證明人 姓名				
性別				
職業				
本籍				
收養年月日				
備考				

結婚登記簿（附表三十三）

號數					
結婚者之姓名		男		女	
籍別					
出生年月日					
職業					
本籍					
結婚者之父母		父	母	父	母
	姓名				
	職業				
	本籍				
結婚者之家長	姓名				
	職業				
	本籍				
	與結婚者之親屬關係				
證明人	姓名				
	性別				
	職業				
	本籍				
結婚年月日					
結婚所在地					
備考					

離婚登記簿（附表三十四）

號數					
離婚者之姓名		男		女	
出生年月日					
職業					
本籍					
離婚者之父母		父	母	父	母
	姓名				
	職業				
	本籍				
離婚者之家長	姓名				
	職業				
	本籍				
	與離婚者之親屬關係				
證明人					
離婚年月日					
離婚所在地					
離婚原因					
備考					

監護登記簿（附表三十五）

號數					
姓名		受監護人	監護人	受監護人	受監人
性別					
出生年月日					
職業					
本籍					
住所					
受監護人之家長	姓名				
	職業				
	本籍				
	與受監護人之關係				
受監護之原因					
為監護人之原因					
監護開始年月日					
備考					

死亡登記簿（附表三十六）

號數	死亡者之姓名	性別	出生年月日	職業	本籍	死亡年月日時	死亡所在地	死亡原因	停厝或埋葬地	死亡者之配偶姓名	死亡者之父母				死亡者之家長				備考
												姓名	職業	本籍	姓名	職業	本籍	與死亡者之親屬關係	
											父								
											母								
											父								
											母								
											父								
											母								

死亡者宣告登記簿（附表三十七）

號數	受死亡宣告者之姓名	性別	出生年月日	職業	本籍	失踪年月日	死亡宣告年月日	受死亡宣告者之家長				備考
								姓名	職業	本籍	與死亡宣告者之親屬關係	

繼承登記簿（附表三十八）

	號數	姓名	性別	出生年月日	職業	本籍	所在地	繼承人與被繼承人之親屬關係	繼承開始年月日	備考
繼承人										
被繼承人										
繼承人										
被繼承人										

遷出登記簿(附表三十九)

項別／戶別			
戶主姓名			
性別			
生年月日			
職業			
本籍			
原住地點			
現遷地點			
遷徙原因			
資產			
隨遷人數 男			
隨遷人數 女			
遷徙日期			
登記日期			
註記			

遷入登記簿(附表四十)

項別／戶別			
戶主姓名			
性別			
生年月日			
職業			
本籍			
原住地點			
現遷地點			
遷徙原因			
資產			
隨遷人數 男			
隨遷人數 女			
遷徙日期			
登記日期			
註記			

分居登記簿(附表四十一)

分居後各戶主姓名			
性別及年齡			
生年月日			
職業			
本籍			
現在住址			
分居後之口數 男			
分居後之口數 女			
分居後之產業額數 動產			
分居後之產業額數 不動產			
與分居親屬關係			
分居證據			
分居中見人			
分居年月日			
分居登記日期			
備考			

（附表二十九） 附記欄內應將分法式命式鬮標等項說明

分居呈報書

分居後各戶主姓名	性別	生年月日及年齡	職業	本籍	現在住址	分居後人數 男	分居後人數 女	分居關係

分居後動產及不動產概數	分居原因	分居證據

分居中見人

姓名	性別	年齡	職業	本籍	住址	附記

分居年月日	呈報人姓名

中華民國　年　月　日　呈

附圖表一

戶口遷入報告表

年　月　日

姓名	遷前地址門牌　區　所	現住地址門牌　區　所

附圖表二

戶口遷出報告表

年　月　日

姓名	現住地址門牌	區　所	遷往地址門牌	區　所

增加丁口報告表

民國　年　月　日

（區所長　職）

派出所街巷號	戶主姓名	稱謂	姓名	性別	生年月日	本籍	教育程度	其他住所	入住年月日	其他

附圖表四

減少丁口報告表

民國　年　月　日

（區所長　籤）

派出所街巷號	戶主姓名稱謂	姓名	性別	生年月日	本籍	離此原因	現住何處	離此日期	其他

四川省選縣戶口普查委員會 編

四川省選縣戶口普查方案

一九四二年鉛印本

中華民國三十一年二月

四川省選縣戶口普查方案

四川省選縣戶口普查委員會製訂

四川省選縣戶口普查方案目錄

第一部 基本概念

第一部　基本概念

甲・我國戶口行政現狀之紛亂

溯自民國十六年奠都南京，迄於三十年二月戶口普查條例公布以前，我國政府機關之致力於戶口調查與登記者，按其發展之經過與現時形成之特質，可大別爲三個系統，各有其主要目的與戶口對象，不相聯繫，茲分述於次：

一、警察之戶口調查與人事異動登記

民國十七年，內政部爲籌辦地方自治，亟需調查各地戶口實數，并以蘇浙皖三省近在京輔，尤須儘先着手辦理，乃根據十六年八月國府所頒在新法規未制定以前暫准援用舊法規之通令，於是年五月咨行蘇浙皖三省省政府，暫行援用北京前內務部頒布之縣治戶口編查規則暨警察廳戶口調查規則及各項表式，責成各省民政廳督飭各縣限期一律辦竣，並隨即制定戶口調查統計報告規則，於是年七月通令其餘各省民政廳遵照查報。此次戶口調查本限於十七年內各省一律辦竣，然以種種關係，延至十九年七月截止，其編戶口統計表依限造報內政部者，僅有十六省及直隸於行政院之各市。又按該規則第六條之規定：「戶口統計第一二兩表每年造報一次，戶口變動統計表每月造報一次」，內政部並於十八年一月頒行人事登記暫行條例，通飭各省市遵照辦理，然除設有警察組織之各大城市尚能遵照辦理，及少數省份間皆按年造報戶口統計表者外，其餘各省概未照辦。二十三年三月國民政府明令自是年七月一日起施行戶籍法，并停止前項規則條例。是年十一月，軍事委員會委員長南昌行營復通令蘇浙閩湘鄂皖贛豫陝甘十省編組保甲，暫緩施行戶籍法。內政部以保甲制度當時在各大城市尚未實施，乃爲辦理各大城市警區戶口調查起見，通電各省市仍依前頒戶口調查統計報告規則及人事登記暫行條例辦理，自是此項規則條例逐漸演成爲各大城市警察辦理戶口調查之最高法律依據；惟實際辦理時頗多另訂詳細實施章則，然皆大抵沿襲成規，互相模倣，原則上固無甚異趣。嗣後各大城市先後編組保甲，其辦理戶口調查，除酌加關於組織保甲部份外，仍保持其固有性質，實際并無若何更張。抗戰以前，各大城市（重慶市不在內）戶口統計表及戶口變動統計表之按期造報內政部者，未嘗間斷。

按警察之戶口調查，就其在警察本身方面之效用言之，其目的應不外乎考察一地戶口增減變動之情形，并隨時稽查其個別狀態，以爲稽查奸宄維持城市治安秩序之依據。惟以沿襲成規之結果（註一），舉凡一般戶口之調查與人事變動之登記，以及戶口册籍之保存與戶口靜態動態統計之編製，皆視爲警察本身之任務，故各大城市之警察機關每將有關稽查奸

究與稽查特殊變動之事項，容納於一般戶口調查與人事登記之中：例如將普通戶中另立住戶商戶棚戶船戶等之區別，及甲乙丙丁之等第，以便鑑別戶口之品質，又如戶口變動登記中加入傭工雇用及解雇之登記等，皆其最顯著之例也。

綜觀上述，警察之戶口調查，其目的甚爲龐雜，其成效所及，則保有較爲完整之戶口册籍與戶口統計資料，以之用於警察之稽查戶口者則有餘，以之視爲合法之戶籍與人事登記及爲翔實合理之戶口統計資料者，則尚不能稱其目的。其戶口對象頗乏明確之規定，但考其實際，可知包括各種性質集合之戶，及各該戶內經常工作或居住之人口，經常他往之家屬與臨時往來之個人。

二、保甲之戶口編查與異動登記

民國十八年，國府頒行清鄉條例，內政部即根據辦理清鄉之需要，制定清查戶口暫行辦法，通令各省縣清鄉總分局督飭辦理，其戶口表式，大體與十七年戶口調查所用者相彷，惟忽略統計報告，而注重連坐切結，以適應清鄉之目的；就此點而論，則清查戶口暫行辦法實爲保甲戶口編查之前驅。民國二十年夏間，前陸海空總司令行營在贛成立，制定江西省之修水等四十三縣，試行編組保甲清查戶口，其清查辦法，亦注重連坐切結，而忽略統計報告，與清查戶口暫行辦法之規定無大出入。二十一年八月，豫鄂皖三省剿匪總司令部制定剿匪區內各縣編查保甲戶口條例，是年十二月，制定剿匪區內各縣戶口異動登記辦法，於編組保甲清查奸宄之外，更注意戶口流動之查報。迨至二十四年七月，軍事委員會委員長南昌行營頒行修正剿匪區內各縣編查保甲戶口條例，是年十月，又頒行修正剿匪區內各縣戶口異動登記辦法，嗣後各省直辦理保甲戶口編查，均以上述之修正條例及辦法爲依據。惟各省辦理較有成效者則僅編查保甲戶口部份，至戶口異動登記實際多未能遵辦。其編查戶口辦法除適應編組保甲需要外，關於戶口調查統計基本表式，完全倣照內政部頒行之戶口調查統計報告規則所附各項表式，加以簡單化，作爲基本戶口册籍。至戶口異動登記則完全放棄人事登記之立場，而以戶口經常流動變動之登記爲隨時校正戶口册籍與戶口實數之依據。但實際此項校正多賴保甲戶口之覆查，戶口異動登記之推行並未著有此項成效也。至戶口統計之編報，依前項條例，戶口統計第一二兩表係彙報至省政府爲止；省政府除按時編報簡單之保甲戶口統計外，實際並未將第一二兩表加以彙編。是保甲戶口統計者，仍重在保甲編組之考核，而不在戶口統計之本身也。

二十七年春，重慶行營制定整理川黔兩省各縣保甲方案，作整理川黔兩省保甲之基本法制，對於保甲編組，戶口編查，異動登記，以及統計報告等各方面，均有所改革。關於戶口調查統計本身方面，其重要修改之處約有三端：一爲將公共處所調查表內人「外宿人數」一欄，似備於統計全縣戶口時予以剔除，以免重複之計算；二爲將各級戶口統計表內所列「他往」人口予以他往「外保」並「外鄉保」「外區」「外縣」「外省」「外國」等區分，以便按級剔除他往重複之本口；三爲將戶口異動登記改爲出生死亡遷入徙出四項，將原有婚姻一項視爲遷入徙出之原因，不另予以登記，以符戶口異動之觀念。此項改革實爲容納當時地方行政長官一般見解之結果；在縣各級組織綱要第五十八條所稱「保甲戶口之編查辦法」關於清查戶口部份，倘未制定詳細辦法以前，此項整理保甲方案當爲目下保甲戶口編查之圭臬。綜觀上述，保甲戶口編查者，其目的在編定各項戶口冊籍，借知一地之戶口狀況與確數及其增減變動之情形，以供確定戶長，編組保甲，調訓壯丁，清鄉弭盜，傳達政令之稽考；然其所謂戶口冊籍與戶口實數者，猶未可視爲合法之戶籍與人事登記，與夫翔實合理之統計也。其戶口對象初無明確之規定，大抵與警察之戶口調查相似，而比較注重通常住家之戶口及其戶內他往之家屬。整理川黔兩省各縣保甲方案規定編查各地之居戶居民，謂係包括民法上之有住所者及有居所者兩者而言，意在明白以法律觀念規定其編查之戶口對象；然其規定未盡切當，而其實施未必即循此法律觀念也。

三、戶籍與人事登記

清宣統三年，民政部有戶籍法草案之制定。民國初年北京政府法制局及內務部先後有人民戶籍法案及戶籍條例草案之擬訂，均未及頒行。民國十八年一月，內政部公布人事登記暫行條例共十條附表式七種，其第一條載有「各省市於戶籍法未頒布以前，暫適用本條例及表式舉辦人事登記」之規定，但係開現時戶口異動登記之端，而實際無裨於正式戶籍法規之頒行。民國二十年十二月國民政府公布戶籍法，二十三年三月修正（僅修正關於戶籍登記加蓋騎縫印一項），並明令自是年七月一日起施行，是爲正式戶籍行政之合法根據。按立法之原意，戶籍法施行後所有關於戶口調查人事登記等一切法規章則均應廢止。二十三年六月內政部制定戶籍法施行細則及關係書表冊簿程式，督飭各省市切實辦理，乃因種種困難，一時尚未及舉辦。是年十一月，南昌行營通令蘇浙閩湘鄂皖贛豫陝甘十省編組保甲，暫緩施行戶籍法，其餘各省市亦相繼辦理保甲，戶籍行政遂完全陷於停頓。其間曾一度依法舉辦戶籍與人事登記者，僅有雲南及察哈爾兩省，旋亦以成績不良而停辦。福建之汕頭市於中日戰事發生前，亦曾遵照修正戶籍法造報內政部關於戶籍與人事登記之各項統計，旋因戰事發生而停止。山東之鄒平縣於廿四年四月開始舉辦戶籍與人事登記（註二），雖未能完全依照修正戶籍法之規定辦理，然於舉辦之初，首即揭櫫其目的爲根據現行戶籍法以確證人民之國籍與身分，施行兩載，頗具成效，實可視爲我國正式推行戶籍行政者中一之良好事例也。此外尚有少數實驗縣，如江蘇之江寧，浙江之蘭谿，四川之新都等（註三），亦曾略採修正戶籍法之內容，試辦簡易戶籍與人事登記，其實施辦法雖多有可採之處（尤以蘭谿縣爲然），然其所取之戶口對象多受保甲戶口編查之影響，與修正戶籍法之規定頗多不合，殊難視爲正式之戶籍行政。按現行修正戶籍法之規定與立法精神，則戶籍與人事登記者，其目的在確定戶口與其法律之關係（本籍及寄籍），戶之組織與戶長之地位，以及各個人在法令上之身份，以爲履行權利義務時之個別稽考，而爲公法上及私法上之一般應用；其由登記結果所產生之戶口靜態與動態統計，並爲全國戶口統計之正式官報。其戶口調查則限於在各地域內有民法上所謂「住所」或「居所」，並依法實施登記之家屬組合之戶，包括民法上所稱同居家屬之人口，而不論其是否實際經常居住本戶。

以上三種關於戶口之查記，均以編定戶口册籍爲主，兼及戶口統計之編製，可概爲現時我國「戶口行政」之三大系統。此三大系統非但不相爲謀，且各就其本身法令言，卽不合其他系統之同時存在；但事實則又未必盡然：現時保甲戶口編查雖實際通行於全國各地，而猶未能滿足戶口行政各方面之需要；各大城市之有警察戶口調查者，仍保持其固有之特質，而反以保甲戶口編查爲其附屬；修正戶籍法雖未能推行於一般縣市，而各實驗縣之地方行政長官則每以試辦戶籍及人事登記相號召，不惜變更保甲戶口編查與異動登記之辦法。此等互相容納他項戶口行政系統之措施，係憑實際與理論之需求，並無最高法令之根據，亦未經審慎之研究而能得其融會貫通之標準。戶口行政遂以各系統實際之同時存在而愈形紛亂。

不獨此也，內政部於十七年五月間頒行戶口調查統計報告規則，並於是年十月頒行特別市及市生死統計暫行規則。該規則之製訂純粹以辦理衛生統計爲目的，特別注重死亡病因之統計，並規定城市警察人員負辦理生死登記與報告之責，其統計則由各該市衛生機關集中辦理，按期造報內政部。其後衛生部成立，生死統計劃歸該部主管，並於十九年一月將前項生死統計規則修正施行。旋衛生部裁撤，於內政部設置衛生署管理全國衛生行政。廿三年十二月內政部以前項生死統計規則條文及表式過於繁細，改訂爲修正市生死統計暫行規則；施行以來，僅直隸於行政院之一部份大城市，如上海天津等，按期將生死統計各表彙送內政部。其在各省，雖經衛生機關努力此項統計事業之推進，然仍少成效可覩。且各大城市所報之生死統計數字，與各該城市警察及保甲方面所報之戶口變動統計數字往往出入甚大，亦卽各方登記結果均難認爲正確之明證也。

考歐洲各國人事或身份登記制度，莫不有悠久之歷史，近世辦理較完備之生死統計卽就固有之登記制度，而輔之以特殊統計之處理，未聞於人事或身分登記之外另有純粹以統計爲目的之生死登記也。美國立國較近，尙無人事或身分登記之舉，其生死登記屬於衛生行政之範圍，以辦理生命統計爲目的，而以其原始登記爲附帶證明身分之用，亦未聞於生死登記之外復有所謂人事或身分登記也。其在我國，現行之人事登記與戶口異動登記已屬紛歧錯雜，益之以純粹以統計爲目的之生死登記，遂使現狀更形紛亂。

猶有進者。近年以來，世界各國人口普查之法，漸爲國內學者專家所注意，往往獲得地方行政長官之協助，舉行一縣或更小區域之試查：或就保甲戶口編查原有各項章則表式，酌採戶口普查之原則，加以可能之修正，以期戶口統計結果之完整：或另訂各項章則表式，利用原有保甲組織與人員，而爲戶口普查方法之試驗。前者爲強使保甲戶口編查爲戶口普查之用，後者爲利用保甲組織而作詳確之調查，非獨不足以廣推行，而保甲戶口編查之主旨反爲之所淆混亂：戶口行政遂因戶口普查觀念之闖入而愈形紊亂。

今日之論者，係言清戶口與戶籍爲實施新縣制之首要工作，而不知所謂戶口之對象爲何，戶籍之意義安在，更無論其具體辦法，戶口行政之紊亂於斯已極！

註一：滿清以來，戶籍廢弛，戶口調查，寓諸保甲，光緒末年，保甲既廢，警察代興，巡警部先有清查戶口條規，專施於京城內外。光緒三十四年，籌備立憲，推行地方自治，由民政部會同憲政編查館擬訂清查戶口條例，規定戶口調查事項頒行全國，并爲推行戶籍法之準備，故除戶數口數之調查統計外，仍注重門牌（按戶門牌）之編定，與生死婚嫁及遷徙來往等動態之登記。尋其內容，除一部份登記事項，如曾受刑事處分，無居住處所及多人雜居等）已屬警察清查戶口性質者外，其調查工作則由地方警察人員担任或協助辦理。而各級監督人員仍多由警察官吏充任。一般戶口調查既手於警察人員，而警察之戶口調查亦常含有辦理戶籍人事登記與國勢戶口統計之雙重意義，實以此爲濫觴矣。其後民國成立，前北京內務部頒行之警察戶口調查規則暨警察廳戶口調查規則，即由戶口調查清查規則蛻變而來，目的範圍，均與現時警察戶口調查之影響亦大。民國十七年及十八年先後頒行之戶口調查統計規則暨戶籍法及人事登記暫行條例實爲上述兩項規則之補充，原以爲推進地方自治調查戶口實數爲目的，而爲施行戶籍法作更進一步之準備，然其內容規定多從警察清查戶口之事。其後地方自治無形停頓，前項規則條例亦無法實施，然其影響所及，則爲較有訓練之警察人員所奉行，致成今日警察戶口調查之畸形現象。至所謂施行戶籍法之籌備，其在進行方面，原籍未能發揮其效能，而於法律方面，則嗣後頒行關於戶口調查之規章條例，以戶口對象普查之明確之定義，其內容與原頒訂之戶籍法實非有銜接一貫之處。此等空泛無稽之準備主義又豈爲吾人所當審察者也。

註二：見吳頌鎮著民國二十四年鄒平實驗縣戶口調查報告（中華），鄒平二年來之戶籍行政及其統計，山東鄉村建設研究院二十六年）。

註三：見江寧自治實驗縣二十二年戶口調查報告，蘭谿實驗縣戶籍及人事登記（廿五年四月），國民政府主計處統計局參照四川省保甲戶口編查報告書（二十七年未刊稿）。

乙。戶口普查與戶口行政之調整

按統計法及統計法施行細則之規定，戶口普查在中央係屬國民政主計處主管範圍。主計處自民國二十年成立之初，於致力於編製全國統計總報告之餘，并注意戶口普查方法之研究，介紹世界各國人口普查之制度及其實施辦法，於是戶口普查之法漸爲國人所注視。民國二十二年，軍事委員會國防設計委員會假江蘇省句容縣試辦人口農業總調查，其所採之戶口對象，頗含有本籍戶口之意味 註一，但欠明確之定義，與各國之人口普查未可盡相比擬，然大體係倣照各國普查方法舉辦之純粹調查統計工作，所有調查表除供編製統計報告外，不作別用。當時係利用原有自治自衞組織人員從事調查工作，而不視爲戶口行政之經常人員。同年江寧自治實驗縣舉行人口總調查，大體亦採戶口普查之方式，但其戶口對象則參酌當時通行之戶口調查，保甲戶口編查及句容縣調查之規定，仍欠明確之定義 註二，惟其調查所用表冊則同時充作簡易戶籍及繼續辦理人事登記之用，以樹立戶口行政之經常機構，此與句容縣調查重要不同之處也。句容縣調查，其後（民國二十四年起）即爲編練省舉辦分縣人口農業普查之藍本，江寧縣調查，其後（民國二十三年，二十四年，二十五年）即爲蘭谿實驗縣所倣效 註三，然均未能推廣。鄒平縣於民國二十四年舉辦普查式之戶口調查，并繼續辦理戶籍及人事登記，其戶口對象則遵照戶籍法本籍與寄籍 註四之規定，其方法亦較爲周密。此外河北定縣亦曾於民國二十三年舉辦人口總調查。要皆僅具戶口普查之規模，而其戶口對象則多受當時戶籍或一般戶口調查與保甲編查戶口之影響，或覺之明確合理之規定。其可注意者則爲鄒平江寧蘭谿等縣之接辦人事登記也。國立清華大學國情普查研究所於民國二十八年在雲南呈貢縣舉行人口普查試查，實爲我國倣效歐美各國舉行近代式科學的人口普查之代表，并確定以常住人口爲對象，而予以明確之定義 註五。至各市縣之警察清查戶口或編整保甲戶口，亦往往舉行不定期之總復查，蓋略具普查之雛形，而普查之實質猶多未備；如是戶口普查之效能未彰，而普查觀念之誤解復滋戶口行政之紛亂。

民國二十六年，主計處着手籌辦全國戶口普查，其時中央地方自治計劃委員會正從事於地方自治綱領草案之制定，深感戶口行政爲地方自治之基礎，而現狀之錯節紛歧尤非「清戶口」「辦戶籍」等概括名稱所能盡其事，於是召集有關專家從事研討，乃於原草中增訂「戶口之部」一章，於是年六月提經中央政治委員會第四十八次會議決定：「交地方自治綱領等審查會併案審查」，經依審查意見交國民政府發交有關係之主管機關分別參酌規劃，切實施行。茲附列原文如下：

地方自治綱領戶口之部

（一）方針：以確知全市縣戶口之數目分配結構戶籍身分及其變動情形爲目的。

(二)範圍：

(1)戶口普查

(2)戶籍及人事登記

(三)辦法：

(1)戶口普查之組織，人員之訓練，及其進行之步驟，應依中央制定之國勢普查法規辦理。以國民政府主計處為最高監督及指導機關。

(2)戶籍與人事登記之組織，人員之訓練，及其進行之步驟，應依中央制定之戶籍法規辦理。以內政部為最高監督及指導機關。

(四)程序：

(1)各縣市政府應先辦戶口普查，以便編造靜態統計，并為第一次戶籍登記之根據。其已辦戶籍登記者仍應舉辦普查一次。

(2)各縣市政府已為前款之普查後，應即繼辦戶籍與人事登記，并按期編造動態統計。

(3)在省政府舉辦全省戶口普查時，凡縣市尚未舉辦第1款事項者，即以省政府所辦之普查代之。

(4)在中央政府舉辦第一次全國戶口普查時，凡省市縣尚未舉辦第1款或第3款之事項者，即以中央所辦之普查代之。

(5)各縣市已辦第1款及第2款之事項者，嗣後所有戶口普查統由中央定期舉辦之。

(6)一省已辦竣戶口普查後，其所屬各縣市應一律舉辦第2款所列事項。中央已辦竣第一次全國戶口普查後，所有全國各縣市應一律舉辦該款所列事項。

(五)經費：

(1)各縣市單獨舉辦戶口普查時，其經費以自籌為原則，但中央或省得酌予補助。

(2)各省市單獨舉辦戶口普查時，其經費以自籌為原則，但中央得酌予補助。

(3)中央政府辦理全國戶口普查時，其整理經費統由中央籌措，但調查經費應由各省市縣協助。

(4)各市縣辦理戶籍與人事登記及編造統計所需經費均由各該市縣自行籌措。

(5)前款統計應送中央集中整理彙編，其整理經費由中央籌措。

前項方案在確定戶口行政之範圍，及「戶口普查」與「戶籍與人事登記」之區別與聯繫，會於調整戶口行政之原則頗多指示。惟當時保甲戶口編查業已盛行，該方案未能予以考慮，殊爲缺憾。該方案頒發未久，旋以中日戰事爆發，政府西遷，未及引起各方之注意。然中央注重戶口普查與調整戶口行政之初衷於此可以概見。

民國二十七年十二月， 蔣委員長曾電行政院略以：「川黔康三省之戶口調查保甲組織，應由中央嚴加督促，切實施行，並助其完成」，爰於二十八年×××行政計劃內政部份(丙)項，列有「戶口調查」一項，其規定如下：「(一)制定編查戶口辦法，以憑編整保甲，辦理兵役，籌備地方自治及其他戰時行政之需要；(二)西南及西北各省戶口編查分兩期完成，川黔兩省於二十八年底完成，其他各省於二十九年內完成」，乃由內政部先行擬具川黔兩省戶口調查實施方案，呈請行政院核定。又以各省編整保甲事宜與戶口編查至爲密切，如能同時辦理，自可互收事半功倍之效，故該方案對於整理川黔兩省保甲，亦擬同時依照整理川黔兩省各縣保甲方案辦理，以謀改進，使與戶口編查工作切實聯繫。查該項實施方案所訂原則有四：(一)採取戶籍法規之精神，以適應一般之需要；(二)利用原有保甲及警察組織，以確立戶籍行政之系統；(三)注意立法之技術及編查之程序，以利戶籍之稽考及戶口統計之編製；(四)同時整理保甲，一以促進保甲組織之健全與應用之靈活，一以便利戶口編查工作之推進。其進行步驟有六：(一)設立編查戶口整理保甲委員會，(二)派員考查各省戶口調查實際情形，(三)製訂戶口編查具體辦法，(四)指定戶口編查負責人員，(五)訓練戶口編查人員，(六)舉辦全省總編查，並繼續辦理人事或戶口異動登記。上述步驟對於調整戶口行政最有關係者，厥爲其中(三)(六)兩段，茲節錄原文如下：

節錄內政部擬訂川黔兩省戶口調查實施方案

(上略)

(3)製訂戶口編查具體辦法　考查完畢後，應根據考查結果及現時行政上之需要，製訂編查戶口及整理保甲各項具體辦法，以利施行。其戶口編查部份，牽涉既廣，改革亦多，尤宜審察周詳，縝密釐定，庶免鑿枘不入之譏，茲分基本章則及實施方案兩項敍述如次：

(甲)戶口編查基本章則及表式簿冊　採取戶籍法規之精神，及現時各省一般狀況，製訂各省戶口編查暫行辦法，此項辦法應注重基本法則之決定，務使其能通行於各省。所有各項表式簿冊，其一部份應爲基本戶口册籍，爲一切政令實施之合法根據：其另一部份則爲適用於保甲及警察之各項補助册籍。此項基本章則表册之釐訂，應切實注意法理之分析與技術之運用，務使其合法而切於實際。

(乙)各省戶口編查實施方案　戶口編查工作之進行，關係各省地方行政機構及其他特殊情形者甚多，在基本章則中無從加以詳細之規定。然若將基本章則遞交各省施行，又難免計劃不周，辦理失宜，致喪失編查之本意。故仍應由本部根據考查之結果，參酌地方之意見，分別製訂各省實施方案，以資遵守，而利施行。各省因特殊之需要，於與基本章則及表册不相衝突之範圍內，不妨增訂補充章則及表册，但仍須於實施方案內預先明白規定，以資考核。

(中略)

(6)舉辦全省總編查並繼續辦理人事或戶口異動登記　各省戶口總編查，除有特殊情形外，宜全省各縣同時舉行，並限期辦理完竣，繼續辦理人事或戶口異動登記，其辦法如次：

(甲)於各省省政府內設立辦理戶口編查之專門組織，其職員由省政府調派現職人員充任之，並由本部派員指導。全省戶口編查統計工作全部完成後，此項專門組織即行撤銷，以後經常事務，其行政部份歸民政廳掌理，其統計部份歸秘書處(統計室)掌理。

(乙)於各縣縣政府內設立辦理此項戶口編查之專門組織，其職員由縣政府調派現職人員充任之，並受戶口編查指導員之指導。全縣戶口編查統計工作完成後，此項專門組織即行撤銷，以後經常事務，其行政及統計工作，分由各主管人員掌理。

(丙)各縣戶口編查指導員，應巡迴縣境內各戶口編查區，指導編查及人事或戶口異動登記工作。各縣戶口總編查辦理完竣，并已繼續辦理人事或戶口異動登記(同時保甲亦編整完畢)，各該縣戶口編查員責任即行終了。

(丁)各戶口編查區編查主任，應秉自領導并監察轄區內保甲及警察人員辦理戶口總編查及人事或戶口異動登記事宜。編查員協助編查主任辦理各項事宜。編查主任及編查員均為辦理戶口編查及登記經常工作人員。

(下略)

此項實施方案於二十八年八月經提出行政院第四二五次會議決定：「……暫從緩議，各縣於實施新縣制時，如有編查戶口之必要，其辦法交縣政計劃委員會另擬」，遂暫告停頓。

前項方案係就內政部主管立場，以戶籍及人事登記爲戶口行政之主體，採用戶口總編查之方式，以完成簡易戶籍之首次總登記，并利用保甲與警察組織，以維持戶籍行政之綿續，其於戶口統計之編製與適應保甲警察之需要，僅祇爲附帶之功用。關於戶口行政之範圍及其各部份之區分與聯繫，尚無明白之叙述，未可視爲全部戶口行政通盤之調整，然內政當局深感戶口行政現狀之紛亂，而力謀有以整飭劃一之道，固爲吾人所當欽佩者也。

民國二十六年冬，國府西遷，主計處對於籌辦全國戶口普查事宜仍繼續進行，以鑒於戶口行政現狀之紛亂，未敢率爾從事，爰從設審工作入手，於二十七年春分派統計局人員前往川雲貴三省考察保甲戶口編查實況，加以研討，決定容納戶口普查方法於保甲戶口編查之中，將後者之查記內容與方法予以合理之糾正，然後採總匯查之方式，以求得普查所應得之統計結果，如是在保甲方面可免騈複查記之苦，而戶口普查即賴保甲制度以推行。本此宗旨，并先後於四川合川沙溪鎮及三峽實驗區舉行試查，結果尚稱圓滿。惟主計處所及試驗者，僅爲如何安排一套表式與辦法以獲得普查之結果，同時并適合保甲戶口編查之用，至如何實際推行，則仍須藉其他政府機關之通力協作。此主計處於籌辦全國戶口普查之餘，而深感戶口行政有通盤調整之必要也。

民國二十八年，行政院縣政計劃委員會鑒於戶口行政有通盤籌劃加以調整之必要，特邀集有關專家於會內成立戶口組，以負荷此重大之使命。二十九年春間，由吳委員大鈞根據近年主計處統計局籌辦全國戶口普查之經驗與理想，重加縝密之考慮，擬具戶口行政總方案，提出討論。該方案首將我國戶口普查，戶口調查，戶籍與人事登記，保甲戶口編查四種戶口行政之性質目的與範圍，加以分析，繼將人口靜態普查及動態調查之系統與辦理程序，加以明白之規定，使能分工合作，切實聯繫，茲錄其原文如下：

節錄戶口行政總方案

吾國政府關於戶口行政有四種法規，由四種行政組織分司其事，各有單獨之目的與範圍。惜施行以來，鮮有成效。良因辦理者對於法規之本旨，所負之使命，以及名詞之定義與工作之程序等，未能明切辨明，致使重複紛歧。不獨人民徒感其煩，而政府亦難收其效。

所謂四種行政者：曰「戶口普查」，見統計法。曰「戶口調查」，見戶口調查統計報告規則。曰「戶籍與人事登記」，見戶籍法。曰「保甲戶口編查」，見編查保甲戶口條例。四者皆關於戶口查記之範圍。因之一般人之心理要為紛繁重複，每欲化簡合併，而未能辨別四者之特質與先後之統系，茲分述之於次：

戶口普查者為戶口之靜態的普查。其目的在獲得一地域內某時期戶口之總數，并研究戶之構成與口之本質，以供一切設施之根據。其範圍包括經濟組合，與事業組合之戶，以及戶內常時久住，與臨時寄居之親屬與非親屬人口。司普查者為統計人員。

戶口調查注重戶口之動態的調查。其目的在登記一地戶口隨時之增減變異，移轉遷徙。并注意其特殊行動以供維持治安，與地方秩序之查考。其範圍包括各種組合之戶與實際常在之口。司調查者為警察或保衞團人員。

戶籍與人事登記者為戶口之身分的登記。其目的在證實各人在一家中與一國內之法律地位，從而確定其權利與義務。其範圍限於家屬組合之戶與以永久共同生活為目的而同居之家屬人口。司登記者為戶籍人員。

保甲戶口編查者為戶口清查編組。其目的在推定戶長，組甲編保，加盟規約，連坐切結，互相監視，隨時報告戶內人口異動與奸人潛入等情形，并組織壯丁，協助救火禦匪等自衞工作，公推代表實行參議與自治等行為。其範圍為同居之戶與戶內親屬非親屬雜居及僱傭之人口。其戶長得由一家或數家人口協定之。司編查者為編查委員（當地士紳）與保甲人員。

更詳言之，統計法所規定之戶口普查，其作用為基本事實與數字之取得，其範圍最廣，內容最詳，為每隔五年或十年方始舉行一次。戶口調查規則所規定之戶口調查，其作用為治安之維持，隨時注意戶口之異動與增減情形，而不拘於全部總數之取得。因初次調查既無劃定之標準時刻，事後遇有變動，隨即查記，自不能為正確之總計。至於各個人口之本質，亦欲知其大略，例如職業一項僅計其有無，教育程度更不甚計較。反之對於行為不正，與形跡可疑之人口，則注視惟謹。此就治安方面言之，亦不無理由。戶籍法所規定之戶籍與人事登記，其作用為法律地位之確定。由當事人隨時聲請登記，所得統計，僅限於登記者與注銷者之差額，甚難代表劃時期之總數。况每人於本籍之外，得設寄籍，且兩處可為同時之登記，但亦未必能為同時之登記。其登記範圍則僅限於家屬人口之身分而已。編查保甲戶口條例所規定之戶口編查，其作用為自衞與自治之組織。初次編查既無劃定標準時刻，編查之後，每隔若干時期加以整理，旨在產生戶長與保甲長，對於戶內人口之本質，除壯丁之外，并不重視。

基本概念　戶口普查與戶口行政之調查　一二

	性質	目的	範圍	主辦者
戶口普查	注重戶口之靜態	在獲得一地域內劃時期之戶口總數并研究戶之構成與口之本質以供一切設施之根據	經濟與事業組合之戶與常時久住及臨時寄居之親屬與非親屬人口	統計人員
戶口調查	注重戶口之動態	在發現一地戶口增減與異動之情形注意特殊行動以供維持治安與地方秩序之查考	各種組合之戶與實際常在之親屬與非親屬人口	警察或保衛團人員
戶籍人事登記	注重戶口之身分	在辨實各人在一家中與一國內之法律地位從而確定其權利與義務	家屬組合之戶與以共同生活為目的而同居之家屬人口	戶籍人員
保甲戶口編查	注重戶口之編組	在推定戶長組甲編保加盟規約連坐切結互相監視隨時報告人口變動之情形組織壯丁協助救災緝匪等自衛工作公推代表實行參議等自治行為	同居組合之戶（數戶得協定一戶長）與親屬非親屬雜居及僱傭之人口	編查委員（地方紳士）及保甲人員

綜觀四種戶口查記之性質目的與範圍，各不相同，若僅舉辦一種以代其餘，則方鑿圓枘，勢難假借。但若四種同時舉辦，各不相謀，均直接向人民查記，則重複抵觸，不勝其煩。解決之法，在能融會貫通，統籌兼顧，須循下列原則為之：

一，各主管機關應相互體察四種查記之特殊作用與範圍，使各能使行職權，獲得所需之資料，以完成其使命。

二，確定四種查記之聯繫與先後之程序，利用一種基本之記載，供給其他各種行政上之轉錄與應用，凡可不直接取之於民者，勿向人民查記，以免紛擾。

三，表冊之格式應力求簡單，凡可通用者則通用之，但其內容必須顧及各方之需要。

四，縣以下之行政組織多甚簡單，故祇能責令為事實之查記，與簡單之彙報，至於統計分析，應儘量集中於省政府編製後，由省頒發各縣應用，藉收人才經濟，方法統一與結果正確之效。

循此原則，可將四種戶口查記所應用之表冊格式，統一之而成兩套：一為「戶口編定冊」與「戶口異動冊」，一為「戶籍登記簿」與「人事登記簿」。前者為原始之記載，後者為轉錄之記載，有如會計制度中之序時帳簿與分類帳簿。

一切戶口之初次查記均應從戶口普查入手，根據普查結果，編定保甲，即將普查表裝訂而成「戶口編定冊」，再察閱冊中有關戶籍身份事項，通知或代替家長或義務聲請人填具設籍登記聲請書，以便登入「戶籍登記簿」。戶口普查與保甲編定之後，即開始為戶口異動之調查，隨時將有關異動之事實記入「戶口異動冊」。遇有關係身份之變異事項，通知或代替家長或義務聲請人填具人事登記聲請書，以便登入「人事登記簿」，並於「戶籍登記簿」中為必要之變更登記。如此庶為戶口行政之合理的系統與程序。由創辦時期之靜態普查產生保甲編組與設籍登記，由隨時之異動查報產生保甲整理與戶籍人事登記（參閱附圖）。

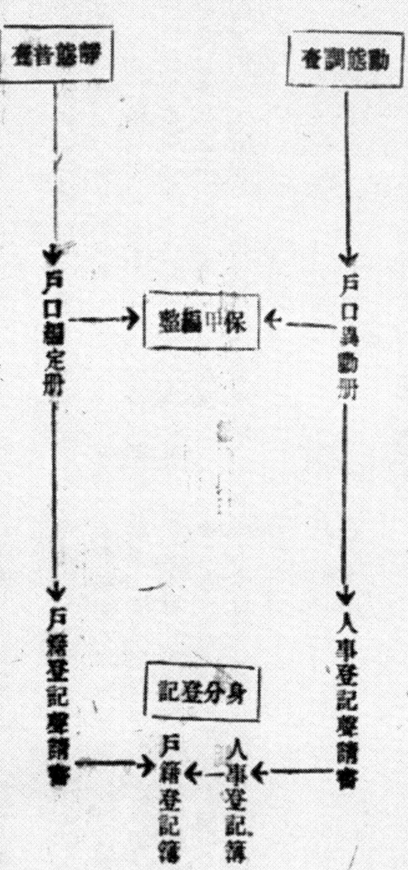

戶口普查應由省縣統計人員督導鄉鎮長保甲長與臨時派定之普查員辦理之。普查完畢時，將普查表格加抄謄本二份，裝訂而成「戶口編定册」三份，以一份留保長辦公處（或同級警所），一份留鄉鎮公所，其原始一份則於統計人員過錄統計卡片後，留縣政府備查。統計卡片由省或市縣統計機關分類計算，編爲「戶口普查統計」，呈送上級政府，並發交所屬應用。

保甲編組應由地方行政人員辦理。舉凡設定戶主，組甲編保，均應根據戶口普查之結果爲之。

戶口異動查報，在有警察地方應由警察爲之。無警察地方由鄉鎮長督導保甲長爲之。責成甲長不斷的留意甲內各戶人口之增減變異，隨時報告保長或警員登入「戶口異動册」，并填具「戶口異動報告表」，呈送鄉鎮公所登入鄉鎮戶口異動册後，將原表轉呈縣市政府。縣市政府將收到之鄉保戶口異動報告表按月裝訂成册，送呈省政府，由省統計機關過錄統計卡片後，發還縣市政府存查，一方面將統計卡片分別剔除計算，編爲「戶口異動統計」，呈送中央，並發交各縣市鄉鎮應用。

戶籍與人事登記，應由鄉鎮長督導戶籍人員及保長或警員辦理之。當甲長將戶口增減與變異情形報告保長或警員登入「戶口異動册」之際，遇有關於身分事項，保長或警員應通知或代替家長或義務聲請人塡寫登記聲請書，送請鄉鎮公所登記。鄉鎮戶籍人員於登入「戶籍或人事登記簿」後，將原聲請書發交保長或警員，按號存查。一面塡具鄉鎮戶籍與人事登記報告表，呈送縣市政府登入登記簿副本後，將原表呈送省政府，由省統計機關過錄統計卡片，分類剔除計算編爲戶籍與人事統計，呈送中央，幷發交縣市應用。統計卡片於統計之後，幷可分類列存，備供隨時檢查之用。

玆照上述手續，將全國戶口行政擬成一整個方案，並擬訂下列法規與表册格式草案，期能順利推行，以奠立地方自衞自治與建設之基礎。

法規草案

戶口普查條例

戶口異動查報條例

戶籍法施行細則

表册草式

戶口普查表
戶口編定册
（同一式）

戶口異動證
戶口異動報告表
戶口異動册
（同一式）

戶籍人事登記聲請書
戶籍登記簿
人事登記簿
戶籍人事登記報告表
（同一式）

縣政計劃委員會戶口組，在討論前項戶口行政總方案以前，曾奉行政院交付審查內政部第二次擬訂之戶籍法施行細則草案，以原案所付表格將戶口行政其他各部份應行查記事項混合規定，大有研究餘地，陳組長長衡主張分別制定「戶籍法施行細則」，「縣各級組織清查或普查戶口條例」，「常居或旅居戶口異動查報條例」及「保甲編整辦法」，一方面避免各戶口法規內容之重複，一方面力求確定各戶口法規之互相聯繫，幷提出縣各級組織清查戶口條例草案，以資研討。又在修正戶籍法施行細則草案審查過程中，曾徵得本組許委員世瑾胡委員次威陳委員達吳委員大鈞陳委員念中等書面意見，由陳組長就原草案加以初步整理，提出整理案，以備審查，嗣因前項戶口行政總方案規劃尤爲詳備，爰將該案作爲討論根據，并將修正戶籍法施行細則草案整理案等合併審查，反覆研討，不厭其詳。經審查結果，將前項戶口行政總方案所附各項法規草案（戶籍法施行細則草案除外）與表冊草式分別修正通過，并將修正戶籍法施行細則草案，參酌前項總方案所附戶籍法施行細則草案修正通過，陳組長與吳委員大鈞，對於法制組提出之保甲編整辦法，并擬有補充修正意見。所有經過情形與審查結果連同理由說明經繕具報告呈會核辦，經會審查，擬具理由說明，由第十五次委員會議決「修正通過」，呈送行政院核定。茲節錄其審查說明及原呈之主要部份如下：

節錄審查說明

（七略）戶口普查當然以全國同時舉辦爲最合理想之統計計劃，但各種客觀條件，如人材經費治安交通等，尚不備具，因全國戶口普查當分期辦理，所以依據 總理遺教及統計法，在中央未舉辦全國戶口普查之先，一省區或一縣市亦應舉辦戶口普查，即爲此故。至於動態戶口查報大致又可分爲兩部份，一爲比較有永久性之戶籍及人事登記，一爲比較有臨時性之戶口異動查報，前者注重法律人口之變動，後者注重現實人口之變動，換言之，即戶籍及人事登記係就本籍及寄籍戶口之變動而爲登記，戶口異動查報則就暫居或寄居人口之變動而爲查報，戶籍及人事登記注重在說明一縣市內每一自然家庭及其同居家屬之籍貫與身份變更，用以確定其在公法上與私法上之權利義務，并供國家經常政治設施之參考。戶口異動查報則重在說明一地戶口之隨時變易增減，遷徙往來，以供維持公安，防範奸匪及辦理緊急衞生救濟之參考。 總理遺教對於此兩種動態戶口查報亦主張應分別辦理，故同盟會革命方略中之略地規則第六條規定，每縣設安民局，其事務之急要者如下：（乙）項爲「編門牌循街之方向，由東至西，由北至南，按門發牌，左單右雙，每街分左右，統計其戶數」；又（丙）項爲「付通行照，每戶發通行照一紙，每紙止許一人執用來往，夜出者必攜燈，其執某戶之照出街，犯事爲該戶是問」；又（庚）項爲「詰奸宄，如查有爲敵軍作奸細，及防害我軍之行爲者，捕獲送軍前究辦，查有強盜匪徒擾害居民者，捕獲之後，重則送於軍前，輕則由局究辦」。凡此均係有關臨時戶口異動之查報。至於「中華革命黨革命方略」中，第四章內政部第十一條規定「法務司民事司掌理（四）關於戶籍事項」，又第十一章總督府第十二條規定「地方科民政股掌管（三）關於民籍人口事項」，又第十五章縣知事署第六條亦規定「第一科掌管（六）戶籍冊之調製保存」。凡此均係有關戶籍及人事之登記。惟同條規定「第四科掌管（四）關於密偵事項，（六）關於捕盜事項，（七）關於警衞事項，（九）關於編列戶號，調查人口及出生死亡之登記事項，（十）關於舖店居民移轉遷徙，及人民出入往來之取締調查事項」。是又爲關於戶口特殊異動應歸警察掌管之依據。可見上述兩種戶口動態查報雖性質各殊，往往相需爲用，此兩種動態查報均可每年造册注明變更，以濟戶口靜態戶口編定册之窮。

由上所述，我國關於戶口行政之研究應如何辦理，大致當可明瞭：即關於戶口之靜態方面，應舉辦一縣市，一省區，乃至於全國戶口普查，其程序宜由小而大，由簡而繁，由局部而全部，當更易收實效。且此種戶口普查將來當由不定期的而變爲定期的，庶使對於人口消長及增加速率可作定期的比較研究。關於戶口之動態方面，則應實施有經常性質之戶籍及人事登記與舉辦有臨時性質之戶口異動查報。在目前此兩種動態查報宜同時并重，不可偏廢，在將來政治修明人文并進之後，則應更爲重視戶籍及人事登記，至於戶口異動查報當逐漸縮小範圍，而減少其重要性。我國戶籍法之制定，其主要目的之一爲適應軍事方面之需要，因徵兵須注重人民之籍貫，人民應以在本籍地服兵役爲原則，然後便於編制訓練與動員復員，故遠在民國十八九年軍政部即一再呈請行政院咨立法院從速制定戶籍法，以便準備推行徵兵制度，不過戶籍法之用途，不僅有利徵兵，即如行使四權，征稅，征工，普及教育，實行地方自治自衞，辦理公共衞生及舉行分區考試等，皆有賴於戶籍之確定及人事登記之完善，實屬毫無疑義。惟徵諸實際，則現時對於戶口普查僅在統計法中規定有簡略條文，尚未制定具體戶口普查條例，以利實施，又戶籍法雖遠在民國二十年上經制定公布，其施行細則亦於民國二十三年，由內政部公布，但各省迄未奉行，故內政部最近始擬訂修正戶籍法施行細則草案，呈奉 鈞院，發交本會審議具復，以憑核定。內政當局并一再口頭表示有施行戶籍法之決心，并明白承認其重要性，尤足欽佩。至於內政部公布已久之戶口調查統計報告規則，與軍事委員會在剿匪時間公布之編查保甲戶口條例，或因仿前清舊制，或係爲適應特殊需要，非獨內容不盡善，而且未能與其他戶口法規取得適當聯繫，頗有一併從新釐訂之必要。內政部原擬修正戶籍法施行細則草案中亦有一條，擬將戶口調查統計報告規則予以廢止，故本會奉令審查內政部擬訂之修正戶籍法施行細則草案時，竊謂宜將各種戶口法規作全部之檢討，應修正者即予修正，應增訂者即予增訂，應歸併者即予歸併，討論結果，僉爲左列之決議：

（一）將有關戶口行政之法規，就其性質目的與範圍，分別訂定爲三種，即（1）根據統計法訂定戶口普查條例草案，（2）根據戶籍法增訂戶籍法施行細則草案，（3）關於短期戶口異動，則另訂戶口異動查報條例草案，俾完成全部戶口行政法規系統，以利實施。

（二）前項各戶口法規所用表册之格式應力求簡單，并使互相聯繫，凡可適用者則適用之，以期減少直接向人民調查登記或令人民呈報之次數，而免紛擾。惟表册所記載之內容仍充分顧及各方面之需要。

(三)上述三種戶口調查登記辦理之順序在原則上雖應先辦戶口普查，繼辦戶口異動查報與戶籍及人事登記，但此種順序仍具有彈性，并非絕對不可變更，故先辦任何一種戶口異動查報與戶籍人事登記，續辦戶口普查，亦未始不可。惟在地方人力財力及其他情形所能許可範圍以內，自應循序辦理以昭劃一。

(四)縣以下之各級組織多甚簡單，故僅責令為事實之調查登記與簡單之彙報，至於統計分析應儘量集中於省，由省政府編成統計後，一面呈送中央，一面發交各縣，冀收人才經濟方法統一與結果正確之效。

(五)自縣各級組織綱要頒行後，保甲已為鄉鎮以內普遍應有之編制，故已由本會法制組另行擬訂保甲編整辦法草案，經本會修正通過，先行呈核，現擬採納戶口組之補充修正意見，將各該草案中有關戶口之普查，戶籍及人事登記，與戶口異動查報之條文，一律刪去，以明系統，而免重復，并依 總理遺教將門牌之性質予以變更，以期簡便易行。

本會根據上述各項決議，將內政部原擬修正戶籍法施行細則草案，逐條討論，分別增删，修改為二十二條，并將原擬表册格式完全修正，計分戶籍及人事登記聲請書，戶籍登記簿，人事登記簿，與戶籍及人事登記報告表，戶籍及人事統計表五種，并另行擬訂戶口普查條例草案二十二條，連同戶口普查表與戶口編定册兩種，又另行擬定戶口異動查報條例草案，連同戶口異動證戶口異動報告表與戶口異動册三種，謹此說明。

節錄原呈

(上略)查戶口行政關係綦鉅，……認為應將戶口法規全部加以檢討，以免紛歧重複而利施行。……并同時擬訂戶口普查條例草案，附戶口普查表，戶口編定册兩種，及戶口異動查報條例草案，附戶口異動證戶口異動報告表戶口異動册三種，均經提交本會第十五次委員會議決議：「修條通過」紀錄在卷。又本會以前呈送之保甲編整辦法草案，內有與戶口普查，戶籍及人事登記，戶口異動查報等有關之條文，如戶籍法與保甲編整辦法能同時付之實施，則擬請將以上所列有關各條文，一律刪去，以明系統而免重複，并將門牌之性質，予以變更，以期簡便易行。

該案經呈送行政院交付審查後，以案涉過廣，尚無具體之決定，但各主管機關人員經此次交換意見後，對於整個戶口行政之觀念，益見明確，爰由主計處起草戶口普查條例，送經立法院修正通過，呈請國民政府於三十年二月十三日公布施行。內政部並重行擬訂修正戶籍法施行細則呈由行政院核定後，於三十年七月呈經國民政府備案，發交該部頒發施行。前項條例細則均係依照戶口行政總方案之旨趣，分別制訂。關於縣各級組織綱要第五十八條所規定之保甲戶口編查，內政部最近並製訂編查保甲戶口辦法，呈經行政院核定施行，惟該項辦法之製訂係在本方案之先，似未盡與戶口普查條例取得密切之聯繫。又現行之市生死統計規則應如何容納於戶口異動與人事登記之中，並應如何與戶籍統計及戶口普查結果相輔爲用，以發揮統計上合法之功效，尤爲吾人目前急待改正與解決之問題：前者應於本方案內決定一明確之方針，後者應繼本方案而共謀一解決之途徑也。

註一：見參謀本部國防設計委員會參考資料第四號試辦句容縣人口農業總調查報告。戶之定義爲「凡同居共食，共同負担生活費用的一家人，都是一戶」。戶中的人口，除戶主外，分爲三類：（甲）戶主之家屬（包括暫時在外未成家者），（乙）非家屬無家可歸同居者，（丙）暫時客居者。統計時以（甲）（乙）兩類爲主。其意似卽以長期或永久同居之戶口爲對象，與各國戶口普查所謂之常住人口有別。

註二：見二十二年江寧自治實驗縣戶口調查報告。戶之定義與句容縣調查同。戶中人口分爲三類：（一）住籍指在家裏過夜的，（二）寄居指在他處有職業住所，不常在家裏的人口，（三）他往指離家他往而有一定時期者。并以（一）（二）之和爲常住人口。

註三：見蘭谿實驗縣戶口統計及分析（二十五年九月）。統計人口對象，一爲常住人口，等於在家人口加他往人口，一爲現住人口，等於在家人口加客居人口。

註四：見民國二十四年鄒平實驗縣戶口調查報告。人口對象以法定人口爲主（卽以在法律上保有本地戶籍之戶口爲主），以調查時在調查地之人口爲輔。戶中人口爲戶主，家屬，非家屬無家可歸同居者，非家屬有家可歸暫居者。并於調查表中另居住年數一欄，以爲制定本籍寄籍之標準。

註五：見雲南呈貢縣人口普查初步報告（國立清華大學國情普查研究所二十九年八月）。

丙・戶口普查之要旨及其在戶口行政上之地位

關於戶口普查之意義，及其與戶口行政其他各部門應如何聯繫之處，前文各節已略見其梗概，茲更申述於此，以明今後推行全國戶口普查之旨趣，而為戶口行政各主管機關互相了解通力合作之方針。

考歐西各國古代已有人口調查之事實，但其目的則多著賦稅與徵兵，儼如我國前代之戶口(籍)編審，故僅及於一部份之人口，尤不足以言科學之人口調查統計。中世紀以後，各國雖漸感全國人口統計之需要，但其人口總數常憑賦稅調查(或出生死亡登記)估計而得，倘無直接舉辦之人口調查統計，例如英國一三七七年之人口總數係根據人頭稅數目估計而來，法國於一三二八年舉辦爐灶調查後，即據以估計其全國人口總數，皆此類也。其後乃漸知採直接普遍調查之法，以窺知全國人口數目及其分配狀況，初無圓滿之結果。迨乎一七九〇年，美國因實行區域選舉，舉行第一次全國人口普查，始為歐美各國近代式全國人口普查之先驅。十八世紀以來，世界各國均相繼舉辦近代式之人口普查，每十年或五年舉行一次，對於普查方法亦經逐漸改進，蔚成今日之科學的人口靜態普查。統計法施行細則第十一條規定戶口普查為基本國勢調查之一部份者，當係指此項純粹以統計為目的之人口靜態普查而言。

由前所論，戶口普查可分兩部份工作：一為指定區域內全部戶口之普遍查記，一為該區域戶口總數或靜態統計之編製；後者為普查本身之目的，前者為完成普查目的之過程或手段。科學的戶口普查應避免戶口重複之計算，並須適合調查統計之一切原則，其必具之條件如左：

(1)普遍查記之劃一日期或標準時刻；

(2)戶口對象之確定(戶之定義；法定人口與事實人口標準之選定)；

(3)各項查記事項之明確定義，及其在普查表內之適當編製；

(4)查記與統計專門技術之運用。

主計處籌辦全國戶口普查之初，曾擬本戶口普查本身之目的，遙謀全國省市縣試辦與推行，但以鑒觀國內實情，旋即改變方針，而謀如何使戶口普查與現行戶口行政融會貫通齊頭並進之道。近年以來，經黨政各機關之共同研討，全國戶口行政之總調整乃略見端倪，而戶口普查在戶口行政中之地位漸以確立。約而言之，我國現時推行戶口普查之方針可分下列三端：

(1)運用戶口普查之科學的查記，供給有關戶口靜態之一切客觀事實，以免歧複之查記，而為改進戶口編查與戶籍登記之張本，除直接爲編製戶口靜態統計之用外，並爲編定戶口總冊籍之依據；

(2)運用地方自治與保甲自衛組織爲辦理戶口普查查記工作之經常機構，使與戶口編查及戶籍登記齊頭並進，而謀人力物力之經濟與便利；

(3)除戶口編查與戶籍登記工作本身應用之必要統計外，所有關於戶口本身一般靜態統計之編製，均應屬於戶口普查之工作範圍，並集中於各級政府統計組織辦理，以謀統計效能之提高而減除前二者不必要之功能。

由上所述，戶口普查之在我國，除仍保存其編製戶口靜態統計之最終目的外，其方式已大爲改變，尤以查記部份爲然。吾人爲謀戶口普查在整個戶口行政中之運用，同時仍欲兼顧普查本身必具之條件者，實非一簡易之事，而以「戶口對象之確定」一點爲尤感困難。此層當於下文「戶口普查條例之要義」一節中更申論之，茲不多贅。至戶口普查與戶口編查及戶籍登記之聯繫辦法與程序，暨全國與分省分縣各級普查之關係，前述戶口行政總方案，地方自治綱領戶口之部及戶口普查條例第八條已有大體之規定，吾人今後當本此方針進行。惟戶口行政各項有關法規，除戶口普查條例及修正戶籍法施行細則均根據上述方針制定施行外，其他關於保甲戶口編查與警察戶口調查之法規，尚待分別修正制定，至於實際聯繫辦法，關係戶口普查及其他查記工作者，更爲繁細，尤須釐訂詳細方案，方可發揮戶口行政齊頭並進相得益彰之效能。凡此均尚待各有關機關共同之努力也。主計處此次舉辦四川省選縣戶口普查，除完成普查本身之統計目的外，仍應本此密切聯繫之方針，而爲吾人開闢共同努力之途徑，當於下文「選縣戶口普查之意義與任務」一節中更申述之。

論者每謂戶口普查當以全國爲對象，不應分省市縣舉辦，否則失普查之眞義，此殆爲形式之論。法國之全國人口普查至早不過開始於一八〇六或一八一六年，而其屬地奎白克（Quebec，1666—1760）之舉辦局部人口普查，已早在一六六五年。美國於一七九〇年舉辦第一次全國人口普查，而維基尼亞省（Virginia）則於一六二四年與一六三四年先後舉行兩次。蓋普查結果之應用當以區域愈廣而愈有價值，而普查工作之推行則利在以較小區域爲起點。衡諸我國國情，尤爲不易之理。

論者又有謂現時保甲戶口編查通行於各省市，按時編報戶口數字，差可敷用，如須充實補正，即可就原有編查辦法加以改進，毋須另辦戶口普查。由前之說，保甲戶口數字吾人尚難認爲合理敷用，由後之說，姑不論就原有編查辦法加以改進並非簡易之事，而吾人所殫精竭慮者實正向此方面加以努力也。吾人使普遍之靜態查記適合於科學的戶口普查之條件，而更利於編組保甲之用，爲說明此項普遍查記之性質及其調查統計之過程，實無法避免引用「戶口普查」一詞，幸論者不必望文而生畏也。

論者復有謂現時地方下層機構不健全，人民智識程度幼稚，現行之保甲編查戶口倘難期於正確，若更施之以繁重之戶口普查，徒為擾民傷財而已；此殆誤以為戶口普查為神秘不可思議之物。英國之於印度已早於一八八一年舉行人口普查，當時印度之地方下層機構與人民智識程度豈較勝於今日之我國乎！況目前推行戶口普查，不在加重調查之內容，而在運用現有保甲組織，以科學合理之方法，直接代替保甲之戶口編查，以同時完成戶口靜態統計與健全地方自衛與自治組織之任務，故視之為健全地方下層機構與增進人民智識程度之工具，亦無不可，而上級政府有無堅決之方針及領導之人員與適當之經費，實為重要之關鍵。

總而言之，吾人就調整全國戶口行政之立場觀之，則採科學的戶口普查之普遍查記方法為一切查記之基礎，實為目前急要之圖；就推行全國戶口靜態統計之立場觀之，則近代式之戶口普查必賴戶口行政之調整而急謀有以推進，以樹百年大計之業。矧當前政治經濟社會文化等事業之突飛猛進，其需要全國或較大區域之戶口普查者日益迫切，而戶口普查之內容勢將日漸擴充，決無永久囿於保甲編查戶口與警察調查戶口範圍之理，若不及早準備，則一旦需要孔急，即不免有臨渴掘井之感，此四川省選縣戶口普查之所以舉辦，而即為推行全國戶口普查之開端也。

丁・戶口普查條例之要義

民國二十一年十月，國民政府公佈統計法，二十三年四月明令自是年五月一日起施行，二十七年八月加以修正公佈，其第四條規定關於基本國勢調查事項，在中央由國民政府主計處，在地方由省政府或直隸於行政院之市政府主計機關分別辦理之。二十三年公佈二十七年十二月修正之統計法施行細則，其第十一條規定戶口普查爲基本國勢調查之部份。是爲以戶口靜態統計爲目的之近代式戶口普查之始見於我國法規者：十年以來，我國戶口行政陷於紊亂之狀態，迄無關於戶口普查單行法規之制定。三十年二月國民政府公佈戶口普查條例二十五條，即爲現時推行全國各省市縣戶口普查最高之母法，茲述其要義於後：

一、法規之體制

世界各國家之舉辦人口普查者大都曾制定單行法規，以資遵守，惟關於此項法規之體制，則各國不盡相同，約可分爲下列三種：

其一，係制定一種永久性的法規，以便每次舉辦戶口普查時皆能適用，藉免每次修改之煩，但其缺點則在法久即不切實際，不能應時勢之推移而謀方法之改進與內容之充實。曾採用此種體制者僅有奧地利一國。

其二，係於每次舉行人口普查之前，制定該次人口普查法規，其優點在能根據前一次辦理之經驗，謀後一次方法之改進，而其缺點則每因規定過多，常致失却前後普查結果之比較性。採用此種體制者爲德義蘇聯埃及等國。

其三，係制定一種關於人口普查之母法，其內容僅規定人口普查之綱領，於每次舉辦之前，再適應需要制定該次之施行辦法，頗能糾正前述二種體制之偏。採用之者有英美法比希荷瑞士日本等國。

我國現行之戶口普查條例僅及重要綱領與原則之規定，其第二十四條規定本條例施行細則由國民政府主計處制定者，目前尚不即予制定，在實際推行時，則另訂標準方案與指定區域之實施方案，以爲依據，視時勢之需要，隨時可有所改進，是有合於前述之第三種體制。惟戶口普查條例本身僅係一種「條例」，至正式戶口普查母法之制定當視吾人推行之經驗爲何如也。

二、立法之精神

現行戶口普查條例第一條規定「各級政府爲調查基本國勢，健全地方自衛與自治組織，奠定戶籍行政基礎，舉辦戶口普查，依本條例之規定」，即首先揭櫫該條例之基本精神。惟根據此項基本精神，則我國之戶口普查除於保持人口靜能統計之最終目的方面，其調查統計方法仍應與各國近代式人口普查相提並論外，其他關於普查工作實際推行方面，同時應顧及編組保甲與戶籍登記之需要與聯繫，因此現行戶口普查條例之內容即有其獨異之特點，爲各國人口普查所不具，茲擇其犖犖大者叙述於次。

三、戶之規定

各國舉辦人口普查，往往直接以人口爲對象，不甚注意由人口所集合之戶，其有注意戶之組合者，則多採「在同一主持人之下共同生活之個人」之定義，包括實際共同生活（一處膳宿）之一切個人，不以親屬之同居者爲限，所謂「經濟的戶」是也。我國歷代之戶口（籍）編審，其所稱之戶即指親屬同居，包括家奴婢妾（指長期賣身者而言，與僱用之僱傭不同）在內之「家」而言，現行修正戶籍法中所謂戶籍登記之「戶」亦即現行民法上所謂之「家」。按現行戶口普查條例第三條與第四條之規定，先將戶分爲普通戶營業戶與公共戶三類，視「共同生活」「共同營業」與「共同辦事」三種性質之不同，而爲區別，並確定各類戶內應包括之人口。其中除普通戶尚能適合各國人口普查中之「經濟的戶」，並與我國戶籍登記中所謂之「戶」較爲相近外，其餘關於營業戶與公共戶之規定，實已溢出各國人口普查之範圍，與戶籍登記中之「戶」更不能互相比擬。蓋其所以有此規定，實所以適應編查保甲戶口之需要，而謀所以代替編纂保甲中之清查戶口一節，亦即戶口行政總方案之精神之表現於法規者也。

各國舉辦人口普查，直接以人口爲對象，而間及於戶之組合，故習慣稱爲「人口普查(Census of Population)」，而不曰「戶口普查」。其普查之人口對象，質言之，即於有人住宿之處所，調查其中實際住宿之人口（土耳其於白日調查現在人口，與各國一般辦法略異），故於人口普查時常爲房屋之調查，而於戶之定義常採「共同生活」之「經濟的戶」之規定，蓋一處膳宿常爲「共同生活」之基本條件也。我國歷代之戶口（籍）編審及現行修正戶籍法中之戶籍登記，皆出發於「口繫於戶」之觀念，以戶長（家長）爲一戶（家）之代表，而使其在法律上所應統率之全戶人口定着於某一地點，所謂「籍」是也。歷代戶籍制度，人民戶籍一經審定以後，往往不容任意變更，故經商宦游之家，雖久徙他地，而原籍則仍屬於原定着地。現行修正戶籍法雖有「轉籍」之規定，而戶籍仍以民法上之「家」與其「住所」之所在地而定。故夫妻實際雖已別居，如未經正式離異，而仍以其夫之住所爲住所者，固無可反對也；子弟攜眷經商或作官在外，年久不歸，如未經正式申請「設籍」或「分居」登記，而仍以其父兄之戶籍爲戶籍者亦無可反對也。凡此種種皆足證明其爲法律上承認之戶，其觀念與各國人口普查中實際「共同生活」之戶頗不相同，但於實際應用時，實際「共同生活」之戶，同時或略經修正後，即可爲「戶籍登記」之戶者，猶佔全體戶口之極大多數也。至編查保甲戶口方面之戶，則又超出於實際共同生活之戶與戶籍登記之戶之外，而另有其特質，茲申述於後。

編組保甲清查戶口初以清鄉自衛爲目的，其方法多沿襲舊時保甲與警察調查戶口之成規，注重特殊之效用，而忽於一般之理解，故於戶之類別不厭其詳，而於戶之定義則乏明確之規定：在前有普通住戶寺廟戶公共戶外僑戶船戶之分（商戶雖無名稱上之劃分，但原則上商店之與住家隔離者亦成一戶），現時更增加特編戶與臨時戶之區別；此種類別係爲便利編組保甲及責成戶長管理戶中人口而設，當然不能視爲科學之分類。所謂外僑戶特編戶臨時戶者除於編組保甲時須加區分，其構成戶之條件尚與普通住戶無甚差異，而所謂寺廟戶與公共戶者，乃包括戶內全部工作人口之調查，不以在戶內住宿或同居之人口爲限，殆早溢出「共同生活」或「親屬同居」之範圍，而爲各國人口普查與我國之戶籍登記所不涉及者。現行戶口普查條例即歸納此種事實而爲第三條及第四條之規定，以釐定戶之定義與種類，並確定各種戶內應包括之人口，以之用於編組保甲，則稍加細析，即可代替保甲之編查戶口，以之用於戶籍登記，則可包括一大部份親屬同居之戶，而爲申請登記之參考，以之比擬於各國人口普查，則實際共同生活之經濟的戶實已包括無遺。揣摩規劃，其作如此之規定者絕非偶然也！

四、人口對象

各國之舉辦近代之人口普查也，要皆直接以人口爲對象，然全國人口之移動靡常，於是必須指定一普查標準時刻（時間），於其所在之地點或處所內（空間）普遍調查之，方可避免重復遺漏之病，而爲正確之全國人口靜態統計。然則何謂「其所在之地點或處所」，必須規定一劃一標準，而後人口對象方可確定，否則仍不免重復遺漏之病。其一以「法定人口（De Jure Population 或 Legal Population）」爲對象，大都以在普查標準時刻實際常時住宿之地點或處所爲標準。通常又稱之爲「常住人口」。尚有少數國家，如瑞典等國，現時尚保存教區教民登記之制度，而人口普查即根據此項登記加以查核編報，蓋所查報者即爲各地居民人口，而與實際常住之事實不盡相符，實有類我國修正戶籍法中根據戶籍登記而爲人口靜態統計之規定，稱之爲「法定人口」或更爲切當，但就人口統計之立場觀之，猶非最適當之稱謂。其一以「事實人口（De Facto Population）」爲對象，即以在普查標準時刻恰在所在地點或處所爲標準，通常又稱之爲「在場人口」。採用現在人口爲普查者，除極少數國家外大都以夜間爲普查標準時刻，因之實際即於其住宿處所調查，故我國人之論人口普查者又喜稱之爲「現住人口」（與編查保甲戶口方面所稱之「現住人口」意義不同）。由前所論，各國之舉辦人口普查，無論採取法定人口或事實人口爲對象，或同時採取兩種人口爲對象而分別統計，均以實際居住或在場爲標準，其於普查標準時刻實際並不在某處所內常住或並不在場之人口，即不予以登記，其於普查標準時刻實際無人居住或在場之處所，即無須查記其人口，蓋於普查標準時刻，每人必有一居住或在場之處所，故絕無重複遺漏之虞，方可完成精密合理之人口靜態統計，法至善也。

現行修正戶籍法中規定之戶籍登記，其人口對象以法律上之住所與居所為標準，而一人同時可為本籍與寄籍之登記，其法律上之價值姑不具論，但就人口統計須有明確之人口對象之立場觀之，當不如人口普查之嚴密，蓋戶籍本身之公務統計，亦自有其本身之價值，此處不及詳論。

至保甲與警察之清查戶口，其所注視者為凡遇有負責人之處所即為之立戶，凡各戶中可能包括之人口則儘量收錄，祇防遺漏，不避重複，是一人在某機關辦公者既已列入其所在公共戶內之人口，而於其住家之普通戶中亦必同時列入。甚至原為本戶之親屬，實際經常在他處居住并已在他處立戶者，則仍列為本戶之「他往」人口，於是戶之意義不明，人口對象無法確定，戶籍之功用未著，而戶口統計亦復失其價值。雖[illegible]川黔兩省各縣保甲方案規定於統計某區域內人口時須將他往本區內之人剔除，而本區內之全體人口實包括他往外區之人口在內，致各分區域人口之和不等於全區域之人口，若視為改進已往之缺點，則亦非正本清源之道，未可據為推行之張本。

現行戶口普查條例為適應編查保甲戶口之需要，於第三條及第四條中，已將戶之定義與種類及各種戶內應包括之人口，先作明確之規定，并顧及人口靜態統計之立場，於該條例第五條復為人口對象之規定，其所稱「現在人口」即為各國人口普查中之「事實人口」，可無庸加以解釋；至所稱「常在人口」中之「常時住宿人口」，即各國人口普查中之「常住人口」，亦無疑問，是則現行戶口普查條例已規定同時採取「法定人口」與「事實人口」為對象，以供分別為全國或全區域內全體人口統計。至前條所稱「常在人口」中之「常時營業人口」與「常時辦事人口」，則為由適應編查保甲戶口而產生之特種人口對象，雖不能以之作為統計全國或全區域內全部人口之資料，但可代表全國或全區域之各分劃區域內全體工作人口之分布之狀態，以供將來舉辦各項產業普查之參考，則亦為各國人口普查所不及者矣。惟就全部之「常在人口」（包括常時住宿營業與辦事三者而言）觀之，顯有重大重複之現象，且剔除之手續亦極不易，如能研究一種便利方法而作成是項統計，則可視為「白日常在之人口」，適與「常在人口」實際即為「夜間常在之人口」者相對照，則又為一種新穎之人口統計資料矣。至保甲編查戶口自身方面之公務統計，吾人於舉行戶口普查時，亦不難同時予以顧及。綜前所論，吾人於舉辦戶口普查條例時，對於適應編查保甲戶口之需要與辦理戶籍登記之便利，已竭盡考慮之能事，至如何切實運用，則有待於有關章則之配合製訂，是又非該條例本文所及備載者矣。

五、普查區域與普查組織

現時各國舉辦人口普查，莫不以全國或較大之區域為範圍，現行戶口普查條例第八至第十九各條迄規定分縣（市）分省（市）與全國戶口普查之區別，而其最終目的則為全國戶口普查之舉辦與全國戶口行政之總調整，并以現時尚在分期推進之時，故於條例中不憚覆詞予以明白之規定。又根據戶口行政總方案之精神，以人口統計之技術輔助保甲之編整與戶籍人事登記之舉辦，以保甲及戶籍之機構促進戶口普查之推行，故於同前各條中確定各級政府普通行政首長在普查組織之中之地位，以與使戶口普查工作與行政機構脫離者有別，是亦本條例特殊精神之表現也。

六、集中統計

關係全區域之調查統計，其統計工作可分散於各分劃區域辦理，然後再集中彙編全區域之統計，此法歐美先進各國在昔亦曾盛行，卒以流弊滋多，逐漸放棄。現時各國舉辦人口普查，鮮有不將全國原始調查表集中於中央統計機關辦理之者。現行戶口普查條例第十五至第十七各條規定各級政府辦理之戶口普查集中於各該級政府統計，即將現行編查保甲戶口方面按級彙編統計之法予以重大之改革，此亦應為吾人所當注意者也。

至原條例其他各條之規定，或則援用各國普查之成規，或則涉及立法之技術者，似無特別提出敘述之必要，故從略。

戊・四川省選縣戶口普查之意義與任務

按統計法之規定，各省市縣各級政府均得舉辦該管區域內之基本國勢調查，戶口普查條例規定各級政府得實施轄地域各別舉辦戶口普查，國民政府主計處於三十年二月召集第一次全國主計會議，關於完成主計制度以發揮主計機構在政治建設上之效用一案，有「限期完成國勢調查，自民國三十年起次第舉辦縣市普查，自民國三十二年起舉辦分省普查，自民國三十六年起舉辦全國普查」之決議，主計處根據上項規定及決議，并按照本方案前章所述戶口行政總方案之精神，按分縣（市）分省（市）逐步實施進度，從事全國戶口普查之準備，并與編整保甲辦理戶籍齊頭並進，以期達到全國戶口行政之調整。除策動各省於三十年度開始準備辦理選縣戶口普查外，并以四川省為抗戰時期陪都所在地，新縣制實施伊始，爰與四川省政府商定於本年度就四川省新縣制示範縣中，首先選縣舉辦戶口普查，以為辦理四川全省普查之準備，并為其他各省各縣之楷模。

此次舉辦選縣戶口普查之意義已如上述，至就此次普查本身之任務而言：第一，在採用科學之調查統計方法，獲得一切有關戶口靜態之統計資料，以供實施新縣制促進地方建設之參考。第二，為利用此次戶口普查直接代替保甲之戶口編查，對於戶口普查表之製訂詳加研究，俾依照戶口普查表騰錄副本，即可彙訂而成「保甲戶口編定冊」，以適應編整保甲之需要，而免辦復查記之煩。至有關保甲戶口之其他冊籍，如壯丁冊槍砲登記冊等，均應分別另行編製，不可與此項基本戶口編定冊相混；他如警察戶口調查亦可準此原則辦理，惟有關警察本身事務之輔助冊籍較多而已。第三，於此次選縣戶口普查辦理完竣後，根據實際辦理之經驗，將戶口普查法規及中央與地方各項保甲編查戶口之法規，加以適當之補充與修訂，以謀彼此之密切聯繫，而達到調整戶口行政之目的。第四，為使以後舉辦各省各縣戶口普查有完善精密之計劃并具有一致之標準起見，根據此次辦理普查經驗，製訂「全國各省戶口普查之標準方案」及「戶口普查條例施行細則」，以資推行。以上所述為舉辦此次選縣戶口普查之主要任務，此外關於如何接辦戶口異動登記，隨時修正戶口編定冊，與如何運用戶口編定冊為辦理戶籍登記之用，以及如何推行人事登記，容納市生死統計於戶口異動登記或人事登記之中，雖屬偏重於行政方面之工作，而與戶口統計關係至為密切，各有關主管機關仍應本協作之精神，繼續考慮，擬訂詳細方案，使之互相配合，以發揮行政力量與統計技術密切聯繫之效能，而完成戶口行政總調整之大業。

綜觀上述，四川省選縣戶口普查實為全國戶口行政之初步調整工作，并為分期辦理分省選縣普查及全國戶口普查之權輿。惟此次選縣戶口普查既為政府法令明文規定之行政工作，雖仍含有試驗改進之性質，但與前此各地興為試驗統計方法所舉辦之戶口普查試查迥不相同，故其選縣標準亦純係根據行政上之便利，與統計學上抽樣之性質亦不相同。當此全國各省積極推行新縣制政治建設突飛猛進之際，戶口普查爲健全地方自衞與自治組織奠定戶籍行政基礎之首要工作，實有急待推進與普遍舉辦之必要也。

基本概念　四川省還縣戶口普查之意義與任務

第二部 實施方案

第二部　實施方案

甲　戶口普查表式及統計報告表式

一、戶口普查表

本表式係依下列各項原則製訂：

1.表式製訂之原則

（一）本表式應依照戶口普查條例第六條所規定查記之人口與事項，並應盡量適合編組保甲與辦理戶籍之需要製訂之。

（二）本表式爲編組保甲與辦理查記統計工作之便利，應爲表格式之戶表（每戶用表一份），並應爲劃一之表式，適用於各種戶之查記，將來查記事項增加時，得酌量參用口表（每口用表一份）。

（三）營業戶與公共戶內共同營業與共同辦事之人口，其中一部份人口同時在本戶所在處所內住宿者，按戶口普查條例第三條與第五條之規定，應別爲共同生活之普通戶而查記之。但爲適應編查保甲戶口之習慣及辦理查記工作之便利，即於各該營業戶與公共戶普查表內記明此項住宿人口，不必另表查記。又查記普通戶內共同生活之人口時，應同時記明其中一部份人口同時在本戶內共同營業或辦事者，亦不必另表查記。製訂本表式時，應參酌實際需要，以便於上述之查記，並應注意「戶別」與「名稱」兩欄之規定，以便統計時之劃分。

（四）普查標準日夜間適在各戶內之人口，依戶口普查條例第三條之規定有不應視爲各該戶內之人口者（例如寄非營業戶或公共戶內共同營業或辦事之人口，而於是夜偶在該戶內借宿者），爲查記之便利，仍應依照戶口普查條例第四條之規定，視爲來客附帶查記，於各該戶之內。製訂本表式時，應特備一欄專爲記明該項人口之用。

（五）本表式所查記之人口，除應依照戶口普查條例第三，第四，第五及第六各條之規定，查記戶內所有「常在」與「現在」之人口外，其於普通戶內，戶長所認爲其戶內之家屬，而事實上並不「常在」戶內住宿者（大部編查保甲戶口所稱之「他往」人口），無論其爲「現在」與否，均應同時予以查記，以適編組保甲與辦理戶籍之需要。製訂本表式時，應備「他往何地居住」一欄，專爲記明該項人口之用。

（六）本表式關於戶內人口「職業」之查記，以限於表格之地位與查記工作之困難，僅能作有無職業之區分，與

（六）本業有報酬職業之業別與職別之查記；其主要有報酬職業之業別，並應以常時營業或辦事所屬之產業而定，與各該戶與公共戶內常時營業與辦事而有報酬之人口，即應視為該戶所屬產業內之職業人口。製訂表式時，即須於職業業別欄應依規劃，以便適合上述查記之範圍與標準。

（七）本表式於應查記事項各欄外，應列關於戶內「常住」與「現在」人口總數各欄，一以校核戶內所查記之人

（五）本表之各項標準與戶口總數初步報告之編纂。

（八）本表式各欄應依我國文字習慣，採直寫左行之格式，其各欄標目應將所須查記含義較深之事項，盡量化為簡單淺近而有系統之問項，使便於以簡單文字或數字填答一明確之答案。例如關於職業之查記，即應避免直接以「行業」「職務」為問項，列為標目。

（九）本表式所附之說明，應於本方案內「戶須知」與「查口須知」內詳為敘述，不再附於本表式之後，以節省篇幅而免印刷上之浪費。

2 表式

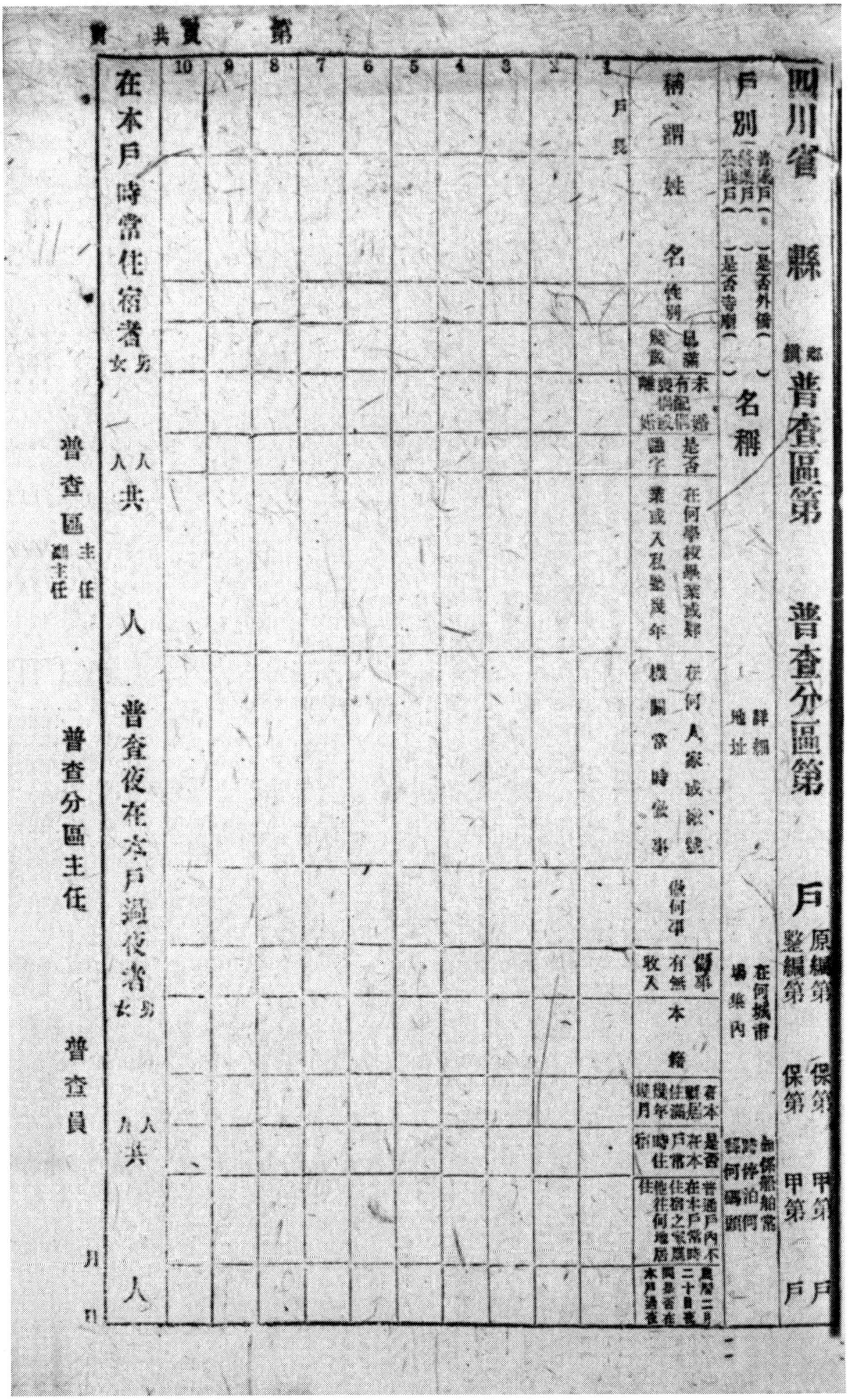

第　頁　共　頁

四川省　縣　鄉鎮　普查區第　普查分區第　戶（原編第　保第　甲第　戶；整編第　保第　甲第　戶）

戶別（普通戶（　）是否外僑（　）；特種戶（　）；公共戶（　）是否寺廟（　））　名稱

詳細地址（在何城市場集內；如係船舶常時停泊何碼頭）

	稱謂	姓名	性別	歲數（足滿）	未婚、有配偶、喪偶或離婚	是否識字	在何學校畢業或肄業或入私塾幾年	在何人家或商號機關常時做事	做何事	雇主有無收入	本籍	在本縣居住滿幾年幾月	是否在本戶常時住宿	普通戶內不常在本戶住宿之家屬住他地何處居住	農曆二月二十日夜間是否在本戶過夜
1	戶長														
2															
3															
4															
5															
6															
7															
8															
9															
10															

在本戶時常住宿者　男　人　女　人　共　人

普查夜在本戶過夜者　男　人　女　人　共　人

普查區主任／副主任

普查分區主任

普查員

月　日

二、戶口統計報告表式

1.表式製訂之原則

(一)按本方案戶口普查表式製訂之原則第(十)項之說明，各戶內所查記之人口，可包括「常在人口」「現在人口」與「他住人口」三部份，除「他住人口」純係重複之查記外，其「常在人口」按戶口普查條例第五條之規定，為在所查戶內當時住宿或營業或辦事之人口，此三部份人口雖依照戶口普查表製訂之原則第（三）項之說明，已盡量避免重複之查記，但事實上普通戶內之常住人口復有一部份同時在營業戶或公共戶內當時營業或辦事者，仍為必然重複之現象，故無從求得常在人口之總數；即可求得，其剔除重複工作亦繁重，以之統計全區之全體人口，殊不經濟。故此次舉辦選縣戶口普查，關於各縣全體人口之統計，仍採各國成規，分別以常住人口與現在人口為對象。

(二)按各國舉辦人口普查，統計全國人口，有以「常住人口」為對象者，有以「現在人口」為對象者，有兼以常住與現在人口為對象者。大體常住人口最適宜於各地域人口總數之分佈統計，而其查記不易正確。現在人口之查記較易正確，但其分佈統計未免不切實際。以全國而論，常住與現在人口之總數相差不致過鉅，故於普查時可併採並用，各取其長。

此次辦理選縣戶口普查，各縣常住人口之總數，即難保證其與現在人口之總數不致相差甚鉅，故除將人口總數分別作常住與現在之統計以資比較外，所有各項分類統計悉以常住人口為憑，較為切用。

(三)各縣戶口總數分別以常住與現在作比較統計時，其戶數應以常住人口之戶為準；依本方案戶口普查表製訂之原則第(四)項之說明，普查標準日夜間適在各戶內之乘客，雖附帶查記於各該戶之內，而實際不能視為各該戶內之份子也。又依前項原則第(三)項之說明，在各營業或公共處所內常住之人口，雖為各該營業戶或公共戶內之一部份，但可視為另依住宿之條件而集合之戶，而與普通住家之普通戶有別。故下列各表關於各縣戶口總數之統計，悉依「普通住家」「廠號機關寄宿舍」「旅館客寓」「營業處所」「公共處所」之類別，以符常住與現在之觀念；「普通戶」「營業戶」「公共戶」之名稱，在以常住人口與現在人口為對象統計各縣戶口總數時，悉棄不取。

(四)按縣保甲戶口編查辦法第五條之規定，戶分普通戶船戶寺廟戶公共戶外僑戶特編戶與臨時戶七種，顯然可以互相容納，仍不能視為科學之分類，且均適應保甲之需要，除特編戶與臨時戶純因編組保甲之方式而產生可不予區別外，其餘船戶寺廟戶與外僑戶等之戶口總數，均另為列表或列項統計，以資應用。

（五）營業戶與公共戶爲各戶內常時營業與辦事人口之集合，無論其是否同時即在各該戶內住宿，此項常時營業與辦事人口之總數，雖不能包括全區域內之全體人口，但可表示各地「常時工作人口」之分佈，應特別予以統計，以與前述常住人口總數統計相對照。

（六）普通住家內之常時營業與家事幫理侍從傭役之人口，爲各地「常時工作人口」之一部份，亦應特別予以統計。

（七）普通住家之戶數，及戶內全體常住人口與常住及他往家屬之分配情形，頗有分析研究之價值，亦應特別予以統計。

（八）各縣行政區域常住人口之分佈雖屬甚有價值，但其縣境內各城市墟集戶口集聚範圍內（不必須與政治區域相符）之常住人口，其性質自與鄉村分散居住者不同，應按各縣境內各城市墟集分別統計，以求與各行政區域之常住人口統計相對照。

（九）關於主要職業之分類統計，暫採國際聯盟統計專門委員會所編訂之行業與職位之分類標準第一冊（Studies and Reports on Statistical Methods NO. 1, "Statistics of The Gainfully-Occupied Population", League of Nations, 1938），與民國二十二年三月主計處呈請國民政府核准通令填報之全國統計總報告材料應用表格所附之職業分類表略有出入，在應根據是項分類標準，將前訂之分類表加以改訂，以期簡易，而應目前之需要，而利統計工作之進行。

（十）按各國舉行人口普查，大都採用全國集中整理統計辦法，其間有兼採分地整理彙編全國統計者，亦多限於全國人口總數之初步報告或各地域之分佈統計。此次運縣戶口普查，係以縣爲單位區域，應採縣集中整理辦法，惟以統計技術較爲專門，且事屬創舉，須賴專門人員領導研究辦理（特別以職業分類統計爲甚），決非各縣縣政府所能勝任，故應將各縣戶口普查表集中一處整理，並調各縣統計人員參加工作，斯實兼顧權衡，實爲目前最切當之辦法。至各縣戶口總數須於最短期間先有一初步報告，則採分區整理彙編全縣統計辦法較爲敏捷便利。

（十一）綜合統計之各項統計表彷屬基本報告性質，應儘先編製刊佈。至根據是項基本報告加以分析研究，如人口密度推算比例等等，應於普查總報告中再爲編述。

（十二）各種統計表之編製程序與有關之說明，應於本方案有關各節中詳細敍述，不再附於各表式之後，以節省篇幅，而免印刷上之浪費。

9. 表式

（一）戶口總數初步報告表式

表1　鄉（鎮）普查區戶口總數初步報告

表2　縣戶口總數初步報告

（二）集中統計基本報告表式

表3　縣戶口總數

表3a　縣外國籍人口總數

表4　縣各鄉鎮各類戶之常住人口

表4a　縣各鄉鎮外國籍之常住人口

表4b　縣各鄉鎮外僑戶之常住人口

表4c　縣各鄉鎮寺廟處所之常住人口

表5　縣各城市墟集各類戶之常住人口

表5a　縣各城市墟集外國籍之常住人口

表6　縣普通住家戶數按各戶內常住人數與常住家屬人數之分配

表7　縣普通住家戶數按各戶內常住與[illegible]住家屬人數之分配

表8　縣城市墟集普通住家戶數按各戶內常住人數與常住家屬人數之分配

表9　縣各種普通住家內常時營業與家事管理侍從傭役之人口

表10　縣各種營業戶之常時營業人口

表11　縣各種公共戶之常時辦事與受管束之人口

表12　縣各類戶常住人口按年齡與性別之分類

表13　縣各鄉鎮各類戶常住人口壯丁之年齡分配

表14　縣各鄉鎮普通住家常住人口六歲至十二歲兒童按性別與已未就學之分類

表15　縣常住人口按年齡性別與婚姻狀況之分類

表15a　縣普通住家常住人口按年齡性別與婚姻狀況之分類

表15b　縣慈善機關寄宿舍常住人口按年齡性別與婚姻狀況之分類

表15c　縣旅館客寓常住人口按年齡性別與婚姻狀況之分類

表15d　縣營業處所常住人口按年齡性別與婚姻狀況之分類

表15e　縣公共處所常住人口按年齡性別與婚姻狀況之分類

表16　縣常住人口按年齡性別與是否識字之分類

表16a　縣普通住家常住人口按年齡性別與是否識字之分類

表17　縣常住人口識字者按年齡性別與教育程度之分類

表17a　縣普通住家常住人口識字者按年齡性別與教育程度之分類

表18　縣常住人口按其本籍居住本縣年數與性別之分類

表18a　縣普通住家常住人口按其本籍居住本縣年數與性別之分類

表19　縣常住人口按年齡性別與職業之分類

表20　縣有配偶之常住人口按年齡性別與職業之分類

表1　　___縣___鄉普查區户口總數初步報告(1)

	户數(2)	常住人口			現在人口		
		共計	男	女	共計	男	女
總計							
普通户							
營業户							
公共户							

說明:(1)此表由各户口普查區編造報縣.

(2)依照户口冊內所編户數計算.

表2　　___縣户口總數初步報告(1)

	户數	常住人口			現在人口		
		共計	男	女	共計	男	女
總計							
普通户							
營業户							
公共户							

說明:(1)此表由各縣普查處根據表1彙編報省.

表3　——縣戶口總數[1]

	戶數[2]	常住人口			現在人口		
		共計	男	女	共計	男	女
總計							
普通住家							
旅館客寓							
廠號機關寄宿舍							
營業處所							
公共處所							

說明：(1)包括常在本縣停泊之船舶及外國籍人口在內。

(2)祇包括有常住人口之戶數。

表3a　——縣外國籍人口總數

國籍別	常住人口			現在人口		
	共計	男	女	共計	男	女
總計						

表4　　　____縣各鄉鎮各類戶之常住人口[1]

鄉鎮別	共計				普通住家				旅館客寓				團體機關宿舍				營業處所				公共處所			
	戶數	人口數			戶數	人口數			戶數	人口數			戶數	人口數			戶數	人口數			戶數	人口數		
		小計	男	女		小計	男	女		小計	男	女		小計	男	女		小計	男	女		小計	男	女
總計																								
船舶[2]																								

說明：(1)包括外國籍人口。

(2)鄉鎮別除按各鄉鎮排列外，其在本縣境內常時停泊之船舶則另為一列附於各鄉鎮之後。

表4a　　　____縣各鄉鎮外國籍之常住人口

鄉鎮別	共計			（國籍別）					
	小計	男	女	小計	男	女	小計	男	女
總計									

表4b　——縣各鄉鎮外僑户之常住人口[1]

鄉鎮別	户長國籍別	户數	共計	人口數		
				與户長同國籍	中國籍	其他國籍
總計						

說明：(1) 外僑户指外僑住家而言。

表4C　——縣各鄉鎮寺廟處所之常住人口[1]

鄉鎮別	户數	人口數		
		共計	男	女
總計				

說明：(1) 包括外國籍人口在內。

表5 ——縣各城市場集各類戶之常住人口(1)

城市場集名稱	所在鄉鎮	共計				普通住家				旅館客寓				[illegible]				營業處所				公共處所			
		(2)戶數	人口數			戶數	人口數			戶數	人口數			戶數	人口數			戶數	人口數			戶數	人口數		
			小計	男	女		小計	男	女		小計	男	女		小計	男	女		小計	男	女		小計	男	女
總計																									
縣城																									

說明：(1) 包括外國籍人口在內。

(2) 不包括船舶在內。

表5a ——縣各城市場集外國籍之常住人口

城市場集名稱	所在鄉鎮	共計			(國籍別)					
		小計	男	女	小計	男	女	小計	男	女
總計										
縣城										

表6　——縣普通住家户數按各户內常住人數與常住家屬人數之分配(1)

户內常住人數	户內常住家屬人數															
	共計	1	2	3	4	5	6	7	8	9	10	11	12	13	14	15及以上
總計																
1																
2																
3																
4																
5																
6																
7																
8																
9																
10																
11																
12																
13																
14																
15及以上																

說明：(1)不包括外僑户.

表7　——縣普通住家户數按各户內常住與他住家屬人數之分配(1)

户內常住家屬人數	户內他住家屬人數															
	共計	1	2	3	4	5	6	7	8	9	10	11	12	13	14	15及以上
總計																
1																
2																
3																
4																
5																
6																
7																
8																
9																
10																
11																
12																
13																
14																
15及以上																

說明：(1)不包括外僑户.

表8　——縣(市)各鄉鎮普通住家戶數按各戶內常住人數與常住家屬人數之分配[1]

戶內常住人數	戶內常住家屬人數															
	共計	1	2	3	4	5	6	7	8	9	10	11	12	13	14	15及以上
總計																
1																
2																
3																
4																
5																
6																
7																
8																
9																
10																
11																
12																
13																
14																
15及以上																

說明：(1)不包括外僑戶.

表9　——縣各種普通住家內常時營業與家事管理侍從傭役之人口[1]

	戶數[2]	營業人口			家事管理人口			侍從傭役人口		
		小計	男	女	小計	男	女	小計	男	女
純粹普通住家										
兼有營業性質之普通住家										
農業										
礦業										
製造工業										
商業										
交通運輸業										
生活供應業										
未詳										

說明：(1)不包括外僑戶.

(2)祇包括戶內有常時營業與家事管理侍從傭役之人口之普通住家.

(3)家事管理或侍從傭役而兼營業之人口應分別填入家事管理人口或侍從傭役之人口欄內，不可再填營業人口欄內.

表10　＿＿縣各種營業户之常時營業人口[1]

	户數[2]	人口數		
		共計	男	女
總計				
農業				
礦業				
製造工業				
建築工程業				
商業				
交通運輸業				
生活供應業				
未詳				

說明：(1) 包括各營業户內所有各該户內常時工作之人口。
(2) 祇包括户內有常時營業人口之營業户，營業機關另設之寄宿舍等所成之户不在內。

表11　＿＿縣各種公共户之常時辦事與受管束之人口[1]

	户數[2]	辦事人口			受管束人口		
		共計	男	女	共計	男	女
總計							
政府機關							
軍隊							
學校							
社團							
公共醫療所							
救濟收容所							
監獄與拘留所							
寺廟							
會館							
其他							

說明：(1) 包括各公共户內所有在各該户內常時工作之人口。
(2) 祇包括户內有常時辦事與受管束人口之公共户，公共户另設之寄宿舍等所成之户不在內。

表12　＿＿＿縣各類戶常住人口按年齡與性別之分類[1]

	共計			普通住家			旅館客寓			[illegible]			營業處所			公共處所		
	小計	男	女	小計	男	女	小計	男	女	小計	男	女	小計	男	女	小計	男	女
總計																		
未滿一歲																		
1																		
2																		
3																		
4																		
0—4																		
5																		
6																		
7																		
8																		
9																		
5—9																		
⋮																		
90—94																		
95																		
96																		
97																		
98																		
99																		
95—99																		
100歲及以上																		
未詳																		

說明：(1)不包括外國籍人口。

表13 ____縣各鄉鎮各類户常住人口壯丁之年齡分配(1)

鄉鎮別	共計					普通住家					旅館客寓					學校機關宿舍					營業處所					公共處所				
	小計	18-20	21-25	26-35	36-45	小計	18-20	21-25	26-35	36-45	小計	18-20	21-25	26-35	36-45	小計	18-20	21-25	26-35	36-45	小計	18-20	21-25	26-35	36-45	小計	18-20	21-25	26-35	36-45
總計																														

說明：(1)不包括外國籍人口。

表14 ____縣各鄉鎮普通住家常住人口六歲至十二歲兒童按性別與已未就學之分類(1)

鄉鎮別	共計			已就學			未就學			未詳		
	小計	男	女	小計	男	女	小計	男	女	小計	男	女
總計												

說明：(1)不包括外國籍人口。

表15　____縣常住人口按年齡性別與婚姻狀況之分類(1)

	共計			未婚			有配偶			喪偶			離婚			未詳		
	小計	男	女	小計	男	女	小計	男	女	小計	男	女	小計	男	女	小計	男	女
總計																		
未滿15歲																		
15																		
16																		
17																		
18																		
19																		
20—24																		
⋮																		
65—69																		
70—74																		
75歲及以上																		
未詳																		

說明：(1)不包括外國籍人口。

表15a　____縣普通住家常住人口按年齡性別與婚姻狀況之分類(1)

	共計			未婚			有配偶			喪偶			離婚			未詳		
	小計	男	女	小計	男	女	小計	男	女	小計	男	女	小計	男	女	小計	男	女
總計																		
未滿15歲																		
15																		
16																		
17																		
18																		
19																		
20—24																		
⋮																		
65—69																		
70—74																		
75歲及以上																		
未詳																		

說明：(1)不包括外國籍人口。

表15b ____縣醫院或機關寄宿舍常住人口按年齡性別與婚姻狀況之分類[1]

	共計			未婚			有配偶			喪偶			離婚			未詳		
	小計	男	女	小計	男	女	小計	男	女	小計	男	女	小計	男	女	小計	男	女
總計																		
未滿15歲																		
15																		
16																		
17																		
18																		
19																		
20—24																		
⋮																		
65—69																		
70—74																		
75歲及以上																		
未詳																		

說明：(1)不包括外國籍人口.

表15c ____縣旅館客寓常住人口按年齡性別與婚姻狀況之分類[1]

	共計			未婚			有配偶			喪偶			離婚			未詳		
	小計	男	女	小計	男	女	小計	男	女	小計	男	女	小計	男	女	小計	男	女
總計																		
未滿15歲																		
15																		
16																		
17																		
18																		
19																		
20—24																		
⋮																		
65—69																		
70—74																		
75歲及以上																		
未詳																		

說明：(1)不包括外國籍人口.

表15d ____縣營業處所常住人口按年齡性別與婚姻狀況之分類

	共計			未婚			有配偶			喪偶			離婚			未詳		
	小計	男	女	小計	男	女	小計	男	女	小計	男	女	小計	男	女	小計	男	女
總計																		
未滿15歲																		
15																		
16																		
17																		
18																		
19																		
20—24																		
65—69																		
70—74																		
75歲及以上																		
未詳																		

說明：(1)不包括外國籍人口.

表15e ____縣公共處所常住人口按年齡性別與婚姻狀況之分類

	共計			未婚			有配偶			喪偶			離婚			未詳		
	小計	男	女	小計	男	女	小計	男	女	小計	男	女	小計	男	女	小計	男	女
總計																		
未滿15歲																		
15																		
16																		
17																		
18																		
19																		
20—24																		
65—69																		
70—74																		
75歲及以上																		
未詳																		

說明：(1)不包括外國籍人口.

表16 ——縣常住人口按年齡性別與是否識字之分類(1)

	共計			識字者			不識字者			未詳		
	小計	男	女	小計	男	女	小計	男	女	小計	男	女
總計												
未滿6歲												
6												
7												
8												
9												
10												
11												
12												
13												
14												
15—19												
⋮												
70—74												
75歲及以上												
未詳												

說明:(1)不包括外國籍人口.

表16a ——縣普通住家常住人口按年齡性別與是否識字之分類(1)

	共計			識字者			不識字者			未詳		
	小計	男	女	小計	男	女	小計	男	女	小計	男	女
總計												
未滿6歲												
6												
7												
8												
9												
10												
11												
12												
13												
14												
15—19												
⋮												
70—74												
75歲及以上												
未詳												

說明:(1)不包括外國籍人口.

表17　　縣常住人口識字者按年齡性別與教育程度之分類(1)

	共計			私塾			小學程度						中學程度						大學程度						未詳		
							肄業			畢業			肄業			畢業			肄業			畢業					
	小計	男	女	小計	男	女	小計	男	女	小計	男	女	小計	男	女	小計	男	女	小計	男	女	小計	男	女	小計	男	女
總計																											
不滿6歲																											
6																											
7																											
8																											
9																											
10																											
11																											
12																											
13																											
14																											
15—19																											
……																											
70—74																											
75歲及以上																											
未詳																											

說明：(1)不包括外國籍人口。

表18　　縣普通住家常住人口識字者按年齡性別與教育程度之分類(1)

	共計			私塾			小學程度						中學程度						大學程度						未詳		
							肄業			畢業			肄業			畢業			肄業			畢業					
	小計	男	女	小計	男	女	小計	男	女	小計	男	女	小計	男	女	小計	男	女	小計	男	女	小計	男	女	小計	男	女
總計																											
不滿6歲																											
6																											
7																											
8																											
9																											
10																											
11																											
12																											
13																											
14																											
15—19																											
……																											
70—74																											
75歲及以上																											
未詳																											

說明：(1)不包括外國籍人口。

表18　＿＿縣常住人口按其本籍居住本縣年數與性別之分類(1)

	共計			未滿半年			半年以上未滿一年			一年以上未滿二年			二年以上未滿三年			三年以上未滿五年			五年以上未滿十年			十年以上未滿廿年			二十年以上未滿五十年			五十年以上			未詳		
	小計	男	女	小計	男	女	小計	男	女	小計	男	女	小計	男	女	小計	男	女	小計	男	女	小計	男	女	小計	男	女	小計	男	女	小計	男	女
總計																																	
＿＿省																																	
＿＿縣																																	
⋮																																	
＿＿省																																	
＿＿縣																																	
⋮																																	
未詳																																	

說明：(1)不包括外國籍人口。

表18a　＿＿縣普通住家常住人口按其本籍居住本縣年數與性別之分類(1)

	共計			未滿半年			半年以上未滿一年			一年以上未滿二年			二年以上未滿三年			三年以上未滿五年			五年以上未滿十年			十年以上未滿廿年			二十年以上未滿五十年			五十年以上			未詳		
	小計	男	女	小計	男	女	小計	男	女	小計	男	女	小計	男	女	小計	男	女	小計	男	女	小計	男	女	小計	男	女	小計	男	女	小計	男	女
總計																																	
＿＿省																																	
＿＿縣																																	
⋮																																	
＿＿省																																	
＿＿縣																																	
⋮																																	
未詳																																	

說明：(1)不包括外國籍人口。

表19　＿＿縣常住人口按年齡性別與職業之分類

	共計			未滿10歲			10			14			15—19			70—74			75歲以上			未詳		
	小計	男	女	小計	男	女	小計	男	女	小計	男	女	小計	男	女	小計	男	女	小計	男	女	小計	男	女
總計																								
農業																								
雇主																								
獨立工作者																								
有酬雇員																								
農作																								
雇主																								
獨立工作者																								
有酬雇員																								
園藝																								
……																								
礦業																								
雇主																								
獨立工作者																								
有酬雇員																								
金屬																								
雇主																								
獨立工作者																								
有酬雇員																								
金……																								
無業																								
未詳																								

表20 ———縣有配偶之常住人口按年齡性別與職業之分類

	共計			未滿10歲			10			14			15—19			70—74			75歲以上			未詳		
	小計	男	女	小計	男	女	小計	男	女	小計	男	女	小計	男	女	小計	男	女	小計	男	女	小計	男	女
總計																								
農業																								
[illegible]																								
農作																								
[illegible]																								
園藝																								
……																								
礦業																								
[illegible]																								
金屬																								
[illegible]																								
非金屬																								
……																								
無業																								
未詳																								

乙，組織人員與經費

一、省選縣戶口普查委員會

按戶口普查條例第十三條及第十二條之規定：舉辦省戶口普查時，應設省戶口普查處，國民政府主計處應派員前往巡視指導；舉辦縣戶口普查時，得設縣戶口普查處，國民政府主計處得派員前往視察指導。此次舉辦四川省選縣戶口普查，係由國民政府主計處與四川省政府會商制定四川省選縣戶口普查辦法綱要，決定由雙方會同派員組織「四川省選縣戶口普查委員會」，為辦理四川省選縣戶口普查最高指揮督導之機關。關於該會組織，人員調用，職掌分配，辦事手續與會議程序，經分別制定四川省選縣戶口普查委員會組織規程四川省選縣戶口普查委員會辦事細則及四川省選縣戶口普查委員會會議規則如左：

四川省選縣戶口普查委員會組織規程

第一條　國民政府主計處與四川省政府爲辦理四川省選縣戶口普查設四川省選縣戶口普查委員會（以下簡稱本會）由雙方派員會同組織之

第二條　本會設於四川省政府所在地

第三條　本會設主任委員一人由國民政府主計處統計局局長兼任副主任委員一人由四川省政府民政廳長兼任委員三人由國民政府主計處統計局副局長四川省政府統計長及主計處統計局主管戶口統計科科長分別兼任

第四條　本會主任委員主持本會一切事務并指揮監督所屬職員及縣戶口普查處副主任委員輔助主任委員處理一切事務主任委員因故不能執行職務時由副主任委員代理之

第五條　本會設總幹事一人由國民政府主計處統計局主管戶口統計科科長之任委員者兼任副總幹事一人由四川省政府民政廳主管保甲戶口科科長兼任總幹事秉承主任委員副主任委員之命處理本會各項事務副總幹事輔助總幹事處理各項事務

第六條　本會設督導員若干人由國民政府主計處統計局四川省政府民政廳及統計處分別派員兼任負各選縣普查人員之訓練考核普查工作之督促指導及抽查之責

第七條　本會設左列三組

一、調查組

二、統計組

三、總務組

第八條　調查組掌理事務如左

一、關於各級人員講習訓練辦法之擬訂事項

二、關於各項普查表冊之分發事項

三、關於各級調查工作之指導事項

四、其他有關調查事項

第九條　統計組掌理事務如左

一、關於統計辦法之擬訂事項

二、關於各項普查表冊之彙集保管審查轉錄及分類事項

三、關於各項統計表之核算編製事項

四、其他有關統計事項

第十條　總務組掌理事務如左

一、關於各級人員任免遷調及其他人事事項

二、關於文書庶務及出納事項

三、其他不屬各組事項

第十一條　本會各組設組長一人承總幹事之命主管各該組一切事務必要時得設副組長一人輔助組長處理各項事務設幹事助理幹事各若干人分辦各項事務調查組組長由四川省政府民政廳主管保甲戶口科科長兼任統計組組長由四川省政府統計處主管戶口統計科科長兼任總務組組長由四川省政府民政廳主管總務科科長兼任副組長幹事助理幹事由國民政府主計處統計局四川省政府民政廳及統計處分別派員充任

第十二條　本會設會計幹事一人會計助理幹事一人至二人由四川省政府會計處派員兼任承四川省政府會計長之命並依法受主任委員之指揮監督處理一切會計事務

第十三條　本會於必要時得酌設雇員並雇用工役調用軍警

第十四條　本會工作人員除雇員工役及調用軍警得支給津貼工餉外其餘均為不支薪但得分別酌給交通費或膳食補助費

第十五條　本會每兩週舉行委員會議一次必要時得召開臨時會議其會議規則另定之

第十六條　本會對外行文用本會名義行之於必要時得簽請四川省政府民政廳承辦府稿以省政府名義行之

第十七條　本會用木質關防文曰「四川省「」縣戶口普查委員會關防」由國民政府主計處刊製函送四川省政府發交民政廳發送本會啓用

第十八條　本會辦事細則另定之

第十九條　本規則由國民政府主計處擬訂函請四川省政府公布施行

四川省選縣戶口普查委員會辦事細則

第一條　本細則依據四川省選縣戶口普查委員會組織規程第十八條之規定訂定之

第二條　本會各級職員職務之分配除法令另有規定外由主任委員副主任委員及各該主管人員隨時派定之

第三條　主任委員或副主任委員因故不能執行職務時得以其職權之全部或一部指定總幹事代行

第四條、總幹事副總幹事組長副組長就其主管事務對於所屬職員有指揮監督之權

第五條　本會各組事務之處理其有涉及兩組以上職掌者應協商辦理必要時得呈由總幹事副總幹事轉呈主任委員核定之

第六條　本會職員之到差值公出差請假休假到職及退職均準用四川省政府民政廳人事管理規則之規定

第七條　本會收到文件應由收發幹事編號填註到會日期呈總幹事核閱後分交各組擬辦

第八條　文電有親啓及機要或某密字樣者收發幹事於編號及註明到會日期後應將原封呈送總幹事轉呈主任委員開拆

第九條　來文附有物件者收發幹事應於收文簿上逐一註明其數量分別交由各主管人員點收蓋章

第十條　各組處理文件除有特殊情形者外均應隨到隨辦其有應行請示者應簽請總幹事副總幹事轉呈主任委員核示

第十一條　各組承辦文件送組長副組長核閱轉送總幹事副總幹事複核彙呈主任委員判行後交總務組發繕送收發幹事登記送印封發原稿交管卷幹事歸檔

第十二條　一切文稿非經主任委員判行不得繕發

第十三條　歸檔文件應由管卷幹事隨時整理編號并將種類卷數案由附件等項記入卷宗簿負責保管

第十四條　調閱文卷應由調卷人填具調卷單署名蓋章交管卷幹事隨時檢送還卷時即將原單收回

第十五條　本會各級職員對於經辦事務應絕對保守秘密不得洩漏

第十六條　本會各級職員對於一切公物應加意愛惜不得浪費毀棄

第十七條　本會財物之管理準用四川省政府民政廳財物管理辦法辦理

第十八條　本細則如有未盡事宜得由主任委員隨時提出本委員會會議修正之

第十九條　本細則自本委員會議通過之日施行

四川省選縣戶口普查委員會會議規則

第一條　本規則依據四川省選縣戶口普查委員會組織規程第十五條之規定制定之

第二條　委員會議由主任委員副主任委員及委員組織之

第三條　主任委員得指定人員列席委員會議

第四條　委員會議每兩週舉行一次必要時得召集臨時會議

第五條　委員會議由主任委員主席主任委員因事不能出席時由副主任委員代理之

第六條　委員會議議事之範圍如左

一、主任委員交議事件

二、各委員提議事件

三、各組提請議決事件

第七條　委員會議議決事項以出席人數過半數之同意行之可否同數時取決於主席

第八條　委員會議議決事項交由總幹事分交各主管組依照辦理

第九條　本規則如有未盡事宜得隨時修正之

第十條　本規則經主任委員核准後施行

二、各選縣戶口普查處

依照戶口普查條例規定於各選定舉辦戶口普查縣份設縣戶口普查處，各鄉鎮爲普查區設普查區主任及副主任，各保爲普查分區設普查分區主任及普查員。同時爲適應實際需要及便利工作推進計，復於縣普查處設督導員若干人，分任各普查區督導之責，各普查區派設助理若干人，分任各普查分區指導考核之責。關於各選定普查縣份縣普查處之組織，各級人員之指派與職務分配，辦事手續及處務會議程序，經分別訂定四川省縣戶口普查處組織規程四川省縣戶口普查處辦事通則及四川省縣戶口普查處處務會議規則如左：

四川省縣戶口普查處組織規程

第一條　本省爲舉辦選縣戶口普查，特就選定縣份設縣戶口普查處定名爲某某縣戶口普查處（以下簡稱本處）

第二條　本處設於縣政府所在地受四川省選縣戶口普查委員會之指揮監督辦理全縣戶口普查事宜

第三條　本處設普查長一人由縣長兼任副普查長二人由縣政府民政科長及統計主任分別兼任普查長主持本處一切事務并指揮監督所屬職員副普查長輔助普查長處理一切事務普查長因故不能執行職務時由民政科長兼任副普查長者代理之

第四條　本處設幹事助理幹事各若干人調派縣政府有關科室人員兼任承長官之命分辦各項事務必要時得分調查統計兩組辦事其有關人事文書庶務出納及不屬各組事務由普查長直接指定人員辦理

第五條　本處設督導員若干人調派各區區長暨指導員及其他適當人員兼任承普查長與省派督導員之命并受副普查長之指導辦理全縣戶口普查人員之訓練各督導區普查工作之督促指導及抽查考核事宜

前項督導區以管轄三至五個普查區爲原則由各縣斟酌交通面積及人口分佈狀況劃分之

第六條　各縣以鄉鎮爲普查區每一普查區設主任一人由鄉鎮長兼任副主任三人至五人由副鄉鎮長及縣普查處選派之人員兼任普查區主任主持全普查區一切事務副主任輔助主任處理各項事務並分別督導考核若干普查分區之普查工作點收審核各普查分區之普查表冊普查區主任因故不能執行職務時由副鄉鎮長兼任副主任者代理之

第七條　各縣以保爲普查分區每一分區設主任及普查員各一人主任由保長兼任主持全普查分區一切事務

普查員由縣政府就保長副保長小學教員及其他適當人員中遴派兼任負實際挨戶查記之責普查分區主任因故不能執行職務時由副保長代理普查員遴派標準另定之

各縣於遴派普查員時每一普查區應遴派預備普查員一人至三人參加受訓普查員因故不能執行職務時由預備普查員接充

第八條　本處設會計幹事一人由縣長秉承縣政府會計室調派人員兼任承縣長之命並依法受普查長之指揮監督處理一切會計事務

前項會計幹事之調派應由縣政府呈報四川省會計處備查

第九條　本處於必要時得酌雇臨時工作人員雇用工役調用軍警但須呈報四川省還縣戶口普查委員會備案

第十條　本處工作人員除雇員工役及調用軍警得支給俸給工餉外其餘均不支薪但得酌給膳食補助費其標準另定之

第十一條　本處每週舉行處務會議一次必要時得召開臨時會議其會議規則另定之

第十二條　本處對外行文一律借用縣印於必要時得簽請縣政府辦理府稿以縣政府名義行之

第十三條　本處辦事通則另定之

第十四條　本規程由四川省還縣戶口普查委員會擬訂商請四川省政府民政廳承辦府稿以四川省政府名義公布施行并函國民政府主計處備查

四川省縣戶口普查處辦事通則

第一條　本通則依據四川省縣戶口普查處組織規程第十三條之規定制定之

第二條　本處各級職員職務之分配除法令另有規定外由普查長副普查長及各該主管人員隨時派定之

第三條　本處各組組長就其主管事務對於所屬職員有指揮監督之權

第四條　本處各組事務之處理有涉及兩組職掌者應協商辦理必要時得呈請普查長核定之

第五條　本處職員之到公值公出差請假休假到職調職及退職均準用縣政府之規定

第六條　本處文書處理除指定民政科長兼副普查長者負責總核外其餘一律準用縣政府之規定

第七條　本處一切文稿非經普查長判行不得繕發

第八條　本處辦事細則由各該縣戶口普查處制定之並呈報四川省還縣戶口普查委員會備查

第九條　本通則自公布之日施行

四川省縣戶口普查處處務會議規則

第一條　本規則依據四川省縣戶口普查處組織規程第十一條之規定制定之

第二條　本會議由普查長副普查長各組組長及縣督導員組織之

第三條　本會議開會時應請省派督導員出席指導并得由普查長指定人員列席

第四條　本會議每週舉行一次必要時得召集臨時會議開會時以普查長爲主席普查長因故不能出席時由縣政府民政科長兼任副普查長者代理之

第五條　本會議議事之範圍如左

一、普查長交議事項

二、副普查長及各組提議事項

三、縣督導員提請議決事項

第六條　本會議議決事項以出席人過半數之同意行之可否同數時取決於主席

第七條　本會議議決事項由普查長交付執行並將會議紀錄呈報四川省選縣戶口普查委員會備案其重要議決案件並應專案呈請核定

第八條　本規則如有未盡事宜得呈請四川省選縣戶口普查委員會核定修正之

第九條　本規則自公布之日施行

三、經費

四川省選縣戶口普查經費，依據國民政府主計處與四川省政府商定之四川省選縣戶口普查辦法綱要，由主計處與四川省政府共同負担，依照中央及四川省政府現行歲計會計及各項有關法令之規定動用之，其預算科目如左：

四川省選縣戶口普查經費預算科目

第一款　四川省選縣戶口普查經費

第一項　四川省選縣戶口普查委員會開辦費

實施方案　組織人員與經費

第一目　四川省選縣戶口普查委員會開辦費

第一節　購置費

第二節　房屋培修費

第三節　雜項開支

第二項　四川省選縣戶口普查委員會經費

第一目　四川省選縣戶口普查委員會經費

第一節　調用人員交通費及補助費

第二節　僱用員役薪餉及津貼

第三節　辦公費

第四節　印刷費

第五節　購置費

第六節　租金

第七節　旅運費

第八節　僱用員役制服費

第三項　各縣戶口普查處經費

第一目　彭縣戶口普查處經費

第一節　調用人員膳食補助費

第二節　編查人員旅食費

第三節　僱用員役薪餉及津貼

第四節　辦公費

第五節　旅運費

第二目　雙流縣戶口普查處經費

第一節　調用人員膳食補助費

第二節　編查人員旅食費

第三節　僱用員役薪餉及津貼

第四節　辦公費
第五節　旅運費
第三目　崇寧縣戶口普查處經費
第一節　調用人員膳食補助費
第二節　編查人員旅食費
第三節　僱用員役薪餉及津貼
第四節　辦公費
第五節　旅運費
第四項　普查人員訓練費
第一目　省講習會經費
第一節　省講習會經費
第二目　縣講習會經費
第一節　縣講習會經費
第五項　整理統計費
第一目　整理統計費
第一節　臨時僱用人員薪津
第二節　整理統計應用文具購置費
第六項　準備金
第一目　準備金
第一節　準備金

丙，實施程序與辦法

一、普查縣份之選定與概況調查

此次選縣戶口普查，其目的在調整戶口行政之現狀，並爲試驗普查方法實現全國戶口普查計劃之準備，已如前述。關於普查縣份之選定不能不特加愼重，茲規定選縣標準如左；

(1)就四川省新縣制示範縣中選定之；

(2)盡量避免遷徙頻繁戶口異動過劇之各大城市；

(3)各選縣與省政府所在地之距離宜較近，以便聯絡與督導。

各普查縣份依上項標準選定後，爲準備戶口普查及供若干實際問題之討論與參考起見，應先由四川省政府通飭各選縣繪送各該縣之區鄉鎮地圖，並將本方案規定之縣概況調查表由民政廳頒發各選縣分別查明具報。縣概況調查表規定調欄如左（表式附後）：

(1)各鄉鎮保甲戶口數調查，

(2)各鄉鎮軍警機關團隊學校及各大廠號調查，

(3)各鄉鎮水陸交通調查，

(4)縣城及各鄉鎮場集保甲戶口調查。

縣概況調查表（一）

各鄉鎮保甲戶口數

鄉鎮名稱	保數	甲數	戶數	口數		
				合計	男	女
總計						

縣縣長

（署名蓋章）

說明：本表由縣政府查報

縣概況調查表（二）

各鄉鎮軍警機關團隊學校及大廠號

鄉鎮別	機關團隊學校或大廠號名稱	主管人		現有人員數	詳細地址
		職別	姓名		

縣縣長

（署名蓋章）

說明：1.本表由縣政府依式向各鄉鎮查明彙報

2.各機關團隊學校及大廠號其各部份組織之不在同一處所辦事或工作者應分別逐欄填報並須填明其總名稱及其部份名稱，例如：

（1）軍事委員會後方勤務部經理處

（2）內政部警察總隊第一大隊部

（3）某某大學附屬中學

（4）某某工廠工務組工程處

縣概況調查表（三）

各鄉鎮水陸交通

鄉鎮名稱	距縣城里數			常用交通工具			往返日數			往返旅費約數		
	公路	縣道	水路	公路	縣道	水路	公路	縣道	水路	公路	縣道	水路

縣縣長

（署名蓋章）

說明：1.本表由縣政府查報

2.距縣城里數欄公路應填公里數縣道及水路均填華里數

3.往返旅費約數欄應以法幣元為單位

縣概況調查表（四）

縣城及各場集保甲戶口

鄉鎮別	縣城或場集名稱	是否鄉鎮公所所在地	距鄉鎮公所里數	場期或集期	街市戶口密集區域內之編組保甲號數	街市戶口密集區域之戶口約數	
						戶數	口數

縣縣長

（署名蓋章）

說明：1.本表由縣政府依式印發各鄉鎮查揭實際情形填呈縣政府彙報

2.「鄉鎮」指鄉鎮公所所轄之行政區域而言

3.「縣城」指縣政府所在地之實際城市區域而言「場集」指定期交易之實際市場而言并非指鄉（鎮）公所所轄行政區域之全部

4.「場集名稱」應填場集俗稱名稱如興隆場永興場等不可與鄉鎮行政區域名稱相混

5.「街市戶口密集區域」指各該縣城或場集內街市縱橫家戶毗連其間并無大片田地間隔之戶口密集區域而言此項戶口密集區域應按實際密集毗連之情形勘定填報不必以城牆或其他建築物為界亦不必與鄉鎮保甲所轄行政區域完全相同散居附近鄉間之戶口已與街市戶口密集區域隔離者雖密集區域各戶隸屬同保或同甲仍應予以剔除

二、省選縣戶口普查委員會之設置與講習會之舉行

1.成立四川省選縣戶口普查委員會　依照省普委會組織規程之規定，由國民政府主計處與四川省政府會同派員組織成立，調用人員派定職務處理各項事務。

2.省縣經費詳細預算之編製　省縣經費詳細預算，應由省普委會依本方案前章「組織人員與經費」內所定之經費預算科目估定各項開支應需金額編製，以為省縣各項收支執行之根據。

3.普查標準日之決定　普查標準日之選定，應俟省普委會成立各級人員訓練及其他各項工作進度確定後，再行決定。普查標準日決定後，應以省令通飭各選定普查縣份公佈施行。

4.表式手冊等之印製　關於各項普查表件之印製，採集中印製辦法，為便利運發起見，印製地點以與各選縣距離較近為原則，此次印製各項表件，應由省普委會依照選計法第四十九條及同法施行細則第三十八至四十二條之規定，用投標或比價辦法付印，務須限期印就備用，不得遲延。前項集中付印之普查應用表件名稱及其需印數量約如左列：

表件名稱	估計需印數量之標準
四川省選縣戶口普查方案	按實際需要數量印製
戶口普查表	按各縣保甲總戶數增印百分之三十五
戶簽	同右
查記錄	同右
戶冊	按各縣保數增印百分之二十
普查區主任副主任工作手冊	按應需數量增印百分之二十
普查員工作手冊	同右
廠號機關填寫戶口普查表說明	按每百戶估計需用兩份印製
廠號機關人口概況調查表	按每百戶估計需用兩張印製
戶冊發還改正事由單	按每保估計需用十張印製
戶口普查表發還改正事由單	按每保估計需用二十張印製
編戶習題	按實際需用數量印製

查口習題	按實際需用數量印製
戶卡片	按各縣保甲總戶數增印百分之二十
口卡片	按各縣保甲總口數增印百分之二十
保甲戶口表	按各縣保甲總戶數之倍數增印百分之二十

5.各級工作人員講習辦法之訂頒　省普委會成立後，應即制定「四川省選縣戶口普查省講習會實施辦法」及「四川省選縣戶口普查縣講習會實施辦法」公佈施行。省講習會應參加講習者爲省普委會全體工作人員，各選定普查縣份縣政府民政科長統計主任區長縣指導員，及其他指定縣份縣政府統計員。縣講習會應參加講習者爲各該選定普查縣份縣政府民政科統計室及戶籍室科員，各鄉鎮長副鄉鎮長區指導員鄉鎮戶籍幹事戶籍助理幹事及各保保長副保長；并選調鄉鎮中心學校保國民學校教員暨其他適當人員參加講習。茲將省講習會講習綱要及縣講習會講習綱要分別列舉如左：

一、省講習會講習綱要

(一)一般講習

(1)精神講話：分爲團體講話及個別談話兩種，注意發揚各參加講習人員之服務精神。

(2)本方案之講述與研討：對本方案爲全部綜合之說明，并着重技術問題之研討。

(3)戶口普查與本省保甲戶口編查之比較研究：就法理及實際情形分別加以分析比較，並注重其聯繫方法。

(二)習題演練　擬定編戶與查口習題，分發各參加講習人員作答，並加以改正，以測驗其對於編查方法之了解程度。

(三)編查實習　分組赴附近鄉鎮，指定一保或若干甲，依照本方案所定編查辦法實地編查。

(四)統計實習　就前項編查實習結果，依本方案整理統計辦法爲統計實習。

(五)實際問題討論　對本方案內容或本方案以外之各項實際問題，應儘量作有系統之討論，由全體參加講習人員發表意見，並作成結論，其可採取者應即通飭遵行。

二、縣講習會講習綱要

(一)精神講話　注重發揚各級工作人員之服務精神。

(二)普查要旨　　依照本方案各節之規定爲簡要之說明。
(三)編戶查口須知　　依照本方案編戶查口須知之規定詳加講解。
(四)審核及抽查方法　　依照本方案規定有關編查之審核與抽查辦法，詳加講解。
(五)工作綱要及步驟　　依本方案所訂之縣督導員工作手册及普查區主任副主任工作手册詳加解解。
(六)習題測驗　　將擬定編戶與查口習題，分發各受訓人員填答，并加以改正，以測驗各人對於編查方法之了解程度。
(七)編查實習　　分組赴附近鄉鎮，指定一保或若干甲依照本方案所定編查辦法實地編查。
(八)統計實習　　就前項編查實習結果依照本方案所定整理統計辦法爲統計實習，惟參加統計實習人員以普查區主任及副主任爲限。
(九)實際問題討論　　對於編查及統計之各項實際問題，應儘量加以討論，由主持訓練人員予以詳確解答。

6.省講習會之舉行　　各選定普查縣份縣政府之民政科長統計主任及即將派充縣戶口普查處督導員之各區區長聯指導員及其他適當人員，應調集省普委會參加講習會；省普委會自組長以下，應一併參加講習。

7.省督導員之派定　　省講習會舉行後，省普委會應即依照四川省選縣戶口普查委員會組織規程第六條之規定，派定督導員若干人，分赴選定普查各縣指導成立縣戶口普查處，協同縣普查長主持縣講習會，并負督導普查工作及考核各級工作人員之責。

面積遼闊戶口衆多之縣，縣講習會應酌量分區同時舉行，每區指派省督導員一人主持之，并繼續負各該區域內普查工作之督導及考核之責。每縣所派之省督導員在二人以上時，其對外接洽及省督導員相互間之聯繫應指定一人負其總責。

8.縣普查經費之撥付　　各選定普查縣份之普查經費，於各該縣戶口普查處組織成立時，應由省普委會依照各該縣普查經費預算之規定分別依法發給。

9.表册之分發　　由省普委會根據各選縣概況調查及其他資料，估定各縣需要各種表件之數量，分別發送各縣備用。其中戶口普查表戶簽查訖證應按所需數量增發百分之三十，戶册及各種工作手册各增發百分之二十，（編戶及查口習題由省派督導員攜赴各選縣備用）。所有表件之分發，應塡具「分發表件三聯單格式甲」，以資稽而便查考。聯單格式如次：

分發表件三聯單格式甲

四川省遷縣戶口普查委員會
分發表件三聯單

表件名稱	實發數量	備註
戶口普查表		
戶冊		
縣督導員工作手冊		
普查員工作手冊		
廠號機關人口概況調查表		

表件名稱	實發數量	備註
戶簽		
查訖證		
普查區主任副主任工作手冊		
廠號機關填寫戶口普查表說明		
保甲戶口表		

右表列各種戶口普查應用表件業經照數發送

縣戶口普查處留此存查

四川省遷縣戶口普查委員會主任委員（簽名蓋章）

經手分送人（簽名蓋章）

中華民國三十一年　月　日

第一聯留省普委會存查

字第　號（騎縫印）

四川省遷縣戶口普查委員會
分發表件三聯單

表件名稱	實發數量	備註
戶口普查表		
戶冊		
縣督導員工作手冊		
普查員工作手冊		
廠號機關人口概況調查表		

表件名稱	實發數量	備註
戶簽		
查訖證		
普查區主任副主任工作手冊		
廠號機關填寫戶口普查表說明		
保甲戶口表		

右表列各種戶口普查應用表件業經分別點收無誤自應遵令分發本處各級工作人員應用

右呈

四川省遷縣戶口普查委員會

縣戶口普查處普查長（簽名蓋章）

經手點收人（簽名蓋章）

中華民國三十一年　月　日

第二聯由縣普查處簽署呈省普委會備查

字第　號（騎縫印）

四川省遷縣戶口普查委員會
分發表件三聯單

表件名稱	實發數量	備註
戶口普查表		
戶冊		
縣督導員工作手冊		
普查員工作手冊		
廠號機關人口概況調查表		

表件名稱	實發數量	備註
戶簽		
查訖證		
普查區主任副主任工作手冊		
廠號機關填寫戶口普查表說明		
保甲戶口表		

右表列各種戶口普查應用表件仰即點收並依照四川省遷縣戶口普查方案之規定分發該縣各級工作人員應用為要

右令

縣戶口普查處

四川省遷縣戶口普查委員會主任委員（簽名蓋章）

經手分送人（簽名蓋章）

中華民國三十一年　月　日

第三聯留縣普查處存查

三、縣戶口普查處之設置與講習會等工作之進行

1. 設立各縣戶口普查處　依照四川省縣戶口普查處組織規程之規定，由四川省政府派定各選定普查縣份之普查長及副普查長，並限期成立縣戶口普查處，依法調用人員，派定其職務。

2. 縣督導區之劃分與縣督導員之派定　縣普查處成立後，關於縣內各督導區之劃分，應由縣普查長商同省派督導員遵照規定並參酌各該縣實際情形，妥爲辦理。督導區劃定之後，應即編定各督導區號次，派定各區督導員，依照四川省縣戶口普查處組織規程第五條之規定，執行其職務。

縣督導區劃分與縣督導員派定後，應由縣普查處填具縣督導區一覽表（表式附後）呈報省普委會備案。

縣督導區一覽表

縣督導區號次	縣督導員姓名	所轄鄉鎮保次

3. 各鄉鎮所轄地域表之編製　縣普查處成立後，應分飭各鄉（鎮）長查照各該鄉（鎮）所轄各保內之詳細地名（如村街院落名稱），編製各該鄉（鎮）所轄地域表（表式附後）三份，以一份呈縣普查處，一份呈省派督導員，餘一份留存各該鄉（鎮）備查。此項鄉（鎮）地域表，至遲應一律於參加講習會報到時呈繳；如係分區舉行講習會之縣份，得逕呈省派督導員，以一份存查，一份核轉縣普查處。

（　）縣（　）鄉鎮所轄地域表（詳細地名應一一列舉不得遺漏）

第幾保	保長姓名	副保長姓名	所轄地域之詳細地名

4.布告編戶查口日期　普查標準日經普委會決定後，應即規定開始編戶日期開始查口日期及編查期間，由省政府命飭各選定普查縣份縣政府遵照辦理。各該縣政府奉到是項命令後，應於普查標準日前二十日布告全縣人民一體週知。

5.縣講習會之舉行與工作人員之甄別　縣普查處成立後，根據省頒四川省選縣戶口普查縣講習會實施辦法之規定，縣講習會由縣普查長會同省派督導員主持，以各該縣縣政府命令調集各區署民政指導員，各鄉(鎮)長副鄉(鎮)長，鄉(鎮)公所民政股主任，戶籍幹事戶籍助理幹事，鄉(鎮)中心學校教員，各保保長副保長，保國民學校教員及其他適當人員，限期來縣報到，參加講習。講習期間定為五日，應於普查標準日之前十五日開始舉行。除於戶口普查之理論略加闡述外，應著重編查實務之實習與表冊查對要點之講述，關於普查區主任副主任及普查員担任職務及應注意各事項，尤須根據工作手冊之規定詳為說明。各參加講習人員對於各項課程如有疑義，主持講述者應詳為解釋，務使戶口普查之基層工作人員對於編查各項辦法深切了解，俾實施編查工作得以順利進行。此項講習會在戶口衆多地域遼闊之縣份，應分區同時舉行，每區由省派督導員一人主持之。

各級參加講習人員於講習完畢後，應經分別甄別合格，始得派定其職務。此項甄別，由省派督導員主持辦理，注重習題測驗及實習成績之審查，必要時得分別舉行個別談話。

各保保長副保長，預定不指派兼任普查員職務者，祇參加縣講習會第一日講習，事畢應即先行各返原保籌備召開保內居民大會及其他各項準備事宜（參閱「召開保內居民大會」乙節）。

6.各級編查人員職務之派定　參加縣講習會人員講習完畢並經甄別合格後，縣普查長應商同省派督導員，遵照規定分別派定各級編查人員，並應即依照後述各節之規定召開編查人員談話會，分發旅食費及普查應用表件。上述編查人員之派定，在分區舉行講習之縣份，其各區編查人員未及以縣令派定前，應由主持各該區講習會之省派督導員斟酌情形先行派定，仍應簽請縣普查處正式令派，以符規定。各級編查人員派定標準如左：

(1)參加講習之各鄉(鎮)長副鄉(鎮)長，應分別派充各該鄉(鎮)戶口普查區主任及副主任；

(2)參加講習經甄別合格之各區署民政指導員，鄉(鎮)公所民政股主任戶籍幹事鄉(鎮)中心學校教員等，應分別派充各該鄉(鎮)戶口普查區副主任。

各普查區應設之副主任名額及每一副主任担任督導之普查分區，應視各該普查區內交通面積戶口分佈狀況及於規定期限內必須完成編戶查口之需要確定之。

(3)參加講習之各保長應分別派充各該保戶口普查分區主任，其經甄別合格者并應指派兼任各該分區普查員。

(4)參加講習經甄別合格之鄉(鎮)公所戶籍助理幹事，各保副保長，保國民學校教員及其他適當人員應分別派充指定普查分區之普查員或其隸屬之各該鄉(鎮)之預備普查員。

各戶口普查區以原定鄉(鎮)名稱為名稱，即某某縣某某鄉(鎮)普查區。各普查區所轄之普查分區應按原編各保次序編定號次，其有原編為「臨時」或「特編」保者仍應將號次接續編定不書「臨時」或「特編」等字樣，以便查考。

上述各級普查人員派定以後，縣普查處應造具「戶口普查區及所轄普查分區工作人員一覽表」(表式附後)，呈報省普委會備案。

(　　)縣各戶口普查區及所轄普查分區工作人員一覽表

普查區名稱	鄉鎮公所所在地名稱	主任姓名	副主任姓名	預備普查員姓名	第幾普查分區	原編第幾保	分區主任姓名	普查員姓名	備考
鄉 鎮									
鄉 鎮									

鄉鎮	[illegible]

7.召開各級編查人員談話會　各級編查人員業經派定後，縣普查長應會同省督導員召集所有編查人員舉行談話會，除向各級編查人員揭示各項工作要點外，並須着重發揚其服務精神。談話完畢，應即由縣普查處依照以後各節之規定分發各級編查人員旅食費及戶口普查應用表件。

在分區舉行講習會之縣份，編查人員談話會應由主持各該區講習會之省派督導員召集舉行。

8.各級編查人員第一期旅食費之核發　上項編查人員談話會舉行完畢，縣普查處應即依照各普查區所有編查人員人數核算第一期旅食費，交由各該普查區主任負責具領轉發，其標準由省普委會予以劃一之規定。縣普查處核發第一期旅食費時應按應發總額之三分之二，其餘三分之一，俟編查工作完成後補發。

在分區舉行講習會之縣份，其核發第一期旅食費事宜，應由縣普查處事先分派負責人員前往各區講習會舉行地點辦理，由省派督導員負監督指導之責。

9.各級編查人員旅食費之轉發　各普查區主任具領到所屬各級編查人員第一期旅食費時應即當場按名轉發，不得扣發或短發。轉發時並應編造各該普查區轉發編查人員旅食費名冊（格式附後），由各該領款人於名冊上簽名蓋章，俟編查工作完竣補發第二期旅食費後，一併報請縣普查處核銷。上項旅食費，不得冒領詐報，違者法辦。

縣戶口普查區轉發編查人員旅食費名冊

職別	姓名	應發金額	第一期實發金額	領款人簽名蓋章	第二期實發金額	領款人簽名蓋章	備註
總計							

縣戶口普查區主任（簽名蓋章）

民國三十一年　月　日

10 表件之分發：各戶口普查區需用表件，應由縣普查處根據有關戶口冊籍所載戶口數，先行估定需用數量，於核發編查人員第一期旅食費時分發各鄉（鎮）普查區主任轉發備用。其中戶口普查表戶籍登記證應按各該鄉（鎮）保甲之總戶數各增發百分之二十五，戶冊及各種工作手冊應按各鄉（鎮）原編保數及所有各級編查人員數各增發百分之二十。上項表件之分發，應填具「分發表件三聯單格式乙」（格式附後），以資較捷而便查考。縣督導員應用手冊文件由縣普查處直接發給，不列上項聯單內。

在分區舉行講習會之縣份，其分發表件事宜，應由縣普查處事先分派負責人員，前往各區講習會舉行地點辦理，由省派督導員負監督指導之責。

靈苑方論

[illegible]

[illegible]

分發表件三聯單格式乙：

四川省　　縣戶口普查處
分發表件三聯單

表件名稱	實發數量	備註
普查區主任副主任工作手冊		
戶口普查表		
戶冊		
廠號機關境寓戶口普查表說明		
保甲戶口表		本表由普查區主任保存備用
普查員工作手冊		
戶簽		
查訖證		
廠號機關人口概況調查表		

右表列各種戶口普查應用表件業經照數發送
鄉鎮戶口普查區主任留此存查

（　　）縣普查長（簽名蓋章）

經手分送人（簽名蓋章）

中華民國三十一年　　月　　日

第一聯留縣普查處存查

字第　　（騎縫印）　　號

四川省　　縣戶口普查處
分發表件三聯單

表件名稱	實發數量	備註
普查區主任副主任工作手冊		
戶口普查表		
戶冊		
廠號機關境寓戶口普查表說明		
保甲戶口表		本表由普查區主任保存備用
普查員工作手冊		
戶簽		
查訖證		
廠號機關人口概況調查表		

右表列各種戶口普查應用表件業經分別點收無誤除分發所屬工作人員應用外理合具報備查

謹呈

（　　）縣戶口普查處

（　　）鄉鎮戶口普查區主任（簽名蓋章）

中華民國三十一年　　月　　日

第二聯由普查區主任簽署後繳縣普查處備查

字第　　（騎縫印）　　號

四川省　　縣戶口普查處
分發表件三聯單

表件名稱	實發數量	備註
普查區主任副主任工作手冊		
戶口普查表		
戶冊		
廠號機關境寓戶口普查表說明		
保甲戶口表		本表由普查區主任保存備用
普查員工作手冊		
戶簽		
查訖證		
廠號機關人口概況調查表		

右表列各種戶口普查應用表件仰即點收並依照四川省選縣戶口普查方案之規定分發該區所屬工作人員應用勿誤

右令（　　）戶口普查區主任

（　　）縣普查長（簽名蓋章）

經手分送人（簽名蓋章）

中華民國三十一年　　月　　日

第三聯由普查區主任留存備查

各普查區主任收到各項表件後，除將保甲戶口表及普查區主任副主任工作手冊留用並分發各該普查區副主任領用外，應即將各項普查應用表件，按編戶查口之需要，分兩次轉發各普查員備用。第一次於向縣普查處領到表件時，隨即當場轉發；其表件名稱及數量如下：

普查員工作手冊	一冊
戶冊	一冊
戶簽	按各保普查分區內原編戶數增發百分之二十五
戶口普查表	按各保普查分區內原編公共戶或廠號機關數目增發若干，以便發交各戶自填之用
廠號機關填寫戶口普查表說明	數目同右

第二次於戶冊核閱後發還時，根據各普查分區編戶之結果，將戶口普查表、查訖證及廠號機關人口概況調查表，按實際需要數量分別轉發（戶口普查表發給數量應扣除第一次已發之數），并得酌量增發，以備意外不敷之用。以上表件之轉發，應由各普查區主任造具「普查員領用表件名冊」（格式附後）令各普查員於點收後就名冊上簽名蓋章，留存備查。

各普查區表件不敷應用時，由縣督導員就該管督導區內各普查區表件有餘者，先行調撥，如仍不敷時，應以最迅速方法向縣普查處請求增發。

各級編查人員參加談話會領到旅食費及表件後，應即分赴各指定區域遵照規定辦理各項編查工作，不得延誤，違者扣發其第二次應領旅食費並予嚴懲。

鄉鎮普查區普查員領用表件名冊

普查分區號次	普查員姓名	第一次實發表件名稱及數量					普查員簽名蓋章	第二次實發表件名稱及數量			普查員簽名蓋章	備註
		普查員工作手冊	戶冊	戶簽	戶口普查表	廠號機關填寫戶口普查表說明		戶口普查表	查訖證	廠號機關人口概況調查表		

11召開保內居民大會　各普查分區主任及普查員於講習完畢應即函保召開保內居民大會，每戶至少一人，邀請地方士紳參加，講述此次戶口普查之意義及其重要性，以祛除民衆之懷疑，而利普查工作之進行。惟不兼任之普查分區主任，祇參加第一日講習，即應同保甲備召開保內居民大會事宜。

12縣督導員第一期工作報告之造送　縣督導員於縣普查處派定督導區輔助辦理縣講習會工作時起，至編戶工作尚未開始以前，其辦理事務爲第一期工作，應填報「縣督導員第一期工作報告」(格式附後)報請縣普查處備核。

上項工作報告應附呈工作日記(格式附後)；此項工作日記應自輔助辦理縣講習會工作時起至督導工作完竣事畢返縣時止，逐日據實填記不得間斷。

縣督導員第一期工作報告(本報告各欄行之寬狹得視事務繁簡自爲伸縮)

工作事項	已規定工作進步	工作實施辦法	工作[illegible]及結果	各級人員考察總評
對[illegible]參加講習人員之甄別與派定及工作分配事項				
表件分發事項				
對各級工作人員之指導事項				
特殊事件				
其他事項				

[illegible]

右呈

[illegible]縣戶口普查處

縣督導員工作日記（活頁式，各欄可酌量放寬）

派駐　　督導區督導員（簽名蓋章）謹呈

民國三十一年　　月　　日

年月日	駐留地點	巡察指導區域	指導各主要事項	對指導各事項之檢討與工作感想	對各級人員工作之考查與批評	特殊事件處理經過	長官臨時指定之工作	待辦事件備識	其他

說明：一、呈繳時應加封面裝訂成冊，封面題簽：

（　）縣戶口普查處派駐（　）督導區督導員（簽名蓋章）工作日記（自　年　月　日起至　年　月　日止）

二，應於底頁簽名蓋章並註明呈繳年月日

13 縣普查處第一期工作報告之造送　自縣普查處成立時起，至編戶工作尚未開始以前，縣普查處所辦理事務為第一期工作，應由縣普查處填報「縣普查處第一期工作報告」（格式附後），報請省普委會備核。

縣戶口普查處第一期工作報告（本報告各行之寬狹得視事務繁簡自為伸縮）

工作項目	規定工作進度	工作實施辦法	工作實施進度與結果
縣普查處成立及調用人員派定職務事項			

實施方案	實施程序與辦法	[illegible]
編查日期公布事項		
縣督導區劃分事項		
縣督導員派定事項		
舉行縣講習會事項		
各級編查人員職務之派定事項		
旅食費核發事項		
表件分發事項		
特殊事項		
其他事項		

右呈

四川省選縣戶口普查委員會

（　）縣普查長（簽名蓋章）謹呈

民國三十一年　月　日

14省督導員第一期工作報告之遞送　省導員自省普委會派駐督導縣份工作時起，至編戶工作尚未開始以前，其所辦理事務爲第一期工作，應填具「省督導員第一期工作報告」（格式附後）報請省普委會備核。

上項工作報告，應附呈「工作日記」（格式附後）；此項工作日記，應自派赴工作時起，至督導工作完竣畢果返會時止，逐日據實填記，不得間斷。

省督導員第一期工作報告（本報告各直行之寬狹得視事務繁簡自爲伸縮）

工作項目	規定工作進度	工作實施辦法	工作實施進度與結果	對各級組織及人員考查總評
指導成立縣普查處事項				
縣督導區分割事項				
縣督導員派定事項				
舉行縣講習會事項				
旅食費及表件之監發事項				
特殊事項				
其他事項				

右呈

四川省選縣戶口普查委員會

派駐（　）縣督導員（簽名蓋章）謹呈

民國三十一年　月　日

省督導員工作日記（活頁式，各欄可酌量放寬）

年月日	留駐地點	巡察指導區域	指導各主要事項	指導各事項之檢討與工作感想	對各級組織與人員工作之考查與批評	特殊事件處理經過	長官臨時指定之工作	待辦事件簡議	其他

說明：一，呈繳時應加封面裝訂成冊，封面題簽：

四川省選縣戶口普查委員會派駐　縣督導員（簽名蓋章）工作日記（自　年　月　日起 至　年　月　日止）

二，應於底頁簽名蓋章並註明呈繳年月日。

四，編查工作之進行

1.編戶之程序與方法　編查工作分編戶與查口兩大步驟進行：編戶工作應於普查標準日前七日（三十一年三月廿九日）各普查分區同時開始舉行，至遲於五日內（三十一年四月二日以前）完成；查口工作於普查標準日之翌晨起舉行，至遲於七日內（三十一年四月十二日以前）完成；但流泊無定之船舶，其編戶工作則應於普查標準日夜間，就其停泊之口岸或碼頭與查口同時舉行並完成之。編戶時，以普查分區為單位，由普查員挨宅挨戶編貼「普查戶簽」，並按詳細地址順次將各戶之「普查戶號」「戶別」「戶長姓名」等填入「戶册」，以免戶之遺漏與重複，而為查口時之依據（同時應按照「聯編保甲須知」之規定，擬定甲戶次第，俾供整編保甲之用）。遇有人口衆多之機關團隊學校商號工廠等，可於編戶時先行散發戶口普查表並附「廠號機關填寫戶口普查表說明」交由各該廠號機關主持人自行查填。將茲「編戶須知」「聯編保甲須知」及「普查戶簽」與「戶册」之格式附錄於後，以明編戶工作之詳細程序與方法（「廠號機關填寫戶口普查表說明」照「查口須知」改編不另附）。

編戶須知

一、戶的定義和種類

什麼叫做戶　「戶」是「在同一處所同一主持人之下共同生活或共同營業或共同辦事的若干個人集合而成的」。無論那一戶，對於「在同一處所」和「在同一主持人之下」這兩個條件，必須同時具備的，兩者缺一都不能算是一戶。「在同一處所」裏面的人，若是「不」在同一主持人之下，便不算是一戶；反之，在同一主持人之下的人，若是「不」在同一處所，那也不能算是一戶。

戶的種類　戶分下列三種：

(一)**普通戶**　是在同一處所同一主持人之下共同生活的若干個人所集合而成的戶，也就是指普通住家而言。

(二)**營業戶**　是在同一處所同一主持人之下共同營業的若干個人所集合而成的戶，也就是指商號，工廠，銀行和其他辦理營利業務的營業組織而言。但商號，工廠，銀行為謀公衆福利所開辦的學校和他種公益組織，不算是營業戶，而算是公共戶。

（三）公共戶　是在同一處所同一主持人之下共同辦事的若干個人所集合而成的戶，也就是指機關，學校，軍營，監獄，寺廟，會館和其他辦理公衆事務的公共組織而言。但在公共組織裏，如政府機關開辦的商號，工廠，銀行，醫院，合作社和他種營業組織，還算是營業戶，不算是公共戶；政府或慈善團體以公共衛生等爲目的而開辦的衛生院診療所算是公共戶。

編在保甲戶口方面所說的船戶，寺廟戶，外僑戶，特種戶，臨時戶等，應按他們的性質分別歸在普通戶，營業戶或公共戶三大類裏面。

什麽叫做處所　一個整個的房屋，住宅，院落或他種場所，有共同的門戶或出入口，裏面各部份都可以自由步行通過，這個整個的房屋，住宅，院落或場所就算是一個「處所」。若是這個整個的房屋，住宅，院落或場所裏面，因爲牆壁，柵欄或其他指定界限隔絕，被分成若干部份，每個部份必須走各別的門戶或出入口纔能夠出入時，那麽每個部份就要各算一個「處所」。水上行駛的船舶是一種流動的處所，應以一船舶爲一處所。

什麽叫做主持人　所謂「主持人」，就是一戶的「戶長」，也就是戶內實際直接管理全戶事務的人。普通戶的戶長就是戶內的家長或實際主持家務的親屬；營業戶的戶長就是實際直接主持該戶營業的店主，廠長或經理；公共戶的戶長就是實際直接主管該戶事務的長官或首領。廠號機關的職工寄宿舍的戶長，就是實際直接管理宿舍事務的人員。

二、戶的判別標準

（甲）普通戶的判別標準

一個普通住家的普通戶就是「在同一處所同一主持人之下共同生活的若干個人所集合而成的戶」，這裏所謂「共同生活」不祇是說生活費用共同負擔的意思，而是指實際在一起生活而言，因此「在同一處所內住宿」乃是構成「共同生活」的必要條件，不在同一處所內住宿的根本就不能算做一戶。其次「同鍋吃飯」也是構成「共同生活」的一個重要條件，但是不同鍋吃飯的人有時候也可以算做一戶，看下文就可以明白。

照前面的解說，一個普通戶就是一個家庭，包括家長，家屬，傭工和其他實際在一起生活的人。一個人在一個確定處所單獨生活的也算是一戶。

現在再詳細規定幾個判別普通戶的標準在下面：

(1)在各別的處所或住宅內住宿的，不論是不是同一家族，不論有沒有正式分家，都要分別各算一戶。

(2)在同一處所或住宅內住宿，分鍋吃飯的，通常應該分別各算一戶。例如兄弟各已娶親生子，父母已經去世，仍然同住在祖宗遺產的住宅裏，只要各房實際已經分鍋吃飯，不論兄弟是否正式分家，這各房家小都應該分別各算一戶的。

(3)在同一處所或住宅內住宿，雖然分鍋吃飯，但是確乎在同一家長統率之下共同生活的，可以酌量合併算做一戶。例如同父或同母兄弟各已娶親生子，但是他們的父或母還是在堂，並且確乎保持着家長的地位，統率着各房子媳兒孫在一起生活，就可以酌量合併算做一戶。

(4)在同一處所或住宅內住宿，同鍋吃飯，並且實際在同一家長統率之下共同生活的，就算是一戶。

(5)在同一處所或住宅內住宿，並且同鍋吃飯，但是實際分成幾個家屬集團，各個集團各有一個家長，還是要分別各算一戶。例如佃戶的家庭在地主的家裏一起食宿的，還是要分別各算一戶。

(乙)營業戶的判別標準

營業戶就是「在同一處所同一主持人之下共同營業的若干個人所集合而成的戶」。這裏所謂「共同營業」，是指在同一處所內的同一組合而言，包括實際直接主持營業的店主，廠長或經理，和幫同營業的員工，夥計，學徒等而言；但是不幫同營業的，因為營業上的關係在本戶營業處所內居住的，或是臨時在本營業處所裏過夜的客人，也可以附帶算在營業戶裏。例如在旅館或客寓裏寄宿的旅客，醫院裏做診的病人，和其他臨時在戶內過夜的客人，都附帶算在本營業戶內。一個人在確定處所單獨營業的也算是一戶。

現在再詳細規定幾個特別營業戶的標準在下方面：

(1)一個廠號或營業組織的全部，設在同一處所或房屋內，實際即由一個店主，廠長或經理，直接領導全部員工共同營業的，這個廠號或營業組織的全部，就算是一個營業戶。

(2)一個廠號或營業組織的各部份，分別設在幾個處所或房屋內，不論由店主，廠長或經理親自主持營業的，或是指定各部份負責人，分別主持營業的，都要分別各算一個營業戶。

(3)一個廠號或營業組織的若干部份，設在同一處所或房屋內，各個部份各有一個負責人，實際主持營業的，要分別各算一戶。例如某公司的材料部和門市部同設在某某街某號門牌市房內，公司總經理並不在這個房屋辦事，所有這兩部份的事務分別交給材料部主任和門市部主任實際直接主持的，那麼這兩個部份就要分別各算一戶。

若是店主，廠長或總經理也駐在這同一處所內辦事，實際直接主持這幾部份業務的，仍然要依照第(1)項標準的規定，合併算做一個營業戶。

(4)不同組合的幾個廠號或營業組織，不論是否設在同一處所或房屋內，不論是否由同一店主，廠長或經理主持營業的，都要分別各算一個營業戶。例如一個整個建築的商場，分別租給許多商家開設各種不同組合的店鋪，如綢緞鋪，糖菓舖，文具店，小吃館等，這每個店鋪都要分別各算一戶。又如一個店主在同一鋪面裏，一邊開設一個綢布莊，一邊開設一個百貨店，只要這兩個店鋪的資本，設備和員工等，是彼此劃分清楚的，還是要分別各算一個戶。

(5)一個很小的店鋪或作坊，由一家人共同經營生意的，若是這個店鋪或作坊的處所和住家的房屋完全隔離的，那麼就要分別各算一個營業戶和一個普通戶。主持這個店鋪或作坊的家長和直接間接就同營業的家屬（不就同營業的家屬不在內），除掉已經算是這一家普通戶裏的人口而外，還要提出來再算做這個營業戶裏面的人口。

（6）一個很小的店鋪或作坊，由一家人共同經營生意的，但是這一家人就在這個店鋪或作坊的處所內住宿，吃飯，共同生活。若是這個店鋪或作坊所僱用的夥計或工人多於直接間接幫同營業的家屬（不幫同營業的家屬不在內），那麼就要分別各算一個營業戶和一個普通戶。主持這個店鋪或作坊的家長和直接間接幫同營業的家屬，除掉已經算是這一家普通戶裏的人口而外，還要提出來再算做這個營業戶裏面的人口。若是所僱用的夥計和工人少於幫同營業的家屬，那麼便祇算一個普通戶，不要另外再算營業戶；戶長，家屬和所僱用的夥計工人，都算是這個普通戶的人口。

一般農戶也可適用此項標準。

（7）一個普通住家向大商號或大工廠領些工作在家中做，然後拿做成的東西向廠號裏換取工資的，雖然有時也僱用夥計幫忙，但是祇算是一個普通戶，不要另外再算營業戶。例如火柴廠附近的平民人家向廠裏領些材料在家裏糊火柴盒，然後拿製成的火柴盒向廠裏按件數多少領取工價，那麼這個人家祇算一個普通戶，不要另外再算營業戶。

（8）一個廠號或營業組織的員工，在本廠號或營業組織所設備的寄宿舍內住宿，只要這個寄宿舍和本廠號的營業處所是分離的，就要另外算做一個營業戶；但是本廠號的員工在本廠號的營業處所內住宿的，不要另外再算一戶。

（丙）公共戶的判別標準

公共戶就是「在同一處所同一主持人之下共同辦事的若干個人所集合而成的戶」。這裏所謂「共同辦事」，是指在同一處所內同一機關組織而言，除掉包括實際直接主持事務的長官和幫同辦事的職工而外，還包括受管率的人。例如學校裏的學生，養老院裏的被留養人，公共醫療所裏的留診病人等等，都是屬於受管率的人。其他在本戶內臨時過夜的客人，也附帶算在本公共戶內。

現在再詳細規定幾個判別公共戶的標準在下面：

(1)一個機關或公共組織的全部，設在同一處所或房屋內，實際卽由這個機關或組織的主管長官或首領，直接領導全部職工共同辦事，這個機關或公共組織的全部就算是一個公共戶。

(2)一個機關或公共組織的各部份，分別設在幾個處所或房屋內，不論是由本機關或組織的首長親自主持辦事的，或是由各部份首長分別主持辦事的，都要分別各算一個公共戶。

(3)一個機關或公共組織的若干部份，設在同一處所或房屋內，分別由各部份首長實際直接主持的，要分別各算一個公共戶；若是這個機關或組織的首長也駐在這同一處所內辦事，仍然要依照第(1)項標準的規定，合併算做一戶。例如四川省政府建設廳，除掉若干科室在本處內辦公外，其餘第一科和會計室在一處，第四科單獨在一處，統計室又單獨在一處，那麼在廳內辦公的各科室就算是建設廳的一戶，其餘第一科，會計室，統計室都要分別各算一戶。

(4)不同組織的幾個機關或公共組織，不論是否設在同一處所或房屋裏，不論是否由同一主持人兼任首長，都要分別各算一個公共戶。例如縣警察局設在縣政府裏面，雖然是縣政府的所屬機關，但並不是縣政府本身組織的一部份，還是要另外算一個公共戶的。

(5)一個組織很小的機關或公共組織，設在首長自己的家長，由首長自己或僱用職工經常辦理各項事務，並備有單獨的辦事房間，那麼就要單獨的算做一個公共戶，這個機關或組織的主持人，除掉已經算是他自己住家的普通戶裏面外，還要把他提出來再算做這個公共戶裏面的人口。例如保長辦公處，雖然設在保長本人的家裏，但是另外關出一間房屋作爲單獨的辦公處的，就要提出來另外算做一個公共戶。

若是這個機關或公共組織的主持人，自己並不經常替這個機關或團體辦事，又沒有其他經常幫同辦事的人，縱然在家內沒有單獨的辦事處所，仍不算是一個公共戶。例如有許多同學會，同鄉會和學術團體等，有時設在主持人自己的家裏，平日並沒有經常辦事的人，就不要算做一個公共戶。

（6）一個機關或公共組織的職工，在本機關或公共組織所設備的寄宿舍內住宿，只要這個寄宿舍和本機關或公共組織的辦事處所分離的，就要另外算做一個公共戶；但是本機關的員工在本機關辦事處所內住宿的，不要另外再算一戶。

三、如何到各個處所內去定戶

同一處所內常常有許多戶，而且有許多種類不同的戶，所以普查員每進一所房屋，住宅，院落或其他處所，首先要把裏面的各部份都要走到，看裏面究竟有多少戶，有那幾種戶，不可有遺漏。現在依次分別說明如下：

普通住宅　普查員每到一所普通住宅，先要查看在裏面住宿的人分幾處鍋灶吃飯（間斷不的不算），估定這所住宅裏大概住有幾戶，然後再按照前面所說的判別普通戶的標準第（1）和第（5）項，來判定有沒有同鍋吃飯而應該分成幾戶的，有沒有分鍋吃飯而可以合併算一戶的。若是有一家人同時經營一個小店鋪或作坊時，就要按照判別營業戶的標準第（5）項和第（6）項來判定應不應該另外算做營業戶。

街坊店鋪　普查員到街市上每一家鋪面，先要依照營業戶的判別標準第（4）項，判定這個鋪面祇有一個或是有幾個營業的店鋪，每個店鋪算做一個營業戶。然後再看這個鋪面裏有沒有住家，有幾個住家，每家算做一個普通戶。若是遇到一個店鋪由一家人共同經營的，就要依照營業戶的判別標準第（5）項和第（6）項，判定究竟應該祇算做一個普通戶，還是應該分別算做一個營業戶和一個普通戶。

大廠號營業處所　普查員每到一個大商號工廠等的營業處所裏，除掉把這個廠號所有主持和幫同營業的員工算做一個營業戶而外，先要查看有沒有人在裏面住家，若是有的，雖然家裏有一部份人就在這個廠號裏做事，還是要另外算做一個普通戶的。若是在裏面住家的不祇一家，就要分別各算一個普通戶。若這個廠號本身在營業處所內附設有其他營業組織（如消費合作社等）或公共組織（如學校等）的，就要另外算做一個營業戶或公共戶。本公司廠號的職工單身在本營業處所內住宿的，不要另外算戶。外來的客人不共同營業，臨時在本營業處所內過夜的，附在本營業戶內，也不要另外算戶；但是長期寄宿的客人，就以本營業處所做經常住宿處所的應該另外算做一個普通戶。

公共處所

普查員每到一個機關學校等的辦事處所裏，除掉把這個機關學校裏所有辦事的人和受管轄的人算做一個公共戶而外，還要查看有沒有在裏面住家的；若是有的，就要另外算做普通戶。本機關學校在辦事處所附設有營業組織或其他公共組織的，要另外算做營業戶或公共戶。在本機關學校裏住宿的單身職工不要另外算戶。外來的客人臨時在本機關學校內過夜的，附在本公共戶內，也不要另外算戶；但是長期寄宿的客人，就以本機關學校爲經常住所的，應該另外算做一個普通戶。

旅館客寓

普查員每到一個旅館或客寓裏，先要把這個旅館或客寓的老板，員工，夥計和寄宿的旅客，算做一個營業戶。然後再查看旅館的員工有沒有帶着家眷在旅館裏住家的；要是有的，要另外算做普通戶。在旅館裏居住而另外沒有經常住宿處所的，要單獨算做普通戶，不算在旅館的營業戶裏。

廠號機關職工寄宿舍

普查員每到一個廠號或機關的職工寄宿舍裏，先要把這個寄宿舍裏的管理人和本廠號或機關的職工單身在本寄宿舍裏住宿的算做一個營業戶或公共戶，然後再查看本宿舍的管理人和寄宿的員工有沒有帶家眷在本寄宿舍居住的，若是有的，要單獨算做普通戶。

複雜的大宅院

前面是就比較簡單的情形來講的，若是遇到一所很大的房屋或宅院，裏面有許多種不同的戶，情形比較複雜時，例如：在大寺廟裏有學校，學校裏有住家；學校裏有教員住宅，住宅裏有消費合作社，機關裏有種辦事處分離的職工寄宿舍，寄宿舍裏有住家和學校，有外來的教職員；普查員遇到這種複雜情形，首先要把這大房屋或宅院的內部處處走到，再看可以很顯然的劃分幾部份，然後按照各種戶的判別標準，到各部份去判定裏面所有的戶。

四、編戶的步驟和方法

編戶的工作應該在普查標準日（三十一年四月五日即農曆二月二十日淸明節）的前七天（三月二十九日即農曆二月十三日）的早晨開始辦理，由普查分區主任引導這一個分區的普查員帶着「戶冊」「戶籤」「戶口普查表」「廠號機關填寫普查表說明」四種表件，並且自備漿糊刷和策靈，依照下面所說的步驟和方法，先把本分區內陸地上固定處所內的戶一一編號，記在戶冊內。本普查分區所有的戶一天不能編完，第二天繼續編，戶數少的一定要在第三天內編完，戶數多的至遲也不能超過五天，在五天之內一定要全部編完，絕對不得拖延。等到查口工作開始的時候，再同時去補編在船舶上的戶和新遷來本區的戶。現在把編戶方法按着編戶的步驟寫在下面：

（1）規定路綫　在開始編戶以前，普查員應與普查分區主任觀察本分區的自然形勢，并參照過去保甲編組情形，規定最適當的進行路線。過去甲戶次第有紊亂情形時，應依照最合理的次序酌量改變。等到出發編戶的時候，每到一地，還要依照下面的規定，把各戶順次編定，不得重複遺漏或顛倒錯亂。

（一）普查員每到一個鄉村，應從鄉村的一端起到另一端止，順着次序把本鄉村內所有的戶一一編完。或以道路河流爲幹線，先從幹線上開始，逐漸向兩旁延伸；或以村落爲中心，先把本村落內的戶順次編好，再向周圍擴張。務須適應自然形勢，保持村落的完整和將來保甲長管理的便利。

（二）普查員每到一處山地，應從山的一端起到另一端止，或從山頂到山脚，或從山脚到山頂，順次把各戶編定。

（三）普查員每到一個城市場集，應沿着每條街道，先從街道的一端按各甲的次序順次編到街道的那一端（參看「整編保甲須知」）。

（2）編貼戶簽　編戶工作的第一步就是先把本分區內陸地上固定處所中所有的戶一一編號。開始工作的時候，首先由普查分區主任引導普查員順着規定的路線，從第一所房屋或宅院起，根據前面各節所講的戶的定義，和戶的判別標準和方法，分別去訪問這所房屋或宅院裏所有各戶的戶長或可以代表戶長的人，切實的判定了有多少戶，有那些戶，然後從第一號起順次每戶給他一個號碼，填在一張「普查戶簽」內，例如「第(一)戶」「第(二)戶」「第(三)戶」等。然後再把這些戶簽順着號碼次序並排貼在這所房屋或宅院的大門或總出入口的左上方的顯著地位。若是這所房屋或宅院裏祇有一戶的，就祇有一張戶簽，兩戶就有兩張戶簽，三戶的三張戶簽，各戶的號碼是順着次序編定的，不要按照戶的種類分編。第一所房屋或宅院所有的戶編好了，就接着編第二所房屋或宅院裏面所有的戶，但是這些所在各戶的號碼一定要接着第一所房屋或宅院最後的那號數編下去。譬如第一所房屋或宅院已經編到第三號，那麼這裏就從第四號編起。這樣接着第三所房屋或宅院照樣編下去，直到編到這一分區最後一所房屋或宅院為止，不要重複，不要遺漏，也不要錯誤。

(3)類似房屋或宅院的他種場所，只要有人在內住宿或營業或辦事的，都要照着前面所說的方法，一一去訪問編戶。例如街市旁邊開店的小木屋，河邊或山腰上人民居住的小窩棚，以及有人居住的石洞等，都要去訪問編戶，不可遺漏。常見鄉間時常有在田上或河岸邊的茅棚或水磨，看做在陸地上的房屋，一起編戶。

(4)廠號，機關，店鋪，作坊和普通住家的職工和家屬等，輪流或臨時派在街道上，田野中，礦場內或任何露天場所工作的，已經算做他們所在戶內的人口，不要另外編戶。（例如派在街道上的警察崗亭，設在田野上的更寮，都不要編戶，但是比較大而是固定工作場所，有固定的員工在裏面工作或住宿的，還是要單獨編戶。）

逢場期在街市場設的攤鋪不要編戶，但是有鋪房鋪面的吊腳鋪，還是要編戶。

(5)乞丐流氓和其他無家可歸的人，沒有確定住宿或工作處所的，也不要編戶。

(6)普通住家全家到別處居住，而保留原來居住處所的全部或一部的，仍然要編戶。廠號機關的職工全部遷往他處，而保留原來的營業或辦公處所的，還是要編戶。（參看戶冊「附註」欄內註明「遷出保留處所」。）

(7)這裏要遇到的一個特殊情形是：一個機關或學校的辦事處所雖然分了好幾處，可是每個處所並不是固定給這個機關或學校的某部份用的，裏面辦事和管理的人並不確定，很難把每處單獨各算一戶。遇到這種情形，仍然先把每個處所都分別各編做一戶。例如設在本省三峽實驗區黃桷鎮的復旦大學，因為沒有一個完整的大房子或整個校舍，就是借一個大廟做校長室和首腦部的辦公室和一部份的教室，其餘的教室，圖書館和供膳部等，就散佈在黃桷鎮上大街小巷的民房裏，這每個房子，院落或廠所，都是每個教職員和學生的共同工作場所，並不是指定給某一部份人用的，很難把每處各算做一戶，但是在編戶的時候，還是分別把各個處所各編一個公共戶，可是要在戶冊裏面的「附註」欄內註明這種情形（詳見下文「散發廠號與自塡戶口普查表」一段）。

（3）塡寫戶冊：普查員每編定一戶的戶號塡在戶簽上後，就要按照戶冊內要問的事項，向戶長或代表戶長的人查問明白，塡入戶冊的各欄內（塡寫方法詳本須知第五節「戶冊塡寫說明」）。遇到無人在家的戶，要向同住的人或甲長去查問。

不過這裏要特別注意一件事情，就是普查員每編定一戶戶號，要立刻判定這個戶是否在城市場集區域之內，若普查員對於城市場集的區域有疑問，就要向縣政府或當地熟悉情形的人請教，在向縣市政府查明。這裏所說的城市場集是指縣政府所在地的「縣城」，有固定場期買賣的場集，和各種買賣會聚的其他市鎮（比一般場集還大的市鎮）。這裏所說的城市場集區域是指實際市場範圍而言，並不是指城牆以內，因為城市往往擴大，當中沒有農田完全隔斷的整個戶口密集的市場範圍而言，縣城內外戶口密集的市場，城牆不一定以城牆為界，有時城牆以外的戶口也要算作市場範圍，不必拘泥於保甲所管轄的行政區域相合，凡是實際與城市場集相連接的，都算在內，算作市場範圍的，應該有時候市場範圍內的戶口要分開保甲的界限，應算在城市場集內的自然應該

（4）擬定保甲番號——編戶的時候，須要按照本分區原編各甲的番號次序，以不變更原編的甲數為原則；若是原編各甲範圍內現有戶數，比較原編戶數超過或減少，而差不多於十五戶或少於六戶的，就仍舊編在原甲內，並在戶冊內順次挨訂保甲番號（參看甲第號「開頭編號」）再編完，再接着編第二甲，以後類推以下去。若是遇到原編某甲範圍內現有戶數多於十五戶的，就應該把多出來的戶數劃歸鄰近甲內，少於六戶的，就應該併入鄰近的甲內，若是本分區所編的甲數，超過十五甲，仍舊暫時繼續編在本分區的原編保內，等到戶數全部編竣以後，再由縣政府或鄉鎮公所負責重新調整保甲（詳見「整編保甲須知」）。

（5）散發廠號與自塡戶口普查表：編戶的時候，若是遇到人口眾多的大廠號和機關，普查員認為他們確能自塡戶口普查表的，就可以斟酌戶內人數的多少，發給所需要的戶口普查表，和一份「廠號機關塡寫戶口普查表說明」，請他們自己去塡，約好時候，到期收取，並且

在戶冊內本戶的「附註」欄裏註明「自填」二字。旅館客寓和不能自填的較小廠號機關，切不可刪漏，等到查口的時候再來查記。

(四)如果遇到一個廠號機關雖然有好幾處營業或辦公的處所，但是很顯然分成幾個戶的，即如前面所講的復旦大學校舍分散在黃桷樹鎮上民房裏的例子，前面已經按照各個處所分別編了戶。現在要叫這個廠號或機關自填戶口普查表，便祇有把全體營業或辦事人口合併起來查記，至於在各處所內住宿的人口便暫時不要查記。在散發自填戶口普查表時，先要找到這個廠號或機關的首腦部，按照戶冊內所編的有關本廠號機關的戶號和名稱，一一問明那些應該歸併一戶查記的，開列清單，記明戶號，名稱，連同全部所需要的戶口普查表交給這個首腦部自填。然後在戶冊內這個首腦部的那一行的「附註」欄內註明「辦事人口自填」或「營業人口自填」字樣，同時要把原編的這個首腦部的戶的名稱改做包括這個廠號機關全體的名稱，在歸併首腦部一戶查記的各戶號的「附註」欄內，註明「營業人口歸併第幾分區第幾戶自填」或「辦事人口歸併第幾分區第幾戶自填」字樣，就不用再填普查表了。若是這個機關或廠號的辦公或營業處所分散在鄰近幾個普查分區的，各分區的普查員要照這裏所說的原則會商辦理，務必要避免重複遺漏，例如復旦大學總辦公處在黃桷樹大廟裏，編爲××普查區第一分區第五戶，復旦大學第十五教室在黃桷鎮樹人路，編爲××普查區第二分區第三十二戶，經過第一分區和第二分區的普查員會商後，決把普查表送到大廟裏總辦公室去，那麼就在第一分區戶冊第五戶「附註」欄內註明「辦事人口自填」六字，同時把名稱欄內所填的「復旦大學總辦公處」改做「復旦大學」。在第二分區第三十二戶「附註」欄內註明「辦事人口歸併第一分區第五戶」。這裏所要注意的，依照本編戶須知的規定應該分別立戶的，普查員應該拿出主張，不要聽從機關或廠號的首領任意要求併做一戶。例如復旦大學農場，女生宿舍等，固然是各個單位集體，都應該分戶查記的。

(六)呈核戶冊　普查員把這些陸地上的戶編完以後，普查員和普查分區主任應該在戶冊的冊面上分別簽名，并在本人的名字下面填寫編完的日期，立即由普查員呈送主管本分區的普查區副主任(或主任)查對，主管各該分區的普查區副主任(或主任)收到各分區普查員送來已經填好的戶冊，立刻要詳細查對(如若發現有錯誤，就把錯誤的事項填入一張「戶冊訂正事由單」裏，連同普查員原呈的戶冊，發還各分區普查員會同普查分區主任再去查明改正。普查員依照改正後，再將改正的戶册，連同普查區副主任（或主任）原發「戶册發回改正事由單」，呈送核閱，等到查對全部沒有錯誤，纔由普查區主任和副主任在戶册的面上簽名，并填寫最後查對無誤的日期，立刻發還各普查分區普查員，在加編船戶，補編新戶和查口的時候應用。全普查區的戶册查對和改正的工作至遲要在普查標準日前一日（三十一年四月四日即農歷三十一年二月十九日以前）全部完成。

（7）加編船戶 到了普查標準日（三十一年四月五日即農歷二月二十日）的深夜，普查員要把當夜停泊在本分區內的船舶，一齊編戶，并且同時查記船戶人口。 編戶的方法和陸地上的編戶方法一樣，就在同一本戶册上接着陸地上已編的戶最後一號編下去，如陸地上已編的戶最後一號是第一百二十號，這些船戶就從第一百二十一號接着編起，一直到把當夜停泊在本分區內所有的船戶編完爲止，并且在每隻船舶艙門左上方粘貼戶簽。

一隻船上通常祇有一個戶；若是遇到實際有幾個戶的，還是要分別編幾個戶。

淺船，划船，舢板，和他種很小的船隻，平時和當夜並沒有人在上面住宿的，祇能當做一種工具看，就不要編戶查口。

每一碼頭的船戶編好以後，暫不擬編保甲番號，等到後來由鄉鎮公所根據船戶的戶口普查表依法整編保甲。

（8）補編新遷入的戶審查新徙出的戶 在陸地上的戶編完以後，尚未開始查口以前，普查員要去拜訪本分區內各甲甲長，請他們隨時報告編戶以後各甲內新遷入或新徙出的戶。普查員得到甲長的報告，應該在工作手册後面所附的空白紙上，隨時把遷入戶所在地址和徙出戶原在地址記下來，做查口時的參考。到了查口的時候，普查員到每一所房屋或宅院裏，首先要查問在編戶以後有沒有新遷入的戶，若是有的，就要把他接在編戶後面，編到戶册上面去，同時按照戶的順序，把各甲內的戶次加以調整，改正戶册內原塡的番號，并編定新遷入戶的番號。

補編新戶的時候，仍然要編貼戶簽。「戶簽號數」仍然挨着每所房屋，宅院從第一號起，不過在號數上面加一個「補」字，如「第（補一）號」及「第（補二）號」等。每所房屋宅院裏補編的戶簽，要在大門左上方原編貼的戶簽後面，順序接着貼起來。每編一新遷入的戶，隨即接着就查口。

補編的新遷入的戶，若是在普查標準日第一天(三十一年四月六日卽農歷二月二十一日)天明以後遷入的，應該在表冊「附註」欄內註明「標準日後遷入」字樣。

至於新徙出的戶，若是全戶在普查標準日第一天(三十一年四月六日卽農歷二月二十一日)天明以後徙出的，仍然要保留着，接着查口，但是要在戶冊的「附註」欄內，註明「標準日後徙出」字樣。若是全戶在普查標準日第一天天明以前徙出，而沒有保留原來居住或營業或辦事的處所的，就用墨筆把這戶勾去，不要查口。若是全戶徙出而保留原來居住或營業或辦事處所的全部或一部的，不論在普查標準日以前或以後徙出的，仍然要保留着，接着查口，并且在戶冊「附註」欄內，註明「徙出保留處所」字樣；不過依照「查口須知」的規定，也許是個沒有查口的空戶。

表冊內各甲各戶的保甲番號，要與除新徙出不查口的戶，重行調整改正；但是徙出而保留原來居住或營業或辦事的處所的，仍然要保留他應得的保甲番號。

(9)計算各類戶數　在查口工作進行的時候，待查到一戶，普查員要切實注意戶冊上所填的各項事實是否和戶口普查表上所填的完全符合，如若有不符的情形，就立刻把發現不符的事實查問更正，再接下去查下面一戶。等到查口和改正戶口普查表等工作全部完成的時候，普查員應該點清戶冊中所編的總戶數和普通戶，營業戶，公共戶各大類戶數，填入戶冊封面相當的各欄內。點清總戶數和各大類戶數時，要注意把徙出不填戶口普查表的戶剔除。若是戶冊裏面的總戶數和已填戶口普查表的戶數不符的話，那麼就是發生錯誤，一定要查明更正。若是本分區的戶用兩本戶冊纔編完的，那麼這兩戶冊的總戶數和各類戶數應該填在第一冊的封面上，第二冊上不用填。

(五)戶冊填寫說明

(1)戶冊封面各款的填寫

「四川省　縣　鎮普查區第　分區戶冊第　冊」應在各空白內，順次填寫本縣縣名本普查區的鄉鎮名稱和本分區的次第。

「原編　　保」——應在空白內，填寫本分區原編的保的次第。

「第　　冊共　　分冊」——應在各空白內，填明本分區共有戶冊幾冊，和本戶冊是第幾冊。

「普查員　　月　　日」——應在各空白內，由普查員填寫他自己的姓名，和陸地上的戶第一次編完的日期。

「普查分區主任　　月　　日」——應在各空白內，由普查分區主任填寫他自己的姓名，和陸地上的戶第一次編完的日期。

「普查區副主任　　月　　日」——應在各空白內，由普查區主任和副主任填寫他們自己的姓名和最後查對無誤後發還的日期。

「本分區包括本列主要地名」——應順次列舉本分區內所有較大的地名，若是本分區全部或一部份在某城市場集內的，須填明這個城市場集的習用名稱，如「縣城」，「北門街」，「興隆場」等，和重要的街坊名稱。

若是本分區有兩本戶冊的，在每本戶冊上前面的各款都要填寫

「本分區共有　　戶」——應在空白內，由普查員填寫本分區所編的總戶數；本分區有兩本戶冊的，在第一冊內，寫上兩本戶冊合計的總戶數。

「普通戶共有　　戶」——應在空白內，由普查員填寫本分區所編的普通戶總數；本分區有兩本戶冊的，在第一冊內填寫兩本戶冊合計的普通戶總數。

「營業戶共有　　戶」——應在空白內，由普查員填寫本分區所編的營業戶總數；本分區有兩本戶冊的，在第一冊內填寫兩本戶冊合計的營業戶總數。

「公共戶共有　　戶」——應在空白內，由普查員填寫本分區所編的公共戶總數；本分區有兩本戶冊的，在第一冊內填寫兩本戶冊合計的公共戶總數。

若是本分區有兩本戶冊的，前面關於各類戶數的各款祇要在第一冊上填明就夠了。

(2)戶冊內各欄的填寫

「詳細地址」——應由普查員填寫本戶所在地址最小區域和宅院名稱。如在城市場集，要寫街道名稱和街坊門牌號數（不是保甲戶牌），例如「中山路二十六號」等；如在鄉村，應填最小地名和院落名稱，例如「李家大院子」等。

「在何城市場集內」——若是不在任何城市場集戶口聚集的市場範圍內的，應填寫一個「×」號，若是在某城市場集的市場範圍以內的，應填寫這個城市場集市場範圍的習用名稱，不可填寫行政區域名稱。例如填「北碚場」不填「北碚鎮」，填「茶店子」不填「公路鄉」。

「普查戶號」——應填寫戶簽上所編的戶號，如「一」「二」「補一」「補二」等。

「原編保甲番號」——應由普查員填寫本戶最近編整的保甲戶牌的號數，如三甲七戶等；若是沒有保甲戶牌就填「×」。

「擬編保甲番號」——應由普查員填寫擬編的甲戶次第，如一甲三戶，二甲五戶等，若是特編甲就寫特三甲六戶等，若是臨時甲就寫臨五甲七戶等；若是外僑普通戶就填一「外」字，若是公共戶就填一「公」字，若是外僑普通戶或公共戶爲臨時戶時，就填「外臨」或「公臨」。

「戶別」——應照所判定的戶的種類填寫，若是普通戶填一「普」字。營業戶填一「業」字，公共戶填一「公」字。若是船戶，就要判定他究竟是普通戶，是營業戶還是公共戶，然後照判定的結果，填「普船」，或「業船」，或「公船」。

「名稱」——應由普查員填寫本戶的名稱。普通戶沒有名稱的填「×」號；營業戶填詳細字號，如「和記米店」「和記米店第一分店」「大明織布廠」「大明織布廠營業處」「中國農民銀行北碚辦事處」「興隆場消費合作社」「正中書局職員寄宿舍」等，若是沒有字號，就祇填營業的種類，如「雜貨店」「百貨商店」等。公共戶填完全名稱，如「求精中學」「求精中學小學部」「三十六軍七十二師獨立第一營營部」「三十六軍七十二師獨立第一營第一連連部」「澄江鎮煤業公會」「觀音廟」「復旦大學女生宿舍」等。

「戶長姓名」——填寫本戶戶長的真實姓名。如果本戶戶長是保長或甲長時應於姓名上加寫「保長」或「甲長」字樣（參看「聯編保甲須知」）。

「附註」——填寫其他必要的事項，例如營業廠號機關自填戶口普查表的時候，就註明「自填」字樣；若是辦事人口歸併成一戶自填的，註明「辦事人口歸併第一分區第五戶自填」字樣。加編新遷入戶普查新徙出戶的時候，就註明「標準日後遷入」「標準日後徙出」「徙出保留處所」字樣。

普查戶簽格式

四川省崇寧縣　鄉/鎮　普查區

第　普查分區

第　戶

不准撕毀

普查戶簽

本分區普通戶共有　　戶
本分區營業戶共有　　戶
本分區公共戶共有　　戶
總計共有　　戶

本分區包括左列主要地名

(一)　(二)　(三)
(四)　(五)　(六)
(七)　(八)　(九)
(十)　(十一)　(十二)
(十三)　(十四)　(十五)

普查區主任　　月　　日
普查區副主任　　月　　日
普查分區主任　　月　　日
普查員　　月　　日

四川省　　縣　　鄉鎮（原編第　　）普查區第　　保
普查分區戶冊

第　　冊共　　冊

戶冊內各頁格式（每冊二十四頁足填二百四十戶）

詳細地址		原編保甲番號		擬編保甲番號		戶別	名稱	戶長姓名	附註
在何城市普查	聚集內戶號	甲	戶	甲	戶				

整編保甲須知

一，保甲編制的標準

（甲）一般編制

保甲的編制以戶爲單位，在一般情形之下，應按照下面的標準編制：

（1）甲的編制以十進制爲原則，就是每十戶應編成一甲。但在戶口密集的地方如城市墟集內，最多可以十五戶編成一甲；在戶口稀少的地方，最少可以六戶編成一甲。

（2）保的編制也是以十進制爲原則，就是每十甲應編成一保。但在戶口密集的地方如城市墟集內，最多可以十五甲編成一保；在戶口稀少的地方，最少可以六甲編成一保。

保的編制應兼顧已往的歷史關係，并根據本鄉（鎮）的自然形勢，分段編制，不得分割本鄉（鎮）的一部，編入其他鄉（鎮）的保裏。

（乙）特殊編制

編整保甲時，若是因爲地勢或其他特殊的情形，可以依照下面的規定編制：

（1）每一保內編餘的戶不滿一甲的，六戶以上可以另編一甲，六戶以下併入鄰近的甲。

（2）每一鄉鎮內編餘的甲不滿一保的，六甲以上可以另編一保，六甲以下併入鄰近的保。

（3）礦場附近和靠近江邊河邊流動無常的戶，不滿六戶的編爲臨時戶，附隸於鄰近的甲，六戶以上編爲臨時甲，附隸於鄰近的保，六甲以上編爲臨時保，附隸於所在地的鄉鎮。

（4）因疏散遷入本地居住營業，或暫時移住本地不滿一年的流動戶：在聚居的地方不滿六戶的編爲臨時戶，附隸於鄰近的甲，六戶以上編爲臨時甲，附隸於鄰近的保，六甲以上爲臨時保，附隸於所在地的鄉鎮；在散居的地方，一甲以內不滿六戶附於鄰近的戶，編爲鄰餘戶（一）（二）（三）……，隸屬於所在地的甲，六戶以上編爲臨時甲，附隸於所在地的保。

（5）山谷裏面的畸零戶，在鄰近五里以內不滿六戶的，三戶以上編爲特編甲，三戶以下附隸於鄰近鄰甲，在鄰近十里以內不滿六甲的，三甲以上編爲特編保，三甲以下附隸於鄰近的保。

(6)沒有同化的土著，與一般人民居住的地方彼此隔離，風俗習語都不相同的，六戶以上編爲特編甲，六戶以下附隸於鄰近的甲，六甲以上編爲特編保，六甲以下附隸於鄰近的保，若是已經同化的土著，仍舊要與一般普通戶和營業戶混合編組。

(7)屬於墾社內的戶，應在不割裂墾區的原則之下，依照前面所說保甲編制的一般標準，編組保甲。但在墾社業務還沒有十分發達，墾民稀少的墾區，六甲以上可以另外編成一保，六甲以下併入鄰近的保，六保以上可以成立一鄉鎮，六保以下併入鄰近的鄉鎮。

(8)公共戶和外僑住家的普通戶，應直接由保統轄，不另編組保甲。

(9)船戶保甲應依照四川省各縣船戶保甲編組辦法另行編組。

三，整編保甲的步驟與方法

(1)擬編保甲番號　普查員在編戶的時候，要同時擬編保甲番號，各就本普查分區原編保的範圍，順着編戶的路線，按照編戶的結果，重行擬編甲戶次第，以不變更原編甲的單位和次序爲原則：若是在原編甲裏，現編戶數不滿十五戶的，可以仍舊編在原甲內，超過十五戶的，把超過的戶數併入鄰近的甲。鄰甲的戶數若是也超過十五戶時，再照着同樣的方法去調整。在原編甲裏現編戶數已滿六戶的，可以仍舊保留原編的甲；少於六戶的，可以從鄰近甲內劃入若干戶，仍舊保留原編的甲。鄰甲的戶數若是少於六甲時，也可以依照同樣的方法去增劃。若是原編甲戶的次第紊亂，或有其他不合理的情形，仍然要按照甲的編制標準，重行調整。

擬定甲戶次第，一般編制就順次編做第一甲第一戶，第一甲第二戶，第一甲第三戶等。若是臨時戶，就編做第幾甲第幾臨時戶；若是臨時甲，就編做第幾臨時甲第幾戶；若是特編甲，就編做第幾特編甲第幾戶。臨時甲戶和特編甲戶的第次，都要各自另爲起訖，不可混在一起編組。又在甲內遇有全戶遷往他處，而仍舊保留原來居住或營業的處所的空戶，還是要依照甲戶順序，保留這個戶的次第，等到以後遷回來的時候再行補編。

有一部份營業戶，如工廠，銀行等，已往編組保甲認爲公共處所，不編入保甲的，現在仍然要按着甲戶的順序，把他們分別編入各甲內。

若是本分區所編的甲數，超過十五甲的，仍然暫時順次編在本分區的原編保內。

普查員挨宅挨戶去編戶，並且同時擬訂甲戶次第以後，應該把所擬定的甲戶次第，按戶填入戶冊內的「擬編保甲番號」欄內，作為鄉鎮公所正式調整保甲編制的根據。公共戶和外僑住家的普通戶，若是臨時戶時，應在「擬編保甲番號」欄內，註明「公臨」或「外臨」字樣。

擬定甲戶次第的時候，普查員每編好一甲，應以原任甲長暫時充作現任的甲長，若是沒有原任甲長的，就要由甲內各戶戶長中推定一人暫行代理。凡是充任甲長的戶長，在戶冊裏面這個戶長的姓名上面應加註「甲長」二字。

普查員在擬定甲戶次第的時候，應該注意本分區的原編保和鄰近各保間的界域，劃分得是否合理，有沒有不合自然形勢，和次序紊亂或犬齒交錯情形。要是有的，應該把不合理的情形和調整的意見寫出來，並且說明本保擬編的某甲某戶應該劃歸某保，某保原編的某甲某戶應該劃歸本保，做成書面報告，在呈核戶冊的時候，一併密呈該管普查區副主任（或主任）。

（2）調整保甲編制　編查工作辦理完竣戶口普查區戶口總數初步報告表編製完成後，各鄉鎮長副鄉鎮長應召集本鄉鎮內各普查區副主任，會同調整保甲編制，重新劃分保界，確定各保甲戶的次第。調整的時候，應該依照前節所說的編制標準，根據戶冊裏面「擬編保甲番號」欄內填寫的甲戶次第，和各普查員密呈的書面報告辦理。但鄉鎮區劃過去已經調整完畢，這次不必再行改變。各鄉鎮的保甲編制和區劃，重行調整確定以後，並應隨即更正戶冊裏面原編保和擬定的甲戶次第，並將確定後的保、甲、戶的次第，分別填入每份戶口普查表夾首下方「整編第　保第　甲第　戶」的空白內，以便編造「保甲戶口編定冊」時，轉錄之用。

遇必要的時候，應召集有關的普查員來查問，或是派員到各保查勘。

三，整編保甲應注意的事項

(1)嚴守編制的標準　整編保甲應嚴格遵守保甲編制的標準，不可曲解法令自作主張，或者聽從地方人士的請求，隨便變更編制的標準。若是違背了這個守則的，各級編查人員都要受處分。

(2)甲戶次第應合順序　編定甲戶次第的時候，務須合乎順序，不可顛倒錯亂或重複遺漏，以達到口必歸戶，戶必歸甲，甲必歸保的目的。

(3)流動戶與固定戶應分別編組　因職業遷入本地居住營業或暫時移住本地不滿一年的流動戶，應分別編為臨時戶、臨時甲或臨時保，不可與在本地設居或有一定居住目的或居住期間已滿一年的固定戶混合編組。

(4)查勘保甲界域　整編保甲的時候，各級編查人員應該隨時查勘保甲界線，作為重新調整的根據。

(5)處置嫌疑人口　普查員在編戶查口時，若是遇到形跡可疑的人口，應靜加盤問，如果發現有重大嫌疑時，應該馬上報告縣普查處或普查區主任與主任，加以搜索或逮捕，並應隨即轉報或解送縣政府辦理。但是搜索或逮捕時，要有相當的證據，不可假公報私，誣陷別人；否則自己就要受法律的處分。

(6)處理拒絕編查事件　普查員在辦理編查工作時，若是遇有抗拒編查或故意蒙蔽，意圖違抗，包庇別人的，應報告督導員或普查區主任轉請主任依法予以處分。情節重大的還可搜索或逮捕他，送到縣政府去處辦。

2.查口之程序與方法　查口為編查之第二步工作，應於普查標準日之翌晨（三十一年四月六日）開始舉行，追查普查標準日夜間的事實，並至遲於七日內（三十一年四月十一日以前）完成之；但流泊無定之船舶，其查口工作應於普查標準日夜間，就其停泊之口岸或碼頭，與編戶同時舉行並完成之。查口時，普查員應按戶冊所載之詳細地址及普查戶號，挨宅挨戶訪問各戶戶長或其代理人，並應依照「查口須知」中之說明，查問普查標準日夜間各該戶內之人口及其所具之事實，填入戶口普查表內。每查畢一戶，即於各該宅戶門首編貼之「普查戶簽」下加貼「查訖簽」，以資識別。人口眾多之商號工廠機關團體學校等，已於編戶時先發戶口普查表，並附發「廠號機關填寫戶口普查表說明」，交各該廠號機關主持人自填者，應於查口時按次前往接收，務於普查標準日後七日內收齊。如有某廠號機關未能依限填交者，普查員應代為另填「廠號機關人口概況調查表」，仍將此等廠號機關名稱地址及主持人姓名呈報該管普查區，以便追案。較大之旅館寄棲館自塡戶口普查表，應於普查標準日午後，將戶口普查表並附「廠號機關塡寫戶口普查表說明」，先行發交自塡，並於當夜十二時後前往覆查核收。其不能自塡戶口普查表者，應由普查員於當夜十二時前後攜表前往查記。茲將「查口須知」及「查記證」與「廠號機關人口概況調查表」之格式附錄於後，以明查口之詳細程序與方法。（「廠號機關塡寫戶口普查表說明」照「查口須知」改編，不另附）

查口須知

一，普查標準日的意義

一個戶往往遷來徙去，不一定永遠在一個固定的房屋宅院裏，即使沒有遷徙，但是戶裏所包括的各個人，因爲生死婚嫁和出入等等情形，還是時時刻刻都在改變的；至於水上的船戶，根本隨着船舶流泊無定，格外無所謂固定的地址了。因此，我們要知道一個地域內的戶口實況，一定先要規定一個確定的「時刻」，纔能避免遺漏和重複等弊病，所以我們需要一個全區域同時查記的「一個劃一的「普查標準日期」，**這次舉辦戶口普查，規定民國三十一年四月五日（卽農曆二月二十日清明節）爲「普查標準日」，就是這個道理。**

按普通情形來說，戶口的移動白天比較夜間來得多，所以「普查標準時刻」最好定在夜深人靜的時候。**這次的戶口普查，是規定拿普查標準日夜間的情形做標準的。**不過在實際編查的時候，我們決不能在普查標準日夜間把全區域內所有的戶口一齊查完，爲了工作的便利起見，我們規定這次編戶的工作在普查標準日前七天就開始，查口的工作在普查標準日的第二天早晨纔開始，最遲有的到七天以後才查完。但是戶口的實況還是要拿普查標準日夜間作準的，在普查標準日以前所編的戶，如果在普查標準日夜間已經有了改變，應該在查口的時候隨時更正（參看「編戶須知」第四節「編戶的步驟和方法」內「補編新遷入的戶」「查看新徙出的戶」一段）。在查口工作繼續進行的時候，應該追記普查標準日夜間的戶口實況，決不可以拿查口當日的情形做標準，**普查員一定要嚴格遵守這個規定，並且每到一戶都要叫各戶戶長照普查標準日夜間的情形報告。**

這次的普查，從普查標準日的第二天早晨起開始查口，各普查分區同時開始，至遲要在七天內查記完畢，各分區的普查員一定要遵守這個最遲的期限。能夠結束得愈早親愈好。因爲日子若是遷延得久了，追查普查標準日夜間的情形就很不容易正確，普查員要切實了解規定普查標準日的用意，很認真的遵照七天的期限把本分區的戶口全部查完，不可遺漏，不可拖延。

二、各種戶內應該查記的人口

這次的戶口普查，除掉查記各種戶內共同生活或營業或辦事的人口而外，平時實際不在本戶內共同生活或營業或辦事的人口，於普查標準日夜間臨時恰巧在本戶內過夜的，也要同查時記。這完全爲了普查的作用，到了抄錄保甲戶口表的時候，這種臨時在本戶內過夜的人口一定要剔除的；還有人民懷疑不願查記的時候，普查員就要把這個意思向大家說明，務必據實報告各戶內「臨時過夜」的人口。

明瞭前面所說的基本觀念後，再按次說明普通戶，營業戶，公共戶內應該查記的人口。

一個人在家庭內生活，同時在一個或幾個廠號機關內營業或辦事的，要分別在各戶內查記。

（甲）普通戶內應該查記的人口

一個普通戶就是一個普通住家，包括戶長，家屬，僱工，傭僕和其他實際在一起生活的人，普查標準日夜間臨時恰巧在本戶內過夜的客人，也包括在內。

這裏有一種特殊的情形，戶長的親屬，因爲讀書，當兵，經商，作官在外，離家很久，終年常在外邊居住，或者已經單獨成家立業，普查標準日那天夜裏也沒有在老家過宿，那末這種經常在外邊居住的親屬，既不在本戶內「常時住宿」，又未曾在本戶內「臨時過夜」，按理就不應該當做本戶內的家屬查記。但是因爲顧全人民的家族觀念，對於各戶內「時常他往」的家屬，仍然是一齊查記的。

查記一個普通戶的人口，要按照下面的排列次序，填在一份戶口普查表裏：

（一）戶長和家屬（包括家屬「常時他往」的），

(二)傭工僱傭等，

(三)其他實際在一起生活的人，

(四)普查標準日夜間臨時在本戶內留宿或過夜的客人。

填寫戶長和家屬的時候，還要依照下面的次序，由右至左，接着填列（某項家屬沒有的，接着下一項填列）：

(一)戶長（家長或實際主持家務的家屬），

(二)配偶，

(三)祖父母，

(四)父母，

(五)子女和子媳，

(六)孫男孫女和孫媳，

(七)兄弟姊妹和兄弟的配偶，

(八)兄弟的子女和兄弟的子媳，

(九)伯叔父母，

(十)堂兄弟姊妹和堂兄弟的配偶，

(十一)堂兄弟的子女和堂兄弟的子媳。

（乙）營業戶內應該查記的人口

一個營業戶內應該查記的人口，包括戶長，員工，夥計，學徒，和其他幫同營業的人，不論他們是不是在本戶營業處所內住宿，都要一齊查記在內。不幫同營業的人，因為營業上的關係在本戶營業處所內住宿的，以及普查標準日夜間臨時恰巧在本戶內過夜的客人，也附帶查記在本營業戶內。

一般營業戶，和旅館客寓，公私立醫院，廠號員工寄宿舍內應該查記的人口，不很相同，現在按次分別在下面說明：

(1)一般營業戶　商號，工廠，銀行等一般營業戶內應該查記的人口，要按照下面的排列次序填在一份戶口普查表裏：

(一)實際共同營業的人口：

戶長(實際直接主持營業的人)，

職員，夥計，

學徒，

工役，

其他就同營業的人。

(二)不就同營業，而於普查標準日夜間臨時在本戶內留宿或過夜的客人。

(2)旅館客寓　旅館客寓內應該查記的人口，要按照下面的排列次序，填在一份戶口普查表裏：

(一)實際共同營業的人口：

戶長(實際直接主持營業的人)，

職員，夥計，

其他就同營業的人。

(二)不在旅館客寓裏常期住家的旅客。

(三)不就同營業，而於普查標準日夜間臨時在本戶內留宿或過夜的客人。

(3)醫院　一個營業性質的醫院(公立或私立)內應該查記的人口，要按照下面的排列次序，填在一份戶口普查表裏：

(一)實際共同營業的人口，

戶長(實際直接主持營業的人)：

醫師，

護士，

職員，

工役，

其他幫同營業的人。

(二)住院病人。

(三)不幫同營業，而於普查標準日夜間臨時在本戶內留宿或過夜的客人。

(二)廠號員工寄宿舍　一個廠號或營業組織的員工寄宿舍，和本廠號或營業處所分離的，另成一戶，要按照下面的排列次序，把戶內應該查記的人口，塡寫在一份戶口普查表裏：

(一)戶長(實際直接管理宿舍事務的人)，

(二)幫同管理本宿舍事務的職工，

(三)本廠號的員工單身在本宿舍內寄宿的，

(四)普查標準日夜間臨時在本寄宿內留宿或過夜的客人。

營業戶的戶長，是指實際直接主持本戶營業的而言。合資的股東，或獨資的店東或廠主，把店務或廠務交給賬房，經理，或廠長管理，自己祇從旁監督，或竟坐享其利的，不算是戶長。股東或廠店主自己主持廠店事務的，算是戶長。

(丙)公共戶內應該查記的人口

公共戶內應該查記的人口，分「一般公共戶」和「機關職工寄宿舍」兩項來說明：

(一)一般公共戶　一般公共戶內應該查記的人口，包括戶長，職員，工役，以及其他幫同辦事和受管束的人；不論他們是不是在本戶辦公處所內住宿，都要一齊查記在內。普查標準日夜間臨時恰巧在本戶內過夜的客人，也附帶查記在內。一般公共戶內應該查記的人口要按照下面的排列次序塡在一份戶口普查表裏：

(一)實際共同辦事的人口：

戶長(實際直接主持辦事的人)，

職員，

工役，

其他幫同辦事的人。

（二）實際受管轄的人，

（三）不隨同辦事，亦不受管轄，而於普查標準日夜間臨時在本戶內留宿或過夜的客人。

（2）機關職工寄宿舍　一個機關或公共組織的職工寄宿舍，和本機關或公共處所分離的，另成一戶，要按照下面的排列次序，把戶內應該查記的人口，填寫在一份戶口普查表裏：

（一）戶長（實際直接管理宿舍事務人），

（二）協同管理宿舍事務的職工，

（三）本機關的職工單身在本宿舍內寄宿的，

（四）普查標準日夜間臨時在本宿舍內留宿或過夜的客人。

公共戶的戶長，是指實際直接主持本戶事務而言。上級機關的長官，不兼任本機關長官，就不是本機關公共戶的戶長。本機關長官，實際不直接主持本部份組織（指本部份組織和本機關不在同一處所而言）事務的，就不是本部份組織公共戶的戶長。

各種營業戶和公共戶內應該查記的人口，在戶口普查表內，除掉按照前面所說的次序排列外，還要參酌部份組織和人員職銜以及房屋名號等等的次序，挨次查記。例如四川省成都縣縣政府是一個公共戶，在戶口普查表上「稱謂」欄內由右至左第一個先填縣長（戶長），接着填秘書文書等人，再接着填第一科科長，第一科內的科員，科員填完了再填辦事員，辦事員填完了再填書記，這樣把第一科的職員填完了，再接着填第二科的職員，以後類推。這裏我們不必再規定更詳細的排列次序，只要在查記或填寫戶口普查表的時候，注意採取一種有系統的次序就是了。

三、幾種重要事實的判定標準

（甲）常時住宿和他往的標準

在戶口普查表裏有「是否在本戶常時住宿」「普通戶不在本戶常時住宿之家屬他往何地居住」「農曆二月二十日夜間是否在本戶過夜」「在何人家或廠號機關常時做事」四欄，根據這四欄查記的結果，可以看出各個戶內所查記的人口的集合狀態，也就可以確定戶口普查方面所說的「人口對象」（這裏不詳細說明）。要把這四欄查記得正確，須要照下面的標準去做：

「常時住宿」的標準，是適用於查記戶口普查表裏『是否在本戶常時住宿』一欄的標準，現在規定在下面：

（1）一個人平時祇有一個確定的住宿處所，雖然在普查標準日夜間恰巧因爲特務事故偶然在別處過夜的，只要這個平時住宿的處所在那天夜裏還是保留着的，還算他是平時住宿處所的戶內的「常時住宿」人口。

（2）一個人平時有兩個以上確定的住宿處所，可以隨時往來居住，并且在普查標準日的夜間，這幾個平時住宿的處所都還保留着的，那麼只能在這幾個平時住宿的處所裏，認定一個「最常時住宿」的處所，這個認定的標準是根據普查標準日最近的一年當中，在那個處所住宿的日子最多的，就認定那個處所是「常時住宿」的處所。

廠號機關的職工，必須在本廠號機關的營業或辦公處所內常時住宿的，纔能夠算是在本戶內常時住宿。

有了常時住宿的標準以後，那麼戶長的親屬，實際不在本戶內常時住宿的，不可以算是這個戶內的份子，但是因爲經濟和家庭的關係，戶長仍然要認爲本戶的家屬的，就算是這個戶的「他往」份子，所以「他往」就不會同時是「常時住宿」的，也祇限於普通戶的家屬。戶口普查表裏「普通戶內不在本戶常時住宿之家屬他往何地居住」一欄的查記，適用這個「他往」的標準的。

（乙）普查夜在戶內過夜的標準

「普查夜在戶內過夜」的標準，是適用於查記戶口普查表裏「農歷二月二十日夜間是否在本戶過夜」一欄的標準。

所謂「農歷二月二十日夜間是在本戶內過夜的」，就是指這天晚上到第二天（二十一日）天明以前在本戶內過夜的；不論這天夜裏是在本戶內「住宿」還是「工作」，都算是在本戶內過夜的。一個人於農歷二月二十日夜間，曾經到過幾處過夜的，應該把他算在天明以前最後過夜的那個戶內。例如有一個人這天晚上在工廠裏做工，到了半夜兩點以後，纔回到家裏睡覺，一直睡到天光，那麼這個人這天夜間就算是在家裏過夜的。

「普查夜在戶內過夜」的標準，不祇適用於臨時在各戶內過夜的客人；各戶內常時住宿的人口，在農歷二月二十日的夜間，大都在戶內過夜的，不過也有在這天夜間，不在本戶過夜的。

(丙)常時做事的標準

「常時做事」的標準，是適用於登記戶口普查表裏「在何人家或廠號機關常時做事」一欄的。這裏所謂「常時做事」，包括營業戶方面的「常時營業」，和公共戶方面的「常時辦事」和「常時受管率」而言。現在規定幾個標準如下：

(1)在一個廠號營業組織或機關公共組織裏面營業或辦事，而取得金錢或實物的報酬的，除此而外，同時絕對沒有在別處營業或辦事，或者雖然在別處營業或辦事，一點沒有取得報酬的，那麼就算是在這個營業或公共戶內常時做事。一個廠號或機關的一般專任的職工就屬於這一類。名義上雖然是這個廠號或機關的兼任或臨時職工，而事實上並沒有在別處營業或辦事而取得報酬的，那麼還應該算是在這個營業或公共戶內常時做事的人。

(2)在自己家中營業或辦事而取得金錢或實物的報酬或有收入的，除此而外，絕對沒有在別處營業或辦事，或者雖然在別處營業或辦事，一點沒有取得報酬或收入的，那麼就算是在這個住家戶內常時做事。經營一個家庭店鋪或作坊，一個自耕農住在田莊上耕種自己的土地，就屬於這一類。一個做手藝的人或小販，沒有店鋪或作坊，每天帶着傢伙材料，到處去趕做散工或是兜銷生意的，當做在自己家中的戶內常時營業。妻子兒女幫助家長在家中營業或辦事增加家庭收入的，也算是這個住家戶內常時做事的份子。

(3)一個廠號或機關的常駐外勤人員，雖然不在本廠號或機關的營業或辦公處所內常時營業或辦事，可是實際還是辦理本廠號或機關內部的事，只要同時沒有在別處營業或辦事而有報酬或收入的，還算是在本營業或公共戶內常時做事。

（4）一個人同時在幾個廠號機關內營業或辦事，或者同時在自己家內營業或辦事，而同時取得報酬或有收入的，我們只能認定某一廠號機關，或者他自己家裏，算是他最常時做事的地方。這個判定的標準，不憑報酬或收入的多少，而是拿實際所花費的營業或辦事的時間來決定的，在普查標準日最近的一年當中，在那處營業或辦事花費的日子或每天平均花費的時間最多的，就算是那個戶內的常時做事的人口。有些時候，一個專任名義的經理或長官，往往實際並不在本營業或公共戶內常時做事，而在其他廠號機關常時做事的。

（5）在一個廠號或機關內營業或辦事，實際沒有取得任何金錢或實物的報酬，但是在其他廠號機關或自己家內營業或辦事而取得報酬或收入的，就算在有報酬或收入的那個廠號機關或家內常時做事。例如其他廠號機關的職員兼任本廠號機關的職務，而在本廠號機關不支薪的，就屬於這一類。但是本廠號機關向其他廠號機關調用的人員，實際不在原廠號機關營業或辦事，雖然仍在原廠號機關支薪，還算是在本廠號機關常時做事。

（6）學校監獄等機關或公共組織裏面受管率的人，雖然不對同辦事，只要做工作的，不論有沒有金錢或實物的報酬或津貼，就算是在本戶內常時做事。但是實際在其他廠號機關或自己家內營業或辦事，而取得報酬或收入的，就算在那個廠號機關或家內常時做事。例如夜校的學生，大都另有謀生的工作的。

（7）在自己家中或公益機關做工作，直接自己沒有取得報酬，間接也沒有增加家庭或機關的收入，同時也沒有做別的事而有報酬或收入的，就算是在自己家中或公益機關常時做事。例如主婦料理自己的家務沒有增加家庭收入，同時沒有在別處做賺錢的事，就算在自己家裏常時辦事。

（8）一點工作不做，專門坐享利息或靠人津貼生活的，不算是常時做事。例如專門放利貸的，專門做投機生意的，把田佃給別人種自己專門收租的，老弱殘廢不能工作受人供養的。

前面所講的金錢或實物的報酬或津貼，包括供給膳宿而言。

普通戶內所查記的人口，固然很多就在本戶內常時做事，但是也有很多不在本戶內常時做事，而在其他人家或廠號機關常時營業或做事的。營業戶和公共戶內所查記的人口，大都就在本戶內常時做事，不過間或也有在其他人家或廠號機關做事的。

四、查口的步驟和方法

查口的工作應該在普查標準日（三十一年四月五日即農歷二月二十日）的第二日（四月六日）早晨開始舉行，至遲限於七日內（四月十二日即農歷二月二十七日以前）一齊查完。但是流動不定的船舶，應該在普查標準日的深夜，到停泊船舶的口岸或碼頭，和編戶同時舉行，在當夜就要查完（參閱「編戶須知」）。較大旅館客寓能夠自填戶口普查表的，應該在普查標準日午後，將戶口普查表和「廠號機關填寫戶口普查表說明」一併發給他自填，隨即在當夜十二時後前往覆查後核收。實施查口的時候，應由普查分區主任會同本分區的普查員，帶着足夠應用的「戶口普查表」「廠號機關人口普查表」「查記證」和「普查戶簽」等四種表件，並帶同業經編填的本分區的「戶冊」，並自備墨盒和筆墨，依照下面所說的步驟和方法，把本分區內所有各種戶內應該查記的人口，按着戶口普查表內所要查問的事項一一查問，並依照本須知「填寫戶口普查表說明」的規定，填入戶口普查表各欄，每查完一戶，就在該戶門首所貼的「普查戶簽」下面加貼「查記證」一張，並在「戶冊」上做一個查記的符號。如是挨戶查記，一天不會查完，第二天繼續去查，但是一定要在四月十二日以前一齊查完。普查員實施查口的時候，每查問一種事項，都要以普查標準日的實在情形為準。現在把查口的方法按着查口的步驟寫在下面：

（1）查記旅館客寓內的人口　普查標準日（四月五日即農歷二月二十日）的午後

，普查分區主任應當會同本分區的普查員，帶着足夠應用的「戶口普查表」和「廠號機關填寫戶口普查表說明」，根據已編填的戶冊，前往本分區各旅館客寓，各按戶內人數的多少，發給所需要的戶口普查表，和一份「廠號機關填寫戶口普查表說明」，請他們自己去填，約定在當日夜半前來收取。並在戶冊內該戶的「附註」欄內註明「自填」二字。如是挨次將表件散給完畢，等到當日夜半十二點鐘前後，普查分區主任會同本分區的普查員出發編查船舶戶口之前，先要前往上面所說的旅館客寓內收取自填的戶口普查表，收取的時候，要詳細查問並核對有沒有填寫錯誤或遺漏，並且查看填寫各項是否依照說明填寫，若是有錯誤的，就要立刻查問更正，若是認爲無錯誤，就將戶口普查表收下，隨即在該戶門首所貼「普查戶籤」下面加貼「查訖證」一張，並在戶冊內做一個查訖的符號。不能自填戶口普查表的小客棧，不要預先發表自填，等到普查標準日夜十二時前後，由普查員帶了戶口普查表去查記。

（2）查記船舶上各種戶內的人口　在普查標準日的深夜（四月五日即農歷二月二十日的深夜），將旅館客寓裏的人口查記完了，普查分區主任和普查員應該即刻接着去河岸碼頭辦理編查船舶戶口的工作。每到一個船舶上，首先編戶，粘貼「普查戶籤」（參閱「編戶須知」第四節「編戶的步驟和方法」內「加編船戶」一段），並且隨即查口，粘貼「查訖證」，並在戶冊內做查訖的符號。如是挨次編查，一直到把停泊本分區所有船舶編查完畢爲止。

（3）查記乞丐流氓和所有無家可歸的人口　在普查標準日夜半的前後，普查員要在本分區的境界內巡行一周，若是在路上遇到有乞丐流氓或無家可歸的人，就要按照戶口普查表上要查問的事項逐一查問明白，一齊合併記入一張戶口普查表內（一張不夠，繼續填二張）。

（4）查記陸地上各種戶內的人口　在普查標準日第一天（四月六日即農歷二月二十一日）的早晨，上面所說的旅館客寓和船舶上的人口業經查完了，普查分區主任和普查員應該帶着「戶口普查表」「廠號機關人口概況調查表」「查訖證」「普查戶籤」等類表件，和業已編填的戶冊，出發查記陸地上固定處所內各種戶的人口。查口的時候，應該從普查戶號的第一號查起，首先找到該戶的戶長或可以代表戶長的人，然後按照戶口普查表內要問的事項，將戶內應該查記的人口，逐一查問明白，由普查員填入戶口普查表內各欄，每查完一戶，就即刻粘貼「查訖證」，並在戶冊內做查訖的符號。

在查口的時候，遇有在編戶以後新遷入的戶和新徙出的戶，除掉依照「編戶須知」第四節「編戶的步驟和方法」內「補編新遷入的戶普查新徙出的戶」一段辦理外，所有新遷入的戶，和新徙出的戶而保留居住或營業或辦事處所的全部或一部的，都要一起查口。在普查標準日的第二天（四月六日即農歷二月二十一日）天明以後新遷入的戶，在戶冊「附註」欄內填寫「標準日後遷入」字樣的，在戶口普查表的右邊格綫外「戶口普查表」五字下書明「標準日後遷入」字樣。徙出而保留處所的戶，也要在普查表右邊格綫外書明「徙出保留處所」字樣。

徙出而保留處所的戶，不論是不是在編戶或普查標準日前後徙出的，都要查口；甲長和近鄰都有據實報告的責任。若是依照常時住宿和臨時過夜的標準，在這個保留的處所內，沒有人口可以查記的，就是「空戶」，應該在普查表右邊原書「徙出保留處所」字樣下面，加書「空戶」字樣。

（5）收取廠號機關自填的戶口普查表　在查口的時候，普查員遇到戶冊內「附註」欄裏註明「自填」字樣的廠號機關，就應該去查問他們的戶口普查表已填好沒有。若是已經填好了，就當時收取，同時普查員要在看表內填寫有沒有錯誤，若是有錯誤，就要立刻查明改正。若是還不曾填好，就由普查員取出帶備的「廠號機關人口概況調查表」，並訪問該戶的戶長或負責人，查明填寫。「廠號機關人口概況調查表」填好了，還要囑咐該戶的戶長或負責人，務必要在規定的期限內（四月十二日以前）把自填的戶口普查表填好保存，等候再來收取。

在查口分區查口完畢的時候，普查員應該查點自填戶口普查表的廠號機關是否已照規定填繳，若是有不曾填繳的，就要將此廠號機關的名稱地址和主管人姓名分別開列清單呈報該管戶口普查區副主任（或主任）以便追索。

（6）呈核戶口普查表　在查口的期間內，每日的晚間，普查員和普查分區主任應該在當日填收完畢的戶口普查表上分別簽名，並填明查記的日期，立刻由普查員呈送主管本分區的普查區副主任（或主任）查對。主管各該分區的普查區副主任（或主任），收到各分區普查員送來已填的戶口普查表，立刻要詳細查對，若是沒有錯誤，就由普查區主任副主任於戶口普查表上簽名；若是發現有錯誤，就把錯誤的事項填入一張「戶口普查表發還改正事由單」內。等到次日晚間，普查員再行呈送戶口普查表的時候，普查區副主任（或主任）卽將前一日晚間呈送查對的全部「戶口普查表」，連同「戶口普查表發還改正事由單」，一併發還該分區普查員保管或再去查明改正。普查員每日將前一日發還改正的戶口普查表依照改正後，再將改正的戶口普查表連同原發的「戶口普查表發還改正事由單」呈送查對，等到查對完全沒有錯誤，纔由普查區主任副主任分別簽名，仍舊發還普查員保管。

各普查分區的人口全部普查完畢一天晚上，主管該分區的普查區副主任（或主任），收到普查員當日呈送查對的戶口普查表時，要立刻詳細查對完竣，當晚發還普查員保管或再去查明改正。全普查區的戶口普查表查對和改正的工作，至遲要在四月十二日（卽農曆二月二十七日）以前，全部完成。

（丁）呈繳表册　上面所說的查記和改正戶口普查表等工作全部完成的時候，普查員應該點清戶口普查表各種戶的份數，並要和戶册封面填寫的各種戶的戶數核對是否相符；若是不相符合，就要查明改正。等到查點相符以後，就將全普查分區的已填戶口普查表連同本分區戶册，一併呈繳該管戶口普查區副主任（或主任）點收。

五，戶口普查表填寫說明

每戶填戶口普查表一份，由普查員挨戶查詢代填；戶口普查表的填寫方法，可以分下面幾個步驟來說明：

（1）第一步是關於戶的查記　普查員在查記戶內的人口以前，須要參照戶册封面各款和戶册裏面各欄所填寫的內容，根據下面的說明，把普查表起首兩行內的各款，預先填寫明白。若是發現戶册封面和裏面所填的內容有錯誤，就隨卽把他更正，務必要戶册上所填的，和普查表上所填的完全符合。現在把表着各數的填寫方法按次說明在下面：

「四川省　縣　鄉/鎮普查區第　普查分區第　戶」——應在各空白內，由普查員順次填寫本縣縣名，本普查區鄉（鎮）名稱，本普查分區的次第，和本戶的普查分號。

「原編第　保第　甲第　戶」——應在空白內，由普查員順次填寫本戶最近編整保甲戶牌的號數；若是沒有保甲戶牌的就在空白內一律填「×」。

「整編第　保第　甲第　戶」——本欄是留待鄉（鎮）公所確定整編保甲的番號以後填寫，普查員不要填寫。

「戶別 普通戶（　）是否外僑（　）
營業戶（　）
公共戶（　）是否寺廟（　）」——應由普查員詢問所判定戶的種類填寫。若是外僑普通戶（外國人的普通住家），就在「普通戶（　）」的括弧內填「○」，「是否外僑（　）」的括弧內填「是」，其餘各括弧內均填「×」；若是普通戶不是外僑，就在「普通戶（　）」的括弧填「○」，「是否外僑（　）」的括弧內填「否」，其餘的各括弧內均填「×」。若是營業戶就在「營業戶（　）」的括弧內填「○」，其餘各括弧內均填「×」。若是公共戶不是寺廟，就在「公共戶（　）」的括弧內填「○」，「是否寺廟（　）」的括弧內填「否」，其餘各括弧內均填「×」；若是寺廟公共戶（就是指寺廟本身，不是指在寺廟裏的人家或廠號機關學校等），就在「公共戶（　）」的括弧內填「○」，「是否寺廟（　）」的括弧內填「是」，其餘各括弧內均填「×」。

「名稱」——應在空白內，由普查員填寫本戶完全名稱。若是普通戶，就填「×」。若是營業戶，就填本戶的詳細字號，並要填明店鋪營業的性質，例如「和記米店第一分店」，「大明織布廠」，「大明織布廠營業處」，「大明織布廠職員寄宿舍」，「中國農民銀行北碚辦事處」，「興隆消費合作社」等。若是沒有字號的，就祇填營業的性質或種類，如「雜貨店」「百貨商店」等。若是字號不能表示營業性質的，要把表示營業性質的字樣，加在字號後面。例如一個百貨商店的字號叫做「兄弟商店」，就填「兄弟百貨商店」。若是公共戶，就填本戶的完全名稱，例如「求精中學」，「求精中學小學部」，「復旦大學女生宿舍」，「三十六軍七十二師獨立第一營營部」，「三十六軍七十二師獨立第一營第一連連部」，「四川省政府建設廳」，「四川省政府建設廳第四科」，「澄江鎮煤業公會」，「觀音廟」等。

「詳細地址」——應在空白內，由普查員填寫本戶所在地址最小區域或宅院名稱。若是在城市場集內，就填街道名稱和街坊門牌號數（不是保甲門牌的號數），例如「中山路二十六號」；若是在鄉村，就填最小地名和院落名稱，例如「李家大院子」。

「在何城市場集內」——應由普查員依照「編戶須知」第四節「編戶的步驟和方法」內「填寫戶冊」一段的說明，判斷本戶是否確在某城市場集戶口集聚的市場範圍內。若是不在戶口聚集的市場範圍內，就在空白內填「×」；若在某個城市場集戶口集聚的市場範圍以內的，應填這個城市場集市場範圍的習用名稱，不可填寫行政區域名稱，例如填「北碚場」不填「北碚鎮」，填「茶店子」不填「公路鄉」，在縣政府所在地的城市範圍內的，填「縣城」兩字。

「如係船舶常時停泊何縣何碼頭」——應在空白內，由普查員填寫本船舶常時停泊縣份和碼頭的名稱。若是常時停泊在本縣境內某碼頭的，就填「本縣某碼頭」；若是常時停泊在他縣境內的就填他縣和碼頭的名稱。在各口岸或碼頭查記船戶的時候，一定要問清楚這一點。若不是船戶，在空白內填「×」。

（2）第二步開始查記戶內的人口　普查員在查記戶內各個人的個別事實以前，先要依照本須知第二節「各種戶內應該查記的人口」內所說的各種戶內應該查記的人口的排列秩序，按次問明戶內所有各個人的「稱謂」和「姓名」，順次填入戶口普查表內相當於「稱謂」和「姓名」兩欄的各行中；戶長填入第一行，其餘按次每人各佔一行。每張普查表祇夠填十個人，一戶的人口超過十個人的，接著填第二張，第二張還不夠的，接著填第三張，依此類推；把這幾張表粘在一起，算做一份，同時在各張表的左方上角空白內，填明頁次和這份表共幾頁。現在把「稱謂」和「姓名」兩欄的填寫方法說明在下面：

「稱謂」——在普通戶方面，除掉「戶長」的稱謂已經預先刊入「稱謂」欄的第一行外，關於家屬部份，就按照本須知第二節內「普通戶內應該查記的人口」一段中，所列舉的家屬稱謂和排列次序按次查問填寫。僱工和傭僕，就填「僱工」和「傭僕」。「其他實際在一起生活的人」，分別填明和戶長的關係，例如朋友或某續稱呼的親戚等；側室或妾填明戶內何人的側室或妾。㈥普查標準日夜間臨時在本戶過夜的客人」，歸填「臨時來客」字樣。

在營業戶和公共戶方面，除掉依照本須知第二節內「營業戶內應該查記的人口」和「公共戶內應該查記的人口」兩段中，所列舉的各項人口排列次序，按次查問填寫外，在「稱謂」欄中，還要**問明各人的完全職銜，詳細寫出**，例如「營業部主任」「第一組領組」「第一組店員」「跑街」「學徒」「總帳」「車夫」「廚子」「第一科科長」「第一科科員」「第一科書記」「勤務」「挑水夫」等等。戶長除掉在「稱謂」欄中已經刊有「戶長」字樣外，在「戶長」的左方，還要填明他的職銜，例如「經理」「總經理」「總管」「廠長」「縣長」「警察局長」「校長」等。至於公共戶內管率的人，要在「稱謂」欄內要填明受管率的性質，如「一年級學生」「一號監囚犯」等。

若是營業戶的戶長，就是投資的股東，或獨資的店主或廠主本人，一定要在「稱謂」欄第一行「戶長」兩字的左方，填明「股東」「店東」「廠東」等字樣。若是兼有「總經理」等職銜的，就填「店東兼總經理」等字樣。

「姓名」——本欄應由普查員分別填寫本戶內各人的真實姓名（不可寫各人的別號或堂名店號）。若是婦女沒有名字的，就填姓氏，如夫家姓張，娘家姓李，就填「張李氏」（不可單填張氏或李氏）；若是幼孩沒有名字的，可寫幼孩的乳名，如「大娃」「么囡」；若是幼孩沒有乳名的，普查員可與本戶戶長商量代他取一個名字，然後填寫他的姓名。

(3)第三步開始查記戶內各個人的個別事實 普查員要先從戶長查記起，按照戶口普查表內「稱謂」和「姓名」兩欄後面各欄的次序，去逐項查問，把所得的答案按次填入各該欄中。戶長查記過了，再順次逐一查記戶內所有其他的人。在查問的時候，**最不好的就是死板板的照着戶口普查表內各欄的標目字句去查問**；普查員先要充分了解各欄所要查記的事項，然後再自己預備一套由淺入深的問話，纔能查問得出正確的答案。現在把各欄的填寫方法，和特別複雜的幾個的問話方法，分別說明在下面：

「性別」——本欄應由普查員分別填寫本戶內各人的性別。若是男的就填「男」，女的就填「女」。

「已滿歲數」——本欄應由普查員分別填寫本戶內各人實滿的歲數；若是滿了三十歲還沒有到三十一歲的

就塡「三十」；若是滿了十歲沒有到十一歲的，就塡「十」；餘類推。未滿一歲的幼孩，塡實滿月數，如滿了六個月沒有到七個月的，塡「六個月」；不滿一個月的塡「不滿一個月」。

「未婚有配偶喪偶或離婚」——本欄應由普查員分別塡寫本戶內各人最近的婚姻狀況：若是男的未曾娶過親的，女的未曾嫁過人的，就塡「未婚」；若是男的已娶，女的已嫁，并且是夫妻雙全的，就塡「有配偶」；若是男的已經娶過親，妻子死了，不曾再娶，或是女的已經嫁過人，但是丈夫死了，不曾再嫁，都塡「喪偶」；若是已娶的男子或是已嫁的女子離了婚，不曾再娶或再嫁，就塡「離婚」。

「是否識字」——本欄應由普查員分別塡寫本戶內各人的識字情形：若是能夠認識字的就塡「是」，若是不認識字就塡「不」。

「在何學校畢業或肄業或入私塾幾年」——本欄由普查員按本戶內各個人最後曾經在何學校畢業或肄業，和現在正在何學校肄業的情形，分別塡寫。例如一個人在某縣縣立小學畢業以後，升到國立第一中學讀書，畢業以後，未曾再升學，那麼國立第一中學就是他最後畢業的學校，就在本欄內塡「國立第一中學畢業」（必須塡寫學校完全名稱）；若是在國立第一中學讀書，沒有等到畢業就休學，也未曾再進別的學校，那麼國立第一中學就是他最後肄業的學校，就在本欄內塡「國立第一中學肄業」；若是現在正在國立第一中學讀書的，並在本欄內塡「國立第一中學肄業」，沒有進過學校的，照先後在私塾裏共計讀過多少時書塡寫，例如「私塾兩年」「私塾七個月」等。若是既沒有進過學校，又沒有進過私塾，就在本欄內塡「×」。

「在何人家或廠號機關常時做事」——本欄由普查員根據本須知第三節「幾種重要事實判定的標準」內所規定的「常時做事的標準」去判斷：若是在本戶內常時做事的，就在本欄塡「在本戶」。若是在其他廠號機關內常時做事的，就塡其他廠號機關的詳細字號或完全名稱；若是遇到沒有字號的廠號，就塡這個廠號的營業性質，如「米店」「墻坊」等；若是遇到有些廠號雖然有字號，而不能表示營業性質的，就要在原字號下面，加上表示營業性質的字樣，例如「乾泰號」寫做「乾泰油糖雜貨號」，「兄弟商店」塡做「兄弟百貨商店」等。

若是在別人家內做事的，就塡這個人家的地址，姓氏和詳細性質：例如在一個實際種田的人家（地主專門收租的不算）要常時做事的，就塡「某地某姓農家」；在一個做墻坊的人家裏常時做事的，就填「某地某姓雇傭人家」。若是在一個普通人家常時做事，這個人家雖然有人在外邊工作，但是家中並不種田，是不開家庭作坊或店鋪，就填「某地某姓家」。

若是一個人一向是做事的，在查口的時候，因為疾病或其他原因，臨時退休了一點事都不做，但是隨時可以再去做事的，那麼就要照最近退休前做事的情形，來判斷他在何人家或廠號機關常時做事。

若是一個人一向就沒有做過什麼事，或是從前雖然曾經做過事，但是現在因為殘疾年老等原因，已經再沒有工作能力了，就算是不做事，在本欄內填「×」

本欄所包括的內容很複雜，普查員一定要預備一套很好的問話去查問，這裏也祇能規定一個大體的問話程序。在普通戶方面，普查員查到本欄時，要問「這個人做不做事或者有什麼工作？」。若是答覆「做事的」，再接着詳細問明「在家裏或是外邊做事」「在那幾處做事」「各處做的什麼事」「各處做事有沒有薪水或柴米膳宿的津貼，或增加入家庭的收入」「那一處花費的時間最多」；把一切詳細情形都問明了，然後依照本須知第三節「幾種重要事實的判定標準」所規定的常時做事標準，來判斷在何人家或廠號機關常時做事，填入本欄。若是答覆「不做事的」，就要接着詳細問明是不是一向不曾做過事的，最近曾經在那幾處做過什麼事，有沒有薪水或津貼，以後打算做不做事，身體精神能不能再做事；根據這些問話的詳細答案，來判斷是否不做事，或是在何人家或廠號機關常時做事。婦人要問明是不是主持家務的主婦，青年男女要問明是不是學生，送到孤兒院或教養院的家屬，要問明在院中做不做工作。

在營業戶和公共戶方面，查到本欄時，要問明這個人除掉在本廠號機關做事而外，是不是在家裏或其他廠號機關還做別的事，做什麼事，有沒有薪水、津貼，或其他金錢或實物的收入；把這些情形問明白了，若是祇在本廠號機關做事的，就在本欄內填「在本戶」。若是兼事其他的事，就要根據常時做事的標準來判斷是否在本戶或在何人家或廠號機關常時做事。

「做何事」——本欄應該銜接着上面一欄「在何人家或廠號機關常時做事」的答案填寫：

上面一欄若是塡「彭縣縣政府」，本欄所塡的答案，就是指在彭縣縣政府常時做事的而言，廠號機關的人口，在本戶常時做事的，在「稱謂」欄裏雖然已經塡了，詳細職銜，在本欄內還要塡明所實際擔任的詳細工作，例如科員担任擬稿的塡「擬稿」，担任庶務的塡「庶務」，公差開汽車的塡「司機」，公役燒茶水的塡「燒茶水」。在普通戶方面，本欄也要塡寫各人實際担任的詳細工作，例如「挑水」「種菜」「拉包車」等。還有在廠號機關常時做事的，除掉塡寫詳細工作而外，在本欄內還要塡明所在廠號機關的職銜，實際主持營業的投資股東，或獨資店主或廠主，應在本欄內塡「股東」「店東」「廠東」等字樣。在「在何人家或廠號機關常時做事」一欄內塡「×」的，本欄也塡「×」。

「做事有無收入」——本欄應該銜接着上面「做何事」的答案塡寫：上面一欄塡「擬稿」，本欄所塡的答案，就是指做擬稿的工作有沒有收入而言。這裏所說的收入包括直接或間接的，金錢和實物的，一切報酬或收入而言。做事而領得薪金或柴米油鹽等生活用品，以及受人供給膳宿的，都算是有收入。農人種田所收穫的稻子，是實物收入。家屬幫助家長做營利的事，自己直接雖然沒有報酬，但是間接增加家長的收入。做事有收入的，在本欄內塡「有」，做事沒有收入的，在本欄內塡「無」。在「在何人家或廠號機關常時做事」和「做何事」兩欄內塡「×」的本欄也塡「×」。

「本籍」——本欄所說的本籍，對於已經申請過正式戶籍登記的，就對於登記的本籍縣份而言。沒有申請過戶籍登記的人，就拿各人認定的原籍縣份爲準。本籍是本省本縣的，在本欄內塡一「本」字；本籍是本省外縣的，塡「某某縣」；本籍是外省外縣的，塡「某某省某某縣」。沒有歸化中國的外國人，塡外國籍的國名。

「在本縣居住滿幾年幾月」——本欄所說的滿幾年幾月，是指在本縣境內各地繼續居住年月數而言，不一定是在現在住地居住的年月數。所謂在本縣「居住」，也不過是在本縣境內有「居所」或「住所」的意思，和「常時住宿」完全是兩回事；在某處居住年數很久，未必就在家裏常時住宿；居住時間很暫的，只要另外沒有住宿處所，就是在暫居的地方常時住宿。

本欄應就本戶內各個人的情形塡寫。居住不滿三年的，塡「滿若干年若干月」；滿三年的塡「滿若干年」

，不計月數，普通戶的戶長，從一出生就開始在本縣境內繼續居住的，就在本欄的「戶長」行內填「世居」兩字。戶內其餘的人，都要按照實際在本縣境內繼續居住的年月數填寫。不可填「世居字樣」。

」是否在本戶常時住宿」——本欄應由普查員審察戶內各個人的住宿情形填寫：若是合於本須知第三節「幾種重要事實的判定標準」所規定的常時住宿標準的，就在本欄內填一「是」字；若是不合的，填一「否」字。

本欄的答案，很不容易查得正確，普查員務必要照下面問話程序去做，纔能查得正確的結果。普查員對於戶內每一個人，查到本欄的時候，先要問「平時是不是常常在這裏住宿」。若是答覆「平時是常常在這裏住宿的」，然後再接着詳細問明「平時是否還在別處常常住宿」「常常在那幾處住宿」「在最近一年當中在那裏住宿的日子最多」；把一切詳細情形問明白了，再根據所有的答案，來判斷是否在本戶常時住宿。若是答覆「平時不常常在這裏住宿的」，還要追問「平時究竟在何處常常住宿」，然後纔能確定不在本戶常時住宿。

「普通戶內不在本戶常時住宿之家屬他住何地居住」——本欄祇適用於普通戶內的家屬，不在本戶內常時住宿的。營業戶和公共戶內的各個人，在本欄內都填一個「×」。普通戶內的非家屬，和家屬而在「是否在本戶常時住宿」內填「是」字的，在本欄內也都填一個「×」。普通戶內的家屬，不在本戶常時住宿的，填明他住地點名稱：若是他住本鄉鎮鄰保居住的，應填該保的次第；他住外鄉鎮的，填該鄉鎮名稱；他住外省某縣的，填該省該縣名稱。

「農歷二月二十日夜間是否在本戶過夜」——本欄適用於各種戶內各個人的：若是合於本須知第三節「幾種重要事實的判定標準」所規定的普查夜過夜標準的，就在本欄內填一「是」字；若是不合的，填一個「不」字。

普查員對於戶內每一個人，查到本欄時，都要問一聲「清明節那天晚上到第二天天明以前，這個人曾經在這裏過夜的嗎？」。若是答覆「是的」；還要查問那天夜裏曾經到過幾處過夜，最後在那裏一直到天亮的。

（4）第四步是計戶內所查記的人口　按各種人口對象，把他的數目填入表尾的一行的各款內。

「在本戶當時住宿者男　人女　人共　人」——應在空白內由普查員分別填寫在本戶當時住宿的男女人口數和男女人口總數。普查員先要填點每份已填戶口普查表上，是否在本戶當時住宿」欄內填「是」的有男幾人，女幾人，共幾人，然後分別將各項數目填入。若是有那一項缺少的，就填「×」。本戶戶口普查表不止一頁的，就由普查員在第一頁本項空白內填寫在本戶當時住宿時的各項人口數。其餘各頁就不用填寫。

「普查夜在本戶過夜者男　人女　人共　人」——應在空白內，由普查員分別填寫普查夜在本戶過夜的男女人口數和男女人口總數。普查員先要查點每份已填戶口普查表內「農曆二月二十日夜間是否在本戶內過夜」一欄內填「是」的，有男幾人，女幾人，共幾人，然後分別將各項數目填入，若是那一項缺少的，就填「×」。本戶戶口普查表不止一頁的，就由普查員在第一頁本項空白內填寫普查夜在本戶過夜的各項人口數，其餘各頁就不用填寫。

（5）第五步就是各級編查人員的簽署。

「普查分區主任　普查員　月　日」——應在空白內，由普查分區主任和普查員填寫他們自己的姓名，和本戶戶口普查表查記完畢的日期。

「普查區主任　副主任　」——應在空白內，由普查區主任和副主任填寫他們自己的姓名（要在查對無誤後才填寫）。普查員不要填寫。

查訖證格式：

查訖
（不准撕毀）
[illegible]

廠號機關人口概況調查表

四川省　　縣　　鄉/鎮　普查區第　　普查分區第　　戶（原編／重編）　　保　　甲　　戶

戶別：營業戶（　）公共戶（　）　是否寺廟（　）　名稱　　詳細地址　　在何城市墟集內　　如係船舶常時停泊何縣何碼頭

在本戶常時做事的計有　男　　人　女　　人　共　　人

在本戶常時受管轄的計有　男　　人　女　　人　共　　人

在本戶常時住宿的計有：
- 在本戶常時做事的　男　　人　女　　人
- 在本戶常時受管轄的　男　　人　女　　人
- 共　男　　人　女　　人
- 總計　　人

普查夜在本戶過夜的計有：
- 在本戶常時受管轄的　男　　人　女　　人
- 在本戶常時做事的　男　　人　女　　人
- 臨時過夜的客人　男　　人　女　　人
- 共　男　　人　女　　人
- 總計　　人

普查區主任／副主任

普查分區主任

普查員

月　　日

說明：（一）普查員在挨戶查口的時候，遇到負擔戶口普查表的廠號機關當時還不能將戶口普查表填繳的，就應該立刻填寫本表。

（二）普查員填寫本表的時候，除掉表頭兩行依照「查口須知」內的「戶口普查表填寫說明」填寫外，所有表內關於男女人數各項，都要訪晤該戶的戶長或負責人，逐一查問清楚，分別填寫。表內各項的人口定義和標準，以及填寫的方法，依照「查口須知」的規定辦理。

（三）普查員將本表填好以後，仍然要囑咐該戶的戶長或負責人，請他們務必要在四月十二日以前，將戶口普查表填好保存，等候再來收取。

3.特殊事件之處理與報告　省縣督導員及普查區主任在實施編查工作期中，如發現左列情形之一，得按其情節之輕重，爲緊急權宜之措置，事後並分別專案詳報省普委會及縣普查處備核。

(一)縣以下各級人員有違法失職或因故未能工作者，得分別予以撤換，另以適當人員充任，一面報請省普委會及縣普查處依法派任或撤免。如撤換者爲普查員，即以預備普查員派充，上項被撤換之人員，應分別追繳其所領薪食費。

(二)人民對於普查人員之查問，有意規避及拒絕查記或故意妄報者，得依照戶口普查條例之規定，分別處以罰鍰。

(三)凡故意散佈謠言或阻撓普查工作者，得分別予以警告，其情節重大者並得隨時報請縣普查處依法懲處。

縣督導員爲上項緊急措置時，應報省督導員備案，普查區主任爲上項緊急措置時應於事先商得縣督導員之同意，並報告省督導員備案。

4.戶冊之查對與改正　編戶工作於普查標準日前七日(三十一年三月二十九日)開始舉行後，各普查分區普查員應依照「編戶須知」至遲於五日內(三十一年四月二日以前)將各該分區所有陸上之戶一一編完，並將已編就之戶冊呈送主管普查區副主任(或主任)查對。該管普查區副主任(或主任)應於收到所轄各普查分區普查員呈送之已編戶冊時，隨即依照「戶冊查對須知」詳爲查對，如有錯誤，即發還更正，至認爲全體無誤後，再發還各該分區普查員以備加編新戶與補編新戶及查口時之應用。茲將「戶冊查對須知」附錄於後，以明戶冊查對改正之程序與方法。

戶冊查對須知

一、戶口普查區副主任(或主任)於編戶工作開始後，應隨時督促所轄各普查分區普查員按照「編戶須知」將各該分區所有陸上之戶從速編完，並將所編戶冊呈送查對。至遲於編戶開始後五日內(三十一年四月二日以前)所轄各分區所編戶冊應一律送齊。

二、戶口普查區副主任(或主任)先後收到所轄各普查分區普查員呈送查對之已編戶冊，應即隨到隨即查對。查對時應查看封面與冊內應行填記各欄是否依照「編戶須知」之規定填記齊全，填記是否正確，字跡是否模糊，並特別注意各戶「詳細地址」欄內所填地址是否已將全分區內所有鄉鎮地名包括齊全，各戶「普查戶號」欄內所編號數有無重複或遺漏(應從第一號查起順次逐號查點)。並查看「擬編保甲戶號」欄內各戶所編番號是否依照「縣編保甲須知」之規定辦理。如經查對完全無錯誤，並無不合規定情事，即由普查區主任與副主任於戶冊封面上分別簽名，並填明查對日期後，將戶冊發還普查員以備補編新戶，加編船戶與查口時應用。

三、戶口普查區副主任（或主任）於查對戶冊時，如發現某普查分區所送來冊填記錯誤，或有未合規定之處，應即將錯誤事項填入「戶冊發還改正事由單」（格式附後）連同原戶冊發還該分區普查員詳查改正，再行呈送查對，如再經查對認為無誤（如發現仍有錯誤，應再行依照前述手續發還改正，至查對無誤為止）時，即由普查區主任副主任於戶冊封面上分別簽名，並填明最後查對無誤日期，發還該普查員備用。

四、各普查區所轄各分區戶冊之查對改正工作，至遲應於普查標準日前一日以前（三十一年四月四日以前）一律完成。

戶冊發還改正事由單（本單應於戶冊改正呈核時一併繳還）

戶籍號數	戶長姓名	應改正事項	戶籍號數	戶長姓名	應改正事項

第……號

右表內所列應改正各事項，附發還原戶冊（　）冊仰本普查區第　分區普查員當日詳查改正呈核。

縣　鄉鎮戶口普查區主任或副主任（簽名蓋章）

民國　年　月　日

5.戶口普查表之查對改正與點收　查口工作於普查標準日之翌日（三十一年四月六日）開始舉行後，各普查分區普查員應依照「查口須知」至遲於七日內（三十一年四月十二日以前）將各該分區所有人口一一查完，並於查口期中每日晚間將當日填收完畢之戶口普查表呈送主管普查區副主任（或主任）查對。該管普查區副主任（或主任）應於收到所轄各普查分區普查員呈送之已填戶口普查表時，隨即依照「戶口普查表查對點收須知」詳爲查對，如有錯誤，應令改正，並須於次日晚間分別將上項業經查對之戶口普查表全數發還各該普查員妥爲保管（如有錯誤並依指示查明改正呈核），至各普查分區查口完畢之日晚間，普查員呈送最後填收之戶口普查表時，應於即晚查對完竣發還普查員保管並改正，至遲限於次日晚間將全分區所有已填戶口普查表連同戶冊一併呈送主管普查區副主任（或主任）點收。茲將「戶口普查表查對點收須知」附錄於後，以明戶口普查表查對點收之程序與方法。

戶口普查表查對點收須知

一、查對點收之程序與方法

（1）戶口普查區副主任（或主任）於查口工作開始後，在實施查口期中每日晚間收到所轄各普查分區普查員呈送當日填收之戶口普查表時，應即由普查區副主任（或主任）與普查區雙方當面點明戶口普查表份數，並得於戶冊內各戶之上標註一「レ」之符號，備供雙方查考。

（2）戶口普查區副主任（或主任）收到普查員呈送之戶口普查表後，應即依照本須知「查對要點及舉例」

各項規定，藉為查對，如經查對認為完全無錯誤，即由普查區主任與副主任於戶口普查表上「普查區 主任 副主任」下空白處分別簽名，俟次日晚間將業經查對簽名之戶口普查表全部發還普查員當面點明妥為保管。

(3)戶口普查區副主任（或主任）於查對戶口普查表時，如發現有錯誤，應即將錯誤事項填入「戶口普查表發還改正事由單」（格式附後）並仍俟次日晚間連同業經查對簽名及應改正之戶口普查表全部一併發還普查員當面點明妥為保管，並由普查員將應行改正各表依照指示應改正各事項於一日內詳查改正，再行呈送查對。

(4)戶口普查區副主任（或主任）依照前述各項程序，繼續戶口普查表查對工作，至所轄每一普查分區查口完竣之日晚間，普查員呈送最後填收之戶口普查表時，普查區副主任（或主任）應於即晚即行依照前述各項程序查對完竣全部發還普查員保管並改正，至遲限於次日晚間將全分區戶口普查表連同戶冊呈送主管普查區副主任（或主任）點收。

(5)戶口普查區副主任（或主任）點收所轄各普查分區普查員呈送全分區表冊時，應先分別查點戶冊內各種戶總數是否與戶冊封面上所填各項總數相符，如有錯誤，應酌量改正，然後根據戶冊逐一點明戶口普查表份數，如查點相符，即將表冊收存，隨將表冊數目記入「戶口普查區副主任（或主任）點收已填表冊數目清單」（格式附後），並令普查員於「普查員簽名」欄內簽名。如於點收表冊時，發現戶口普查表份數與戶冊所有戶數不符，應即查明錯誤原因，指示普查員速為更正後，再行呈送點收。

(6)戶口普查區副主任（或主任）點收表冊時，應注意填送「廠號機關概況調查表」之廠號機關，並向普查員索取「未依限填繳戶口普查表之廠號機關清單」，以便分別追索戶口普查表。

(7)全普查區所轄各分區表冊之查對與點收工作，至遲限於查口工作開始舉行後八日內（　年　月　日以前）一律完成。

二、查對要點及舉例

(1)查看戶口普查表內所塡各項之字跡是否模糊不清，倘有模糊之處，應令查明塡清。

(2)查看戶口普查表內各項目是否塡記齊全，有無遺漏，例如：

(一)在「已滿幾歲」欄內未塡歲數，即爲漏項，應令查明補塡。

(二)戶長之長子，在「未婚有配偶喪偶或離婚」欄內塡「有配偶」，而查戶口普查表未列其長媳，即爲漏口，應令查明補塡。

(3)查看戶口普查表所塡各項答語，是否依照「查口須知」之規定塡記，例如：

(一)在「做何事」欄內塡「政務」或「商務」，即爲不合規定，應令查明改正。

(二)在「在何學校畢業或肄業或入私塾幾年」欄內塡「中學」，即爲不合規定，應令查明改正。

(4)查看戶口普查表內互有關係各欄所塡答語，是否前後相符，並查看是否合理，此項查對，應細心考究，盡量利用自己之普通常識加以判斷，不得草率從事。茲根據辦理試查之經驗，略舉最常見之前後不符或不合理之事實數端，以供參考：

(一)「常住」與「現在」男女人口數計算總數不符者，例如：

(1)在「在本戶常時住宿者男人女人共人」之空白處塡「男三人女四人共七人」，而查點戶口普查表內「是否在本戶常時住宿」欄內塡「是」者，祇有男三人女三人，即爲前後不符，應令改正。

(2)在「普查夜在本戶過夜者男人女人共人」之空白處塡「男二人女三人共五人」，而查點戶口普查表內「農曆二月二十日夜間是否在本戶內過夜」欄內塡「是」者，祇有男二人女二人即爲前後不符，應令改正。

(二)互有關係各欄內所塡答語不合理者，例如：

(1)在「稱謂」欄內塡「長子」而於「性別」欄內塡「女」者，即爲不合理，應令查明改正。

(2)戶長之父或母在「未婚有配偶喪偶或離婚」欄內塡「未婚」者，即爲不合理，應令查明改正。

(3)在「已滿幾歲」欄內查得戶長與其長子之歲數相差僅數歲者，即爲不合理，應令查明改正。

(4)在「已滿幾歲」欄內塡「十」而在「未婚有配偶喪偶或離婚」欄內塡「有配偶」者，即爲不合理，應令查明改正。

（V）戶長的家屬在「是否在本戶常時住宿」欄內填「是」而於普通戶內不在本戶內常時住宿之家屬他往何地居住」欄內填「某省某縣」者，即爲不合理，應令查明改正。

戶口普查表發還改正事由單（本單應於戶口普查表改正呈核時一併發還）

第　　號

普查戶號	戶長姓名	應改正事項	普查戶號	戶長姓名	應改正事項

右單內所列應改正各事項，仰本普查區第　　普查分區普查員

於兩日內詳查改正呈核。

縣　戶口普查區主任 副主任（簽名蓋章）

民國　　年　　月　　日

鄉鎮戶口普查區副主任(或主任)點收已填表冊數目清單

分區次第	普查員姓名	戶冊冊數	戶口普查表份數	普查員簽名	點收表冊　年　月　日

說明：1.本單應由戶口普查區副主任(或主任)於點收表冊前製備應用。

2.戶口普查區副主任(或主任)點清表冊數目後，應即填寫本單，並令普查員於「普查員簽名」欄內簽名。

6.廠號機關自填戶口普查表之催繳　各普查區內之大廠號機關於編戶時曾散發戶口普查表交其自填者，於查口期間內應由普查員按次前往收回，倘逾期尚未填就，即由普查員暫填廠號機關人口概況調查表，其原先交填之戶口普查表，仍應於各普查區戶口總數初步報告表編製完成後，由各普查區主任或副主任前往追索，如仍不填繳，即由普查區主任將未填繳戶口普查表之各廠號機關名稱，主管人姓名及詳細地址開單呈報縣普查處或轉呈省普委會分別函令催繳，仍須各該普查區主任查收彙轉。

7.縣督導員之抽查　縣督導員於查口工作開始後之第二日起，應同時開始分向所轄各戶口普查區舉行抽查。此項抽查工作應依照「縣督導員抽查辦法」（附後）至遲於七日內（即民國三十一年四月十三日前）辦理完畢，不得拖延。

縣督導員抽查辦法

(一)縣督導員應就所轄督導區中，每一戶口普查區抽查三普查分區，每一普查分區抽查五戶。

(二)縣督導員於查口工作開始後第二日起，即應依路徑之便利，按次前往所轄各戶口普查區舉行抽查（不必等待各戶口普查分區查口工作全部完竣）。全督導區抽查工作，至遲限於七日內（三十一年四月十三日以前）辦理完竣。

(三)縣督導員應先向各該管戶口普查區主任或副主任，隨意調取各三普查分區內已經查對點數之戶口普查表各五分，攜赴各分區實施抽查。

(四)縣督導員實施各普查分區抽查時，須由各該管戶口普查區主任或副主任引導前往。

(五)縣督導員實施各普查分區抽查時，依照「編戶須知」及「查口須知」之規定，如發現原填戶口普查表各欄記載有與事實不符者，應分別在「縣督導員抽查紀錄單」（格式附後）內逐項查明，并應將原填戶口普查表上依照所查事實加以改正。如發現編戶有遺漏錯誤情形，應責成各該分區普查員立時更正。並須於每一戶抽查完畢時就原填戶口普查表之右下方空白處註明「抽查」字樣，以資識別。

(六)縣督導員辦所轄督導區抽查辦理完竣，如發現某戶口普查區或分區錯誤過多時，得商得省督導員之同意，舉行該普查區或分區全體戶口之覆查。

(七)縣督導員按次前往所轄各戶口普查區舉行抽查時，應隨時指導各級人員辦理查口工作。

(八)縣督導員抽查結果紀錄單應於該督導區內抽查工作辦理完竣後，呈送省督導員轉呈省普委會備核。

縣督導員抽查紀錄單

縣　鄉鎮戶口普查區

主　　任姓名
主管副主任姓名

普查分區別	普查員姓名	查記戶號	錯誤事項													備註
			稱謂	姓名	性別	年齡	婚姻狀況	教育程度	做事	本籍	居住年月	常住	過夜	他往	人口數	
錯誤次數總計																

縣　　督導區督導員　　（簽名蓋章）

民國　　年　　月　　日

說明：1.抽查時如發現某項有錯誤應在錯誤事項相當欄內填一「×」字如一戶中某項發現數次錯誤即應作「×」數個。

2.每一普查區抽查完竣時應於本單左下方簽名蓋章並註明抽查年月日。

3.本單於成績考核完畢時呈省督導員轉呈省普委會備核。

8.省督導員之抽查　省督導員應會同縣普查處副普查長或其他適當人員於縣督導員抽查工作開始時（查口工作開始後之第二日），同時舉行全縣各督導區之抽查，並依照「省督導員抽查辦法」（附後），自遲於七日內（即民國三十一年四月十三日以前）辦理完畢，不得拖延。

省督導員抽查辦法

（一）省督導員應就所轄每一督導區所管轄之若干戶口普查區中隨意選定五戶至十戶，並就各縣督導員業經抽查之各戶口普查表中隨意選定五戶至十戶，實施抽查。

上項規定應抽查戶數，省督導員得視實際情形之需要，酌量增加。

（二）省督導員應於縣督導員抽查開始之日（查口工作開始後第二日）起，即應依路程之便利，按次前往各督導區舉行抽查（不必等待各縣督導員抽查工作全部完竣）。全縣抽查工作至遲限於七日內（三十一年四月十三日以前）辦理完竣。

（三）省督導員舉行抽查時應先向各該戶口普查區副主任隨意調取業經查對點收之戶口普查表五份至十份，並就縣督導員業經抽查之戶口普查表中隨意調取五份至十份，實施抽查。

（四）省督導員實施抽查時，須會同縣普查處副普查長或其他適當人員一同前往。

（五）省督導員實施抽查時，應依照「編戶須知」及「查口須知」之規定，如發現原填戶口普查表各欄記載有與事實不符者，應分別在「省督導員抽查紀錄單」（格式附後）內逐項查明，並應將原填戶口普查表上依照所查事實，加以改正。並須於每一戶抽查完畢時，就原填戶口普查表之右下方空白處註明「抽查」字樣以資識別。

(六)省督導員將全縣抽查辦理完竣，如發現某督導區或戶口普查區錯誤過多時，得由省督導員與副普查長商得各該縣普查長之同意，舉行該督導區或普查區全體戶口覆查。

(七)省督導員按次前往所轄各督導區舉行抽查時，應隨時指導各級人員辦理各項普查工作。

(八)省督導員應於全縣抽查工作辦理完竣後，應將「省督導員抽查紀錄單」連同「縣督導員抽查紀錄單」一併呈省普委會備核。

省督導員抽查紀錄單

縣　戶口普查區

主管縣督導員姓名

普查區主任姓名

主管普查區副主任姓名

普查分區別	普查員姓名	查記戶號	錯誤事項											備註
			稱謂姓名	性別	年齡	婚姻狀況	教育程度	職業	本籍	居住年月	常住	過夜	他住人口數	

錯誤次數總計			

派駐　　　　縣督導員　　　　（簽名蓋章）

說明：1.普抽查時發現某項有錯誤，應在錯誤事項相當欄劃一「╳」字，如一戶中某項發現數次錯誤，則應作「╳」數個。
2.每一普查區抽查完竣時應於本單左下方簽名蓋章，並注明普查年月日。
3.本單於成績考核完畢時應連同「縣督導員抽查紀錄單」呈省普委會備核。

五、戶口普查總數初步報告之編製及整編保甲異動轉表冊

1.戶口普查區戶口總數初步報告之編製　各戶口普查區所轄每一分區之戶口普查表及戶冊經查對改正點收齊全後，各該普查區主任及副主任應即依照「戶口普查區戶口總數初步報告編製方法」（附後）會同開始辦理各該區之整理統計工作（不必等待全體覆查員抽查完畢），並將上項戶口總數初步報告，應儘速編製，至遲須於查口工作開始後十日內（即三十一年四月十五日以前）辦理完竣，呈送縣普查處。

戶口普查區戶口總數初步報告編製方法

戶口普查區所轄各分區戶口普查表及戶冊經查對改正點收齊全後（不必等待省縣督導員前往抽查）即應開始辦理各分區之整理統計工作，辦理上項統計工作於計算戶口時，由普查區主任及副主任之一人爲一組負責辦理，其中一人擔任查看表冊戶口數目，專司報數，另一人即應細心聽取所報數目，專司算盤之計算，并將計算之結果，分別記入整理表內，所有關於編裝「戶口普查區戶口總數初步報告」之整理步驟，完成期限及應用表式等，規定如左：

（一）按各戶口普查分區戶冊封面所填普通戶，營業戶及公共戶每種戶總戶數，逐一填入「戶口普查區戶口總數初步報告整理表（一）」各種戶之戶數欄內。

（二）將各戶口普查分區之戶口普查表，按照「戶別」分爲普查戶，營業戶及公共戶三大類。先就業已分類之一「普通戶」全部戶口普查表，逐份查看「在本口常時住宿者男 人 女 人 共 人」欄內所填數目，計算全普查區之男女總數及人口總數，分別填入「戶口普查區戶口總數初步報告整理表（一）」「普通」「常住人口」欄各空格內，并核算男女數相加是否與共計數相符。常住人口求得後，再逐份查看「普查夜在本戶過夜者有男 人 女 人 共 人」欄內所填數目，分別計算全普查區之男女總數，及人口總數，分別填入上述之「戶口普查區戶口總數初步報告整理表（一）」「普通戶」「現住人口」欄各空格內并核算男女數相加是否與共計數相符。營業戶及公共戶之人口數，仍用上述方法計算填入上述之「戶口普查區戶口總數初步報告整理表（一）」各相當欄內。商號機關未另發戶口普查表者以所填之商號機關人口概況調查表上各項男女人數分別填入整理表（一）」各相當欄內合併計算。

（四）上述三項辦完，應按「戶口普查區戶口總數初步報告整理表（一）」各欄所載戶口數目，分別加總，填入「總計」各相當欄內，於是「戶口普查分區之統計工作」辦理完成。

（五）戶口普查區所轄各分區之整理統計工作，業經依照上述一至三項之步驟按次辦完後，即將「戶口普查區戶口總數初步報告整理表（一）」收集齊全，然後按照上項整理表（一）所填各項分別將戶口普查分區號次及各種戶之口數，按戶別分別經一轉錄於「戶口普查區戶口總數初步報告整理表」（

二)——(1)(2)(3)」各表中各相當欄內，並分別將各欄所有戶口數目分別加總填入「總計」各相當欄內。

(六)將按戶別整理完竣之「戶口普查區戶口總數初步報告整現表(二)——(1)(2)(3)」各表總計各欄戶數及人口數分別轉錄於「縣鄉鎮普查區戶口總數初步報告表」中各相當欄內，並將各欄數目分別加總，填入「總計」之各相當欄內，於是「縣鄉鎮普查區戶口總數初步報告」編製完成。

(七)戶口普查區戶口總數初步報告限於查口工作開始後十日內(卽三十一年四月十五日以前)編製完成，由普查區主任及各副主任分別簽名後卽日專差呈送縣政府。

(八)戶口普查區主任及副主任，對於上述編製方法，如有疑義，應請縣督導員加以指示。

(九)應用表式：

戶口普查區戶口總數初步報告整理表(一)

(　　)普查分區戶口總數

	戶數	常住人口			現在人口		
		共計	男	女	共計	男	女
總計							
普通戶							
營業戶							
公共戶							

戶口普查區戶口總數初步報告整理表(二)

(1)戶口普查區普通戶戶口總數

普查分區號次	戶數	常住人口			現在人口		
		共計	男	女	共計	男	女
總計							
普查分區							
……							

(2)戶口普查區營業戶戶口總數

普查分區號次	戶數	常住人口			現在人口		
		共計	男	女	計共	男	女
總計							
普查分區							
……							

(3)戶口普查區公共戶口總數

普查分區號次	戶數	常住人口			現在人口		
		共計	男	女	共計	男	女
總計							
普查分區(　)							

鄉鎮戶口普查區戶口總數初步報告

總計	戶數	常住人口			現住人口		
		共計	男	女	共計	男	女
普通戶							
營業戶							
公共戶							

普查區主任　　　　（簽名蓋章）

副主任　　　　（簽名蓋章）

民國　年　月　日編製

2.戶口異動登記之舉辦　各選定普查縣份，自查口工作開始之日（即三十一年四月六日）起，應即依照四川省各縣戶口異動登記辦法之規定，同時舉辦戶口異動登記。在查口工作實施期中各普查分區登記在普查標準日後遷人之戶口，即純爲供整編保甲及補行戶口異動登記之根據；各戶口普查區主任副主任應於實施查口期內督飭所屬各保保甲長隨時注意幷報告各該保甲戶口異動情形，以資查核辦理。

3.保甲之整編　戶口普查區之編查工作辦理完竣，戶口總數初步報告編製完竣呈送縣普查處並依照「整編保甲須知」調整保甲區域戶次後，各該鄉鎮長及副鄉鎮長應即督率鄉鎮公所工作人員依照「各鄉鎮整編保甲之程序與辦法」（附後）按次辦理「查填保甲編查冊」及「編造保甲戶口冊」兩項工作，限於查口工作開始後二十七日內（即三十一年五月二日以前）辦理完竣，不得拖延，至填發戶牌以下各項工作，應俟巳填普查表冊呈縣後，繼續依照辦理。

各鄉鎮整理保甲之程序與辦法

一、戶口普查區戶口總數初步報告辦竣呈縣後各鄉鎮公所應辦理之工作

（1）查填保甲編查冊　各鄉鎮調整保甲區域戶次後，應照新編各保甲戶順序，在照普查戶冊，將保甲長及戶長姓名填入規定之保甲編查冊，應同式繕正三份以一份呈報縣政府，一份留存鄉鎮公所備查，分別發交各保辦公處存查。

（2）編造保甲戶口冊　前項工作辦竣，應即查照戶口普查表各項紀錄過錄保甲戶口表（格式附後），應同式過錄兩份，以一份呈報縣政府，餘一份留存鄉鎮公所備查。過錄時凡遇有在戶口普查表「稱謂」一填「側室」或填「妾」一者，應於保甲戶口表同欄內填「同居」二字，凡遇有在戶口普查表內末端所載「普查夜在本戶臨時過夜」之客人，均應剔除不錄。

以上兩項工作，至遲限於查口工作開始後二十七日內（即三十一年五月二日以前）辦理完竣。

縣政府待所轄各鄉鎮保甲戶口冊全部繳齊後，應即編製「全縣保甲戶口統計表」，同式兩份，分別報請專員公署及省政府備查。（縣保甲戶口統計表僅限於全縣鄉鎮保數，及各鄉鎮各戶口男女數；至詳細之戶口統計，由省委會統籌辦理。）

二、已填普查表冊呈縣後各鄉鎮公所應繼續辦理之工作

（1）填發戶牌　在戶口之變動過多，戶次亦有錯亂，原有戶牌塗改太多之時，應由縣政府編印戶牌發交鄉鎮公所依照新編製之保甲戶口冊分別填發戶牌，並令各戶將牌戶粘於木板上懸掛戶內顯著易見之處，以便隨時檢查。

（2）辦理聯保連坐　戶牌填寫完竣後，各鄉鎮長即應督率各該管保甲長率同各戶戶長，聯同甲內各戶戶長至少五人，依照各項辦理聯保連坐實施辦法之規定簽具聯保連坐切結。

（3）登記民槍　前項工作辦竣，各鄉鎮公所即通知存有槍支未經登記烙印之住戶，迅向本管鄉鎮公所申

續登記辦理婚姻手續。

（4）訂定保甲規約　前項工作辦竣，各鄉鎮長即應督飭各保保長依照四川省各縣保務會議規則規定，召開保務會議，協商保甲規約，公布週知，合本保居民共同遵守。

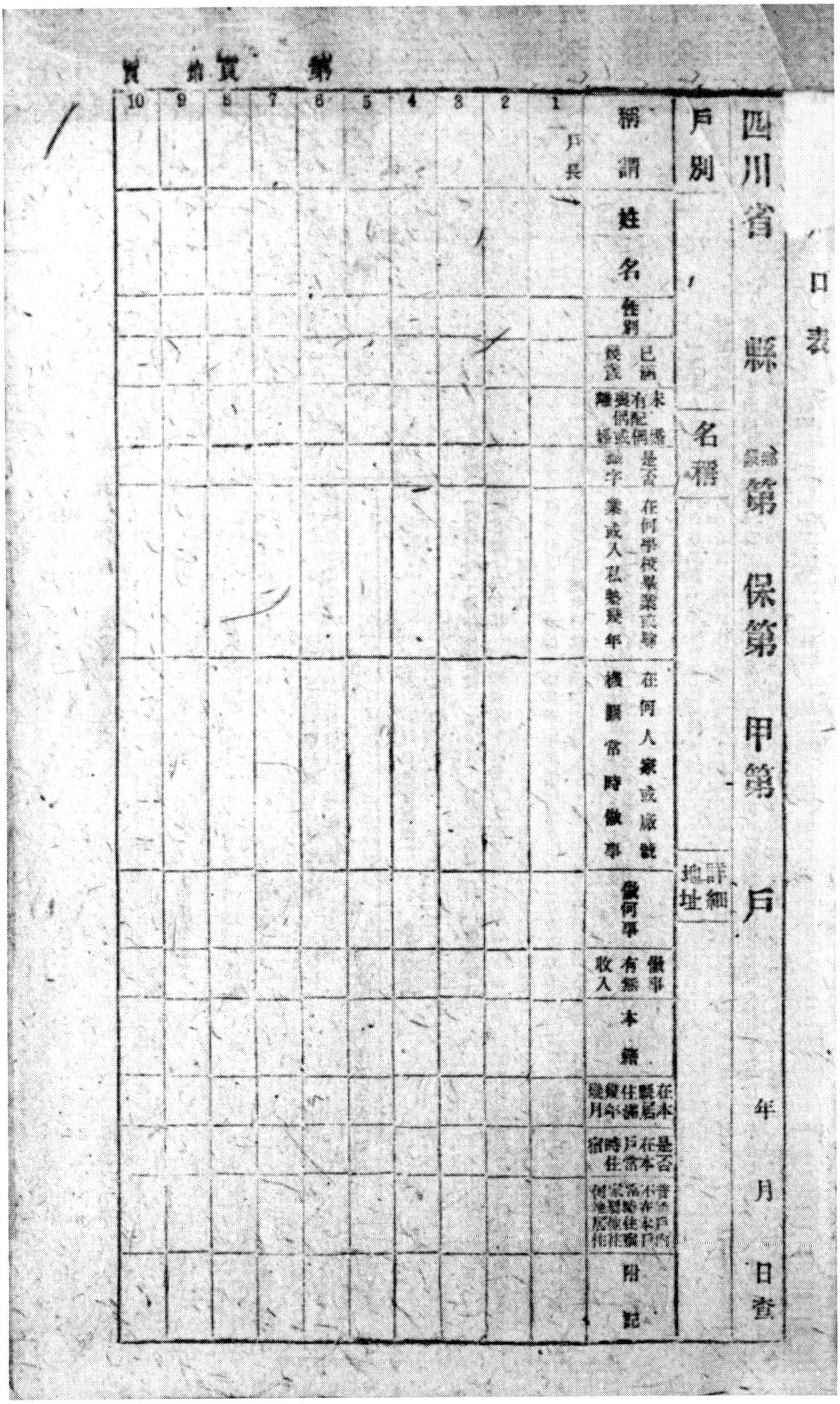
第　頁　共　頁
口表
四川省　縣　鄉鎮第　保第　甲第　戶
年　月　日查
戶別
名稱
詳細地址
1 戶長
2
3
4
5
6
7
8
9
10
稱謂
姓名
性別
已滿幾歲
是否識字
在何學校畢業或肄業或入私塾幾年
在何人家或廠號機關常時做事
做何事
做事有無收入
本籍
在本縣居住滿幾年幾月
是否在本戶常時住宿
附記

4. 已塡普查表册之呈繳　各戶口普查區於保甲戶口册滿錄完竣後，至遲限於兩日內（卽三十一年五月四日以前）由普查區主任副主任依照「戶口普查區已塡表册包裝彙呈辦法」（附後）將所有已塡之戶册及戶口普查表妥爲包裝，如有各廠號機關自塡之戶口普查表尙未收齊者，卽以所塡之廠號機關人口概況調查表裝入並遵具彙呈「已塡表册三聯單格式甲乙」一併差人呈送戶口普查處核收，該戶口普查區卽行結束。

戶口普查區已塡表册包裝彙呈辦法

（一）戶口普查區主任副主任應就所管之每一普查分區所有之已塡戶口普查表，按照普通戶，營業戶及公共戶之類別分別包裝各爲一小包，如有各廠號機關自塡之戶口普查表尙未繳送齊者卽以所塡之各廠號機關人口概況調查表裝入，在包裝之前，各小包之戶口普查表應按照戶號先後次第疊放，廠號機關人口概況調查表應置於戶口普查表之後，並於第一份普查表上放置（不要粘貼）「標簽」，由經手包裝之戶口普查區主任副主任逐項塡明，簽名蓋章，並塡明包裝　年　月　日。「標簽」格式規定如左：

　　縣　戶口普查區第　　普查分區

　　戶　已塡戶口普查表共　份（一戶塡表若干頁者仍一份計）
　　　　已塡廠號機關人口概況表共　份

經手包裝人　　　　（簽名蓋章）　民國　年　月　日

　縣戶口普查處點收人　　（簽名蓋章）　民國　年　月　日

（二）每一戶口普查區之已填戶口普查表及廠號機關人口概況調查表，依前條規定按戶類分別包裝後，應將各小包按照普通戶營業戶及公共戶之次序疊放，並於普通戶之包上加置本分區之已填戶册，合併包裝爲一分區表册包。在包裝之前，每包內於戶册上放置（不要粘貼）「標簽」，由經手包裝之戶口普查區主任或副主任逐項填明，簽名蓋章，並填明包裝年月日。「標簽」格式規定如左：

縣　戶口普查區第　　普查分區
已填戶册共　　册（一戶填表若干頁者仍以一份計）
已填戶口普查表（普通戶　份／營業戶　份／公共戶　份）共計　　份
已填廠號機關人口概況調查表（營業戶　份／公共戶　份）共計　　份
經手包裝人　　（簽名蓋章）　　民國　年　月　日
縣戶口普查處點收人　　（簽名蓋章）　　民國　年　月　日

（三）戶口普查區所轄各普查分區之已填表册，依照前兩條之規定分別包裝完竣後應將所有各分區表册按照分區次第順序疊放，由普查區主任點查並無遺漏後，合併包裝爲一普查區表册包，在包裝之前每包內於第一分區包上放置（不要粘貼）「標簽」由普查區主任逐項填明，簽名蓋章，並註明包裝年月日。「標簽」格式規定如左：

縣　　戶口普查區所轄普查分區數：

已塡戶册共　　册　　（一戶塡表若干頁者仍以一份計）

已塡戶口普查表（普通戶　份、營業戶　份、公共戶　份）共　　計　　份

已塡廠號機關人口概況調查表（營業戶　份、公共戶　份）計共

普查區主任　　　　（簽名蓋章）　　民國　　年　　月　　日

縣戶口普查點收人　　　　（簽名蓋章）　　民國　　年　　月　　日

（四）戶口普查區全部應呈已塡表册，依前條之規定包裝後，應於包外平面上書明該普查區名稱，由普查區主任簽名蓋章，註明呈送之年月日，並造具戶口普查區「齎呈已塡表册三聯單格式甲」（附後）連同本戶口普查區全部已塡表册專人呈送縣普查處核收。

5、縣督導區以下各級工作人員成績之考核　戶口普查區編戶查口工作辦竣後，戶口普查區主任副主任應即辦理普查員成績之初核工作，按所轄各分區主任及普查員實施編查工作情况，並參考戶冊及戶口普查表簽問改正事由單之紀錄分別於「普查分區主任普查員工作成績紀錄單」（格式附後）「工作評語」欄各分欄內，逐欄填記簡要之評語。然後評定其成績之等第，塡入「成績等第」欄。上項成績等第經評定後，應即分別造具，普查分區主任及普查員工作成績最優及最劣名單（格式附後）呈由縣督導員復核。

縣督導員於抽查工作辦理完竣後，至各戶口普查區整理統計工作完成後，應即辦理所轄各戶口普查區主任及副主任成績之考核工作。按所轄各戶口普查區主任及副主任實施工作情况參考「抽查紀錄單」之紀錄分別於「戶口普查區主任及副主任工作成績紀錄單」（格式附後）「工作評語」欄各分欄內，逐欄填記簡要之評語，然後評定其成績之等第塡入「成績等第」欄，上項成績等第評定後，應即分別造具普查區主任及副主任工作成績最優及最劣名單（格式附後），連同業經復核之普查分區主任及普查員工作成績最優及最劣名單，分呈縣戶口普查處及省督導員復核。縣督導員辦理普查分區主任及普查員成績之復核時，應注意初核之是否公允，並參考抽查結果紀錄單之紀錄及實際巡察指導所得資料，相互印證，如發現初核結果有欠公允之處，即應將原名單發還，並根據事實分別指示原考核人重行編製名單呈核。

省督導員於抽查工作辦理完竣至各督導區所轄戶口普查區整理統計工作完成後，應即辦理所轄全縣各督導區督導員成績之考核工作。按各縣督導員實施工作情况，並參考「抽查紀錄單」之紀錄分別於「　縣督導員工作成績紀錄單」（格式附後）「工作評語」欄各分欄內，逐欄填記簡要之評語，然後評定其成績之等第填入「成績等第」欄。上項成績等第評定後，應即造具「　縣所轄督導區督導員工作成績最優及最劣名單」（格式附後），連同業經復核之戶口普查區主任副主任及普查分區主任普查員名單呈省普委會備核，並送縣戶口普查處備查。省督導員辦理戶口普查區主任副主任及普查分區主任普查員成績之復核時，應注意各縣督導員之考核是否公允，并參考抽查結果紀錄單之紀錄及實施巡察指導所得資料，相互印證，如發現上項考核結果有欠公允之處，即應將原送名單發還并根據事實分別指示原考核人重行編製名單呈核。

縣　鄉鎮　普查區所轄普查分區主任及普查員工作成績紀錄單

普查分區主任工作評語

普查分區號次	普查員姓名	表册是否如限呈報	表册查對結果	表册填寫清楚或草率	表册是否浪費	服務精神是否良好	其他	成績等第	備註

縣　鄉鎮普查區主任副主任（簽名蓋章）

民國三十一年　月　日

說明：(1)「工作評語」欄各分欄之不適用於普查分區主任者從闕。

(2)普查分區主任之總成績由普查區主任及該管副主任評定其等第。

(3)「成績等第」欄分為(一)最優(二)優(三)平(四)劣及(五)最劣五等，各按其成績，核定等第填入。

(4)此單應由戶口普查區主任副主任各就所轄分區編造一份，於單上簽名蓋章後，存本普查區備查。

(5)戶口普查區主任應按此項紀錄單分別造具成績最優及最劣之普查分區主任及普查員名單呈送縣督導員備核。

縣　督導區　鄉鎮普查區所轄普查分區主任工作成績最優及最劣名單

分區次第	姓名	最優或最劣	最優或最劣之確實事蹟

鄉
鎮普查區主任（簽名蓋章）年　月　日

副主任（簽名蓋章）年　月　日

（列三至五人）

派駐督導區縣督導員（簽名蓋章）年　月　日

派駐縣督導員（簽名蓋章）年　月　日

說明：（1）此名單應根據「普查分區主任及普查員工作成績紀錄單」及有關事實造具，由普查區主任及副主任簽署呈核。

（2）此名單應同式造具五份，以一份存查，餘四份呈送縣督導員備核。

（3）縣督導員接到此項名單四份，經覆核同意後，即於名單左下方簽署，除以一份存查外，餘三份轉呈省督導員備核。

（4）省督導員接到此項名單三份，經覆核同意後，即於名單左下方簽署，以一份存查，一份轉呈省普委會備核，以一份送縣普查處備案。

（5）省縣督導員接到此項名單後，如現發考核有欠公允或不能同意之處，應即分別指示各原考核人另造名單仍照規定手續呈核，并將原送名單發還。

縣　督導區　鄉
鎮普查區所轄普查員工作成績最優及最劣名單

分區次第	姓名	最優或最劣	最優或最劣之確實事蹟

鄉
鎮普查區主任（簽署蓋章）年　月　日

副主任（簽署蓋章）年　月　日

（列三至五人）

派駐　督導區縣督導員（簽署蓋章）　年　月　日

派駐　縣督導員（簽署蓋章）　年　月　日

說明：（1）此名單應根據「普查分區主任及普查員工作成績紀錄單」及有關事實造具，由普查區主任及各副主任簽署呈繳

（2）此名單應用式造具五份，以一份存查，餘四份呈送縣督導員備核

（3）縣督導員接到此項名單四份，經覆核同意後，即於名單左下方簽署，除以一份存查外，餘三份轉呈省督導員備核。

（4）省督導員接到此項。名單三份，經覆核同意後，即於名單左下方署簽，除以一份存查，一份轉呈省普委會備核，一份呈縣普查處備案。

（5）省縣督導員接到此項名單後，如發現考績有欠公允或不能同意之處，應即分別指示各原考核人另造名單，仍照規定手續呈核，并將原送名單發還。

縣　督導區所轄戶口普查區主任及副主任工作成績紀錄單

普查區名稱	主任或副主任姓名	工作評語						成績等第	備註
		冊籍查報是否如限完成	考核普查員成績是否公允	抽查結果	統計工作是否如限完成	服務精神是否良好	其他		

派駐　督導區督導員（簽名蓋章）

民國三十　年　月　日

說明：（1）「工作評語」欄各分欄項目之不適用於戶口普查區主任者從闕

(2)各戶口普查區主任之成績，得參考所轄各副主任之成績決定其等第。

(3)「成績等第」欄分為(一)最優(二)優(三)平(四)及劣(五)最劣五等，各按其成績，核定等第填入。

(4)縣督導員除按此紀錄單分別造具成績最優及最劣之名單呈核外，此單應妥為保存備查。

縣　督導區所轄戶口普查區主任工作成績最優及最劣名單

普查區名稱	姓名	最優或最劣	最優或最劣之確實事蹟

派駐　督導區縣督導員　（簽名蓋章）　年　月　日

派駐　縣省督導員　（簽名蓋章）　年　月　日

說明：(1)此名單應根據「戶口普查區主任副主任工作成績紀錄單」及有關事實造具，由縣督導員簽署呈核。

(2)此名單應同式造具四份，以一份存查，餘三份送省督導員備核（與普查區主任名單及經覆核同意之普查分區主任及普查員名單一併送核）。

(3)省督導員接到此項名單三份，經覆核同意後，即於名單左下方簽署，以一份存查，一份轉呈省普委會備核一份送縣普查處備案。

(4)省督導員接到此項名單後，如發現考核有欠公允或不能同意之處，應即分別指示各原考核人另造名單仍照規定手續呈核并將原送名單發還。

縣　督導區所轄戶口普查區主任及副主任工作成績紀錄單

普查區名稱	姓名	最優或最劣	最優或最劣之確實事蹟

派駐　督導區縣督導員（簽名蓋章）　年　月　日

派駐　縣督導員（簽名蓋章）　年　月　日

說明：（1）此名單應根據「戶口普查區主任副主任工作成績紀錄單」及有關事實塡具，由縣督導員簽署呈核。

（2）此名單應同式塡具四份，以一份存查，餘三份送省督導員備核（與普查區主任名單及經覆核同意之普查分區主任及普查員名單一併送核）。

（3）省督導員接到此項名單三份，經覆核同意後，即於名單左下方簽署，以一份存查，一份轉呈省普委會備核，一份送縣普查處備案。

（4）省縣督導員接到此項名單後，如發現考核有欠公允或不能同意之處，應即分別指示各原考核人另造名單，仍照規定手續呈核并將原送名單發還。

縣督導員工作成績紀錄單

督導區名稱	督導員姓名	工作評語：辦理編查統計工作是否勝任	工作評語：抽查是否如限完成	工作評語：對各級人員考績是否公允	工作評語：服務精神是否良好	工作評語：其他	成績等第	備註

派駐　　縣督導員（簽名蓋章）

民國三十一年　月　日

說明：（1）「成績等第」欄分為（一）最優（二）優（三）平（四）劣及（五）最劣五等，各按其成績，核定等第填入

（2）省督導員除按此紀錄單造具成績最優及最劣之縣督導員名單呈核外，此單應妥為保存備查。

縣所轄督導區督導員工作成績最優及最劣名單

督導區名稱	姓名	最優或最劣	最優或最劣之確實事證

派駐　　縣督導員（簽名蓋章）卅一年　月　日

說明：（1）此名單應根據「縣督導員工作成績紀錄單」及有關事實造具，由省督導員簽署呈核。

（2）此名單同式造具三份，以一份存查，一份呈省普委會備核，一份送縣普查處編案（連同發表同意之普查區主任副主任普查分區主任普查員名單一併分別呈送）。

6.各級編查人員第二期旅食費之核發　縣普查處於編查工作辦理完竣，縣督導區以下各級編查人員工作成績考核完畢後，應即核算補發全縣編查人員第二期旅食費，並應由各該普查區主任負責具領轉發。

7.各級編查人員旅食費之轉發　各普查區主任具領到所屬各級編查人員第二期旅食費時，應請縣督導員到場監督指導，按名轉發，不得扣發或短發。轉發時應將轉發金額繼續填入「縣戶口普查區轉發編查人員旅食費名冊」（格式見前）並由各領款人於名冊上簽名蓋章，轉發完竣，普查區主任應即將名冊依法報請縣普查處核銷。上項旅食費，不得冒

領証報，違者法辦。

8.縣督導員第二期工作報告之造送　縣督導員於編查工作實施時起，至所轄各級編查人員工作成績初核辦理完竣時止，其辦理事務爲第二期工作，應填具「縣督導員第二期工作報告」（格式附後），報請督查處備核。

上項工作報告應附呈工作日記（格式及填記辦法見前）

縣督導員第二期工作辦理完竣後應即送驗。

縣督導員第二期工作報告（本報告各應行之寬狹得視事務之繁簡自爲伸縮）

工作項目	規定工作進度	工作實施辦法	工作實施進度與結果	對各級人員考察總評
抽查事項				
對各級工作人員之指導事項				
各級工作人員之考績事項				
特殊事件				
其他事項				

右呈

四川省　　縣戶口普查處

派駐　　督導區督導員（簽名蓋章）謹呈

民國三十一年　　月　　日

9.省督導員第二期工作報告之造送　省督導員於編查工作實施時起，至縣督導區以下各級工作人員成績考核辦理完竣時止，其所辦理事務爲第二期工作，應填具「省督導員第二期工作報告」（格式附後）報請省普委會備核。

上項工作報告應附呈工作日記（其格式及填記辦法見前）

省督導員第二期工作報告（本報告之各欄行之寬狹得視事務繁簡自為伸縮）

工作項目	規定工作進度	工作實施辦法	工作實施進度與結果	對各級組織及人員考察總評
抽查事項				
對各級工作人員之指導事項				
各級工作人員之考績事項				
特殊事件				
其他事項				

右呈

四川省選縣戶口普查委員會

派駐　縣督導員（簽名蓋章）謹呈

民國　年　月　日

六、縣戶口普查處初步報告之彙編及表冊之點收與彙轉

1.各戶口普查區戶口總數初步報告之審核與彙編　縣普查處將所轄各戶口普查區戶口總數初步報告完全收齊時，即應開始辦理上項報告之審核與彙編工作，由各該縣政府統計主任兼任之縣普查處副普查長負責指導所屬統計人員依照規定之「戶口普查區戶口總數初步報告之審核與彙編統計方法」辦理。上項工作，至遲限於查口工作開始後十三日內（即三十一年四月十八日以前）辦理竣竣，並須將彙編之報告呈經縣普查長簽署後專人呈送省普委會審核，不得拖延。

戶口普查區戶口總數初步報告之審核與彙編統計方法

（一）清點各戶口普查區呈送之報告是否齊全，如發現有延未呈核者，應迅令補呈。

（二）核算原報告內各行列之「合計」與「總計」及其有關各欄之數目是否相符如有錯誤應酌予改正。

（三）查核原報告之戶口數目是否合理，如發現有重大錯誤（例如戶口數目與最近統計數字比較相差懸殊）時，應報請縣普查長飭令各該戶口普查區查明具報。

前項重大錯誤發現經飭實改正後，縣普查長應即將經過情形通知省普查專員，以憑參照改正縣普查專員及戶口普查區主任副主任工作成績之考核結果，并分別呈報省普委會備案。

（四）前三項手續辦理完竣後，應由審核人於原報告左下方簽名蓋章。

（五）各戶口普查區之統計報告經審核完竣發還後，即按各戶口普查區戶口總數初步報告」各欄所填之普查區名稱及各項數字，並按戶別分別轉鈔填入「戶口總數初步報告整理表——（1）（2）（3）」各相當各欄內，然後分別就各欄計算總數，填入總計欄。

（六）整理數經依前項規定過錄完竣，計算無誤後，即將各表各欄總計數目轉填於「戶口總數初步報告」各相當欄內，分別將各欄數目加總填入總計欄，於是「戶口總數初步報告」彙編完成。

（七）「戶口總數初步報告」至遲限於查口工作開始後十三日內（即三十一年四月十八日以前）編製完成呈送普查長簽名蓋章後專人呈送省普委會審核不拖延。

（八）應用表式：

縣戶口總數初步報告彙聯表

(1)普通戶戶口總數

戶口普查區名稱	戶數	常住人口			現在人口		
		共計	男	女	共計	男	女
總計							
鄉鎮普查區							

(2)營業戶戶口總數

戶口普查區名稱	戶數	常住人口			現在人口		
		共計	男	女	共計	男	女
總計							
鄉鎮普查區							

(3)公共戶戶口總數

戶口普查區名稱	戶數	常住人口			現在人口		
		共計	男	女	共計	男	女
總計							
鄉鎮普查區							

縣戶口總數初步報告

	戶數	常住人口			現在人口		
		共計	男	女	共計	男	女
總計							
普通戶							
營業戶							
公共戶							

9.各戶口普查區已填普查表冊之點收與呈省　縣普查處收到所轄各普查區專人呈送之已填戶冊與戶口普查表時，即應由縣普查處指定負責點收人依照「縣戶口普查處點收及彙呈已填表冊辦法」（附後）當日（表冊送到之日）點收完畢，並由經手點收人於　縣鄉鎮普查區彙呈已填表冊三聯單」之第二第三聯上簽名蓋章，註明點收年月日，隨將上項聯單第二聯交原呈送表冊人帶回，第三聯由縣存查。俟所轄各戶口普查區已填表冊全部點收完竣後，至遲限於查口工作開始後三十一日內（即三十一年五月六日以前）造具，縣戶口普查處「彙呈已填表冊三聯單格式乙」（格式附後）連同已填表冊全部，一併專人呈送省普委會核收。

縣戶口普查處點收及彙呈已填表冊辦法

（一）每一戶口普查區之已填戶冊及戶口普查表呈送到縣時，即應由縣普查處指定負責點收人先將大包折開，點查分區表冊包數是否與該區原劃分區數目符合，並查看是否附有「標簽」，如經查點符合，「標簽」亦已附入，即繼續照下列步驟辦理。

（二）按次將各分區包折開（各分區包不可同時折開以免紊亂），點數包內戶冊及各小包數目與所附標簽是否相符，再按次將各小包折開，點數已填戶口普查表及廠號機關人口概況調查表份數是否與標簽所記相符及有無不合實情之處，如屬相符，即將該小包妥爲堅固包裝，并由負責點收人於標簽上簽名蓋章後，粘貼於該小包面上，如是逐一將各小包分別點查包裝，粘貼標簽至每一分區各小包及戶冊點查無誤後，合成一分區包，并於該分區包內原附標簽上，由負責點收人簽名蓋章後，加以粘貼，俟所有各分區包均依上述辦法點查完畢，并核算各分區包標簽上所載表冊數目與該普查區大包內標簽上所載數目相符後，即將全普查區大包妥爲堅固包裝，并由負責點收人於該普查區大包內原附標簽上簽名蓋章，註明點收日期，堅固粘貼於該區大包面上。

（三）點查每一分區包或各分區內每一小包，如發現錯誤或不合之處，則該分區包或各分區包內之小包，不可固封，并分別將原附標簽（暫不蓋章）仍置包內；俟全普查區所有分區包均經分別點收完竣後，再將上項發現有錯誤或不合之處之分區包及小包詳爲審查，如查得確係原標簽填記錯誤者，得代爲改正，并於改正處加蓋點收人私章，即將各小包及分區包依照前項辦法點查包裝粘貼標簽並由點收人於標簽上簽名蓋章。

(四)核對手續辦理完畢，即將「點查已填表冊三聯單」上所載表冊數目與該普查區大包上所粘標簽所載數目核對，如聯單上發現有填載錯誤之處，即代為更正，并於更正處加蓋點收人私章，并於聯單第二及第三聯上由負責點收人分別簽名蓋章，註明點收日期，聯單第二聯即交原差帶回，第三聯存縣備查。該普查區已填表冊之點收工作，即告完成。

(五)點收已填表冊，如發現表冊種類與數目未能齊全或有重大錯誤暨不合實情之處，不能代為更正時，即須將全部表冊退還更正，限期查明呈繳。

(六)各戶口普查區表冊陸續呈送時均應隨到隨步驟辦理點收，并限於表冊送到之日點收完竣，不得積壓拖延。

(七)各普查區呈送縣點收之表冊大包，應按普查區之先後序排列齊并妥為保管，俟全縣所轄各普查區之表冊點收齊全後，至遲限於查口工作開始後三十一日內(即三十一年五月六日以前)，即應造具「點呈已填表冊三聯單格式乙二(附後)，連同全縣各區已填表冊，專人呈送省普查委員會核收。

彙呈已填表冊三聯單格式乙

縣戶口普查處
彙呈已填表冊三聯單

已填表冊名稱	數量	備註
戶	冊	
普通戶戶口普查表	份	
營業戶戶口普查表	份	
公共戶戶口普查表	份	
廠號機關人口概況調查表	份	

本處共轄　　戶口普查區，所有應呈繳之已填表冊，業經全部彙齊，數量如右表所列，共計

大包呈送

四川省選縣戶口普查委員會核收，留此存查

縣普查長　　（簽名蓋章）

中華民國三十一年　　月　　日

第一聯　此聯由縣戶口普查處存查

字第……（騎縫印）……號

縣戶口普查處
彙呈已填表冊三聯單

已填表冊名稱	數量	備註
戶	冊	
普通戶戶口普查表	份	
營業戶戶口普查表	份	
公共戶戶口普查表	份	
廠號機關人口概況調查表	份	

右表所列已填表冊共計　　大包，業經如數點收，無誤，希知照

右令

縣戶口普查處

（簽名蓋章）

四川省選縣戶口普查委員會主任委員

經手點收人　　（簽名蓋章）

點收日期　民國三十一年　　月　　日

第二聯　此聯經省普查會點交簽署後交縣普查處存查

字第……（騎縫印）……號

縣戶口普查處
彙呈已填表冊三聯單

已填表冊名稱	數量	備註
戶	冊	
普通戶戶口普查表	份	
營業戶戶口普查表	份	
公共戶戶口普查表	份	
廠號機關人口概況調查表	份	

本處共轄　　戶口普查區，所有應呈繳之已填表冊，業經全部彙齊，數量右表所列，共包裝

大包呈繳

右呈

四川省選縣戶口普查委員會

鈞會核收。

縣普查長　　（簽名蓋章）

中華民國三十一年　　月　　日

第三聯　此聯由省普查會點收並由點收人簽署註明點收日期留存備查

3. 縣普查處內部工作人員成績之考核　各縣普查處將彙編統計工作辦理完竣，各該縣普查處普查長應即會同省普派員辦理各該處內部工作人員工作成績之考核工作，分別就各員於實施編查期間工作之成績並就平時各項有關紀錄評定其成績等第，將考核結果填入「縣普查處內部工作人員成績紀錄單」（格式附後）並造具「縣普查處內部工作人員成績最優及最劣名單」（格式附後），由縣普查處呈送省普委會備核。

縣戶口普查處內部工作人員成績紀錄單

職別	姓名	工作評語	成績等第	備註

縣普查處長（簽名蓋章）

派駐　　縣督導員（簽名章蓋）

民國三十一年　　月　　日

說明：1.「工作評語」欄，應就各員所担任工作之成績，爲具體而簡要之評語填入。

2.「成績等第」欄分爲（一）最優（二）優（三）平（四）劣及（五）最劣五等各據其成績核定等第填入。

3. 縣　普查處除按此紀錄單造具成績最優及最劣之名單呈省外，此單應妥爲保存備查。

縣戶口普查處內部工作人員成績最優及最劣名單

職別	姓名	最優或最劣	最優或最劣之確實事實

縣普查長　（簽名蓋章）

派駐　縣督導員　（簽名蓋章）

民國三十一年　月　日

說明：1.此名單應根據「縣普查處內部工作人員成績紀錄冊」及有關事實造具，由縣普查長及省派督導員簽署呈核。

2.此名單應照式造具三份，一份呈省普委會備核，餘二份由縣普查處及存派督導員留存備查。

4.省督導員第三期工作報告之遞送　省督導員於縣督導區以下各級人員工作成績考核辦理完竣時起，至縣普查處內部工作人員成績考核辦理完竣時止，其所辦理事務爲第三期工作，應填具「省督導員第三期工作報告」（格式附後），請省普委會備核。

上項工作報告應附呈工作日記（其格式及填記辦法見前）

省督導員第三期工作辦理完竣後，應即返省。

縣督導員第三期工作報告（本報告各直行之寬狹得視事務之繁簡自爲伸縮）

工作項目	規定工作進度	工作實施辦法	工作實施進度與結果	對各級人員考察總評
抽查事項				
對各級工作人員之指導事項				
各級工作人員之考績事項				
特殊事件				
其他事項				

右呈

四川省遂縣戶口普查委員會

派駐　　縣督導員（簽名蓋章）

民國三十一年　　月　　日

5.縣戶口普查處經費之報銷　各縣普查處於普查工作辦理完竣後，即應依照中央及四川省政府現行有關法規之規定，辦理普查經費之報銷，呈報省普委會備核。

縣戶口普查處第二期工作報告之造送　自縣編查工作實施時起至縣總編統計工作完成已填普查表冊全部呈省時止，縣普查處所辦理事務為第二期工作，應由縣普查處，[illegible]「縣戶口普查處第二期工作報告」（格式附）送報省普委會備核，該縣普查處即行結束。

縣戶口普查處第二期工作報告（本報告各直行之寬狹得視事務繁簡自為伸縮）

工作項目	規定工作進度	工作實施辦法	工作實施進度與結果	對各級組織及人員考察總評
實施編查各事項				
抽查事項				
戶口普查總統計報告之審核及彙編事項				
已填普查表冊之點收與呈省各事項				
旅食費之核發事項				
縣經費收支事項				
各級編查人員之考績事項				

特殊事件	
其他事項	

右呈

四川省選縣戶口普查委員會

縣普查長（簽名蓋章）謹呈

民國三十一年　月　日

七、省普委會之點管表冊與審編統計

1.各縣戶口總數初步報告之審核與發表　省普委會收到各選定普查縣份彙編之「縣戶口總數初步報告」後，即應開始審核原報告，如確核算無誤，並無不合實情之處（例如查得原報告數字與原有各種統計數字相差尚不懸殊），負責審核人即應於原報告之左下方簽名蓋章，呈由主任委員核閱。各縣戶口數字應於查記工作開始後十五日內（即三十一年四月二十日）以前全部發表，公告全省各縣，備供參考。上項審核如發現原報告各欄數字有不相符合之處，應詳爲核算，若係筆誤，得由審核人爲予改正呈核，依限發表。

2.各縣已填普查表冊之點收與保管　省普委會收到各縣呈送之已填表冊，應即指定統計組組長負責辦理點收工作，並依照「省普委會點收與保管已填表冊辦法」（附後）限於各該縣表冊送到之日點收完畢，隨即編造各該縣表冊數目清單，並呈由主任委員副主任委員核閱蓋章後，並指定負責人員妥爲保管。

省普委會點收與保管已填表冊辦法

（一）省普委會須預先製備若干表冊櫃（每縣一櫃），每櫃內分若干格（其格數須略多於各該縣所有戶口普查區數目，每格體積須夠容納一戶口普查區之已填表冊及戶口普查錄者），每格口上方書明戶口普查區次第及鄉鎮行政（行政區域）名稱。此項表冊櫃，應裝有堅固之櫃門，以便關鎖。

（二）每一選定普查縣份將表冊專人送到省時，應由省普委會統計組長親自會同專送負責人員點收查核，限於當冊送到之日點收完畢，不得遲延。

（三）點收表册時，先按各該縣戶口普查區次第將普查區大包拆開，再按次拆開各分區包及小包，順次點查，一一與包外所黏標簽核對，其點查步驟與縣點收普查區表册時相同。折包時不可將各包外黏貼之標簽撕毀，上並應剪下留爲保存，以便隨時檢查。

（四）每一戶口普查區表册經點查數目相符，即應將該普查區所有已塡戶册戶口普查表及原號機關人口概況調查表放置該縣表册櫃中指定該戶口普查區之格內，該戶口普查區所有分區之表册，須按次放置，各分區表册間須插一硬紙板，（重磅道林紙），標明分區次第；每分區之表册，須按戶册，普通戶普查表，營業戶普查表，公共戶普查表之次序放置，戶册及每類戶普查表間，均須插一硬紙板，依次標明戶册，普通戶，營業戶，公共戶等字樣。

（五）每一縣各戶口普查區表册，經照前項規定一一點收無誤並放置表册櫃內之後，省普委會統計組組長應在各該縣呈省三聯單第二及第三兩聯上簽名蓋章，註明點收年月日，即將第二聯交原呈送表册人帶由，第三聯存會備查。

（六）點查各縣呈送之表册時，如發現表册種類及數目全部有重大錯誤或不合實情之處，不能代爲更正時，應將全部表册退回更正，其有個別局部錯誤者，應將該部份退回更正，俟更正呈送點收無誤後，再行簽蓋聯單。

（七）各縣呈送之表册，須依前項之規定點收完竣，一一放置櫃內，省普委會統計組組長應即指定負責人，分別依照各縣原送表册各包上黏貼並經剪存之標簽所載表册數目，編製「四川省——縣已塡表册數目清單」（格式附後）編製人簽名蓋章後呈統計組長蓋章轉呈主任委員核閱。

（八）各縣呈送之表册，經點收放置表册櫃內，應即指定負責人管理（可指定原點收人），在省普委會編製統計期間，統計人員須用表册時，須向經管人調取，於「調用普查表册登記簿」（格式附後）上簽名蓋章，用畢繳還時，經管人點收無誤即於原登記簿上註明繳還年月日，並請調用人於年月日上蓋章。

四川省　　縣已填表冊數目清單　　第　頁共　頁

戶口普查區名稱及分區次第	戶冊冊數	戶口普查表份數				駐號機關人口概況調查表份數
		共計	普通戶	營業戶	公共戶	
總計						
鄉鎮普查區 分區						
……						
鄉鎮普查區 分區						

主任委員　[illegible]　統計組組長　填製人

副主任委員

調用普查表冊登記簿

調用人姓名	調用 年	月	日	縣區名稱及分區次第		調用數量 戶冊	戶口普查表	調用人簽名蓋章	繳還 年	月	日	備註
				縣	普查區分編	冊	份					

3.戶口普查表之查對與標註　各縣已填戶口普查表冊點收齊全後，省普委會卽應指定較有統計訓練之人員，担任戶口普查表之查對與標註工作，將全體人員按縣分爲若干組，每組担任一縣之查註工作，每人担任若干普查區之查註工作。各組指定領導一人或二人，負指導及分配工作之責。各查計人員辦理查註工作時，應以一普查分區爲單位，每一分區所有戶口普查表內之事實均已分别查註後，再繼續辦理另一分區之查註工作。

在查註工作開始前，由高級指導人員召集各組領導人，除將註有「標準日後遷入」等字樣之戶口普查表予以剔除，毋須加以標註外，其餘戶口普查表應全部先行審查遇有本方案規定之「戶口普查表查對與標註須知」(附後)所不及備載之疑難問題，均應提出討論，並釐訂各項例别標準，以資共同遵守，而免統計上不純一之弊。關於職業一項，尤應根據「職業定義」(附後)與其類別製訂詳細標註標準。

在查註之工作開始時，各組領導人應召集各該組工作人員詳加講解，務使全部了解。工作進行時各組卽導人應隨時指導，並負指正錯誤之責。領導人有不能解決之疑難問題，應隨時提出商決。

關於「職業類別」「機關性質別」及「省市别」等之標註，應採用號碼，並應預先製訂各項號碼表(附後)以資應用。

戶口普查表查對與標註須知

一、戶口普查表之調用

各組查註人員每人所担任之若干普查區分配定妥後，應由本人逕向戶口普查表冊保管人請用戶口普查表。

每次祇能調用一普查分區，該分區查註完畢並交還表冊保管人後，始可調用另一分區，並應按各普查區內各分區次第繼續調用。

調用戶口普查表時，應由表冊保管人於「調用普查表冊登記簿」上登記，交由調用人按照各該「戶口普查表冊數目清單」內所載該分區普查表數目清點並簽名蓋章；交還時，由表冊保管人清點與原數相符後填註繳還日期，請調用人在日期上蓋章。

二、戶口普查表之查對

各組查註人員每調一普查分區之戶口普查表時，應將該分區所有戶口普查表內容全部加以審閱，遇有難以判別或疑問之點應即提請領導人解答。審閱時根據本方案規定之「戶口普查表查對點收須知」（見前）予以詳細查對，如有錯誤並酌為改正。

三、剔除現在與他往人口

戶口普查表上所填各個人之各項答案，如有左列兩種情形之一者，即應在表上將該個人欄內自首至尾分別劃以紅直線剔除之：

（1）在「是否在本戶常時住宿」欄內填「不」字而在「農歷二月二十日夜間是否在本戶過夜」欄內填「是」字者，應在表上將該個人欄內自首至尾劃以紅直線。

（2）在「是否在本戶常時住宿」欄內填「不」字，在「農歷二月二十日夜間是否在本戶過夜」欄內無論填「是」或「不」字，而在「普通戶內不在本戶常時住宿之家屬他往何地居住」欄內填有地名者，應在表上將該個人欄內自首至尾劃以紅直線。

四、戶口普查表內各項答案之標註

標註時，應用紅色墨水於戶口普查表內各項答案上或近旁適當地位書寫。除依照下列說明辦理外，仍應注意另訂之各項判定標準之規定。

（1）「戶別」：本欄之各種戶別，應依後列各點加以標註：

（一）普通戶，營業戶，公共戶，外僑之普通戶及寺廟之公共戶均不加標註；

（二）營業戶之旅館客寓：應於營業戶下之括弧內註一「旅」字。

(三)營業戶之寄宿舍：應於營業戶下之括弧內註一「寄」字。

(四)公共戶之寄宿舍：應於公共戶下之括弧內註一「寄」字。

(2)「名稱」：本欄應依各類戶別之產業或性質，於本欄旁加以標註：

(一)營業戶：依照「暫編職業類別號碼表」(附後)之大業別，將本戶之產業別以羅馬字標註。例如本營業戶名稱欄內填「四川省銀行」者，應於該名稱旁註一「V」字。

(二)公共戶：依照「暫編機關性質別號碼表」(附後)，將本戶之性質別以羅馬字標註。如本戶名稱欄內填「雙流縣政府」者，應於該名稱旁註一「I」字。

(三)普通戶：像有營業性質之普通戶，如家店及農戶等，須與該戶口普查表內各人之答案與「暫編職業類別號碼表」之大業別，將本戶之產業先加判別，再以羅碼字標註於「名稱」欄旁。

(3)「在何城市場集內」：本欄應依「城市場集號碼表」(待附)將所屬城市場集之號碼標註於城市場集名稱旁。

(4)「在何人家或廠號機關常時做事」：本欄應依據職業定義(附後)並須與「做何事」及「做事有無收入」兩欄內所填之事實加以判斷。如在「做事有無收入」欄內填「無」字者雖在「在何人家或廠號機關常時做事」及「做何事」欄內分別填有廠號機關之名稱與其工作之性質或名稱者，仍應視為無業應在「在何人家或廠號機關常時做事」之答案欄內劃一「×」號。如在「做事有無收入」欄內填「有」字而在「在何人家或廠號機關內填有不合職業定義之工作性質或名稱者，概作無業論，應在「在何人家或廠號機關常時做事」之答案欄內劃常時做事」欄內填有廠號機關之名稱，又於「做何事」欄一「×」號。如在「做事有無收入」欄內填「有」字，而在「在何人家或廠號機關常時做事」與「做何事」兩欄內分別填有廠號機關之名稱與合於職業定義之工作性質或名稱者，概作有業論，應依「暫編職業類別號碼表」大業別部份加以標註。該表先將大業別用羅碼數字順次編號，其中小業別用阿拉伯數字順次編號，然後將此項符號標註於各該欄答案之右上角；小業別符號在上，大業別符號在下，中間劃一橫線。茲舉例說明如下：

(一)譬如某人在「做事有無收入」欄內填「有」字，而在「在何人家或廠號機關內填時做事」欄內填「交通部四川公路局」，則其大業別為「VI」，小業別為「46」標註時即於「交通部四川公路局」欄內右上角。作「$\frac{46}{\text{VI}}$」符號。

(二)譬如某人在「做事有無收入」欄內填「有」而在「在何人家或廠號機關內常時做事」欄內填「本戶

」者，尙須參照「做何事」欄內所塡之事實加以判斷，如在「做何事」欄內塡「種田」者，則其大業別爲「I」，小業別爲「1」，應於「本戶」欄內右上角作一「1/I」符樗，餘類推。

(5)「做何事」：本欄應根據職業定義，並依「做事有無收入」與「在何人家或廠號機關內常時做事」兩欄內所塡事實加以判斷，如在「做事有無收入」欄內塡「無」字雖在「在何人家或廠號機關常時做事」與「做何事」兩欄內分別塡有廠號機關之名稱與其工作之性質名稱者，仍應視爲無業，應在「做何事」欄內劃一「×」號。如「做事有無收入」欄內塡「有」字，雖在「在何人家或機關常時做事」欄內塡有廠號機關之名稱，但在「做何事」欄內塡有不合職業定義之工作性質或名稱者，均應作爲無業，即在「做何事」之答案欄內劃一「×」號。若在「做何事」欄內塡有合於職業定義之工作性質或名稱者，則依「暫編職業類別號碼表」職別部份加以標註。該表先將大業別順次用羅馬字編號，其中各職別用阿拉伯數字順次編號，然後將此項符號標註於各該答案欄內之右上角，職別符號在大業別之右，其間連以短橫線，茲舉例說明如下：

(一)譬如某人在「做事有無收入」欄內塡「有」字，而在「在何人家或廠號機關常時做事」欄內塡「西城中學」並在「做何事」欄內塡「讀書」者，應於讀書欄中劃一「×」號。

(二)譬如某人在「做事有無收入」欄內塡「有」字，而在「做何事」欄內塡「售票」，如其在「在何人家或廠號機關常時做事」欄內塡「交通部四川省公路局」且在「稱謂」欄內塡「售票員」者，則依其大業別爲「VI」，因「售票員」即爲公路局之「有關職員」，故其職別爲「18」，標註時即於「售票」欄內右上角註一「VI—18」符號。

(三)譬如某人在「做事有無收入」欄內塡「有」字，而在「做何事」欄內塡「種田」如其在「在何人家或廠號機關內常時做事」欄內塡「本戶」，且在「稱謂」欄內塡「長工」者，則依其大業別爲「I」因其爲「有關長工」故職別爲「3」，標註時即於「種田」欄內右上角註一「I—3」符號。

(6)「本籍」：本欄先用紅墨水筆將省縣名以橫線劃分，再依「省市號碼」(附後)用阿拉伯數字標註於各該省名或市名之右旁，如某人本籍係「四川雙流」其標註符號爲「四川一雙流」。

(7)凡戶口普查表上其數項尙未塡齊，或漏塡者或答案不合理而無法改正者，概作「未詳」於各該欄內註以「廿」號。

(8)查點本戶內做事管事家屬他往家事傭役人口數：每戶舉行標註時，應製一小表，將戶內做事，管事，家屬，他往，家事與傭役之人口數分別男女標註於該小表中，此種小表，特製木刻長印一顆，印於普查表之左上端以便記載。

五、校對與編號

每一普查分區戶口普查表查對標註完竣後，應逐一核閱一遍，核閱無誤後，應將各種戶別（普通戶，營業戶或公共戶）所有普查表按原編戶號先後排列，然後再將各該種戶別內所有普查表於「戶別」欄上之格線外，自第一號起順次重新編號，如一戶普查表不只一頁者，其號次應編於該戶之第一頁。編號完畢，即將該分區普查表交還原保管人，繼續調用他分區普查表。

職業之定義與說明

所謂「職業」係專指從事一種有生產之作業，直接或間接藉以取得金錢或實物報酬者而言。凡從事一種工作並未藉以取得任何報酬者，或有某種報酬或收入而非以任何工作或有生產之作業取得者，皆非職業。受救濟或刑罰時之工作與報酬，不視爲職業。

最近從事職業，於普查時暫時休歇，而隨時可以從事職業者，從其最近之職業。

從來未曾從事任何職業，於普查時即將從事而尚未從事職業者，仍爲「無業」。

老弱殘廢已無工作能力者，雖曾從事職業但仍視爲「無業」。

一人從事兩種以上職業者，以其所費工作時間較多者爲其「主要職業」。

職業之定義適用於各種性別與年齡之人口，判定職業時，須特別注意下列各例：

（一）家屬幫助戶長作業而增加戶長或家庭收入者，以其幫助戶長之作業爲職業。

（二）受救濟之失業人口（指曾經從事職業而有工作能力者而言）從其最近從事之職業，不以其受救濟時之工作爲職業。

（三）家屬專門料理家務，而非幫助戶長從事增加家庭收入之作業者，視爲無職業。

（四）在校之學生，視爲無職業。

（五）不從事任何有生產之作業，僅恃財產利息爲生，或依賴他人資助生活者，均爲無職業。

（六）恃卑惡行爲爲生者，如娼妓賭博等，均爲無職業。

（七）監獄之囚犯，救濟機關（非救濟失業之機關）之受收容者，均爲無職業。

暫編職業類別號碼表

一・業別

Ⅰ農業

1.農作　2.園藝　3.林業　4.漁業　5.畜飼　6.狩獵

7.其他農業

Ⅱ礦業

8.金屬　9.非金屬　10鹽　11煤及石油　12土石　13其他礦業

Ⅲ製造工業

14木材及木器　15冶鍊　16金屬品　17機器　18交通用具　19國防用具

20土石及石器　21化學　22紡織　23日用品　24皮革毛骨及橡皮　25飲食品

26煙草　27水電燃料　28造紙及紙製品　29印刷裝訂及攝影　30文具及儀器　31飾物及鐘錶

32其他製造工業

Ⅳ建築工業

33土木　34水電設備　35裝修配置　36其他建築工程業

Ⅴ商業

37販賣　38經濟介紹　39金融保險　40堆棧　41其他商業

Ⅵ交通運輸業

42郵政　43電信　44鐵路　45公路　46水運　47航空

48挑挽　49其他交通運輸業

Ⅶ公共服務

50黨務　51政治　52軍事　53警衛　54其他公共服務

VIII自由職業

55教育及學術研究　56醫診　57律師　58工程師　59會計師　60新聞　61文學及藝術

62宗教　63社團　64其他自由職業

IX人事服務

65生活供應　66家事管理　67侍從傭役　68其他人事服務

X無業

XI未詳

二・職別

I農業

1.雇主或業主　2.業主之家屬　3.有酬職工

II礦業

4.雇主或業主　5.業主之家屬　6.有酬職工

III製造工業

7.雇主或業主　8.業主之家屬　9.有酬職工

IV建築工程業

10雇主或業主　11業主之家屬　12有酬職工

V商業

13雇主或業主　14業主之家屬　15有酬職工

VI交通運輸業

16雇主或業主　17業主之家屬　18有酬職工

VII公共服務

19主管者　20有酬職工兵警

VIII自由職業

21 雇主或業主　22 業主之家屬　23 有酬職工

Ⅸ 人事服務

24 雇主或業主　25 業主之家屬　26 有酬職工

Ⅹ 無業

Ⅺ 未詳

暫編機關性質別號碼表

Ⅰ 政府機關

Ⅱ 軍警團隊

Ⅲ 學校

Ⅳ 社團

Ⅴ 公共醫療

Ⅵ 救濟收容所

Ⅶ 監獄與拘留所

Ⅷ 寺廟

Ⅸ 會館

全國各省市名稱號碼表

1. 江蘇　2. 浙江　3. 安徽　4. 江西　5. 湖北　6. 湖南　7. 四川　8. 西康　9. 福建　10 廣東

11 廣西　12 雲南　13 貴州　14 河北　15 河南　16 山東　17 山西　18 陝西　19 甘肅　20 青海

21 寧夏　22 綏遠　23 察哈爾　24 熱河　25 遼寧　26 吉林　27 黑龍江　28 新疆　29 南京　30 上海

31 北平　32 天津　33 青島　34 西京　35 [illegible]　36 外蒙古　37 西藏

4.戶口卡片之轉錄與保管　表册之校對與標註工作完畢後，即應從事戶口卡片之轉錄。轉錄工作得雇用臨時人員辦理，以每縣僱用十人至二十人為度，由省普委會統計組依照「戶卡片轉錄與保管須知」及「口卡片轉錄與保管須知」（附後），施以嚴格之訓練，並指導其工作。全體轉錄人員應按縣分為若干組，每組担任一縣戶口卡片之轉錄工作，並指定戶口卡片保管人一人專事全部戶口卡片之保管工作。各組指定普委會職員一人或二人為領導人分配并指導各該組工作。各轉錄人員辦理轉錄工作時，應以一普查分區為單位：每一分區所有戶口普查表內之事實均已分別轉錄戶口卡片內，並呈送主管領導人員核閱後，再繼續辦理另一分區之轉錄工作；每一分區應先將戶卡片轉錄完畢，再繼續轉錄口卡片。

各組領導人收到各該管轉錄人所轉錄之戶口卡片應隨即審核，並依戶口卡片轉錄與保管須知之規定，暫為保管。保管戶口卡片應用特製之卡片箱。待領導人所分配於各人之校對工作每完成一普查區後，即由各該校對人員將卡片箱按交由戶口卡片保管人點收保管。

戶卡片轉錄與保管須知

一·戶口普查表之調用

各組轉錄人員每人所担任之若干普查區分配定妥後，應由本人還向戶口普查表册保管人調用戶口普查表。每次祇能調用一普查分區，該分區轉錄完畢並交還表册保管人後，始可調用另一分區，並應按各普查區內各分區次第繼續調用。

調用戶口普查表時，應由表册保管人於「調用普查表册登記簿」上登記，交由調用人按照各縣「戶口普查表册數目清單」內所載該分區普查表數目清點後，簽名蓋章；繳還時，由表册保管人清點與原數相符後填註繳還日期，請調用人在日期下蓋章。

二·轉錄與保管之程序與方法

（1）轉錄戶卡片時，應按各種戶別，依照戶口普查表上標註之號次，將各表內各欄原填答案暨所標註之符號文字及數字，用藍墨水鋼筆填入戶卡片之相當欄中，並於卡片中心橫線上下填明縣區戶別及普查表號次。請寫須簡斷，卡片須按戶別及號次排列，不得淩亂。填寫方法見本須知第三節「戶卡片填寫說明」。

(2)每戶填戶卡片一張。船舶戶若非常時停泊於本縣，而常時停泊於其他同時舉辦普查縣份者，即應僅填兩張：除卡片上半各欄及中心縣區號次兩張均須照錄外，其下半各欄：一張僅錄關於現在人口數之一欄，其餘各欄不錄；一張不錄現在人口數，其餘各欄均照錄。其不錄現在人口數一張應歸入常泊縣之戶卡片。如常時停泊在非普查縣份者，仍每戶填戶卡片一張，祇錄關於現在人口數之一欄，其餘各欄均不錄。

(3)每一普查分區之戶卡片轉錄完竣後，應將全部已轉錄之戶卡片按戶別（普通戶營業戶及公共戶）及普查表號次排列，連同該分區戶口普查表裝送各主管組領導人點收，經審查卡片數與普查表數相符後，普查表交由原轉錄人轉錄口卡片，戶卡片由各該組領導人暫為保管。

遇有應移歸他縣之船舶戶卡片，應即交由該縣組領導人保管。各組保管之卡片應置於裝置若干抽屜之卡片櫃內，每抽屜備置一普查區卡片之用。他縣移歸船舶戶卡片別為一抽屜。各普查分區及各種戶別之卡片間，應插以指標卡片，各抽屜外應加一標簽，書明各鄉鎮普查區名稱及戶卡片張數，放置他縣移歸船舶戶卡片之抽屜備註明卡片張數。

(4)全部戶卡片轉錄並置入卡片櫃後，應由各組領導人仿照轉錄時辦法，將全部卡片按各分區交各轉錄人員查對更正，但各人所担任之普查區應避免即為轉錄時所担任之普查區，查對完竣，將各人所担任查對各該普查區中各普查分區之卡片，按戶類（普通住家旅館寄寓廠號機關寄宿舍營業處所公共處所）予以合併，記明各類戶之卡片數，並依戶類順次排列，置入原卡片櫃之各抽屜中，各戶類之卡片間插以指標卡，交由戶口卡片保管人點收彙編各縣「戶口卡片數目紀錄單」（做「普查表份數目清單」格式另訂）並妥為保管。

三・戶卡片填寫說明

(1)戶卡片格式規定如左，採用硬質白紙印製。

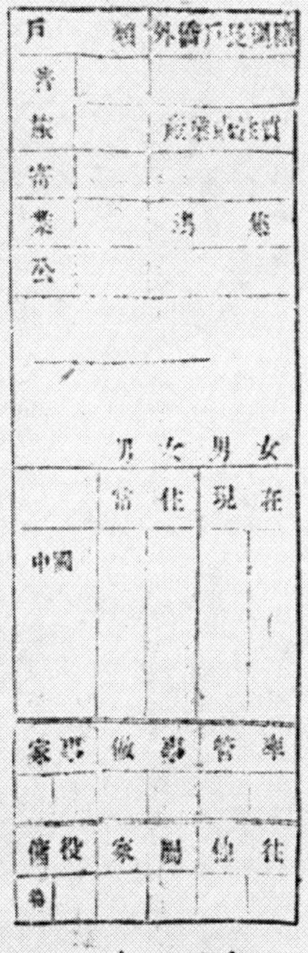

4市寸×1.3市寸

(2)戶卡片中心橫線之上方，由左至右，順次轉錄縣及鄉（鎮）普查區之號碼（號碼表另訂）與普查分編次第；下方轉錄戶口普查表上標註之號次，並冠以戶別之第一字。例如：

「 $\frac{1—1—10}{普34}$ 」

船舶常時停泊在本縣，或常時停泊在非普查縣份者，應於橫線之右側加一船字。例如：

「 $\frac{1—9—15}{普310}$ 船 」

船舶常時停泊在其他同時舉辦普查縣份者應於船字右側另加括弧，填以該縣號碼。例如：

「 $\frac{1—9—15}{普347}$ 船(11) 」

(3)「戶類」欄，應照戶口普查表「普通戶（ ）是否外僑（ ）」「戶別營業戶（ ）公共戶（ ）是否寺廟（ ）」欄各括弧內所填符號及標註之文字，於本欄各空格內，分別依下列各點之規定轉錄：

(一)凡在戶口普查表「普通戶（ ）」括弧內填「○」者，即於本欄「普」字旁之空格內填「✓」。

(二)凡在戶口普查表「普通戶（　）是否外僑（　）」兩括弧內均填「〇」者，即於本欄「普」字旁空格內填「外」。

(三)凡在戶口普查表「營業戶（　）」括弧內填「〇」者，即於本欄「業」字旁之空格內填「∠」。

(四)凡在戶口普查表「營業戶（　）」括弧內填「〇」並標註「旅」字者，即於本欄「旅」字旁之空格內填「∠」。

(五)凡在戶口普查表「營業戶（　）」括弧內填「〇」並標註「寄」字，或「公共戶（　）」括弧內填「〇」並標註「寄」字者，即於本欄「寄」字旁之空格內填「∠」。

(六)凡在戶口普查表「公共戶（　）」括弧內填「〇」者，即於本欄「公」字旁之空格內填「∠」。

(七)凡在戶口普查表「公共戶（　）是否寺廟（　）」兩括弧內均填「〇」者，即於本欄「公」字旁之空格內填「寺」。

(4)「外僑戶長國籍」欄，應按外僑普通戶之戶口普查表「本籍」欄內所填該戶長之國籍，於本欄空格內填寫國名，如「英」、「美」、「德」、「法」等等；如非外僑普通戶，則於本欄空格內填「×」。

(5)「產業或性質」欄，應依戶口普查表「名籍」欄旁所標註之符號，於本欄空格內依照轉錄；如無標註符號者，即於本欄空格內填「×」。

(6)「城鄉」欄，應依戶口普查表「在何城市鄉鎮內」二欄所標註之號碼，於本欄空格內依照轉錄；如無標註符號者，即於本欄空格內填「×」。

(7)「常住」與「現在」兩欄，應依戶口普查表「本籍」「是否在本戶常時住宿」及「農曆二月二十日夜間是否在本戶內過夜」等三欄之記載，分別國籍及男女，計點常住與現在人口數填入；如查無某一項人口數者，即於各該格內填「×」。

(8)「做事」「管事」「家屬」「他往」「家事」及「傭役」各欄，應依戶口普查表上方標註之各項男女人口數目分別轉錄；如無某一項人口數者，即於各該項下之空格內填「×」。

口卡片之轉錄與保管須知

一・轉錄與保管之程序與方法

(1)各轉錄人員將每一普查分區之戶卡片轉錄完竣後，即繼續轉錄該分區之口卡片。

(2)口卡片分印紅黑兩色；男口用紅色，女口用黑色。轉錄時，用藍墨水鋼筆填寫，先轉錄男口，轉錄完畢後，再轉錄女口。與男口卡片分別放置。每轉錄一人，即於戶口普查表上各個人欄之上端格線外劃「乙」，以示區分。

(3)每一普查分區之口卡片轉錄完竣後，應呈由各主管組領導人點收並暫爲保管。口卡片櫃之裝配與卡片之放置，與戶卡片之保管略同，惟男女口卡片異櫃放置。

(4)全部口卡片轉錄完竣，並分別置入男女卡片櫃內後，應做查對戶卡片辦法，分交各轉錄人員查對更正。查對完竣，分別男女將全普查區中，各分區之卡片，按戶類（普、旅、寄、業、公）予以合併，證明各類戶之卡片數，交由戶口卡片保管人點收登編各縣「戶口卡片數目記錄單」並妥爲保管。

二・口卡片填寫說明

(1)口卡片格式規定如左，採用硬質白紙分別印製紅黑色兩種。

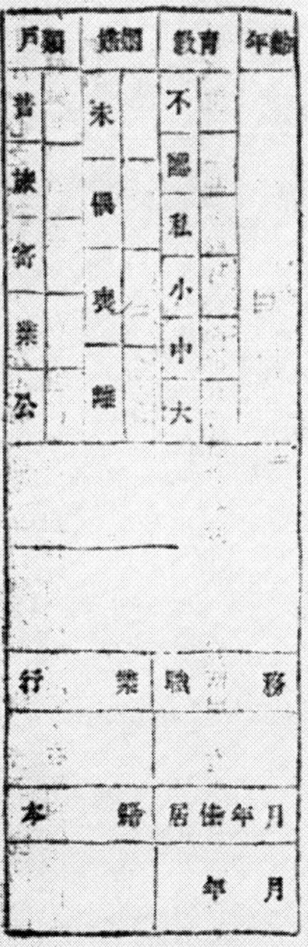

4市寸×1.3市寸

(2)口卡片中心之橫線上方，由左至右，順次轉錄縣及鄉（鎮）普查區號碼（號碼表另訂）與普查分區次第，下方左端轉錄戶口普查表上標註之號次，並冠以戶別之第一字，右端轉錄戶口普查表內各個人號次及普查表之頁次。例如：

「 $\frac{\text{III—19—30}}{\text{普18—8(1)}}$ 」

船舶常時停泊在本縣，或常時停泊在非普查縣份者，應於橫線之右側加一船字。例如：

「 $\frac{\text{III—4—61}}{\text{普22—5(1)}}$ 船 」

船舶常時停泊在其他同時舉辦普查縣份者，應於船字右側另加括弧，填以該縣號碼。例如：

「 $\frac{\text{III—14—42}}{\text{公141—2(2)}}$ 船(III) 」

(3)「戶類」欄，應依照戶口普查表「戶別 普通戶(　)是否外僑(　) 營業戶(　) 公共戶(　)是否寺廟(　)」欄各括弧內所塡符號及標註之文字，於本欄各空格內，分別依下列各點之規定轉錄：

(一)凡在戶口普查表「普通戶(　)」括弧內塡「O」者，卽於本欄「普」字旁之空格內塡「✓」。

(二)凡在戶口普查表「普通戶(　)是否外僑(　)」兩括弧內均塡「O」者，卽於本欄「普」字旁空格內塡「外」。

(三)凡在戶口普查表「營業戶(　)」括弧內塡「O」者，卽於本欄「業」字旁之空格內塡「✓」。

(四)凡在戶口普查表「營業戶(　)」括弧內塡「O」，並標註「旅」字者，卽於本欄「旅」字旁之空格內塡「✓」。

(五)凡在戶口普查表「營業戶(　)」括弧內塡「O」並標註「寄」字，或「公共戶(　)」括弧內塡「O」並標註「寄」字者，卽於本欄「寄」字旁空格內塡「✓」。

(六)凡在戶口普查表「公共戶(　)」括弧內塡「O」者，卽於本欄「公」字旁之空格內塡「✓」。

(七)凡在戶口普查表「公共戶(　)是否寺廟(　)」兩括弧內均填「○」者，即在本欄「公」字旁之空格內填「寺」。

(4)「婚姻」欄，應依照戶口普查表「未婚有配偶喪偶或離婚」欄內所填事實及標註之符號，於本欄各空格內，依照下列各點之規定轉錄：

(一)凡在戶口普查表填「未婚」者，即於本欄「未」字旁之空格內填「∠」。

(二)凡在戶口普查表填「有配偶」者，即於本欄「偶」字旁之空格內填「∠」。

(三)凡在戶口普查表填「喪偶」者，即於本欄「喪」字旁之空格內填「∠」。

(四)凡在戶口普查表填「離婚」者，即於本欄「離」字旁之空格內填「∠」。

(五)凡在戶口普查表標註「非」者，即於本欄「未」字與「偶」字右旁兩空格中間橫線上填「非」。

(5)「教育」欄，應依照戶口普查表「是否識字」及「在何學校畢業或肄業或入私塾幾年」兩欄內所填事實及標註之符號，於本欄旁各空格內，依照下列各點之規定轉錄：

(一)凡在戶口普查表「是否識字」欄內填「是」字者，即於本欄「識」字旁之空格內填「∠」。

(二)凡在戶口普查表「是否識字」欄內填「不」字者，即於本欄「不」字旁之空格內填「∠」。

(三)凡在戶口普查表「是否識字」欄內標註「非」者，即於本欄「不」字與「認」字右旁兩空格中間橫線上劃「非」。

(四)凡在戶口普查表「在何學校畢業或肄業或入私塾幾年」欄內填「私塾若干年」者，即於本欄「私」字旁之空格內填「∠」。

(五)凡在戶口普查表「在何學校畢業或肄業或入私塾幾年」欄內填「某某小學畢業」者，即於本欄「小」字旁之空格內填「∠」，如填「某某小學肄業」者，即填「区」。

(六)凡在戶口普查表「在何學校畢業或肄業或入私塾幾年」欄內填「某某中學畢業」者，即於本欄「中」字旁之空格內填「∠」，如填「某某中學肄業者，即填「区」。

(七)凡在戶口普查表「在何學校畢業或肄業或入私塾幾年」欄內填「某某大學畢業」者，即於本欄「大」字旁之空格內填「∠」，如填「某某大學肄業」者，即填「区」。

(八)凡在戶口普查表「在學校畢業或肄業或入私塾幾年」欄內填「×」者，即於本欄「中」字與「小」字右旁兩空格中間之橫線上填「×」。

(九)凡在戶口普查表「在何學校畢業或肄業或入私塾幾年」欄內標註「井」者，即於本欄「中」字與「小」字右旁兩空格中間之橫線上塡「井」。

(6)「年齡」欄，應依照戶口普查表「已滿幾歲」欄內所塡歲數，用阿拉伯數字在本欄下空格內塡寫，如「已滿幾歲」欄內標註「井」者，即於本欄下空格內塡「井」。

(7)「行業」欄，應依戶口普查表「在何人家或廠號機關常時做事」欄內標註之號碼，於本欄下空格內依照轉錄。如「在何人家或廠號機關常時做事」欄內標註「×」或「井」者，亦於本欄下空格內依照轉錄。

(8)「職務」欄，應依戶口普查表「做何事」欄內標註之號碼於本欄下空格內依照轉錄。如「做何事」欄內標註「×」或「井」者，亦於本欄下空格內依照轉錄。

(9)「本籍」欄，應依戶口普查表「本籍」欄內之記錄及標註之號碼，於本欄下空格內依照轉錄。

(10)「居住年月」欄，應依戶口普查表「在本縣居住滿幾年幾月」欄內所塡年月數，於本欄下年月左旁之空格處依照塡寫。

5.集中統計基本報告表之編製　卡片轉錄工作辦理完竣後，即應從事集中統計基本報告表之編製。集中統計基本報告表分兩大部份：一爲「戶統計基本報告表」，應用戶卡片整理編製；一爲「口統計基本報告表」，應用口卡片整理編製。其彙編統計工作應分三大步驟進行：第一步爲戶口卡片基本分類之編定，第二步爲「戶統計基本報告」之編製，第三步爲「口統計基本報告表」之編製；此三步工作必須按次辦理，第一步全部完成後，始可開始第二步，第二步全部完成後，始可開始第三步。

整理統計人員即由轉錄卡片人員充任，惟人員分組與工作分配，皆按工作性質分工，務採縣區地域之區分。每步工作完成後，應按工作性質重行分組。每組設領導人一人或二人，派普委會職員充任。每步工作開始前，應依照「卡片分類裝訂與使用說明」「戶口卡片基本分類編定須知」「戶統計基本報告表編製須知」「口統計基本報告表編製須知」，施以嚴格之訓練。各項分類編製工作進行時，每項工作均以普查區爲單位，完成一普查區之工作，再繼續辦理另一普查區，按次完成一縣及所有各縣之工作。

彙編戶口統計基本報告表時，應按各項報告表式之性質分別製訂各該項報告表之整理表，以便紀錄進程中之各項結果。此種整理表式與戶口統計基本報告表大致相同，凡戶口統計基本報告表中有鄉鎮別一欄者，在其整理表中無此一欄，可將鄉鎮別移入標題，並按各類戶分別製訂；如戶口統計基本報告表中無鄉鎮別一欄者，則其整理表內容與報告表同。(表式另訂)。

卡片分類匣裝配及使用說明

（1）本分類匣爲長方形等高無蓋之木匣，就其長邊上相等之距離分爲若干長方形之格間，計有十四格，八格六格者三種，每種各製若干個。

（2）分類匣內各格之寬度略大於戶口卡片之寬度（約一、八市寸），其高度（即本匣之高度）約等於卡片長度之半（約二、五市寸），其長度足容分類時每組卡片之數（約五、〇市寸）。

匣記分匣匣之長度，其壁厚爲〇、八市寸其餘三邊及匣底各厚〇、二市寸左右。厚壁之上應漆以黑漆，其兩端由厚壁頂高之半處挖取邊向外之楔形槽各一，接以榫頭，即可使若干匣互相接連。

（4）本分類匣適用於單項分類應用，如爲二兩項以上之分類，則須按次爲若干單項之分類，例如人口之年齡與婚姻狀況分類，則須將全部口卡片先按各年齡組分類，再將各年齡組之卡片分別按婚姻狀況分類，餘類推。

（5）使用本分類匣時，應將本匣橫置於使用者之前，其厚壁向外，並於厚壁下面上各格間處，用粉筆標明某項分類之各組別或類別之號碼或名稱，確定使用某項格數之分類匣；如一匣格數不敷，應酌量連接若干匣以至格數敷用爲止。

（6）分類工作進行時，應將卡片逐一放入各格內，使卡片斜立於各該格中，使卡片之斜面與厚壁之垂面約成三十度之銳角。如應置入某某若干格內之卡片特多，預計不能容納時，應先當一格數較少之分類匣，分別標明各該若干格之組別或類別，以便將原間相當各格內所儲之卡片提出另置，不可紊亂。某區域及某項分類完畢後，應數計各格內之卡片數，依規定之方法紀錄之。

戶口卡片基本分類編定須知

一、戶口卡片基本分類表之類別

戶口卡片基本分類表爲各項分類統計之基礎，亦爲複核各項分類統計之根據，其種類有二：

（1）戶卡片基本分類表　本表係按鄉鎮編製，每鄉鎮之戶卡片按其通住家族或各寓廠寄宿舍當本處所及公共處所各類戶，分別作戶數及男女常住與現在人口數之統計，但船舶之戶卡片則按縣同樣辦理。「戶卡片基本分類表式與戶口統計基本報告表3之規定相同，但標題應改為某縣某鄉鎮普查區戶卡片基本分類表」與「某縣船舶戶卡片基本分類表」，並於每表底線下應加「編製者（簽名蓋章）」字樣。表式另訂。）

（2）口卡片基本分類表：此表係按鄉鎮編製，每鄉鎮之男女口卡片分別按普通住家旅館客寓廠號機關寄宿舍營業處所及公共處所各類戶作每歲年齡之分類，並作每類戶每歲年齡組常住人口數之統計。但船舶之口卡片則按縣同樣辦理。（口卡片基本分類表式與戶口統計基本報告表12之規定相同，但標題應改為某縣某鄉鎮普查區口卡片基本分類表」與「某縣船舶口卡片基本分類表」，並於每表底線下應加編製者（簽名蓋章）字樣，表式另訂。）

二・辦理戶口卡片基本分類人員之分組

全體整理統計人員應分三組辦理戶口卡片基本分類之編定；第一組專司戶卡片基本分類之編定工作；第二組專司男口卡片基本分類之編定；第三組則司女口卡片基本分類之編定。每組人數之分配，應視整理統計人員之能力與工作之繁簡而決定，務須配置得宜，工作纔可[illegible]益。

三・戶口卡片之領用

各組分類人員，每人擔任之若干普查區分類完畢後，應由本次普查戶口卡片保管人領用，每次領用一普查區，俟該普查區分類完畢依照本須知裝檢方法交保管人各油紙中，交還戶口卡片保管人後，繼續領用其他各普查區之戶口卡片。

領用戶口卡片時，應由卡片保管人於「領用戶口卡片登記簿」（做「領用普查表冊登記簿」格式另訂）上登記交由領用人核對各縣「戶口卡片數目紀錄單」內所載各該普查區戶口卡片數目清點後，簽名蓋章；並發各該普查區之戶口卡片基本分類表，以備整理統計時校核之用。繳還時，連同戶口卡片基本分類表交由卡片保管人查收，核填註繳還日期，並由領用人在日期上蓋章。

四・戶口卡片基本分類之步驟與方法

（1）戶卡片之基本分類

(一)將各鄉鎮戶卡片按各類戶分別自櫃中取出。

(二)將各類戶戶卡片上所載之常住與現有人口數及按有常住人口之戶數，分別填入戶卡片基本分類整理表。

(三)全縣船舶戶卡片亦依前列(一)(二)兩步驟同樣辦理，填入船舶戶卡片基本分類整理表。

(四)將各鄉鎮各基本分類整理表予以彙總，即得各該鄉鎮之戶卡片基本分類表。

(2)口卡片之基本分類

(一)本分類按男女分別辦理。

(二)將各鄉鎮口卡片按各類戶分別自櫃中取出。

(三)將每類戶之口卡片自未滿一歲起按每五歲分別歸入各分類匣中。

(四)將各該戶類，每五歲組之口卡片分別由匣中取出，緊以麻繩，再按每歲年齡分別歸入各分類匣中。

(五)每歲年齡分類完畢，分別取出，點數記入口卡片基本分類整理表中。

(六)全縣船舶口卡片分類，依前列(一)至(五)步驟同樣辦理，填入船舶口卡片基本分類整理表中。

(七)將每鄉鎮各類戶之口卡片基本分類整理表予以彙總，即得各該鄉鎮之口卡片基本分類表。

五，查點與裝櫃

(1)戶卡片之查點與裝櫃 戶卡片基本分類完竣後，應依下列手續予以查點與裝櫃：

(一)將各類戶之戶卡片逐一查點，視其有無誤歸情形。

(二)如有誤歸之卡片，即應抽出歸正，并將基本分類表上之數字予以糾改。

(三)查點無誤後，由查點員於戶卡片基本分類表底線下，與編製者旁簽名蓋章。

(四)將各戶之戶卡片順以農，礦，商，業，公 次序排列於戶卡片櫃內之抽屜中，於各戶類之卡片間插以指標卡，而全縣船舶之戶卡片亦依戶類另置一抽屜中，插以指標卡，以示區分。

(2)口卡片之查點與裝櫃 口卡片基本分類完竣後，應依下列手續予以查點與裝櫃：

(一)本方法應按男女分別辦理。

(二)將各類戶各年齡之口卡片逐一查點，視其有無誤歸情形。

(三)如有誤歸之卡片即應抽出歸正，並將基本分類表上之數字予以糾改。

（四）查點無誤後，由點收人於卡片基本分類表底線下編製者旁簽名蓋章。

（五）將各類戶自未滿一歲起各年齡之口卡片，按普，旅，寄，業，公之次序順次排列，置入口卡片櫃之抽屜中，各類戶間及各歲年齡間分別插以指標卡，全縣船舶口卡片亦依各戶類另置一抽屜中，插以指標卡，以示區分。

戶統計基本報告表編製須知

一，整編戶統計基本報告表人員之分組

全體辦理統計人員，按工作之性質，應分四組辦理戶統計基本報告表之編製工作；每組每人應擔任工作，將於編製之程序與方法一節中規定。各組人數之分配應視辦理統計人員之能力與工作之繁簡而規定，務使配置得宜，工作藉可銜接。

二，戶卡片之領用

各組整編人員於各人所擔任之工作分配完畢後，應由各組整編人員按縣及普查區次序向戶口卡片保管人將應用卡片連同抽屜領用。第二組之工作須領用第一組業已完成部份之戶卡片，以資銜接進行。第三與第四兩組依此類推辦理。每次領用一普查區之戶卡片，待該普查區整編完畢，仍將卡片按原分類歸入原抽屜之原地位，交還戶口卡片保管人後，始再領用其他各普查區之戶卡片。

領用戶卡片時，應由卡片保管人於「領用戶口卡片登記簿」上登記，交由領用人簽名蓋章；並發各該普查區類之戶卡片基本分類表，以備整編時校核之用。繳還時，連同戶卡片基本分類表交由卡片保管人核收後，填註繳還日期並請領用人在日期上蓋章。

三，戶統計基本報告編製程序與方法

戶統計基本報告表之編製分四組辦理，茲將各組擔任各表之類別與編製之程序與方法表列如左：

組別	（一）戶統計基本報告表類別	（二）編製之程序與方法

第一組

(1)表3　縣戶口總數

(一)本表係將各鄉鎮及船舶之戶卡片基本分類表所載各部份數字，予以加總而得。

(2)表4　縣各鄉鎮各類戶之常住人口

(一)本表係將各鄉鎮及船舶之戶卡片基本分類表中之常住人口部份予以彙總而得。

(3)表3a　縣外國籍人口總數

(一)將全鄉鎮每類戶中有外國籍人口之戶卡片取出。
(二)按各類戶戶卡片所載外國籍之常住與現住人口數，並按國籍別填入整理表。
(三)船舶之戶卡片亦依(一)(二)兩步驟同樣辦理。
(四)整理完竣，仍將卡片歸還原位。
(五)將全縣各鄉鎮及各船舶各類戶之整理表彙總，即得表3a之統計。

(4)表4a　縣各鄉鎮外國籍之常住人口

(一)本表係將表3a各鄉鎮各類戶之常住人口部份填入而得。

(5)表4b　縣各鄉鎮外僑戶之常住人口

(一)應將每鄉鎮普通住家之戶卡片取出。
(二)準備分類匣若干格。
(三)將戶卡片中外僑戶長國籍一欄內填有外國籍之戶卡片，分別插入按戶長國籍而分之分類匣中。
(四)將每外僑戶長國籍之戶卡片上所載之「與戶長同國籍」「中國籍」及「其他國籍」三欄之常住人口數及戶數，分別記入整理表。
(五)整理完竣後，將卡片歸入抽屜之原位。
(六)將全縣各鄉鎮之整理表予以彙總，即得該縣表4b之統計。

(6)表4c　縣各鄉鎮寺廟處所之常住人口

(一)應將公共戶之戶卡片先行取出，再依戶別欄公字旁填有「寺」之戶卡片予以提出。
(三)整理完竣後，仍將卡片歸入抽屜之原位。
(四)將全縣各鄉鎮之整理表予以彙總，即得該縣表4c之統計。

第二組

(1)表5　縣城市與集鎮各類戶之常住人口

(一)準備分類匣若干格。
(二)將各類戶戶卡片(船舶除外)按其所屬之城市或集鎮，分別插入各分類匣中。
(三)按同一城市或集鎮之戶卡片上所載之常住人口數及戶數，記入整理表。
(四)整理完竣後，按戶類與城市或集鎮之次序順次排列，不得混亂。
(五)將全縣各鄉鎮各戶類之整理表彙總，即得該縣表5之統計。

（2）表5a　縣城市鄉鎮外國籍之常住人口

（一）將各類戶中各同城市或同鄉鎮之戶卡片先行分別取出，再依各類戶各同城市或同鄉鎮而載有「外國籍常住人口」戶卡片分別撿出。

（二）依外國籍別，將常住人口數記入整理表。

（三）整理完竣後，應將城市或各鄉鎮之戶卡片分別戶類予以合併。

（四）將全縣各鄉鎮各類戶之整理表予以彙總，即得該縣表5a之統計。

第三組

（1）表6　縣普通住家戶數按各戶內常住人口與常住家家屬人口之分配

（一）備將全鄉鎮普通住家之戶卡片取出。

（二）準備分類匣十九格。

（三）將戶別欄旁「普」字右格內劃有「∠」之戶卡片，按其所載之常住人口數分別歸入各分類匣，如遇戶別欄旁「普」字右格內註有「外」字戶卡片，應予剔除，不作統計。

（四）按第（三）步驟將全鄉鎮之戶卡片分類完畢，即自匣中取出，分別以麻繩分紮。

（五）移用原分類匣，將每扎之戶卡片按其所載戶內常住家屬人數分別歸入分類匣。

（六）每扎分類完畢，即將其戶數（即戶卡片張數）分別記入整理表。

（七）整理完竣後，應將全鄉鎮普通住家按常住家屬人數分類之戶卡片分別繫扎，依次排列歸入原抽屜中。

（八）將全縣各鄉鎮之整理表予以彙總，即得該縣表6之統計。

（2）表7　縣普通住家戶數按各戶內常住與他住家屬人數之分配

（一）將表6分類結果排列之戶卡片予以取出。

（二）移用表6編表時之分類匣，將每扎戶卡片按其所載戶內他住人數分別歸入分類匣中。

（三）每扎分類完畢，即將其戶數（即戶卡片張數）分別記入整理表後，仍將分類卡片歸為一扎。

（四）整理完竣後，仍將原鄉鎮普通住家按常住家屬人數分類之各扎戶卡片依次排列，歸入原抽屜。

（五）將全縣各鄉鎮之整理表予以彙總，即得該縣表7之統計。

（3）表8　縣城市鄉鎮普通住家戶數按各戶內常住人數與常住家屬人數之分配

（一）將表7分類結果排列之戶卡片取出。

（二）移用整編表時之分類匣，將每扎戶卡片按其所載戶內常住人數分別歸入分類匣中，如遇鄉鎮欄上劃有「×」之戶卡片，即應剔除不予統計。

（三）每扎分類完畢，即將其戶數（即戶卡片張數）分別記入整理表。

（四）整理完竣後，可將全鄉鎮普通住家之戶卡片予以合併，但外僑戶仍予區分，歸入原抽屜中。

（五）將全縣各鄉鎮之整理表予以彙總，即得該縣表8之統計。

（1）表9　縣各種普通住家內常時營業家事管理與侍從傭役之人口

（一）僅將全鄉鎮普通住家之戶卡片（外僑戶除外）取出。
（二）準備分類匣八格。
（三）將全鄉鎮之戶卡片按其「產業或性質」欄所載之數字或符號分別歸入分類匣中。
（四）將每分類匣中之戶卡片按其所載之做事家事傭役三種人口數（即戶卡片張數）分別記入整理表。
（五）整理完竣後，將全鄉鎮普通住家之戶卡片連同外僑戶卡片予以合併，歸入原抽屜。
（六）將全縣各鄉鎮之整理表予以彙總，即得該縣表9之統計。

（2）表10　縣各種營業戶之常時營業人口

（一）將戶別欄內業字及旅字右格內填有「レ」之戶卡片分別取出。
（二）準備分類匣八格。
（三）將業字戶卡片按其所載產業別之數字或符號分別歸入分類匣中；旅字戶卡片不予分類，應歸為生活供應業中。
（四）將按各產業別分類之戶數（即戶卡片張數）及該卡片做事傭役兩欄所載之人口數，分別記入整理表，同時須將旅字戶卡片所載之人口數及戶數一併記入整理表生活供應業欄中，兩種戶類之卡片不得相混。
（五）整理完竣後，仍應分別戶類歸入原抽屜。
（六）將全縣各鄉鎮各產業別之整理表予以彙總，即得該縣表10之統計。

（3）表11　縣各公共戶之常時辦事與受管束之人口

（一）僅將公共戶之戶卡片予以取出。
（二）準備分類匣十一格。
（三）將全鄉鎮公共戶之戶卡片，按其所載之數字或符號分別歸入分類匣中。
（四）將按各性質別分類之戶數（即戶卡片張數）及各該戶卡片上做事傭役管率三欄內所載之人口數，分別記入整理表。
（五）整理完竣後，仍將卡片歸入原抽屜中之原位。
（六）將全縣各鄉鎮各性質別之整理表予以彙總，即得該縣表11之統計。

四、校核與查點

各組整編人員，於每普查區之整編工作完竣後，應按戶卡片基本分類表予以校核，如與戶卡片基本分類表不符者，應依下列手續予以查點糾正：

(1)將各類戶之戶卡片依照戶號分別逐一查點，視其有無誤歸或遺散情形。

(2)如某戶類之卡片多一張與另戶類之卡片少一張者，此種必係誤歸結果，應將多一張卡片之某戶類再行查點，取出歸正；並將整理表上之數字予以糾改。

(3)如係某戶類之卡片少一張者，此種必係遺散結果，應即根據所缺某類戶之戶號，再與戶口普查表對照鈔錄，予以插補；並將整理表上之各數字予以糾改。

口統計基本報告表編製須知（二）

一、編製口統計基本報告表人員之分組

全體整理統計人員按工作之性質應分四組辦理口統計基本報告表之編製工作，每組每人應担任之工作，將於編製之程序與方法中說明，各組人數之分配，應視整理統計人員之能力與工作之繁簡而派定，務使配置得宜，工作藉可銜接。

二、口卡片之領用

各組整理人員，每人所担任之工作分配定妥後，應由各該編人員按縣與普查區次序並分別男女口卡片向戶口卡片保管人將應用卡片逐區抽提領用，男口卡片應編完畢，再領用同縣同普查區之女口卡片。第二組之工作須領用第一組業已完成部份之口卡片繼續進行；第三與第四兩組依此類推辦理。每次領用一普查區之口卡片，俟該普查區整編完畢，將卡片依照後列編製之程序與方法中之規定排列，歸入原抽屜中，交還戶口卡片保管人後，繼續領用其他各普查區之口卡片。

領用口卡片時，應由卡片保管人於「領用戶口卡片登記簿」上登記，交由領用人按照各縣「戶口卡片數目紀錄單」內所載各該普查區戶口卡片數目清點後，簽名蓋章，並發各該普查區之口卡片分類表，以備整編時紀錄之用。繳還時，連同口卡片基本分類表交由卡片保管人核收後，填註繳還日期，請領用人在日期上蓋章。

三、口統計基本報告表編製之程序與方法

口統計基本報告表分四組辦理，茲將各組担任各表之類別與編製之程序與方法表列於左：

組別	口統計基本報告表類別	編製之程序與方法
第一組	(1)表12 縣各類戶常住人口按年齡與性別之分類	（一）本表係將各鄉鎮及船舶之口卡片基本分類表所載各部份數字予以加總而得。
	(2)表13 縣各鄉鎮各類戶常住人口壯丁之年齡分配	（一）將各鄉鎮各類戶自十六歲至四十五歲各年齡之男口卡片取出。 （二）將各年齡之口卡片歸爲一八——二〇，二一——二五，二六——三五及三六——四五四個組。 （三）點數卡片記入整理表。 （四）整理完竣後，仍將各年齡分組之口卡片歸入原抽屜中之原地位。 （五）將全縣各鄉鎮各類戶之整理表上各欄數字予以彙總，即得該縣表13之統計。
	(2)表14 縣各鄉鎮普通住家常住人口六歲至十二歲兒童按性別與已未就學之分類	（一）係將每鄉鎮普通住家六歲至十二歲各組年齡之男女口卡片分別取出。 （二）準備分類匣三格。 （三）將全鄉鎮普通住家六歲至十二歲之男女口卡片分別按已就學及未就學歸入分類匣中。 （四）點數卡片記入整理表。 （五）整理完竣後，將各歲年齡之卡片仍分別歸入原抽屜中之原地位。 （六）將全縣各鄉鎮之整理表上各欄數字予以彙總，即得該縣表14之統計。
	(3)表15 縣常住人口按年齡性別與婚姻狀況之分類	（一）表15須俟表15a至15b完成後再行編製，而表15a至15b均應同時辦理。 （二）將每鄉鎮各類戶之男女口卡片分別取出。 （三）準備分類匣十九格。 （四）將每類戶男女口卡片分別按十九個年齡分組歸入分類匣中。 （五）準備分類匣五格。 （六）將每年齡組之卡片按婚姻狀況及未詳分別歸入五分類格中。 （七）分別點數卡片，記入整理表。 （八）整理完竣後，即應按戶類及本分類年齡分組之次序，歸入原抽屜中，另用指導卡註明各年齡，插入各年齡組卡片之間，以示區分。 （九）將全縣各鄉鎮各整理表分別戶類，予以彙總，即得該縣表15a至15b
	(4)表15a 縣普通住家常住人口按年齡性別與婚姻狀況之分類	
	(5)表15b 縣機關團體寄宿舍常住人口按年齡性別與婚姻狀況之分類	

(6)表15c　縣旅館客寓
常住人口按年齡性別與婚姻狀況之分類

(7)表15d　縣營業處所
常住人口按年齡性別與婚姻狀況之分類

(8)表15e　縣公共處所
常住人口按年齡性別與婚姻狀況之分類

第二組

(1)表16　縣常住人口
按年齡性別與是否識字之分類

(2)表16a　縣普通住家
常住人口按年齡性別與是否識字之分類

(3)表17　縣常住人口
識字者按年齡性別與教育程度之分類

(4)表17a　縣普通住家
常住人口識字者按年齡性別與教育程度之分類

各表之統計。

(十)將一縣表15a至15e五表按各年齡及婚姻狀況分組之男女口數予以加總，即得該縣表15之統計。

(一)表16須俟全縣各類戶常住人口按年齡性別與是否識字之分類完竣後，再行編製。

(二)各類戶常住人口按年齡性別與是否識字之分類，均應同法辦理。

(三)將每鄉鎮各類戶、男女口卡片按本表之年齡組分別取出。

(四)準備分類匣三格。

(五)將各年齡組之卡片按是否識字及未詳分別歸入分類匣中。

(六)分別點數卡片記入各整理表。

(七)整理完竣後，即按戶類及本分類年齡組之次序，歸入原抽屜，另換少數指標卡插入新列各年齡組之卡片間，以示區分。

(八)將全縣各鄉鎮普通住家之整理表予以加總，即得該縣表16a之統計。

(九)將全縣各鄉鎮各類戶之整理表上各欄數字予以加總，即得該縣表16之統計。

(一)表17須俟全縣各類戶常住人口識字者按年齡性別與教育程度之分類完竣後，再行編製。

(二)各類戶常住人口識字者按年齡性別與教育程度之分類均應同法辦理。

(三)將每鄉鎮各類戶按前表所歸之年齡組之男女口卡片分別取出。

(四)準備分類匣八格。

(五)將全鄉鎮各類戶之口卡片，按各年齡組之分類歸入各教育程度及未詳之分類匣中。

(六)分別點數卡片，記入各整理表中。

（七）整理完竣後，即按戶類及本分類年齡組之次序歸入原抽屜中，將原指導卡插入，以示區分。

（八）將全縣各鄉鎮普通住家之整理表上各欄數字，予以加總，即得該縣表17a之統計。

（九）將全縣各鄉鎮各類戶之整理表上各欄數字予以加總，即得該縣表17之統計。

第三編

（1）表19　縣常住人口按年齡性別與職業之分類

（2）表20　縣有配偶之常住人口按年齡性別與職業之分類

（一）表19須俟各類戶各婚姻狀況之常住人口按年齡性別與職業分類完竣後，再行編製。

（二）各類戶各婚姻狀況常住人口按年齡性別與職業之分類，均應同法辦理。

（三）將每鄉鎮每類戶各年齡組男女口卡片分別取出，再按本表規定年齡組將原組之最前幾組加以分合。

（四）準備分類匣6格。

（五）將全鄉鎮每戶各年齡組之口卡片，按各婚姻狀況及未詳歸入各類匣中。

（六）準備分類匣二十一格。

（七）將全鄉鎮每類戶各年齡及各婚姻狀況之口卡片，按各小類職業及未詳分別歸入分類匣中。

（八）準備分類匣三格。

（九）將各小業別之口卡片按各職別及未詳分別歸入分類匣中。

（一〇）分別點數卡片，再記入各整理表。

（一一）整理完竣後，可備按戶類順次排列。

（一二）將全縣各鄉鎮各類戶有配偶之整理表上各欄之數字予以加總，即為該縣表20之統計。

（一三）將全縣各鄉鎮各類戶各婚姻狀況之整理表上各欄之數字予以加總，即為該縣表19之統計。

第四編

（1）表18　縣常住人口按其本籍居住本縣年數與性別之分類

（2）表18a　縣普通住家常住人口按其本籍居住本縣年數與性別之分類

（一）表18須俟各類戶常住人口按其本籍居住本縣年數與性別之分類完竣後，再行編製。

（二）各類戶常住人口按其本籍居住本縣年數與性別之分類，均應同樣辦理。

（三）將各類戶之男女口卡片分別取出。

（四）準備分類匣若干格。

（五）將各類戶之口卡片分別歸入省別之分類匣中。

（六）將各格中之口卡片取出，分別用麻繩繫扎。

（七）準備分類匣若干格。

（八）將每扎口卡片歸入縣別之分類匣中。

（九）將每格中之口卡片取出，分別用麻繩緊扎，務將同省各縣之卡片集於一處。

（一○）準備分類匣十格。

（一一）將每扎口卡片歸入按居住年數而分之分類匣中。

（一二）分別取口卡點數卡片，記入各整理表中。

（一三）整理完竣後，仍按各戶類予以合併。

（一四）將全縣各鄉鎮普通住家之整理表上各欄之數字予以加總，即得該縣表18之統計。

（一五）將全縣各鄉鎮各類戶之整理表上各欄之數字予以加總，即得各該縣表17之統計。

四、校核與查點

各鄉鎮編人員於每普查區/鄉鎮編工作完竣後，應按口卡片基本分類表予以校核，如與口卡片基本分類表不符者應依下列手續予以查點與糾正：

（1）將各類戶各年齡組之口卡片，分別逐一查點，視其有無誤歸或遺散情形。

（2）如某戶類某年齡組之卡片多一張與另戶類某年齡組之卡片少一張，或本戶類某年齡組之卡片多一張與本戶類另年齡組之卡片少一張者，此種必係誤歸結果，應將多一張卡片之一組取出，按其所載之戶類或年齡予以歸正，並將整理表上之數字加以糾改。

（3）如僅某戶類某年齡組之卡片少一張者，此種必係遺散結果，應即根據戶類將該戶類之口卡片按同戶號分別合併順次排列，再與戶口普查表對照補抄，補抄完畢，仍將該戶類之口卡片按每歲年齡而分組；並將整理表上之數字予以糾改。

八、各級人員工作成績之評定與獎懲

1.縣以下各級人員工作成績之核定與獎懲　省普委會接到省督導員報告縣督導區以下各級人員工作成績最優及最劣名單，及各選縣戶口普查處報告各該處內部工作人員成績最優及最劣名單後，應即分別根據考績之原則，核定縣以下各級人員工作成績之等第，由省普委會主任委員副主任委員分別將考績結果呈報國民政府主計處及四川省政府備案。

省政府根據上項報告，應即將各該縣被考績人之姓名及工作成績等第列單令發各該縣政府，作為各該被考績人原任本職考成之重要參考，其成績最優者，並由省政府發給獎狀。

2.特殊事件之懲處　省普委會接到省普查專員關於特殊事件之報告後，應斟酌情形，參照有關法令之規定，決定適當之處置辦法，以省政府令飭各該縣政府依照辦理至省縣普查員所為緊急措置，於其報告呈省後，仍應補行前項之手續，以符功令，如省縣各級人員有違法失職情事，經核認為情節重大者，得予以撤職之處分。

3.普查長工作成績之考核與獎懲　關於各選定普查縣份普查長工作成績之考核標準與獎懲辦法，由省普委會另行製訂，公布施行。

4.省普委會內部人員工作成績之考核　關於省普委會內部人員工作成績之考核辦法，由省普委會另訂公布施行。

九、省普委會之結束與移交

1.選縣戶口普查經費之報銷　省普委會於集中統計工作辦理完竣，各種基本報告表編製完成並依限發表後，隨即依法辦理全部選縣戶口普查經費之報銷，同時依照下節規定之程序，辦理省普委會之結束與移交工作。

上項經費報銷各種表報，應以一份交省普委會主任委員呈報國民政府主計處備查。

2.省普委會之結束與移交　省普委會應於集中統計各種基本報告表後，辦理結束，分別將所有公文檔卷及統計表冊等造具移交清冊，同式兩份，以一份由省普委會副主任委員呈報四川省政府，請予派員監交並接收，其餘一份，由省普委會主任委員收據，俟四川省政府接收完畢，經監交及接收人簽名蓋章後，呈報國民政府主計處備案。四川省政府接到上項移交清冊後，即須依法派定監交人及負責接收人員前赴省普委會辦理接收。上項移交及接收辦理完畢，省普委會應即結束。

因編製普查總報告或其他需要，國民政府主計處得向四川省政府隨時調閱各項普調檔案，其屬於統計工作本身之檔案遇必要時，並得全部運渝應用。

十、選依戶口普查總報告之編製

1.總報告編製之原則　省普委會結束以後，應由國民政府統計局根據此次選依戶口普查方案與實際辦理普查之經過及所得結果，編製四川省選查戶口普查總報告，其編製原則應注重下列各點：

(一)基本概念之闡述　此次選縣戶口普查係根據三十年二月第一次全國主計會議限期完成國勢調查之決議、按分縣分省逐步實施進度，於四川省首先選擇舉辦，以為從事全國戶口普查之準備並適應目前需要係對現戶籍之需要，關於普查方案之擬訂，完全依照戶口普查條例之規定與戶口行政總方案之精神，以謀整個戶口行政之調整，其目的除編製人口靜態統計外同時並須顧及編組保甲與辦理戶籍登記之需要，與各國人口普查之純以獲得人口統計資料者不同。編製報告時，對於我國戶口行政之特質，戶口普查在戶口行政上之地位，戶口普查條例之要義，以及推行戶口普查應取之途徑，均須詳加闡述，俾一般人士對於我國戶口普查之舉辦，獲得正確明晰觀念。

(二)方法特點之說明　現代各國之人口普查，皆以編製人口靜態統計為其惟一之目的，其所採方式祇須適合調查統計之一般原則，即可獲得所需要之材料。但在我國則辦理戶口普查除具備普查本身必具之條件外，同時對於戶口普查在整個戶口行政中之意義，亦須兼籌並顧，故查記方式及內容，遂不得不大為改變，如戶口對象之確定，普查表式之編製，無籍人口之適用等，均各有其特異之點，凡此種種在普查總報告中皆須加以說明。

(三)辦理經過之記載　戶口普查在目前我國尚屬試辦時期，此次為國民政府主計處與四川省政府會同舉辦選縣戶口普查，雖關政府法令明文規定，舉行試辦工作，然仍含有試驗改進之性質，對於實際辦理之經過，自應詳細記載，以期明瞭普查方案實施之程度與夫所採方法之得失，藉為今後改進之張本。舉凡調查整理過程中各項工作之進行，如普查組織之設置，普查區域之劃分，普查人員之訓練，實地調查之經過，整理統計之手續以及普查經費之開支等等，均須分別加以敘述。

(四)普查結果之陳示與分析　此次戶口普查之結果，除由省普委會編成各種統計表先行發表外，於編製總報告時，應將此項統計表儘量列入，同時並根據各種統計數字，作進一步之分析研究，如戶量，性比例，年齡分配，婚姻狀況，教育程度，職業分配等，藉以考察各縣人口之本質及其分佈狀態，以作政府行政設施之根據。惟此項分析應注重數字本身所表現之事實之敘述，而不涉及各種原因之探討與有關政治經濟社會等問題之研究，以免牽強附會之弊。

3.總報告之要目　普查總報告之編製原則已如上述，茲為便於編製工作之進行起見，依據上項原則，擬定總報告之要目如次：

(一)選縣戶口普查之緣起

(二)選縣戶口普查方案概要

(1.)選縣戶口普查之基本觀念

(2.)普查縣份之選定及概況調查

(3.)普查標準日之決定

(4.)普查事項及表式

(5.)普查方法與步驟

(6.)普查組織與人員

(7.)普查人員之訓練

(8.)普查經費之預算

(三)普查實施之經過

(1.)調查經過

I 各級普查組織之設置

II 普查區域之劃分

III 普查人員之訓練

IV 實地調查之經過

V 普查人員之獎懲

(2.)整理經過

I 統計方法概述

II 整理手續

III 整理人員

(3.)普查工作日誌

(4.)普查經費之決算

(四)戶口統計與分析

(1.)統計結果

(2.)分析研究

(五)結論

3.編製工作之進行

(一)選縣戶口普查總報告由國民政府主計處統計局負責編製(詳細辦法另訂)，

(二)普查總報告應於開始編製之日起五個月內完成之。

(三)總報告編製完成後，國民政府主計處送四川省政府會閱後付印。

(四)總報告印刷費由國民政府主計處及四川省政府分担。

丁，各級工作人員手冊大綱

一、各級工作人員手冊之種類與功用

關於辦理戶口普查各項工作之程序與方法，在前章各節中已有詳盡之敍述。惟以內容繁複，實際辦理時，各級工作人員勢難盡行閱讀此項方案，且彼此所負責任各不相同，爲求各級工作人員對其自身之職責與辦理各項普查工作之方法，獲得正確明白之認識與瞭解起見，特製訂下列三種工作手冊，以爲執行任務時之準則：

（1.）普查員工作手冊

（2.）普查區主任副主任工作手冊

（3.）縣督導員工作手冊

二、各級工作人員手冊擬訂之原則

各級工作人員手冊之製訂，首應說明舉辦戶口普查之重要與辦理戶口普查應有之態度，以振發其服務精神，並模述各級人員所負之任務與辦理各項工作之方法，俾能按步進行，獲得預期之效果，其製訂之原則如下：

（1.）說明戶口普查之意義與效用　對於此次舉辦戶口普查之意義與效用，應作扼要之闡述，使瞭解戶口普查工作之重要。

（2.）提示工作人員應有之態度與準備　各級工作人員辦理普查工作，應具何種態度，以及在工作前應作何種準備，均應分別加以提示。

（3.）詳述鉅辦工作之方法與步驟　應按照各級工作人員辦理各項普查工作之程序，逐項詳加敍述，俾對經辦工作之方法，獲得正確深切之了解。

（4.）規定普查工作之進度與時間　對於辦理各項普查工作，應規定其進度與完成之期間，務須按步進行，依限完成，不得敷衍拖延。

三、普查員工作手冊內容大綱

1. 導言

2. 普查員應有的服務精神

3. 工作的步驟和方法
4. 工作時應注意的事項
5. 工作報酬與獎懲

四、普查區主任副主任工作手冊內容大綱

1. 導言　略述戶口普查之意義與效用。
2. 辦理戶口普查應有之態度　說明普查區主任副主任辦理普查工作應有之態度與準備。
3. 工作之步驟與方法　詳列普查區主任副主任應辦之工作，並說明其辦理之方法。
4. 工作實施之進度　規定各項工作之進度，限期完成。
5. 工作報酬與獎懲　說明工作時之報酬及對於工作成績優劣之獎懲。

五、縣督導員工作手冊內容大綱

1. 導言　說明戶口普查之重要及縣督導員所負之職責。
2. 工作之步驟與方法　詳述縣督導員辦理各項工作之方法。
3. 工作實施之進度　規定各項工作之進度，務期依限完成。
4. 工作報酬與獎懲　說明縣督導員之報酬及對其工作成績優劣之獎懲。

附：戶口普查條例　三十[illegible]年二月十三日公布

第一條　各級政府爲調查基本國勢健全地方自衛與自治組織奠定戶籍行政基礎舉辦戶口普查依本條例之規定

第二條　本條例所稱戶口普查謂普遍查記全國或一地域內全部戶口在指定時刻之靜態

第三條　本條例所稱戶謂在同一處所同一主持人之下共同生活或共同營業或共同辦事者之集合體分左列三種：

一、普通戶

二、營業戶　商號工廠銀行及其他營業組織均屬之

三、公共戶　機關學校軍營監獄寺廟會館及其他公共處所均屬之

營業組織或公共處所中之有普通戶及公共處所中之有營業組織者各爲一戶

戶以主持人爲戶長

第四條　戶口普查時左列人口均應查記

一、普通戶　戶長家屬雇工等

二、營業戶　戶長員工夥計學徒及其他幫同營業之人

三、公共戶　戶長職員工役救濟機關之留養人公共醫療機關之就診病人及其他受管束之人

前項各戶爲普查時如有來客亦應查記

第五條　本條例所稱常在人口謂在所查戶內常時住宿或營業或辦事之人口所稱現在人口謂於普查標準時刻適在所查戶內之人口

第六條　戶口普查應查記常在與現在之人口並至少應查記左列各事項

一、戶長姓名營營業組織或公共處所者其名稱

二、戶內各人姓名及與戶長之關係

三、性別

四、實足年齡及出生年月日

五、未婚有配偶鰥寡或離婚

六、教育程度與畢業或肄業學校之名稱

七、從業或辦事處所與所任職務

八、本籍為外國人者其國籍
九、現在或他往
其他應查記事項得視實際需要情形增加之

第七條 戶口普查表之格式由國民政府主計處定之

第八條 全國戶口普查至少每十年舉辦一次各級政府得就所轄地域各別舉行但在全國戶口普查之年省市縣不得單獨舉行全省戶口普查之年省內各縣市不得單獨舉行
戶口普查之標準時刻與期限以命令定之

第九條 戶口普查得用挨戶查填或戶長自填方式或並用之

第十條 戶口普查時以戶長或其代理人為申報義務人

第十一條 各級政府舉辦戶口普查得設立臨時機關及調用各機關人員並令當地人民協同辦理之

第十二條 舉辦縣市戶口普查時由縣長或市長任縣市普查長民政科長及統計主任分任副普查長得設縣市戶口普查處派定臨時人員分組辦事
鄉鎮為戶口普查區由鄉鎮長任普查區主任縣派人員為副主任保為戶口普查分區由保長任分區主任鄉鎮所派人員任普查員
縣市戶口普查時省政府應遴派統計人員前往巡視指導國民政府主計處得派員前往觀察指導

第十三條 舉辦省戶口普查時由省政府主席任省普查長民政廳廳長與省統計長官分任副普查長設省戶口普查處派定臨時人員分組辦事
舉辦直隸於行政院之市戶口普查時由市長任普查長警察局局長或社會局局長及市統計長官分任副普查長設市戶口普查處派定臨時人員分組辦事
省及直隸於行政院之市戶口普查時國民政府主計處應派員前往巡視指導

第十四條 舉辦全國戶口普查時由國民政府主計長任全國普查長設全國戶口普查處派定臨時人員分組辦事

第十五條 縣市戶口普查之統計工作應由省政府派定統計人員前往指導集中於縣市政府辦理之

第十六條 省或直隸於行政院之市戶口普查之統計工作應由國民政府主計處派定統計人員前往指導集中於各該省市政府辦理之

第十七條 全國戶口普查之統計工作由國民政府主計處集中辦理之

第十八條　各級政府舉辦戶口普查應編造臨時預算必要時上級政府對下級政府之普查經費得酌予補助

第十九條　戶口普查表之內容除用於統計上之目的外不得宣布

第二十條　辦理戶口普查人員無正當理由洩漏普查所得結果者科二十元以下罰鍰

第二十一條　人民對於戶口普查有據實答覆之義務凡有意規避及拒絕查記或故意妄報者科十元以下罰鍰或阻撓他人申報或誘迫妄報者處十五元以下罰鍰

第二十二條　在外僑民及外國使領館之戶口普查辦法由國民政府主計處定之

第二十三條　設置局之戶口普查準用縣政府戶口普查之規定

第二十四條　本條例施行細則由國民政府主計處定之

第二十五條　本條例自公布自施行、

实施方案　附：户口普查条例

二四〇八